ज्ञान चतुर्वेदी

ज्ञान चतुर्वेदी का जन्म 2 अगस्त, 1952 को मऊरानीपुर (झाँसी), उत्तर प्रदेश में हुआ। उन्होंने चिकित्सा शिक्षा के दौरान सभी विषयों में स्वर्ण पदक प्राप्त करनेवाले छात्र का गौरव हासिल किया। भारत सरकार के एक संस्थान (बी.एच.ई.एल.) के चिकित्सालय में कोई तीन दशक से ऊपर सेवाएँ देने के पश्चात शीर्षपद से सेवानिवृत्त हुए। मध्य प्रदेश में हृदयरोग विशेषज्ञ के रूप में उनकी विशिष्ट पहचान है।

लेखन की शुरुआत सत्तर के दशक में 'धर्मयुग' से। भारतीय चिकित्सा-शिक्षा और व्यवस्था पर आधारित उनका प्रथम उपन्यास 'नरक-यात्रा' अत्यन्त चर्चित रहा। इसके पश्चात 'बारामासी', 'मरीचिका', 'हम न मरब' तथा 'स्वाँग' जैसे उपन्यास आए। 'प्रेत कथा', 'दंगे में मुर्गा', 'मेरी इक्यावन व्यंग्य रचनाएँ', 'बिसात बिछी है', 'ख़ामोश! नंगे हमाम में हैं', 'प्रत्यंचा' और 'बाराखड़ी' व्यंग्य-संग्रह प्रकाशित हुए। अभी तक तक़रीबन हज़ार व्यंग्य रचनाओं का प्रकाशन। स्वास्थ्य सम्बन्धी पुस्तक 'ज्ञान है तो जहान है' भी प्रकाशित। दस वर्षों तक 'इंडिया टुडे' तथा 'नया ज्ञानोदय' में नियमित स्तम्भ। इसके अतिरिक्त 'राजस्थान पत्रिका' और 'लोकमत समाचार' दैनिकों में भी काफ़ी समय तक व्यंग्य स्तम्भ-लेखन। शरद जोशी के 'प्रतिदिन' के प्रथम खंड का अंजनी चौहान के साथ सम्पादन किया।

भारत सरकार द्वारा 2015 में 'पद्मश्री' से सम्मानित। 'राष्ट्रीय शरद जोशी सम्मान', दिल्ली अकादमी का व्यंग्य-लेखन के लिए दिया जानेवाला प्रतिष्ठित 'अकादमी सम्मान', 'अन्तरराष्ट्रीय इन्दु शर्मा कथा-सम्मान' तथा 'चकल्लस पुरस्कार' के अलावा कई विशिष्ट सम्मानों से सम्मानित।

सम्पर्क : ए-40, अलकापुरी, भोपाल-402024 (म.प्र.)

ई-मेल : gyanchaturvedibpl@gmail.com

नरक-यात्रा

ज्ञान चतुर्वेदी

राजकमल पेपरबैक्स

पहला पुस्तकालय संस्करण
राजकमल प्रकाशन प्राइवेट लिमिटेड द्वारा
1994 में प्रकाशित

राजकमल पेपरबैक्स में
पहला संस्करण : 2010
छठा संस्करण : 2025

राजकमल पेपरबैक्स : उत्कृष्ट साहित्य के जनसुलभ संस्करण

राजकमल प्रकाशन प्रा.लि.
1-बी, नेताजी सुभाष मार्ग, दरियागंज
नई दिल्ली-110 002
द्वारा प्रकाशित

शाखाएँ : अशोक राजपथ, साइंस कॉलेज के सामने, पटना-800 006
पहली मंजिल, दरबारी बिल्डिंग, महात्मा गांधी मार्ग, प्रयागराज-211 001
1, अनमोल सोराबजी संतुक लेन, धोबी तलाव, मरीन लाइंस, मुम्बई-400 002

वेबसाइट : www.rajkamalprakashan.com
ई-मेल : info@rajkamalprakashan.com

विकास कंप्यूटर एंड प्रिंटर्स
ट्रॉनिका सिटी-201 102
द्वारा मुद्रित

मूल्य : ₹ 350

NARAK-YATRA
Novel by Gyan Chaturvedi

ISBN : 978-81-267-1564-0

शरद जोशी
रवींद्रनाथ त्यागी
वुडहाउस
बर्नार्ड शॉ को
जिनसे व्यंग्य में शैली तथा भाषा के महत्व को जाना

इस उपन्यास में वर्णित अस्पताल आम-मरीजों के लिए सरकार द्वारा तैयार किया गया 'लाक्षागृह' जैसा था। यह महाभारत में उल्लिखित 'लाक्षागृह' से इस मायने में अलग था कि इस अस्पताल में ऐसी कोई सुरंग नहीं थी, जहाँ से आम-जन भाग पाता।

बीमार भोर

इस मेडिकल कालेज अस्पताल में सुबह इसी तरह बीमारों की भाँति दाखिल होती है। अस्पताल के बरामदे से देखो, तो सुबह मानो मेडिकल की किताब का एक चैप्टर-सा खुल गया लगता है। सूरज मानो पका हुआ लाल फोड़ा, धूप जैसे गाढ़ी मवाद, हवा मानो कृत्रिम श्वास और उसमें हिलते वृक्ष मानो बड़े डाक्टर की गलत डायग्नोसिस पर सिर हिलाते जूनियर डाक्टर। न कलरव करते पक्षी, न बादे-सबा, न सूर्योदय का वह उदात्त अनुभव–बस कूलती, कराहती-सी सुबह। रात का ही एक्सटेंशन-सा। मेडिकल कालेज अस्पताल की एक ऐसी ही सुबह से हमारी कथा शुरू होती है।

बात मुर्दों से शुरू करने के लिए क्षमाप्रार्थी हूँ, पर अस्पताल ऐसी शै है कि मुर्दे के जिक्र के बिना 'अस्पताल' नाम अधूरा-सा लगता है। मुझे तो यह हमेशा मुर्दे के कई पर्यायवाची शब्दों में से एक लगा है।

1

अस्पताल का मुर्दाघर।

अस्पताल की लम्बी, बेतरतीब इमारत के अंत में एक टूटी पगडंडीनुमा सड़क थी, जो वहाँ समाप्त होती थी जहाँ इस समय एक ओर एक कमरे में लाश पड़ी थी तथा दूसरी ओर एक साइकिल खड़ी थी। साइकिल के कैरियर में लंबी लाठी थी, जिसने इस इलाके में अच्छे-अच्छों की हड्डी-पसली बराबर की थी। लाठी हवलदार बलभद्दर की थी। लाश न मालूम किसकी थी। जिसकी थी, उसके रिश्तेदार उस कमरे के बाहर पास के मैदान में सिर झुकाए बैठे थे। साइकिल भी न मालूम किसकी थी। थाने में खड़ी थी, हवलदार ले आए थे। यह अस्पताल का मुर्दाघर था। लोग इसे प्यार से चीरघर या पोस्टमार्टम-रूम भी कहते थे क्योंकि यहाँ लाशों को चीरकर, फाड़कर, आँतों, मस्तिष्क आदि की गहराइयों में उतरकर विद्वान डाक्टर यह तय करता था कि मौत कैसे हुई ? देश की कर्तव्यपरायण पुलिस, सदैव चपल वकील, जैबी-जासूस तथा न्याय करने को आतुर न्यायालय इन पोस्टमार्टम रिपोर्टों की गंभीरता से प्रतीक्षा करते थे। इसी भिनकते, घिनाते, गँधाते कमरे में बड़ी-बड़ी हत्याओं के केस सुलझाए जाएँगे, ऐसा भोला विश्वास देश के कानूनविदों का था। उस इलाके में जो भी मरकर पुलिस के हत्थे चढ़ता, वह यहीं पहुँचता था।

साइकिल के पास ही बीड़ी धौंकते हुए बलभद्दरजी खड़े थे। वे बहुत देर से खड़े थे। अब बात बरदाश्त के बाहर थी। वे कब तक प्रतीक्षा करते ? वे कब तक प्रतीक्षा करते कि मृतक के रिश्तेदार इनके पास आकर लेन-देन की बात अंतिम तौर पर तय कर डालें ! पर वे आ ही नहीं रहे थे। उन्होंने एक अंतिम नजर मुर्दे के रिश्तेदारों की ओर डाली और बीड़ी जमीन पर फेंककर उस तरफ इशारा किया। किसी ने नहीं देखा। तब उन्होंने "अबे ओ, इधर तो आ" भी कहा, परन्तु किसी ने ध्यान नहीं दिया। तब उन्होंने साथ खड़े सिपाही को पुलिस की कानूनी भाषा में समझाते हुए कहा, "जाकर पकड़ तो लाना मादर··· को।" सिपाही जा पाता, तब तक शायद उधर बैठे लोगों तक हवलदार बलभद्दर की बेचैनी पहुँच गई। उनमें से एक उठकर मरे कदमों से इधर आया। इसकी शक्ल एकदम अंदर पड़ी लाश से मिलती-जुलती थी, 'स्साला, एकदम ऐसा लगता है कि मुर्दा ही उठकर

आ गया हो'–बलभद्दर बुदबुदाए, पर वे डरे नहीं। वे हवलदार थे। उन्होंने अच्छे-अच्छे जिंदा लोगों को ठीक किया था; यह तो मुर्दे का भाई ही था। फिर भी न मालूम किस भावनावश, शायद अंदर दबे भयवश, उन्होंने साइकिल के कैरियर से निकालकर लाठी हाथ में ले ली और मुर्दे के भाई से बोले, 'क्यों भैया, क्या तय किया ?"

"क्या बताएँ दारोगाजी, कुछ समझ में नहीं आ रहा है कि क्या करें ?" मुर्दे का भाई मुर्दे-सी आवाज में बोला।

"लाश सड़ जायेगी, तब समझोगे क्या ?" बलभद्दरजी ने उसकी इच्छा पूछी।

"दो हजार कहाँ से लाएँ ? आप ही बताइए न।"

"दो हजार का मुँह मत देखो," हवलदार ने समझाया। "दो हजार से कम में डाक्टर शर्मा नहीं मानने के। यही रेट है उनका। तुम्हारे भाई ने आत्महत्या की है, सही बात है। पर यही बात रिपोर्ट में लिखने का शर्माजी दो हजार लेते हैं... "

"बहुत लेते हैं," मुर्दे का रिश्तेदार बड़बड़ाया।

"बहुत कौन-सा ? तीन-तीन लड़कियाँ हैं उनके। कौन शादी कराएगा–बताओ भला ?" हवलदार ने फटकारा।

"कुछ कम करा दें सरकार।"

"और जो कहीं डाक्टर शर्माजी ने हत्या का मामला बना दिया न बेटा, तो सीधे घुसोगे पाँच लाख की जेल में। फिर थानेदार को दस हजार देना पड़ेंगे और वकील घर बिकवा देगा," हवलदार ने धमकाया।

"क्या करें, कुछ समझ नहीं पाते।"

"समझो, जल्दी करो। शर्माजी की ड्यूटी खत्म होने को है। स्साले डाक्टर तोमर आ गए, तो उनका रेट पाँच हजार है," बलभद्दरजी ने आगत संकट से अवगत कराया।

"फिर कब तक मिल जाएगी लाश ?"

"बस तीन घंटों में। बीस रुपया स्वीपर के, पचास कैजुअल्टीवालों के और जो हमारा तय था, सो हमारे। इसके बाद लाश तुम्हारी। चाहे तो फूँको, चाहे नदी में बहा दो। गाड़ना चाहो तो गाड़ो," बलभद्दरजी ने अभयदान-सा देते हुए कहा।

"हम अभी सोचकर बताते हैं," आदमी ने कहा और पुनः अपने उन रिश्तेदारों के पास चला गया, जो उसी तरह सिर झुकाए बैठे हुए थे।

पीछे-पीछे एक कुत्ता भी वहाँ पहुँच गया था और खड़ा होकर सारा माजरा समझने का प्रयत्न कर रहा था। आदमी ने पीछे घूमकर हवलदार बलभद्दर की तरफ देखा, तो उसकी नजर कुत्ते पर गई। पुलिस का तो वह कुछ नहीं कर सकता

था, परन्तु कुत्ते भी उसकी छीछालेदर करें, यह उस आदमी को अपनी शेष पिद्दी गरिमा के खिलाफ लगा। भाई की आत्महत्या, पुलिस तथा डाक्टर द्वारा माँगे जा रहे पैसों, क्रियाकर्म तथा बाद में तेरहवीं आदि पर आनेवाले खर्चे का मन-ही-मन लगाए हिसाब से बौराए आदमी ने पास पड़ा एक नुकीला पत्थर उठाया और कुत्ते पर दे मारा। कुत्ते को रंचमात्र भी आशंका नहीं थी, कि आदमी यूँ मार देगा। वैसे वह आदमियों से कुछ भी, कैसे भी व्यवहार की अपेक्षा रखता था, पर यह हमला कुछ अधिक ही अप्रत्याशित रहा। कुत्ता पत्थर की चोट खाकर उछला और कें-कें करता उस दिशा में भागा, जहाँ मेडिकल कालेज के डाक्टरों का हॉस्टल था। पत्थर कुत्ते की पीठ पर से उछलकर हवलदार की दिशा में गया और उनसे लगभग दो गज दूर खड़ी साइकिल में लगा।

"अबे ओय, देख के," सिपाही ने बहन की गाली के साथ मिलाकर चेतावनी दी।

हवलदार ने सिपाही को समझाया, "मत डाँटो··· घबराया है बेचारा··· कुत्ते पर गुस्सा निकाल रहा है। इसका मतलब है कि अभी पैसे लाता है।"

प्रोफेसर अग्रवाल सर्जरी के प्रोफेसर थे और बहुत अच्छे सर्जन थे। वे बहुत अच्छा पढ़ाते थे और वे बड़े विद्वान थे। ये सारी बातें वे स्वयं ही मानते थे। ऐसा उनके जूनियर डाक्टरों को मानना पड़ता था। और कोई यह नहीं मानता था–ऐसा भी वे मानते थे या शायद जानते थे। उन्हें हर आदमी पर शक होता था कि वह जानता है कि वे अच्छे सर्जन नहीं हैं, गलत पढ़ाते हैं तथा मूर्ख हैं। कभी कभी उन्हें स्वयं भी ऐसा लगता था। कभी उन्हें लगता था कि सभी को ऐसा लगता है। फिर वे इस चिन्ता में पड़ जाते थे कि किसने इन सबको बताया ? दुनिया को कैसे पता चला ? तब उन्हें अपने जूनियर डाक्टरों पर संदेह होता कि इन्हीं ने सबको बताया होगा क्योंकि इनको ही तो पता था कि वे खराब सर्जन, नालायक टीचर तथा अव्वल दर्जे के गधे हैं। पर जूनियर डाक्टर तो उन्हें अच्छा सर्जन, विद्वान तथा बढ़िया पढ़ानेवाला मानते हैं–यह भी वे जानते थे। ऐसा नहीं मानेंगे तो स्साले एक-एक को वे एम. एस. की परीक्षा में नाक रगड़वा देंगे। फिर कौन बता रहा है दुनिया को ? कैसे सबको असलियत पता है ? या किसी को नहीं पता और वे सोच रहे हैं कि सबको पता है ? वे प्रायः चिंतित रहते। वे जानते थे कि वे यहाँ-वहाँ जोड़-तोड़कर प्रोफेसर बने हैं। वे जानते थे कि वे अज्ञानी, सर्जरी का 'क ख ग' ही मुश्किल से समझनेवाले, नालायक तथा उल्लू के पट्ठे हैं। पर लोगों को भी इसका पता है, यह चिंता की बात थी। या शायद न पता हो ? पर फिर लोग हँसते क्यों हैं ?

उन्होंने नोट किया था कि लोग उनको देखकर हँसते हैं। छुप-छुपकर या मुस्कराकर रह जाते हैं। या शायद उनको ही ऐसा लगता था। नहीं, लगता नहीं था। मुस्कराते तो सभी अवश्य हैं, पर वे हँसनेवालों का कुछ नहीं कर सकते थे क्योंकि वे उनके जूनियर डाक्टर नहीं थे। फिर वे अपने को समझाते थे कि हो सकता है कि वे किसी दूसरी बात पर हँस रहे हों। परंतु फिर उन्हें यह खयाल आता था कि उनके रहते लोग किसी और बात पर क्यों हँसेंगे ? इस बात से हमेशा परेशान रहते थे डा. अग्रवाल। वे हमेशा चौकन्ने रहते थे। हमेशा ही आसपास यही नोट करते थे। पागल-से हो गये थे। इसी पागलपन के कारण उनकी प्रोफेसरी में और भी प्रोफेसरी आ गई थी। वे इस सबका गुस्सा अन्ततः जूनियर डाक्टरों पर निकालते थे।

डा. अग्रवाल के साथ डाक्टरों का एक झुंड चलता था। इन डाक्टरों का कोई नाम नहीं था। इनका अलग से कोई व्यक्तित्व नहीं था। ये जूनियर डाक्टर कहलाते थे। इनका कोई हक नहीं था, अपनी राय नहीं थी, अपनी डायग्नोसिस नहीं थी, अपनी जुबान नहीं थी। वे किसी भी तरह एम. एस. की परीक्षा पास करके डा. अग्रवाल से मुक्ति पाना चाहते थे। वे सभी डा. अग्रवाल से वह सीखने के लिए उनके साथ काम कर रहे थे, जो उन्होंने स्वयं ही अभी तक नहीं सीखा था। वे प्रोफेसर की हाँ-में-हाँ मिलाने को अभिशप्त थे। मेडिकल साइंस को भी चापलूसी का आर्ट बना लिया था इन्होंने।

वे चौबीसों घंटे डा. अग्रवाल की हाँ-में-हाँ मिलाते थे तथा एक-दूसरे से बढ़कर हाँ-में-हाँ मिलाने की कोशिश करते थे। वे एक-दूसरे से ज्यादा तेजी से सिर हिलाकर 'हाँ,' 'हाँ' कहने का प्रयत्न करते। वे जोर-जोर से प्रो. अग्रवाल के केसों की तारीफ करते थे। उनकी हालत बँधुआ मजदूरों से भी बुरी थी। उनका अपना कुछ नहीं था। वे प्रोफेसर अग्रवाल के हाथों के खिलौने, कठपुतली आदि कहलाते, यदि वे किसी भावुक कथाकार के हत्थे चढ़ते।

लाशघर के पास से ही वह सड़क आती थी, जो आइसोलेशन वार्ड की तरफ से निकलकर मुख्य अस्पताल तक पहुँचती थी। उसी सड़क पर इस समय डा. अग्रवाल अपने जूनियर डाक्टरों से घिरे चले आ रहे थे। वे कुछ कह रहे थे तथा शेष लोग आगे आ-आकर हाँ-में-हाँ मिला रहे थे। आगे आकर दूसरे से पहले 'हाँ' कहने के चक्कर में जूनियर डाक्टर कई बार प्रो. अग्रवाल के पैरों तले आते-आते रह जाते या किसी गड्ढे में पैर दे डालते। बात करते हुए वे लाशघर की तरफ आ रहे थे।

"क्यों भाई, आपको क्या लगता है ? क्या केस है यह ?"

"सर, मुझे तो वह··· सर, जैसा आप कहें।"

"यह अपेंडिसाइटिस तो नहीं लगता।"

"हाँ सर, वह अपेंडिसाइटिस तो नहीं है।"

"वैसे, 'राइट आइलियक-फोसा' में दर्द तथा टेन्डरनेस होने के कारण अपेंडिसाइटिस भी हो सकता है।"

"हाँ सर, अपेंडिसाइटिस भी हो सकता है।"

"पर यह अपेंडिसाइटिस नहीं है।"

"हाँ सर, यह केस अपेंडिसाइटिस का नहीं है।"

"यह केस किसने रिफर किया था ?"

"जी, डा. चौबे ने।"

"चौबे गधा है।"

"जी सर।"

"यह केस अमीबिक-लिवर तथा अमीबिक कोलाइटिस क्यों नहीं है ?"

"हाँ सर, यह तो वही लगता है।"

"वही है यह।"

"हाँ सर, वही है। लिवर बहुत बड़ा था उसका।"

"वेरी गुड··· तुमने देखा था उसका लिवर ?"

"जी सर··· मैंने तो नहीं देखा··· पर आप देख रहे थे, तब मैंने आपको देखते हुए देखा।"

"गुड, ऐसे ही देखना चाहिए।"

"जी सर।"

"यह अमीबिक-कोलाइटिस ही है।"

"हाँ सर, यह अमीबिक-कोलाइटिस ही है।"

"वैसे अपेंडिसाइटिस भी हो सकता है।"

"हो तो सकता है, सर।"

"पर अपुन मानेंगे नहीं।"

"जी सर, हम कभी नहीं मानेंगे।"

"तुम क्या कहते हो ?"

"जी, आप जैसा कहें।"

"यार, है तो वह अपेंडिसाइटिस ही। अमीबिक-लिवर तो बिलकुल नहीं है।"

"हाँ सर, लिवर तो बढ़ा है ही नहीं।"

"उसे पक्का अपेंडिसाइटिस ही है।"

"यस सर, वह अपेंडिसाइटिस ही है।"

"उसका ब्लडकाउन्ट भी बढ़ा हुआ है।"

"जी हाँ, ब्लडकाउन्ट भी बहुत था।"

"वैसे रिपोर्ट गलत भी हो सकती है।"

"जी सर, आजकल रिपोर्ट बड़ी गड़बड़ आ रही है।"

"सब साले गधे हैं।"

"जी सर।"

"फिर क्या करें ?"

"सर, जैसा आप कहें।"

"यार, उसे अपनी तरफ ट्रांसफर कर लो। वह अपेंडिसाइटिस ही है। कोई आपरेशन करना चाहता है तुममें से ?"

"जी, मैं करूँगा।"

"ठीक है, उसे ट्रांसफर करके अपनी तरफ ले लो··· या छोड़ो। कौन पचड़े में पड़े।"

"जी हाँ, रहने दें।"

"फिर यह भी तो तय नहीं कि यह अपेंडिसाइटिस ही है।"

"जी हाँ, यह कैसे कह सकते हैं ?"

"मुझे तो वह अमीबिक ही लगता है।"

"यस सर, यह अमीबिक ही है।"

ऐसी ज्ञानवर्धक, रोचक, वैज्ञानिक, विश्लेषणपूर्ण, विवेचनात्मक गहराइयों तक ले जानेवाली बौद्धिक चर्चा करते हुए विद्वान डाक्टरों का दल चीरघर के पास पहुँच ही रहा था कि दूर से ही मृतक के रिश्तेदारों, पुलिस आदि की भीड़ देखकर प्रो. अग्रवाल रुक गये और पूछने लगे–"कौन मर गया ?"

"पता नहीं सर," एक जूनियर ने जवाब दिया।

"कहीं अपना वह 'प्रोस्टेट' केस तो नहीं, जिसमें हमने कैंची छोड़ दी थी ?"

"जी, वह तो परसों ही मर गया।"

"या वह 'पेप्टिक-अल्सर' वाला, जिसकी 'गेस्ट्रो-जेजूनेस्टोमी' का आपरेशन करने के लिए पेट खोला था, तो अल्सर ही नहीं था ?"

"वह तो कल मर गया, सर।"

"या वह जिसका आपरेशन हमने कल रात किया था ?"

"वह बच गया, सर।"

"फिर यह कौन मर गया ? बिना हमारे आपरेशन के कौन मर गया ?" यह कहकर वे तेजी से हँसे। यह उनका मजाक था। सभी हँसे, एक-दूसरे से बढ़-चढ़कर हँसे। हँसते हुए डाक्टरों का यह गिरोह जब चीरघर के पास से गुजरा, तो हवलदार बलभद्दरजी ने सावधान की कड़क मुद्रा इख्तियार करके डा. अग्रवाल को जोरदार सैल्यूट किया। जिसे हवलदार बलभद्दर जैसा स्वार्थी, कमीना तथा चालाक आदमी भी सलाम कर रहा है, वह निश्चित ही कोई बड़ी हस्ती होगी,

यह मानकर सिपाही ने भी बीड़ी फेंककर सलाम किया और मृतक के रिश्तेदारों ने भी खड़े होकर सम्मान दिया। फेंकी हुई बीड़ी उसी कुत्ते पर गिरी, जो इसी बीच पुनः कुछ खोजता-सा तथा कुछ नए की तलाश में आकर वहीं बैठ गया था। जलती बीड़ी उसकी पीठ पर गिरी और वह दर्द से कराहता हुआ इस भीष्म-प्रतिज्ञा के साथ पुनः होस्टल की तरफ भाग गया कि अब इस तरफ नहीं आऊँगा।

डा. अग्रवाल का दल चीरघर के पास से गुजरकर अस्पताल की ओर निकल गया। सलाम करने के बाद, दूर जाते डाक्टरों को देखते हुए सिपाही ने हवलदार बलभद्दर की तरफ प्रश्नवाचक निगाहों से देखा, तो बलभद्दरजी ने पूछा, "जानते हो उन्हें ?"

"नहीं, हुजूर।"

"बड़े अच्छे सर्जन हैं ये। बढ़िया आपरेशन करते हैं। हमारी दूसरी शादी इन्होंने ही कराई थी। ये न होते तो उसी बुढ़िया से हम फँसे रहते।"

"कैसे ?"

"हमारी पहली औरत का आपरेशन इन्होंने ही किया था। दो दिन भी नहीं चली आपरेशन के बाद।"

वह कुत्ता भी एक ही ढीठ था। कुछ दूर तेज दौड़कर पहले वह धीमे हुआ और फिर रुक ही गया। उसने पलटकर चीरघर के सामने के विहंगम दृश्य का जायजा लिया और तय पाया कि वह सुरक्षित दूरी पर आ गया है। वह रुका रहा। रुककर वह घास के एक टुकड़े पर बैठ गया, फिर लेट गया और ऊँघने लगा। थोड़ी ही देर बाद 'सटाक' की एक जोरदार आवाज वातावरण में गूँजी और कुत्ता चौकन्ना होकर चारों टाँगों पर खड़ा हो गया। वह समझ गया था कि किसी ने किसी को जोरदार झापड़ मारा है। पुलिस के होते हुए और कौन किसी को मारेगा यह सोचकर उसने हवलदार बलभद्दर की तरफ सिर घुमाकर देखा। वे एक आदमी को पहला झापड़ मार चुके थे तथा अन्य बहुत-से मार रहे थे।

हुआ यूँ–

मृतक का वह भाई जिसकी शक्ल-सूरत मुर्दे से मिलती थी, रिश्तेदारों के पास जाकर दो हजार रुपए की बात तय करने गया, तो काफी देर तक तय करता ही रह गया। बलभद्दरजी को यह नागवार गुजरा। वे कानून की इस समस्या पर विचार करने लगे कि इस आदमी को जूते से मारा जाये या मात्र घूँसे से, कि

तभी वह आदमी उठकर हवलदार साहब की तरफ आता दिखाई दिया। वह आदमी दयनीय था पर बलभद्दर को लगा कि स्साला सीधा बन रहा है; वह आदमी दुखी था, पर बलभद्दर को लगा कि अब यह विधवा भाभी के साथ ऐश करेगा; वह आदमी परेशान लग रहा था, पर हवलदार को एक बार शक हुआ कि कहीं वास्तव में इसने मुर्दे का खून तो नहीं किया था ? बलभद्दर बहुत तेज बुद्धिवाला था। वह बुद्धिमान था, अपराधी को दूर से सूँघ लेता था।

वह हवलदार था और उसका कभी प्रमोशन नहीं होना था। वह बाप से भी बिना रिश्वत के बात नहीं करता था। पुलिस को उस पर नाज था। उसके लिए पुलिस का तात्पर्य अपने दारोगा से था। दारोगा को उस पर नाज था। दारोगा प्रायः प्यार से कहता था कि बलभद्दर जैसा पिटाई करनेवाला, हिन्दुस्तान की पुलिस में शायद ही कोई दूसरा हवलदार मिले, और होगा भी तो उसका नाम बलभद्दर तो नहीं ही होगा।

आदमी पास आया और उसने जेब से एक रूमाल निकाला। रूमाल एक छोटी-सी गठरी के रूप में था। रूमाल की गठरी खोलकर उसने सौ-सौ के नोटों का बंडल बलभद्दर को दिया और खड़ा हो गया। पैसे देने के बाद भी आदमी और दयनीय हो गया था और हवलदार का शक बढ़ता जा रहा था। यह स्साला इतना दयनीय क्यों दिख रहा है ?

"कितने हैं ?" संदेहभरी आवाज में हवलदार ने पूछा। वे इतने दिनों तक रिश्वत ले-लेकर दयनीयतावाला झटका समझने लगे थे। जो स्साला दयनीय दिखे, समझो, कि रिश्वत पूरी नहीं लाया है।

आदमी चुप रहा।

"अबे, पूरे हैं ,कि नहीं ?"

"आप ही गिन लें, हुजूर।"

हवलदार ने सिपाही को पैसे दिये। तेजी से गिनकर सिपाही ने बताया, "हैड साब, तीन सौ कम हैं।"

यही वह क्षण था, जब कुत्ते की नींद तेज 'सटाक' की आवाज के कारण टूटी थी। हवलदार बलभद्दरजी ने घुमाकर एक झापड़ दयनीय आदमी के गाल पर मारा। दयनीय आदमी पर इसका कोई असर नहीं हुआ, सिवाय इसके, कि वह और दयनीय हो गया। बेचारापन उसके उस गाल से भी टपकने लगा, जिस पर अगला झापड़ पड़ा। इसके बाद पीठ पर घूँसे तथा कई लातें मारकर भी जब हवलदार को संतोष नहीं हुआ तो वे लपककर साइकिल के कैरियर से डंडा खींच लाए। दूर बैठे रिश्तेदार उठे नहीं और आदमी को पिटते देखते रहे। पुलिस से पिटना इस देश में ऐसी कोई बात नहीं थी जो नई हो तथा जिस पर विरोध प्रकट किया जाए। जब डंडा लेकर मारने के लिए बलभद्दर बढ़े, तो आदमी ने जेब

से और तीन सौ रुपए निकालकर दे दिए। बलभद्दर ने फिर भी एक डंडा मार ही दिया और कहा, "स्साले, होश्यार बनते हैं।"

वही, चीरघर के पास से गुजरनेवाली सड़क।

हवा थम गई थी। झापड़, लात, घूँसे आदि से स्थानीय वायुमंडल में जो लहरें उठी थीं, वे शान्त हो चुकी थीं। चीरघर के आसपास की निस्तब्धता से कुत्ता कुछ देर चौकन्ना होकर पुनः ऊँघने लगा था। आम आदमी पिट गया था, गरीब आदमी पर जुल्म हुआ था–परन्तु न आसमान फटा, न खुदा का कहर बरपा, न आसपास कहीं कोई छोटी-मोटी क्रांति ही हुई। जैसे आम आदमी सदियों से पिटता आया है, उसी तरह इत्मीनान से पिटा और पिटकर अब उसी इत्मीनान से बैठ गया था।

तभी दूर से, कुछ देर पूर्व डा. अग्रवाल का काफिला जहाँ से गुजरा था, उसी सड़क पर से डा. चौबे का कारवाँ आता दिखाई दिया। डा. चौबे दुबले-पतले थे, पर मेडिकल साइंस में उनका बड़ा वजन था। वे नास्तिक थे, पर पैसे को भगवान मानते थे। बहुत अच्छे मेडिकल-स्पेशलिस्ट थे, पर उनके जूनियर डाक्टर उनको और भी अच्छा मानते थे; जिनको भी डिपार्टमेंट में रहना हो उन्हें ऐसा मानना पड़ता था। डा. चौबे इस अस्पताल के महत्वपूर्ण स्तंभ थे, मीनार थे, गुंबद थे तथा पच्चीकारी, मीनाकारी भी थे। वे हर पल पैसे में जीते थे। कोई यदि उनसे आम फिल्मी अंदाज में पूछता कि 'प्यार चाहिए या पैसा,' तो वे प्यारवाले के चूतड़ पर लात मार देते। पैसे के विषय में उनकी धारणाएँ स्पष्ट थीं। वे खूब पैसे चाहते थे। वे और पैसा चाहते थे। वे हर दिशा से पैसा चाहते थे। वे दायें-बायें पैसा चाहते थे। वे यहाँ-वहाँ पैसा लगाना चाहते थे, ताकि और पैसा बने, इसीलिए, उनको, लगाने के लिए और पैसा चाहिए था, जिसे वे और यहाँ-वहाँ लगा सकें। उनका पैसा शेयरों में लगा था, कंपनियों की भागेदारियों में था, उधार में चल रहा था, लॉकरों में कैद था, बेनामी सौदों में था और न जाने कहाँ-कहाँ था। पर वे और पैसा चाहते थे ताकि वे और भी न जाने कहाँ-कहाँ लगा सकें। वे हर मरीज को पैसे की बोरी, पर्स या गुल्लक मानकर देखते थे। वे मरीज को देखने से पहले उसकी हैसियत पर गौर करते थे। वे मेडिकल कालेज को प्राइवेट नर्सिंग होम मानते थे। वे पैसे के अलावा किसी और विषय पर बात करना पसंद नहीं करते थे। उन्हें शेष दुनिया पर आश्चर्य होता था कि वे माँ-बाप, सामाजिक सरोकार, मौसम, कविता, साहित्य, सिनेमा, सुख-दुख, पास-पड़ोस की बातें क्यों करते रहते हैं तथा समय बरबाद करते हैं, जबकि वे उसी समय में पैसों की बात कर सकते हैं। पैसों के रहते हुए आदमी और बातें क्यों करता है और कैसे करता

है–वे यह कभी नहीं समझ पाए।

आज भी वे इसी तरह की बातें कर रहे थे।

"डा. अग्रवाल ने उस केस को देख लिया ?"

एक जूनियर डाक्टर ने बताया, "जी, देख लिया।"

"क्या कहता है वह ?"

"लिख गये हैं कि यह अपेंडिसाइटिस नहीं है, अमीबिक ही है।"

"बहुत हरामी है अग्रवाल। अपेंडिसाइटिस को अपेंडिसाइटिस नहीं मानता। जानते हैं आप कि यह कितना पैसेवाला मरीज है ?"

"जी।"

"और पैसेवालों का अपेंडिसाइटिस का आपरेशन करने से भी सर्जन घबराएँगे तो क्या होगा इस देश का ?"

"जी।"

"पैसा दे रहा है तो अपेंडिक्स निकाल देना चाहिए। यदि अपेंडिक्स निकल चुका है, तो कुछ और निकालो। अरे चूतियो, पचासों चीजें हैं पेट में, निकालो और कमाओ।"

"जी सर।"

"तुम लोग ऐसा मत करना। पैसा मत छोड़ना। पैसेवाले को मत छोड़ना। यह मत कह देना किसी पैसेवाले को, कि तुम ठीक हो।"

"जी सर।"

"यह अग्रवाल पैसे क्यों नहीं लेता ?"

"पता नहीं सर।"

"मुझे पता है। वह पागल है। जो मरीज से पैसा नहीं ले, वह और क्या हो सकता है ? बेचारा, पागल है।"

"जी।"

"और कोई सीरियस केस ?"

"जी, वह एक हृदयरोगवाला था··· "

"भगाओ उसे।"

"सीरियस है, सर, वह।"

"हटाओ उसे। हमें बेड चाहिए, भई। सीरियस है तो घर जाए। पचास रुपए जेब में डालकर आप हार्ट का इलाज नहीं करा सकते, यार।"

"जी सर···, और सर।"

"छोड़ो··· और यह पीछे कौन आदमी चले आ रहे हैं ? पूछो।"

जूनियर डाक्टर ने पीछे-पीछे संकोच, भय तथा लाचारी की मूर्ति बनकर चलते हुए तीन-चार लोगों की भीड़ से पूछा, "क्या बात है ?"

"जी, साहब को एक्सरे दिखाना है।"

"जी, मरीज के खाने का पूछना था।"

"जी,··· "

चौबेजी ने पलटकर देखा और डाँटकर, फटकारकर तथा तिरस्कारपूर्वक कहा, "शर्म कीजिए। शर्म आनी चाहिए आपको। मैं यहाँ इनसे इतनी महत्वपूर्ण क्लीनिकल-केस डिसकस कर रहा हूँ और आप··· "

"फिर हम कब आएँ सर ?" मरीजों ने बाअदब पूछा।

"आप शाम को बंगले पर आइए," कहकर चौबेजी आगे चल पड़े।

कारवाँ जो पल-भर को थम गया था, पुनः चल पड़ा। दस-बारह जूनियर डाक्टरों का दल, किसी डकैतों के गिरोह-सा चल पड़ा जिसके सरदार आज लूट पर निकले हों। चौबेजी ने सबको बताकर कहा, "स्साले यहाँ दिखाकर चूतिया बनाना चाहते हैं। भई, बंगले पर आओ, नोट निकालो और दिखाओ··· देखा आपने ? बहुत बदमास आदमी है इस देश का। वह कब आपको चूना लगा दे, पता नहीं। यह पैसा देता नहीं, उससे खींचना होता है। सीखिए, पैसा खींचना सीखिए, वरना डाक्टरी करते रह जाएँगे और भूखों मरेंगे। वकीलों को पैसा खींचते देखा है ? कैसे खींचते हैं ! या फॉरेस्टवालों को ? या ट्रैफिकवालों को ? पुलिसवालों को देखा है ? जूते मारकर पैसा लेते हैं। डाक्टरों को भी यही करना चाहिए। मारो स्सालों को और फीस लो। कपड़े उतरवा लो टायफाइडवाले के और नंगा कर दो निमोनियावाले को। तभी वापस करो कपड़े, जब तक फीस के सौ रुपए न धरा लो।" कहते-कहते वे पलटे, तो उन्होंने पाया कि वे मरीज अभी भी पीछे लगे थे।

"क्या बात है भई··· समझ नहीं आया आपको ?"

"नहीं सर, यह बात नहीं है।"

"फिर क्या बात है ?"

"जी, हमने कल ही आपको बंगले पर दिखलाया था। आपने एक्सरे तथा खून की जाँच को कहा था। जी, बस रिपोर्ट दिखानी थी।"

"जो करना है, बंगले पर करूँगा। वहीं आइए और पीछे मत आइए··· " चौबेजी ने समझाया। "तेज-तेज चलकर हमारे पीछे न आएँ। आपको दिल की बीमारी है। खराब असर होता है। तेज चलेंगे तो हार्ट अटैक हो सकता है, मर भी सकते हैं। धीरे-धीरे चलकर हमारे बँगले पर पहुँच जाएँ, वहीं देखेंगे समझे, जाइए।"

यह कहकर वे पुनः जूनियर डाक्टरों से मेडिकल साइंस के इस महत्वपूर्ण मुद्दे पर चर्चारत हो गए कि डाक्टर को साम, दाम, दंड, भेद से अपनी फीस कैसे झटकनी चाहिए। वे बोलने लगे, "पैसा मत छोड़ो। कल तुम्हारे घर में डकैती पड़ेगी,

तो डाकू एक पैसा छोड़ेंगे ? नहीं न ! फिर तुम भी मत छोड़ो। मानवता आदि के जंजाल में मत पड़ो। मानवता, दीन-दुखियों के प्रति प्रेम इत्यादि चूतिया बनाने की तरकीबें हैं ताकि डाक्टर मुफ्त में देख ले। मानवता की ऐसी-तैसी। आप तो फीस निकालो। आप तो पुलिस की तरह कड़क होकर पैसे माँगो।"

वे डाक्टरी के वित्तीय पक्ष की चर्चा करते चीरघर के पास पहुँच गए थे। वहाँ पुलिसवालों को देखकर डा. चौबे की बाँछें खिल गईं। उन्होंने इशारे से हवलदार बलभद्दर को बुलाया और पूछा, "पैसे लिए कि नहीं ?"

"अरे हुजूर, हम लोग क्या··· " हवलदार शरमाने लगा। जूनियर डाक्टर मुस्कराने लगे। चौबेजी ने मुस्कराकर पूछा, "हम कौन तुम्हें पकड़ रहे हैं भई। हम तो यह पूछ रहे हैं कि पैसे लिए या नहीं ?"

"मिले सर।"

"गुड··· वैरी गुड··· भई, हमारे इन बेवकूफ डाक्टरों को भी कुछ सिखाओ।"

तब तक वह आदमी भी आकर पास खड़ा हो गया था, जिससे हवलदार ने मारकर पूरे दो हजार वसूले थे। चौबेजी ने प्यार से उसके कंधे पर हाथ रखकर पूछा, "क्यों भैया, पिटे आप ?"

"जी।"

"बिना पिटे कोई पैसे नहीं देता। आजकल बड़ा कठिन हो गया है पैसे लेना," डाक्टर चौबे ने सबको बताया। पुलिसवाला खड़ा शरमाता रहा। "बहुत अच्छा। पैसे लेते रहो," कहकर डाक्टर चौबे आगे बढ़े। थोड़ी दूर जाकर उन्होंने पीछे पलटकर देखा। उन मरीजों में से एक अभी भी न जाने किस आशा में उनका पीछा किए जा रहा था। डा. चौबे ने इशारा करके हवलदार बलभद्दर को बुलाया। वे दौड़कर पास आए। डा. चौबे ने उस मरीज की तरफ इशारा करके हवलदार को समझाया, "यह आदमी न जाने कब से मेरा पीछा कर रहा है। कोई चोर-उचक्का लगता है। ठीक करो इसे।" हवलदार ने जोरदार सलाम मारकर "जी हुजूर" कहा और उस आदमी की तरफ बढ़ गया।

डा. चौबे फिर बिना पीछे देखे, अस्पताल की इमारत की ओर बढ़ते गए। उन्होंने तब भी पीछे मुड़कर नहीं देखा, जब एक जोरदार झापड़ की आवाज आई। वे बिना पीछे देखे ही जान गए थे कि कौन पिटा और क्यों पिटा ? जो पैसा नहीं देगा वह पिटेगा ही–इस बारे में उन्हें कोई भ्रम नहीं था। जिसे था, वह पिट रहा था।

2

वे डाक्टर न होते तो ठग होते।

वे यानी डा. शर्मा। वैसे वे डाक्टरी में भी ठगों, पिंडारियों, डकैतों इत्यादि की बातें ले आए थे। वे दुनिया को बेवकूफ मानते थे। डा. शर्मा का सबसे बड़ा अस्त्र, शस्त्र या ब्रह्मास्त्र उनकी शक्ल थी। वे देखने में बड़े सीधे, गऊ, हानिरहित, नादान, बेवकूफ और दीनहीन नजर आते थे। उनकी शक्ल ही ऐसी थी कि आदमी शर्माजी से बेवकूफ बनने पर भी विश्वास नहीं कर पाता था कि इस आदमी ने उन्हें बेवकूफ बनाया होगा। उनसे बेवकूफ बनकर आदमी स्वयं को ही दोष देता था। वे अपनी इसी शक्ल की आड़ से समस्त विश्व को मूर्ख बनाने तथा समझने की छापामार मुहिम चलाए हुए थे।

वे अस्पताल में भी इसी मिशन में लगे रहते। मरीजों को मूर्ख बनाना उनके खून में था। लगता था कि वे मरीजों को मूर्ख बनाने के लिए ही डाक्टर बने थे। उनकी पहली आदत थी मरीज को मूर्ख बनाना तथा दूसरी आदत थी मरीज को मूर्ख बनाना। उनकी तीसरी और चौथी आदत भी यही थी। एक मिशनरी भावना के साथ वे सुबह से शाम तक मरीजों को बेवकूफ बनाने में निःस्पृह भाव से लगे रहते। लगता था कि जैसे कोई उन्हें बाप की कसम देकर घर से भेजता हो, कि आज सौ से कम को बेवकूफ बनाया तो ठीक नहीं। हर नया मरीज उनको चुनौती देता-सा आता लगता था, परन्तु कुछ ही मिनटों में वह शर्माजी की पिंडारियों को भी पानी-पानी कर देनेवाली प्रतिभा के आगे पनाह माँगता वापस चला जाता था।

विलियम बेंटिंग की मौत शर्माजी की प्रतिभा को विकास देने के उद्देश्य से हुई थी।

डा. शर्मा उन लोगों में से थे, जो मानते हैं कि सभी मूर्ख हैं। वे सबको बेवकूफ बनाकर रखते। अस्पताल के डाक्टरों में जबरदस्त गुटबंदी थी। सभी एक दूसरे की टाँग में टाँग फँसाकर काम करते थे। हर डाक्टर दूसरे की टाँग खींच रहा था। हर डाक्टर दूसरे की पीठ में छुरा भोंक रहा था। हर डाक्टर किसी न किसी का आदमी था तथा दूसरे ग्रुप की जान का प्यासा था। परंतु इन सब

कलियुगी कार्रवाइयों के कीचड़ में डा. शर्मा कमल की तरह खिले हुए थे। वे सबके आदमी थे। वे बेवकूफ-जैसी शक्ल लिए हर गुट में घुस जाते। सब उन्हें अपने गुट का मानते थे। वे सबके मन की बातें कर लेते थे। वे यहाँ की बातें वहाँ इस भोलेपन से कर देते थे कि लोग शक भी न कर पाते तथा बाद में आपस में ही कट मरते कि तूने चुगली की होगी। शर्माजी सुबह से शाम तक सभी डाक्टरों के बीच घूमते तथा सभी को मूर्ख बनाते हुए वापस अपने पाले में अर्थात् डा. चौबे के गुट में आ जाते। वास्तव में वे डा. चौबे के गिरोह में थे।

डा. शर्मा द्वारा इलाज का तरीका भी बड़ा साफ-सुथरा था। वे यह मानकर मरीज की जाँच शुरू करते थे कि मरीज को कुछ नहीं है और वह मात्र अपनी अभिनय-क्षमता की संभावनाओं को विस्तार देने के इरादे से अस्पताल आया है। वे मानते थे कि मरीज को कुछ है नहीं और वह मात्र उनको उल्लू बनाने के लिए अस्पताल आया है। वे मरीज की नस-नस जानते थे। वे बेवकूफ नहीं बनते थे। वे जानते तथा मानते थे कि बुखार तो गर्मी के मौसम में किसे नहीं आता, साँस तो उम्र के कारण फूलती है तथा पागल दुनिया में कौन नहीं है ? मरीज जब तक मर न जाए, वे यही मानते रहते कि स्साले को कुछ भी नहीं और यह नाटक कर रहा है। प्रायः तो वे मरीज के मरने पर भी शुरू में विश्वास नहीं करते थे तथा उसे जोर-जोर से नोंचकर, अमोनिया सुँघाकर तथा सुई चुभोकर उठाने का प्रयत्न करते थे।

हर बीमारी के विषय में उनके पास हमारे स्वनामधन्य नेताओं की शैली में तैयार उत्तर था, जो "हर काम विदेशी हाथ की बदमाशी के कारण बिगड़ रहा है" के वजन का हुआ करता था। मरीज के कमरे में घुसते ही डा. शर्मा उसे यूँ शक की निगाह से ताकने लगते थे, जैसे हिंदी फिल्मों की शाश्वत माँ अपनी जवान बेटी को ताकती है। लगने लगता था कि अब वे चीखकर मरीज से पूछेंगे कि बता यह पाप किसका है ? पर वे ऐसा कुछ न पूछकर वही पुरानी बात कहते थे जो वे पहले भी करोड़ों मरीजों को कह चुके थे कि भैया तुम्हें कोई बीमारी नहीं है। वैसे तुम कहते हो तो हम तुम्हें देख लेते हैं, परन्तु असली बात जो है और जिसे तुम हमेशा दिमाग में रखना, वह यही है कि तुम्हें कोई बीमारी नहीं है। यह भी नहीं था कि वे मरीज को देखते न हों या आलस्य करते हों। डा. शर्मा बड़े विस्तार से हर मरीज की जाँच करते थे। वे उसकी जाँच करते, मुँह खोलकर अंदर झाँकते, जीभ का घनघोर निरीक्षण करके छाती पर उँगलियाँ ठकठकाकर राग कहरवा जैसी कोई चालू गत बजाते, आँखों में आँखें डालते, आला यहाँ-वहाँ रखते हुए भीड़ में खड़ी किसी स्त्री को देखकर सोचते रहते कि इसका नंबर कब आनेवाला है और यह हाथ रखने देगी या नहीं। यह सब करने के बाद वे अपनी कुर्सी पर पसरकर मरीज के साथवालों पर अपनी विस्तृत जाँच

का प्रभाव आँकते हुए कहते, "हमने पहले ही कहा था कि इन्हें कोई बीमारी नहीं है।"

वे इस समय आउटडोर की अपनी कुर्सी पर विराजमान हैं। लगभग सभी मरीजों को वे इसी शैली में निबटा चुके हैं। बारह बजने को हैं। तभी हवलदार बलभद्दर का भेजा हुआ सिपाही अंदर आया तथा अपने संपूर्ण ढीले व्यक्तित्व तथा उससे भी ढीली ड्रेस को दरकिनार करते हुए उसने डा. शर्मा को एक जोरदार सलाम ठोंका, कुछ देर कड़क सावधान रहा और अंत में ढीला होकर खड़ा हो गया।

"क्या बात है दारोगाजी ?" शर्माजी ने सिपाही से पूछा।

"जी, एक पोस्टमार्टम है।"

"कर देंगे यार··· "

"बलभद्दरजी ने भेजा था सर··· सब सेट कर दिया है उन्होंने।"

"बिना सेट किये तो खैर हमने आज तक पोस्टमार्टम नहीं किया भैया··· बलभद्दरजी जानते हैं। रुको, हम चलते हैं।"

वे चल पड़ते कि उससे पूर्व ही चार ग्रामवासी, एक मनुष्यनुमा दोपाए को टाँगे हुए आउटडोर में घुसे और भीगे हुए कुत्ते से घबराए, यहाँ-वहाँ ताकते, उसे लटकाए खड़े रहे। शर्माजी ने बड़ी रुचि से, आशाभरी निगाहों से पूरी टीम को ताका, फिर यह निश्चित न कर पाने के कारण कि टीम का लीडर कौन है जिससे बात की जाए, वे आँखें मूँदकर कुर्सी पर बैठे रहे। फिर अपने रुतबे के भव्य चित्र पर अंतिम कूँची-सी मारते हुए वे कुर्सी पर लेट गए। कुछ क्षण को वे तख्त पर लेटे बादशाह की तरह पड़े रहे तथा सिपाही किसी रक्षक की मुद्रा में डंडा लिए पास खड़ा रहा। ग्रामवासी बड़ा अस्पताल देखकर पहले ही घबराए हुए थे, उधर सिपाही को देखकर उनकी दम और निकली जा रही थी।

कुछ देर तक डा. शर्मा एकदम चुप रहकर तीतर की-सी मुद्रा तानकर पड़े रहे, फिर जो कथोपकथन प्रारंभ हुआ वह नौटंकी से लेकर बीज-नाटकों तक फैली नाटक परंपरा को भी मात करने लगा।

"कब तक लटकाए रहोगे, भैया ?" शर्माजी ने यकायक आँखें खोलकर उत्सुकता प्रकट की।

शर्माजी का यह वाक्य सुनकर उन चारों ग्रामवासियों में भगदड़ मच गई। चारों घबरा गए कि डाक्टर साहब इसी बात पर चालान न करा दें या सिपाही अंदर न कर दे।

उन्होंने इतनी देर से झूल रहे मरीज को एकदम से ठोस फर्श पर पटक दिया और विश्वामित्र की स्टाइल में "मेरा इससे कोई संबंध नहीं है" जैसा कहते हुए, दूर हट खड़े हो गए।

डा. शर्मा मुस्कराने लगे। ये स्साले बेवकूफ हैं। इनको बेवकूफ बनाने में और मजा आएगा। आम आदमी, जिसे हर कोई मूर्ख बनाता है, उसे मूर्ख बनाने में डा. शर्मा को बहुत मजा आता था। आम आदमी उनके हत्थे चढ़ता तो वे उसकी वो छीछालेदर करते तथा ऐसी खिल्ली उड़ाते कि कई दिन तक मूर्ख बनाने की उनकी तमन्नाओं की संतुष्टि हो जाती। आज आम आदमी फिर हाथ लग गया था उनके।

मरीज को नीचे पटकते देख वे वात्सल्य-रस से लबरेज स्वर में बोले, "नहीं भई, हमारा मतलब यह नहीं था। काहे को पटक दिया तुमने ? यदि तुम्हें इसी में मजा आता है तो लटकाए रहो। हमें कोई एतराज नहीं। पर हमने तो एक बात कही थी।"

फिर उन्होंने सिपाही की तरफ आँख दबाकर बात आगे जारी रखी, "वैसे तो हम लटकते मरीज की भी जाँच कर सकते हैं। यह भी सिखाया जाता है। बल्कि तुम, हमको भी साथ-साथ लटका लो, तब भी जाँच तो हम करेंगे ही।"

अब वे अपनी असली बात पर आए और बोले, "जाँच हम करे लेते हैं। जाँच तो हम करेंगे ही। वैसे मरीज को कुछ है नहीं। तुम लोग बेकार ही गाँव से यहाँ तक परेशान हुए। इसे कुछ बीमारी नहीं है। पर जाँच हम करे देते हैं।"

अब डा. शर्मा ने मरीज से पूछना शुरू किया, जिसका जवाब मरीज के अलावा चारों ने देना शुरू कर दिया। चारों ऐसे विश्वास से जवाब दे रहे थे, जैसे विश्वास से शायद मरीज स्वयं अपने विषय में न बता पाता।

"क्या तकलीफ है ?"

"क्या बताएँ हुजूर," एक बोला।

"मर रहा है सरकार," दूसरा बोला।

"जूड़ी-ताप चढ़ा है," तीसरा बोला।

"अच्छा, अच्छा··· पर एक-एक करके बोलो, वरना ये दारोगाजी पकड़ लेंगे और तीन महीने को बंद कर देंगे," शर्माजी ने तीनों को सुनाते हुए ऐसे कहा मानो यूँ ही सूचना दे रहे हों।

"जी साहब," सारे बोले।

"और क्या है ?" शर्माजी ने पूछा।

"जी खाँसी है," एक बोला।

"खून भी आता है," दूसरा बोला।

"ठंडी देकर बुखार आता है सरकार··· " तीसरा बोला।

सिपाही ने मजा लेते हुए एक बेंत तीसरे को मारा और कहा, "सुना नहीं,

सरकार ने क्या कहा ? एक-एक करके बोलो न। स्साले सब एकसाथ बोलोगे तो धोती उतरवा लूँगा।"

शर्माजी ने सिपाही को समझाया, "ऐसा जुल्म न करें दारोगाजी। गाँव के आदमी हैं। जानवर मानिए आप तो। बेसमझ। कहीं भी मुँह मार देनेवाले। क्यों भई ?"

गाँववाले एकदम दयनीय हो आए, "हाँ हुजूर। हम लोग तो जानवर हैं। ढोर-डंगर हैं हुजूर। माफ कर दें। थोड़ा गरीब पर कृपा हो जाए। मरनेवाला है। ठंडा हुआ जा रहा है।"

शर्माजी ने सांत्वना दी, "मरनेवाले को किसने पकड़ा है भैया ? पर यह बताओ कि कुछ खर्चा-पानी भी लाए हो कि एकदम नंगाझोली निकल पड़े हो ?"

"पैसा तो एक्को नहीं है मालिक," गरीबी को चेहरों पर बिछाते हुए वे बोले।

"बिना पैसे के यहाँ चले आए ?" शर्माजी आश्चर्य से बोले।

"जी, मालिक।"

"क्या सोचकर आए थे भैया ? खैरात बँट रही है इधर ? कभी कोतवाली गए हो बिना पैसे के ? या तहसील ? या जज्जी में ? फिर अस्पतालवालों को ही क्यों चूतिया समझते हो ? तुम्हीं बिना पैसे के चले आए हो तो मरीज को तो वैसे भी मरना ही है," शर्माजी ने पुनः सूचना देने के ठंडे स्वर में बताया।

सब लोग रिरियाए, "बचा लो मालिक··· आप ही हमारे बाप हैं।"

"हम तुम्हारे बाप नहीं हैं," शर्माजी ने समझाया, "हमारे बस दो बच्चे हैं। घर में हैं। परिवार-नियोजन किया है भैया। ज्यादा लोगों के बाप बनेंगे तो सरकार बुरा मान जाएगी।"

इतना कहकर यकायक शर्माजी के शातिर दिमाग में षड्यंत्र की बिजली चमकी या भड़की और वे वात्सल्य से सीधे संयोग-शृंगार रस की हरकतों पर उतर आए और उनमें से एक से पटाने के स्वर में बोले, "सुनो, तुम्हारी नसबंदी हुई है ?"

"नहीं हुई सरकार।"

"करा लो, नसबंदी से ठीक रहता है।"

"सत्तर साल के हो गए हैं, सरकार।"

"सत्तर से क्या होता है ? कोई मना तो नहीं कि बुढ़ापे में नसबंदी नहीं करा सकते ? फैशनवाली चीज थोड़े ही है। कभी भी करा सकते हो। हमने तो नब्बे सालवालों की भी की है।"

"रहने दें सरकार··· आप तो गरीब पर कृपा कर देते।"

"वह तो हम करेंगे ही। पर तुममें से एक को नसबंदी करानी होगी। कराओगे तो मरीज को भरती करे लेते हैं। बोलो ?"

"सरकार··· " एक अधेड़ से आदमी ने बूढ़े की हिमायत की, "बुढ़ाय गए हैं दादा··· फिर इनकी महरारू भी गुजर गई है। अब काहे की नसबंदी ?"

"तो तुम करा लो। ठीक रहता है। कहीं भी जा सकते हो। औरतें इज्जत की निगाह से देखती हैं।"

"हमारी तो हो चुकी सरकार।"

"दुबारा करा लो··· हमें तो नाम से मतलब, यार··· इस महीने का कोटा पूरा करना है। यदि आप जैसे समझदार लोग, जो एक बार नसबंदी कराके समाज को अपनी समझदारी बता चुके हैं, दुबारा नसबंदी से घबराएँगे तो हमारे परिवार नियोजन कार्यक्रम का क्या होगा ?"

"फिर भी महाराज··· दुबारा कराना तो··· "

"दुबारा कराने के नाम पर राँड-से रो रहे हो तुम··· अरे, ऐसा ही कोटे का चक्कर डाक्टरों पर रहा, तो तुम्हारी रोज नसबंदी होगी और तुम्हें करानी पड़ेगी। घर से निकलोगे तो दरवाजे पर ही नसबंदी कराके फिर काम पर जाओगे। नित्यकर्म की भाँति।"

"मुझे तो क्षमा ही करो महाराज।"

"तो कोई और ही करा ले।"

वे गुट बनाकर आपस में तय करने लगे। नसबंदी के विषय में उनके अपने विचार, भय, अंधविश्वास तथा धारणाएँ थीं। परिवार नियोजन कार्यक्रम को सरकार ने जिस तरह धौंस-डपट, षड्यंत्र, फुसलाने-बहलाने तथा जबरिया टैक्स वसूली प्रोग्राम की तरह चलाया था उसके चलते आम आदमी में यह विश्वास बैठ गया था कि अपनी नस की रक्षा यात्री को स्वयं करनी होगी। वे नस बचाकर चलते थे। वे हमेशा इस संदेह में मुब्तिला रहते थे कि सरकार की निगाह उनकी नस पर है। वे नसबंदी के खिलाफ थे। नस को जस का तस रखना चाहते थे तथा इस विषय में नस को कबीर की चदरिया की तरह मानते थे।

आज भी वे यह मानकर आए थे कि बड़े अस्पताल में कोई उन्हें नसबंदी के लिए फुसलाएगा और धमकाएगा। वे इसके लिए तैयार होकर आए थे। हर चाल का जवाब खोजकर आए थे। पर यह सोचकर तो नहीं आए थे कि अस्पताल में घुसते ही नसबंदी इस तरह सामने आकर खड़ी हो जाएगी। इसी कारण वे घबरा गए थे। पर थोड़ी ही देर में वे सँभल गए और अपने-अपने बहाने निकालकर डा. शर्मा के सामने खड़े हो गए। पर वे मूर्ख थे। भोले थे। वे शर्माजी को नहीं जानते थे। भारत देश में हर नस उनके बस में थी। हर बहाने की काट उनके पास थी।

"फिर क्या सोचा तुम लोगों ने ?" शर्माजी ने प्यार से पूछा।

"जी सरकार।"

"अरे जल्दी करो··· देखते नहीं, दारोगाजी खड़े हैं। उनके साथ एक मुर्दा चीरने जाना है। देर हो गई तो दारोगाजी नाराज हो जाएँगे," शर्माजी ने कहा।

"सरकार हमें माफ करें। हम गरीब हैं।"

"गरीब हो तब तो जरूर कराओ। नसबंदी में पैसे मिलेंगे। हम तो एक ट्रांजिस्टर भी दे रहे हैं। नस कटाकर लेटे-लेटे गाने सुनना," शर्माजी ने फुसलाया।

"हम कमजोर हैं, मालिक।"

"अब दिन-रात संभोग में लगे रहोगे, तो कमजोर हो ही जाओगे। नसबंदी करा लो। वीर्य बचेगा तथा शरीर की कांति बढ़ेगी। शरीर का वीर्य शरीर में रहेगा," शर्माजी ने ज्ञान दिया।

"हम नहीं करायेंगे।"

"बाप का घर समझ रखा है क्या ? हमारा इतना समय बरबाद करके कहते हो कि नसबंदी नहीं करायेंगे।" शर्माजी ने शृंगार-रस को फेंककर रौद्र-रस भर लिया।

"नहीं हजूर, हम नहीं कराएँगे।"

"तुम्हारे बाप भी कराएँगे।" अब सिपाहीजी बोले, "नहीं तो, स्सालो, तुम चारों को अंदर बंद कर दूँगा, इस आदमी के कत्ल के जुर्म में।"

"किसके कत्ल के ?"

"इसी मरीज के जो मरनेवाला है," शर्माजी ने भविष्यवाणी की।

कुछ देर तक झिकझिक चलती रही। अंत में यह तय पाया गया कि शर्माजी अभी ले जाकर सत्तरवर्षीय 'इलीजिबल' की नसबंदी कर देते हैं और मरीज को तुरंत भरती कराके बोतल चढ़वा देते हैं।

जब कुछ देर बाद मरीज को खटिया पर डालकर वे लोग तेज कदमों से अस्पताल के मेडिकल वार्ड की तरफ ले जा रहे थे और बुढ़ऊ को शर्माजी फुसलाते हुए तथा बुढ़ापे में परिवार नियोजन कराने के फायदे बतलाते हुए ले जा रहे थे, तब पीछे चलते सिपाही ने पूछा, "फिर हुजूर ?"

शर्माजी समझ गए, बोले, "अरे अभी आते हैं पाँच मिनट में। अब इस उम्र में कौन इनकी नस खोजता फिरेगा ? चमड़ी में एक कट लगा के वापस सिल देना है, बस। अभी आके पोस्टमार्टम करते हैं। और पोस्टमार्टम में भी कौन-सा पोस्टमार्टम ही करना है। वहाँ भी चमड़ी में चीरा मारकर रिपोर्ट ही तो लिखनी है। तुम चलो, हम आते हैं।"

इतना कहकर शर्माजी ने वातावरण से आक्सीजन खींची और अपनी आदत के कारण हवा को चोरी की वस्तु-सा फेफड़ों में छिपाते हुए बोले, "बढ़िया दो ठो मीठे पत्तेवाले पान लगवा के ले जाना··· बड़ा गँधाता है पोस्टमार्टम रूम। जर्दे का पान खाए बिना घुस नहीं सकते उसमें।"

जूनियर डाक्टर ने वार्ड पर अंतिम नजर डाली। फर्श चमक रहा था। मक्खियाँ भिनक रही थीं। नर्सिंग-छात्राएँ चुस्त कपड़ों में यहाँ-वहाँ घूमकर दवाइयाँ बाँट रही थीं। इन्हीं में से एक को डाक्टर ने साइड-लैबोरेटरी में दबोचकर चूम लिया था। कौन-सी थी वह ? सब एक-सी लग रही हैं। अभी यह सोचने का समय भी नहीं था। वार्ड ठीकठाक होना चाहिए। वार्ड ठीक था। पलँग एक लाइन में थे, पलँग के साथ लगी अलमारियाँ बेतरतीब थीं। फटी चादरों को इस तरह बिछाया गया था कि मरीज के नितंबों के नीचे दबकर फटा हिस्सा न दिखे। मरीजों के रिश्तेदारों को खदेड़कर बाहर कर दिया गया था। अब मरीज अपने तथा खुदा के भरोसे थे क्योंकि नर्सों, डाक्टरों, भंगियों या वार्डबॉयों के पास फुर्सत नहीं थी कि मरीजों की सुनें। सभी मरीज सहमे हुए थे। नर्सें परेशान थीं। सारे दरवाजे बंद थे। खिड़कियाँ भी जालीदार फाटकों से बंद थीं। पंखे सहमे-सहमे चल रहे थे। माहौल में सन्नाटा था। मरीज तिरछी निगाह से यहाँ-वहाँ देखकर पलँगों पर पड़े थे और टूटे पलँग की स्प्रिंग गड़ जाने पर भी मुस्कराते दिखने का प्रयत्न कर रहे थे।

सारा वातावरण डा. चौबे के राउंड के अनुकूल था। जूनियर डाक्टर ने तय किया कि साहब को जाकर राउंड के लिए ले आया जाए। उसने सिस्टर को आखिरी बार हिदायत दी, "मैं सर को लेने जा रहा हूँ। देखना, सब ठीक रहे। मरीजों के कच्छे-बनियान लॉकर के बाहर न निकल आएँ। नहीं तो बाद में नंगा करके स्सालों को वार्ड के बाहर फिंकवा दूँगा।"

उसने जाने से पूर्व एक बार फिर वार्ड पर नजर डाली। बड़े साहब के राउंड लेने के नाटक के लिए स्टेज तैयार थी।

हवलदार बलभद्दरजी ने मुर्दे के रिश्तेदारों को दूर से देखा, साइकिल को स्टैंड से गिराया, बेंत को पुनः कैरियर में फँसाया और साइकिल पर चढ़कर बोले, "भाई वे डा. शर्मा तो एक परिवार नियोजन के केस में फँस गए हैं। जिसे कुछ खाना-पीना हो तो एक-एक करके खाकर आ जाए। देर लगेगी शर्माजी के आने में। इसी कारण हम सुबह से कह रहे थे कि जल्दी करो। पर तुम लोग तो दो हजार रुपए ऐसे दबाकर बैठे थे मानो देने ही नहीं पड़ेंगे। अब शर्माजी नसबंदी में लगे हैं। नसबंदी का कोई क्या कह सकता है ? राष्ट्रीय कार्यक्रम है, कितनी देर चले। हम तो खुद खाना खाकर आते हैं।"

हवलदार ने साइकिल में पैडल मारा और निकल गए एक तरफ को और आगे जाकर एक पगडंडी पर साइकिल उतारकर मोड़ पर गायब हो गए। सिपाही उन्हें गायब होते देख बड़बड़ाया, "पैसा आया नहीं कि चल पड़े उस छिनाल पर लुटाने।" इसके बाद सभी को सुनाते हुए उसने सारी स्थिति स्पष्ट की, "गये हैं

उस कहारन के घर। दो साल से फँसे हैं। अब जब तक अपना हिस्सा मिटा न आवेंगे, वे नहीं आने के इधर।"

साहब की सनक ही अस्पताल का कानून था।

साहब यानि चौबेजी। डा. चौबे।

डा. चौबे मेडिसिन के प्रोफेसर तथा हैड थे। जैसाकि पहली पंक्ति में ही निवेदित है, वे सनकी थे तथा भारत की उन सभी आत्माओं की भाँति, जो कुर्सियों में व्याप्त है, एक-दो सनकों में विश्वास नहीं रखते थे। वे सनकों का पुलिंदा थे। वे उठते-बैठते नई सनक ले आते। जब तक लोग पुरानी सनकों के आदी होते, वे नई तैयार कर लेते। फिर भी उनकी कुछ सनकें स्थायी भाव की भाँति थीं। पैसे को लेकर उनकी भावनाओं की चर्चा हम पहले ही कर चुके हैं। वे पैसे को ही भगवान, ईश्वर, अल्लाह, जीसस आदि मानते थे। वे इस मामले में धर्मनिरपेक्ष थे। उनके डिपार्टमेंट में हर डाक्टर धीरे-धीरे पैसे की ही बात करना सीख जाता था। जो भी शेयरों की बातें, पूँजीबाजार के नवीनतम आँकड़े, नई कंपनियों की स्थिति आदि की बातें कर लेता था, वही डा. चौबे की निगाहों में चढ़ जाता। जो डाक्टर मरीजों से ज्यादा से ज्यादा पैसे खींचकर चौबेजी के बँगले पर पहुँचवाता, उसकी एम. डी. पक्की हो जाती। पैसे के अलावा चौबेजी की दो और स्थायी सनकें थीं। वे जब बात करते थे, तो सामनेवाला उनके होंठ हिलने से पूर्व ही समझ जाता था कि उनकी बात में पैसे के अलावा ये दो बातें अवश्य होंगी।

ये दो सनकें थीं—मलेरिया तथा उनके पिताजी।

वे हर बीमारी के संदर्भ में अपने पिताजी को घसीट लाते। हर बीमारी उनके स्वर्गीय पिताजी को हो चुकी थी। वे जब मलेरिया पढ़ाते तो मच्छर के विषय में तो विस्तार से बताते ही, परंतु इससे भी अधिक विस्तार से वे यह बताते कि किस तरह उनके पिताजी सन पैंतीस में मलेरिया के कारण मृत्यु को प्राप्त हुए थे। अगले दिन वे अपने पूज्य पिताजी को फाइलेरिया से सन अड़तालीस में मारते, और उसके बाद उनके पिताजी को टायफाइड, मायोकार्डियल इनफारकसन, सेरीब्रल हीमार्‌हेज, निमोनिया, एनसेफिलाइरिस आदि से भी सन बत्तीस, छत्तीस, पचास तथा साठ में मरना पड़ता था। पिछले वर्षों से न तो चौबेजी बाप को मारते थकते थे और न पिताजी मरते हुए। शायद इस प्रकार पिताजी को बीच में घुसेड़कर वे सारी वैज्ञानिक बातचीत को एक व्यक्तिगत स्पर्श देते थे, या शायद उन्हें अन्य मरीजों की भाँति अपने पिताजी के विषय में भी अंत तक यह पता नहीं चल पाया था कि वे आखिर मरे कैसे, सो वे पुलिस की भाँति, जो अपराध होने पर शहर के सभी जरायमपेशा लोगों पर शक करती है, सारी बीमारियों को अपने

पिताजी की मौत का कारण मानते थे। डा. चौबे हर मरीज को (संदेह + आशा+ विश्वास − वैज्ञानिक समझ x सनक ÷ पिताजी) के बीजगणित पर तौलकर उसकी तकलीफों के पीछे मलेरिया का हाथ देखते थे। उनके जूनियर डाक्टर तथा अन्य सहयोगी तब मलेरिया के पाँव भी देख लेते थे और मरीज को संपूर्ण मलेरिया समेत धर लिया जाता था। डा. चौबे के वार्ड में मरीज मलेरिया से ही भरती होता था और मरता भी मलेरिया से ही था। कभी-कभी भरती रक्तचाप, माइग्रेन, पागलपन आदि किसी अन्य बीमारी से भी होता था, पर मरते थे सभी मरीज मलेरिया से ही। इस वार्ड के दरवाजे पर आकर यमदूत ठहर जाते; मलेरिया को मेकअप करते, मलेरिया जैसा कुर्ता-पाजामा डालते और तब मलेरिया के रूप में अंदर जा पाते।

मलेरिया का खौफ, इहलोक से परलोक तक फैला दिया था डा. चौबे ने। वे मलेरिया-विशेषज्ञ थे। मलेरिया पर भाषण देते थे। मलेरिया पर शोध-पत्र लिखते थे। मलेरिया पर बोलने के लिए विदेशों तक भागते थे। मलेरिया की बात हो तो लोग चौबेजी का मुँह ताकते थे। डा. चौबे की राय क्या है ? वे क्या कहते हैं ? मलेरिया से डा. चौबे के संबंध पतिव्रता स्त्री जैसे थे, यानि कि 'सपनेहुँ आन पुरुष संग नाहीं'। वे हर मरीज में मात्र मलेरिया ही सोचते तथा देखते थे। मलेरिया ही उनका ओढ़ना, बिछौना, दस्तरखान तथा कमोड था। मलेरिया ही उनका सूरज, चाँद, सितारा था। मलेरिया ही उनका बाप था, वही बाप जिसे मलेरिया हो गया था और होता रहता था। ऐसा बाप तथा ऐसा मलेरिया डा. चौबे के अलावा और किसे मिल सकता था !

ऐसे डा. चौबे राउंड पर निकले थे जैसे कोई शहंशाह रियासत में तफरीह को निकले या हमारा प्रधानमंत्री लक्षद्वीप की तरफ चले। जैसे कोई सुबह की सैर को निकले या अफीम खानेवाला अफीम की दुकान की तरफ चले। जैसे कोई मोर जंगल में नाचने को निकले या भैंस पानी में मड़ियाने चले या मंत्री सचिवालय की तरफ या थानेदार अलमारी की तरफ दारू की बाटली निकालने। वैसे ही निरर्थक, अर्थहीन, उद्देश्यहीन तथा फलविहीन कार्य की तरफ था उनका राउंड। एक तफरीह-सी कार्रवाई। एक हरामखोरी-सी कुछ बात। समय काटने के लिए जैसे आदमी मूँगफली खाता है, वैसी टाइमपास कार्रवाई। मुँहदिखाई की रस्म। रस्म-अदायगी की मजबूरी में राउंड लेना पड़ता है, सो वे जा रहे थे, वरना सारा काम जूनियर डाक्टर चला ही रहे थे। सभी मरीजों को मलेरिया ही निकलता था तथा राउंड में खराब होनेवाले समय में वे प्राइवेट मरीजों को देख सकते थे जो फीस देने के लिए रिरियाते घूम रहे थे। बिना पैसे लिए मुफ्त में राउंड लेने में वैसे भी उनकी जान पर बनती थी।

डा. चौबे राउंड के लिए चलते-चलते अपने वार्ड के पास पहुँचकर बरामदे

में रुक गए और दूर अस्पताल के अहाते में उगे बोगनबलिया के फूलों को ताकने लगे। वह बोगनबलिया को ताकते रहे। पीछे जूनियर डाक्टरों की फौज बोगनबलिया को प्यार से देख रही थी। धन्य बोगनबलिया है, जिसे हमारे डा. चौबे यूँ प्यार से देख रहे हैं–डाक्टरों ने सोचा। मलेरिया के बाद सबसे ज्यादा प्यार से चौबेजी ने इसी को देखा। बोगनबलिया धन्य है। धन्य है वह माली। धन्य है वो धरा जहाँ पर यह बोगनबलिया खड़ी है। मैं आज राउंड के बाद ही उस धरती को चूमूँगा तथा उस मिट्टी को सिर पर लगाऊँगा जहाँ यह बोगनबलिया खड़ा है–एक डाक्टर ने सोचा। मैं कल ही डा. चौबे के यहाँ से निकलते समय बोगनबलिया के पेड़ के नीचे धूल में लोटूँगा–दूसरे ने सोचा। मैं अभी बरामदे की छत से कूदकर कुछ फूल तोड़ लाऊँ क्या–तीसरे ने सोचा। सभी सादर खड़े सोचते रहे और खड़े रहे। डा. चौबे खिले हुए फूलों के दृश्य में खोए रहे।

"कितना प्यारा दृश्य है," चौबेजी ने कहा।

"बहुत प्यारा सर," सभी ने कहा।

"क्या ?"

"दृश्य, सर।"

"हूँ, बहुत प्यारा दृश्य लग रहा है। बोगनबलिया खिली हो तो देखने में बहुत अच्छी लगती है," चौबेजी ने बताया।

"जी सर, मुझे भी अच्छी लगती है।"

"लगनी चाहिए। एम. डी. करना है तो लगनी ही होगी।"

"जी सर।"

"हमारे पिताजी को भी खिली हुई बोगनबलिया देखना अच्छा लगता था। वे छत पर चढ़ जाते और बोगनबलिया को देखने में जुट जाते। एक बार इसी चक्कर में वे छत से गिरकर मर गये। वैसे हमें आज भी शक होता है कि उन्हें मलेरिया रहा होगा, जिसके कारण उन्हें चक्कर आ गया होगा। मलेरिया बड़ी ख़तरनाक बीमारी होती है। इसमें चक्कर से लेकर गर्भपात तक कुछ भी हो सकता है…" इसके बाद चारों तरफ मलेरिया के फूल खिल गए। मलेरिया हौले-हौले बहने लगा। मलेरिया की गंध फैल गई। मलेरिया की लहरें आकर जूनियर डाक्टरों के तट से टकराने लगीं। मलेरिया का समंदर बरामदे में फैल गया। "मलेरिया के समंदर में टखने तक डुबोकर खड़े होना और फिर बोगनबलिया देखना, आज का दिन सार्थक हुआ। आज राउंड में साहब का मूड ठीक रहेगा"–जूनियर डाक्टर ने सोचा और राहत की साँस ली।

डा. शर्मा आपरेशन थिएटर से नसबंदी निबटाकर निकले, तो तृप्त थे। निकलते

ही उन्होंने रामलँगोटजी को देखा, तो वे और तृप्त हो गए। रामलँगोटजी खाने की ट्राली पर पतला दूध, नमी में पसीजे बिस्कुट, सूखी डबलरोटियाँ तथा चितकबरी चाय लादे हुए आपरेशन थिएटर के सामने खड़े थे। शर्माजी ने ललकारकर कहा, "अरे रामलँगोटजी, कैसे हैं ?"

"सब कृपा है महाराज की," रामलँगोटजी ने कहा।

"कैसे खड़े हैं ? क्या गाड़ी का पहिया फिर निकल गया ?" शर्माजी ने पूछा।

"नहीं महाराज, लौंडे को कहा था कि बर्तन लेकर यहाँ ओ. टी. के सामने खड़े रहना। घर दूध भेजना था। न मालूम, स्साला कहाँ है ?"

"ये आजकल के लड़के बहुत लापरवाह हैं," शर्माजी ने राय दी।

"खीर बननी थी घर पर, महाराज। महरारू ने दो बार कहा था। अलग से दूध लाए हैं ज्यादा। आज पिटेगा, यह ससुरा।"

"मारिएगा मत··· मारने से बच्चे बिगड़ते हैं," शर्माजी ने समझाया।

"हमारे बाप ने भी तो हमें खूब मारा है। हम तो न बिगड़े," रामलँगोटजी ने कहा।

"पिताजी कहाँ हैं ?"

"किचन में हैं। खाने की तैयारी चल रही है।"

"और डा. पांडे ?"

"वे वहीं किचन के अपने कमरे में··· जाइए न, बढ़िया आमलेट बनाकर दिए हैं, हम अभी। पाँडेजी याद भी कर रहे थे आपको।"

"एक पोस्टमार्टम करना था हमको। पहले ही बहुत देर हो गई है।"

"अरे आप तो जाकर आमलेट खाइए किचन में, या फिर लस्सी पी लीजिए, फिर चीरिएगा मुरदा-फुरदा।"

"लस्सी बढ़िया है ?"

"बहुत बढ़िया। हम खुद पी के आ रहे हैं। एवन है। जाइए, जाइए।"

डा. शर्मा ने पोस्टमार्टम-रूम की तरफ जाने का इरादा मुल्तवी करके किचन की तरफ कदम बढ़ाए। उधर रामलँगोटजी ने दो बिस्कुट निकालकर चबाने शुरू किए और जूता ढीला करके पुत्र की प्रतीक्षा करने लगे।

सिपाही ने पल-भर को आँख खोलकर सारे जमाने को सुनाकर कहा, "शर्माजी अभी तक नहीं आए। सड़ जानी है लाश इस तरह। पिछले महीने भी यही हुआ था। सुबह से लाश पड़ी-पड़ी शाम तक गँधाने लगी, तब डा. शर्मा आए थे।"

"मृतक का तो सम्मान होना चाहिए," एक ने कहा।

"यहाँ बहनचोद जिंदा का कोई सम्मान नहीं है, तुम मृतक की बात करते

हो··· और क्या सम्मान होगा मृतक का··· ? स्साले के लिए सुबह से भूखे-प्यासे यहाँ पर माँ की ऐसी-तैसी करा रहे हैं," सिपाही ने मृतक के सम्मान में बयान देते हुए कहा।

डा. चौबे राउंड पर थे।

बड़े अस्पतालों के विषय में जो लोग थोड़ा-बहुत भी जानते हैं, वे राउंड नाम की चीज से परिचित होंगे। इसके बिना चारा भी नहीं। राउंड एक समारोह है, जिसके अंतर्गत एक बड़े डाक्टर के साथ पाँच-दस जूनियर डाक्टर हर मरीज की जाँच करके, उसकी मृत्यु क्यों नहीं हो रही, या यह कैसे ठीक हो गया इस बात पर आश्चर्य प्रकट करते हैं। राउंड वास्तव में परिक्रमा है, दो सौ गज की बाधा-दौड़ है, बड़े साहब की झाँकी है जिसे मरीजों के बीच घुमाकर चाय की प्यालियों में विसर्जित कर दिया जाता है। राउंड का मतलब है गोल, चक्राकार। कुछ गोल है, गोल-माल है। राउंड एक चक्र है, चक्कर है, घनचक्कर है। राउंड वास्तव में अध्यात्म की चीज है, जितना इसकी तह में जाओगे, वैराग्य की तरफ झुकते जाओगे। राउंड का अर्थ है गोल, शून्य, नाकुछ। शून्य है सब। कोई कीमत नहीं, पर फिर भी अस्पताल के गणित की एक आवश्यक संख्या।

चौबेजी का राउंड लेने का अपना तरीका था, जिसे भारत सरकार ने मौलिक आविष्कार होने के बावजूद अभी तक कोई पुरस्कार नहीं दिया था। वे मरीज से लगभग तीन फीट की दूरी कायम रखकर उसकी जाँच किया करते थे। वे दूर से ही पहले नंबर के बेडवाले मरीज से पूछते थे कि कहो भाई, क्या तकलीफ है, और जब तक वह बतलाता कि पेट में दर्द है, तब तक चौबेजी पाँचवें मरीज को तीन फीट की दूरी कायम रखते हुए बतला रहे होते कि उसकी पेचिश का राज मलेरिया है। डा. चौबे भागते हुए राउंड लेते। मरीज की बात सुनने का समय उनके पास नहीं था। वे मरीज को देखने में इतने व्यस्त थे कि मरीज को देखने का समय उनके पास नहीं था। वे एक पलँग से दूसरे पलँग तक तेज दौड़ते, फिर बिस्तर पर छलाँग मारकर बाधा क्रास करते और फिर दौड़ते। वे चिकित्साविज्ञान की पी. टी. उषा थे। वे मरीजों के समुद्र के ऊपर उड़नेवाले पवनपुत्र की तरह आते। वे सट्ट से आते और फट्ट से वार्ड से निकल जाते। बांग्लादेश के तूफान की तरह आते। पहले मरीज के पास ही मानो रेस की सीटी-सी बजती और डाक्टरों का पूरा काफिला दौड़ता हुआ मरीजों के पास से, सामने से, पलँग के नीचे से, खटिया के ऊपर से निकल जाता। एकदम भगदड़-सी मच जाती। सभी डा. चौबे के पीछे भागते, दौड़ते, उड़ते तथा घिसटते थे। कोई जूनियर डाक्टर यदि किसी मरीज के विषय में गंभीर डिसकशन करने की जुर्रत करके इस उड़नतश्तरी को

रोकने का प्रयास करता, तो डा. चौबे वहीं तश्तरी पर से उस पर झिड़ककर मलेरिया का ऐसा वार करते कि वह जीवन-भर याद करता। डाक्टर यूँ भागते थे मानो कोई जूता लेकर पीछे चला आ रहा हो।

हाँ, जिन मरीजों के पास डा. चौबे हाँफते हुए रुक जाते, उनके साथ वे अवश्य बड़े आत्मीय होकर बात करते। मरीज कहता कि कमर में दर्द है और चौबेजी उसे रतौंधी की गोली दिलवा देते। फिर रहस्य-सा खोलते हुए जूनियर डाक्टरों, उस मरीज़, आसपास के मरीजों, पलँगों, खिड़कियों तथा थूकदानियों को बताते कि दरअसल इस मरीज को रतौंधी के कारण कमर में दर्द है। रात में इसे दिखता नहीं है, इसीलिए यहाँ-वहाँ टकराकर गिर पड़ता है और दिन में कमर में दर्द की शिकायत करता है। या हो सकता है कि रतौंधी के कारण यह देख न पाता हो और रात में कोई दुश्मन उसकी कमर में लात जमाकर चल देता हो। फिर वे दुश्मनी के विषय में बताते तथा मरीज को समझाते कि रतौंधी के मरीज को किसी से दुश्मनी नहीं रखनी चाहिए क्योंकि रात में उसे दिखाई नहीं देता और दुश्मन वार कर सकता है। वे बताते कि गांधीजी, बुद्ध तथा महावीर ने किसी से दुश्मनी न करने के विषय में जो बार-बार कहा है, वह रतौंधी के रोगियों को रात में पिटते देखकर ही कहा था। फिर वह यह भी कहते कि मलेरिया के रोगी को भी दुश्मनी नहीं पालना चाहिए क्योंकि मलेरिया में कमजोरी आ जाती है और दिमाग पर भी असर पड़ता है जिसके कारण वह दोस्त और दुश्मन का फर्क नहीं कर पाता, जिससे दुश्मन को भी दोस्त समझने के कारण कई बार पिटना पड़ जाता है जैसे कि उनके पिताजी पिटा करते थे। फिर वह यह भी समझाते कि रतौंधीवाले को मलेरिया हो जाए, तब तो वह भूलकर भी किसी से दुश्मनी न पाले, वरना उसकी कमर के दर्द का इलाज हकीम लुकमान के पास भी नहीं मिलेगा।

डा. चौबे के राउंड का काफिला आज भी हाँफता हुआ उसी कमर के दर्द के मरीज के पास रुक गया था। डा. चौबे ने गाँधीजी जैसी निश्छल मुस्कराहट अपने चेहरे पर बिछाकर मरीज से लगभग लिपट जानेवाली आत्मीयता के भाव से विभोर होकर पूछा, "कैसा है ?"

"ठीक नहीं है," मरीज ने जवाब दिया।

"कमर का दर्द कैसा है ?"

"ठीक नहीं है।"

"कमर का जो दर्द था, वह कैसा है ?"

"ठीक नहीं है।"

"जो ठीक नहीं है, वह कमर का दर्द कैसा है ?"

"ठीक नहीं है।"

"जो कभी ठीक नहीं होनेवाला, वह दर्द कैसा है ?"

"ठीक नहीं है।"

उक्त वार्तालाप के पश्चात् डा. चौबे ने मुड़कर जूनियर डाक्टरों के काफिले में से अपने मनपसंद को इंगित करते हुए जिल्ले-इलाही के स्वर में आदेश दिया कि उस मरीज को रतौंधी की गोलियों का डोज बढ़ाकर दिया जाए ताकि वह जल्दी ही ठीक होकर अपना मुँह यहाँ से काला करे। मरीज यह सुनकर काँपने लगा, जिसे देखकर डा. चौबे ने सबको बताया कि यह मरीज मलेरिया के कारण काँप रहा है। मरीज ने तब बताया कि वह भय से काँप रहा है। तब डा. चौबे ने दिलासा दी कि मलेरिया से क्या घबराना, हमारे पिताजी को भी हुआ था। तब मरीज ने बताया कि वह इस भय से काँप रहा है कि उसे रतौंधी की गोलियाँ और दी जाएँगी। उसने निवेदन किया कि पिछले पंद्रह दिनों से इन गोलियों को खाते रहने से उसे बहुत फायदा हुआ है और अब वे उसे क्षमा ही करें। अब उसे रात में भी सूरज दिखाई देने लगा है तथा धूप के कारण रात-भर नींद नहीं आती। उसने यह भी कहा कि यदि रतौंधी की और गोलियाँ उसने खाईं, तो धूप में रात-भर पड़े-पड़े उसको लू लग जाएगी।

चौबेजी हँसने लगे। ऐसे स्पष्टवादी मरीज उन्हें भाते थे। उन्होंने प्यार से उसकी कमर में एक धौल जमाई तथा लात मारी। उसके बाद मरीज का दर्द ठीक हो गया। जिस लात के कारण दर्द समझा गया था, उसी ने उसे ठीक कर दिया था। इलाज करने का यह चौबेजी का अपना मौलिक तरीका था। इसके लिए भी सरकार ने उनको कोई पुरस्कार नहीं दिया था। परंतु डा. चौबे सरकार के प्रोत्साहन की परवाह न करते हुए लातें मार-मारकर गरीबों का इलाज करते जा रहे थे। वर्षों से, वे गरीब मरीजों को लात मारकर वार्ड से बाहर करते रहे थे। वे अगर डाक्टर न होते तो जनता के बीच 'लतमरुआ बाबा' के रूप में मशहूर होते और शायद अधिक पैसे कमाते।

अब डा. चौबे तथा जूनियर डाक्टरों का ग्रुप पुनः तेजी से बढ़ा और फिर भागने लगा। बीस-पच्चीस मरीजों की सलामी लेता हुआ, 'दाहिने देख' की मुद्रा में मरीजों की तरफ मुँह फेरे यह काफिला बढ़ता ही गया। इसी बीच डा. चौबे मुस्कराने लगे थे। वे सभी मरीजों की तरफ मुस्कराकर देखते हुए चल रहे थे। मरीज भी मुस्करा रहे थे। डाक्टरों का पूरा गिरोह ही अब मुस्कराकर चल रहा था और उनकी फोटो किसी विटामिन की गोली के विज्ञापन में काम आ सकती थी, जिसकी एक गोली सुबह-सुबह खाकर आदमी केवल विटामिन लेने के अपराध में दिन-भर तरोताजा रहकर मुस्कराता रहता है।

मुस्कराती हुई यह भीड़ जिस मरीज के सामने रुकी, वह उनके चेहरे देखते ही समझ गया कि किसी भी तकलीफ की बात इनसे करना बेवकूफी होगी क्योंकि डा. चौबे मजाक के मूड में हैं। जब-जब वे मजाक के मूड में होते, और पैसे

न मिल रहे हों तो वे प्रायः होते ही थे, तो वे मरते हुए मरीज को भी कोरामिन या ऐड्रीनेलीन का इंजेक्शन देने के स्थान पर गुदगुदाना शुरू कर देते थे। यह उनका मरीजों से निबटने का तीसरा मौलिक तरीका था और सरकार ने इसके लिए भी उन्हें कोई पुरस्कार नहीं दिया था।

डा. चौबे के कानों तक खाई की तरह फैली चौड़ी मुस्कान से जो प्रश्न टपका वह यही था कि 'बोलो बेटे, क्या तकलीफ है ?'

मरीज ने घबराकर कंबल में अपने को छिपाते हुए कहा कि वह बिलकुल ठीक है।

तब डाक्टर चौबे ने समझाकर कहा, "तकलीफ तो होगी ही। तभी तो अस्पताल में हो, भैया। छुपाते क्यों हो ? डाक्टरों से कुछ नहीं छुपाना चाहिए। सब खोलकर दिखाना चाहिए।"

"नहीं, ऐसी कोई तकलीफ नहीं है। अब ठीक हूँ," मरीज ने कहा।

"यार, शरमाओ मत।"

"मैं ठीक हूँ अब, शरमा नहीं रहा।"

"क्यों भई, क्या यह शरमा नहीं रहा ?" चौबेजी ने जूनियर डाक्टरों से पूछा।

"जी, यह बहुत शरमा रहा है। इससे ज्यादा शरमाता आदमी हमने कभी नहीं देखा," जूनियर डाक्टरों ने बताया।

"बताओ भई, क्या तकलीफ है ? हमारे पिताजी भी ऐसे ही तकलीफ छिपाते थे और बाद में भगंदर निकला था। भगंदर तो नहीं है ?"

"जी नहीं, मैं ठीक हूँ। मेरी छुट्टी कर दें।"

"यार छुपाओ नहीं, क्या बात है ? कोई गुप्त रोग तो नहीं ? हो, तो भी छुपाओ नहीं। गुप्त रोग का इलाज भी बड़ा सरल है। पाँच दिन तक आप रतौंधी की गोली खा लीजिए, तो मुसम्मात की शक्ल, जिसे आप रात के अँधेरे में नूरजहाँ समझते थे, रात में स्पष्ट दिखाई देने लगती है और सारा जोश खलास हो जाता है। फिर गुप्त रोग का प्रश्न ही नहीं। बताओ, बताओ।"

इतना कहकर उन्होंने जूनियर डाक्टरों को रतौंधी की गोली का इतिहास बताया, फिर उसका भूगोल तथा नागरिकशास्त्र भी बताने लगे। लोग जानते थे कि अब आधे घंटे से कम का चक्कर नहीं है। मरीज भी जानता था कि अब डाक्टरों के बीच निरर्थक 'क्लीनिकल डिसकशन' होगा जिसमें और कुछ भी हो, पर मरीज नहीं होगा, सो वह आँख मूँदकर सो गया। यहाँ-वहाँ की बातों पर चौबेजी डाक्टरों को बताते गए और बताते गए। नए-नए जर्नलों, किताबों तथा शोध-ग्रंथों का हवाला आया और नई-नई बातों को मिलाकर मलेरिया, रतौंधी, पैसे तथा पिताजी की बातें चलती रहीं।

यह गंभीर क्लीनिकल बातचीत शायद और आगे चलती, कि इसी बीच एक

भृत्य ने धीरे से आकर डा. चौबे को कुछ कहा और खड़ा हो गया। डा. चौबे ने कहा, "राजाराम, तुम साहब को कमरे पर बिठा दो और ठंडा पिलाओ।"

राजाराम ने बताया कि उसने उन्हें कमरे पर बिठा दिया है और ठंडा देकर ही यहाँ आया है।

चौबेजी ने उसे प्यार से देखकर सबको कहा, "स्मार्टनेस कोई राजाराम से सीखे, गुड।" इसके बाद उन्होंने डाक्टरों को बताया कि मिनिस्टर साहब के छोटे भाई कमरे पर बैठे हैं और मैं उनसे निबटकर आता हूँ।

राउंड को इस तरह बीच में ही मरीज की तरह बेमौत खत्म करके डा. चौबे और भी तेज कदमों से वार्ड के बाहर निकल गए। जूनियर डाक्टरों ने चैन की साँस ली और सिगरेट निकालकर एक-दूसरे को माँ-बहन की गालियाँ देते, फोश मजाक करते, धौलधप्पा करते चाय की दुकान की तरफ निकल गए।

वार्ड अब युद्ध के बाद के पानीपत के मैदान की भाँति अफरा-तफरी भरा था।

3

उस कमरे में एक सुखी डाक्टर बैठता था।

उस सुखी डाक्टर का नाम डा. पांडे था। डा. पांडे सुखी डाक्टर था, तो उसमें डाक्टर पांडे की कोई गलती नहीं थी। जिस कुर्सी पर वह बैठता था, वह कुर्सी सरकार ने इस प्रकार के कल-पुर्जों से बनवाई थी कि ऐसे आदमी को भी उस पर बिठा दो, जिसके पूज्य पिताजी का दो मिनट पूर्व ही स्वर्गवास हुआ हो तो वह भी खुशी से भरकर किलकारियाँ मारने लगता था।

वह कुर्सी किचन-इंचार्ज के नाम से विख्यात थी। वह सुखी डाक्टर, डॉ. पांडे के नाम से कुख्यात था। कुख्यात होने की तह में सांसारिक लोगों तथा अन्य डाक्टरों के मन में उठते दूषित विचार, संकुचित दृष्टिकोण तथा ईर्ष्या की भावना थी। उन्होंने 'सबै भूमि गोपाल की' या 'वसुधैव कुटुम्बकम्' की बात नहीं सुनी थी, और सुनी थी तो डा. पांडे की तरह नहीं समझी थी। 'वसुधैव कुटुम्बकम्' का मतलब सारा संसार हमारे बाप का है (तभी कुटुम्ब है) और सारी जमीन और इसकी चीजें भी हमारे बाप की हैं–यह वे जानते थे। लोग उनकी इन भोली भावनाओं का आदर न करते हुए इस बात का बुरा मानते थे कि डा. पांडे क्यों अस्पताल के मरीजों के लिए खरीदे जानेवाले अंडे, मौसमी, केले, टमाटर, दूध, दही, आलू, पालक, गोभी, मटर, मांस-मछली, थाली, आटा, परात, चम्मचें तथा लकड़ियाँ आदि खा जाते हैं जबकि इस चमत्कार के लिए डा. पांडे को अंतर्राष्ट्रीय जादू-संघ द्वारा सम्मान मिलना चाहिए था। लोग दुखी होते थे कि वह सब्जी, दाल, दूध आदि में कमीशन खाता था, परंतु यह भूल जाते थे कि वह सबको खिलाकर खाता था। लोग बुराई करते थे कि डा. पांडे दूध, घी पार कर ले जाते थे, परंतु उन्हें यह नहीं पता था कि वे आटा, चावल आदि भी घर ले जाते हैं, अतः यदि दूध-घी भी घर नहीं ले जाएँगे तो यह पक्षपात होगा।

डा. पांडे कमरे में आते ही दो अंडे खाते। इसके बाद वे एक काम यही करते कि फिर दो अंडे खा लेते। इसके बाद वे उठते तथा दो अंडे और खाते। फिर वे रसोईघर की तरफ रुख करते, जहाँ रामअवतारजी, जो रामलँगोटजी के पिता थे तथा किचन के हैड-रसोइए थे, उनको पुनः दो अंडे खिला देते। रसोईघर

में झाँककर, और न मालूम किस बात की जाँच करके वे यह कहकर अपने कमरे में वापस जाते कि दो अंडों का बढ़िया-सा आमलेट भेज दिया जाए।

प्रशासन तथा देश को यह आशा ही नहीं, वरन विश्वास था कि इस कमरे में ही बैठे-बैठे डा. पांडे रोगियों को बँटनेवाले भोजन का स्तर उठाकर हिमालय से भी ऊँचा ले जाएँगे ताकि चीन में बैठे बीमार उस पार से इस स्तर को देखकर भारतीय बीमारों के भाग्य से रश्क करने लगें। यह माना जाता था कि पांडेजी अपने निर्देशन में भोजन को कुछ इस तरह से संतुलित बनवाएँगे कि मरीज अस्पताल से निकलकर सीधे गुरू हनुमान के अखाड़े में उतरकर पटेबाजी करने लगेगा, कि मरीज एक रुपए बीस पैसे के सरकारी बजट में से कमीशन आदि का पैसा खा लिए जाने के बाद भी बचे पैसे के भोजन में विटामिनों, प्रोटीन तथा खनिजों के तालाब में छपाक-छपाक करेगा।

सरकार ने इतने विश्वास, आशा तथा अरमानों के साथ पांडेजी को इस कुर्सी पर बिठाया था। दरअसल उनको अस्पताल के सुपरिन्टेंडेंट डा. कपूर ने बिठाया था। डा. कपूर की आशाओं के अनुकूल पांडेजी पूरे उतरे थे। पांडेजी ने भोजन का यह प्रयोग सबसे पहले अपने ऊपर तथा डा. कपूर के पूरे खानदान पर पायलट-प्रोजेक्ट की तरह प्रारंभ किया था। परिणाम बड़े अच्छे रहे थे। पांडेजी का पेट बाहर आने लगा था तथा चूँकि सुपरिन्टेंडेंट साहब का पेट पुराने अनुभवों की वजह से पहले ही बाहर था, उन्हें रक्तचाप तथा मधुमेह की बीमारी हो गई थी।

पांडेजी डा. कपूर के आदमी थे। ऐसा कपूर साहब हाल के कुछ दिनों तक समझते थे। वे थे भी। पर डा. कपूर का रिटायरमेंट करीब था। अब उनसे चिपके रहने का कोई मतलब नहीं था। डा. पांडे इसी कारण आजकल डा. चौबे के आदमी हो गए थे। वैसे उनको डा. अग्रवाल का आदमी होना चाहिए था क्योंकि डा. अग्रवाल डा. कपूर के आदमी थे और डा. चौबे डा. कपूर के आदमी नहीं थे। पर डा. पांडे को लगा था कि कपूर के बाद डा. चौबे का ही आदमी होना ठीक रहेगा सो वे अब डा. चौबे के आदमी थे। इसीलिए डा. कपूर, डा. पांडे से इन दिनों नाराज थे तथा रोज ही एक-न-एक अर्ध-शासकीय या शासकीय पत्र, नोटिस, कारण बताओ पत्र आदि डा. पांडे को भेज दिया करते थे, जिनमें भोजन के स्तर, किचन के हिसाब के विषय में यहाँ-वहाँ की बातें आदि कहने के बाद डा. कपूर अंत में यही बात डा. पांडे से पूछते थे कि क्यों न आपको किचन इंचार्जशिप से हटा दिया जाए ? वे इन बातों का जवाब अड़तालीस घंटे में माँगते थे और संतोषजनक जवाब न मिलने पर कार्रवाई की धमकी देते थे। डा. पांडे जानते थे कि यह आदमी रिटायर होने को है तथा इस आदमी के साथ अब और कोई आदमी नहीं है सिवाय डा. अग्रवाल के, जिसके स्वयं के साथ कोई नहीं

है, अतः डा. पांडे उचित उत्तर देकर भूल जाते थे। एक माह की बात और थी। फिर इन सारे पत्रों की पुंगी बनाकर, डा. पांडे, डा. कपूर को, उनके बिदाई समारोह में उन्हें भेंट करने की इच्छा रखते थे ताकि रिटायरमेंट के बाद वे इन पत्रों की पुंगी का उचित प्रयोग करके अपना समय आनंदमय ढंग से काट सकें। यह बात डा. पांडे सभी से हँसकर बताते रहते। यही बात लोगबाग डा. कपूर को भी बताते रहते। डा. कपूर ने भी उसी किचन के अंडे खाए थे और उसी किचन का दूध पिया था। वे कब तक बर्दाश्त करते ? सो, आज उन्होंने यह जानते हुए भी कि डा. पांडे, डा. चौबे के आदमी हैं, उनके विरुद्ध कार्रवाई का निश्चय किया था और एक पत्र अपने भृत्य द्वारा डा. पांडे के पास पुनः भेजा था।

यह साधारण पत्र नहीं था। जब वह भृत्य पत्र लेकर डा. पांडे के कमरे में पहुँचा तो पांडेजी अपनी कुर्सी तथा मेज के बीच लक्ष्मण-झूला-सा बनाकर पैर फैलाए लेटे थे तथा लेटकर सो चुके थे और सोते हुए सपना देख रहे थे। सपने में सबसे पहला जो काम उन्होंने किया वह यही था कि दो हॉफ-बायल्ड अंडे खाए। फिर जब वे आगे के दो अंडों के विषय में विचारमग्न होते हुए पत्रों की पुंगी लिए, सपने में डा. कपूर के कमरे की दिशा में बढ़ रहे थे, तभी उनकी तपस्या भंग करने के लिए राक्षस अर्थात डा. कपूर का भृत्य कमरे में अंदर आ गया। उसने डा. पांडे को सपने के बीच में ही जगाकर अंडों के छिलके फेंकने का भी मौका नहीं दिया और टाइप किया हुआ एक कागज थमा दिया।

डा. पांडे ने सब समझते हुए भी पूछा, "यह क्या है ?"

"पढ़ लीजिए। सुपरिन्टेंडेंट साहब ने भिजवाया है।"

पांडेजी ने मन में डा. कपूर तथा प्रत्यक्ष में हवा को माँ की गाली देते हुए कागज ले लिया और पढ़ने लगे।

जिस नरपुंगव ने भी टाइपिंग मशीन का आविष्कार किया था, वह निश्चित ही भारतवर्ष के भविष्य को साफ-साफ देख रहा था। उसने देख लिया था कि आजादी के बाद, टाइपिंग मशीन के रोलर पर सारे देश को चढ़ाकर बड़े बाबू उस पर प्रगति के आँकड़े टाइप किया करेंगे। इधरवाले साहब, उधरवाले साहब को टाइप करके कोई कार्य करने की आज्ञा देंगे, जिसे उधरवाले साहब धुदरवाले को और धुदरवाले साहब खुदरवाले को दे देंगे। खुदरवाले साहब इस टीप को टाइप करके पत्र वापस पुनः इधरवाले साहब को भेज देंगे कि क्या वाकई कार्य इतना आवश्यक है, क्योंकि वरना हमको अभी बहुत सारे कागज टाइप कराकर इधर, उधर, खुदर, सुदर, लुदर तथा पुदरवाले साहबों को भिजवाने हैं, जिसका बड़ा काम है। भारतवर्ष की आधी जनता टाइप करती है, जिसे शेष आधी आबादी पढ़ती है। कश्मीर से कन्याकुमारी तक चल रही अनवरत खटखट के इस शोर में डा. कपूर के आफिस के टाइपराइटर का भी छोटा-सा विनम्र योगदान था, जिस

पर छपकर यह पत्र डा. पांडे के पास आया था। कोई ऐसा-वैसा पत्र होता, तो डा. पांडे भी अपने टाइपराइटर पर इसका जवाब दे डालते, परंतु पत्र पढ़कर वे चौंके।

पत्र में डा. पांडे पर अनियमितताओं, बेईमानी, लापरवाही, हिसाब में गड़बड़ी तथा भोजन का स्तर लगातार खराब होते जाने, बिना बताए छुट्टी ले लेने आदि अनेक सही आरोप लगाए गए थे, तथा अंत में यह बताया गया था कि इन आरोपों की जाँच डा. अग्रवाल करेंगे तथा जाँच के दौरान डा. पांडे निलंबित रहेंगे ताकि जाँच निष्पक्ष तरीके से संपन्न हो सके।

डा. पांडे सन्न रह गये। डा. कपूर की यह हिम्मत ! डा. चौबे के आदमी को सस्पेंड करने की हिम्मत डा. कपूर ने की, तो इसके पीछे कुछ-न-कुछ अवश्य होगा, क्योंकि डा. कपूर जानता है कि डा. चौबे तो कमीना है ही, पर डा. पांडे स्वयं कोई कम नीच नहीं है। नीच आदमी को नौकरी से तभी सस्पेंड करते हैं, जब आपकी पीठ पर कोई और बड़े नीच आदमी का हाथ हो। कौन है डा. कपूर के पीछे ? रिटायर होते आदमी के ऊपर कौन उल्लू का पट्ठा हाथ रख रहा है ? या कहीं स्साले को एक्सटेंशन तो नहीं मिल रहा ? यदि ऐसा हो तो डा. पांडे आज भी पुनः डा. कपूर के आदमी बनने को तैयार थे। चक्कर क्या है ? डा. पांडे समझ ही नहीं पाये। क्या किया जाए ? फिलहाल उन्होंने यह तय पाया कि यह पत्र लिया ही न जाए।

डा. पांडे, जो थोड़ी देर के लिए निलंबन आदेश देखकर घबरा गए थे, पुनः अपनी वाली पर आ गए। उनके अंदर छुपी तथा कूट-कूटकर भरी बदमाशी ने उन्हें आश्वस्त किया कि ऐसे आदेशों की परवाह नहीं करनी है तथा बेईमानी, रिश्वत, काले धन के इस धर्मयुद्ध में ऐसे आदेश हजारों बार पहले भी बहुतों के लिए निकले हैं तथा बेकार साबित हुए हैं। डा. पांडे ने एकदम नई चाल खेली और पत्र चपरासी को वापस करके कहा, "यह मेरे लिए नहीं है," और यह कहकर वे टेबल पर पुनः पैर रखने का उपक्रम करने लगे।

"आपके लिए ही है साहब," चपरासी बोला।

"यह हमारे लिए नहीं है। यह डाक्टर पांडे के लिए है।"

"तब आपके ही लिए तो हुआ न ?"

"क्यों ?"

"क्योंकि आप ही तो डा. पांडे हैं।"

"किसने कहा ?"

चपरासी घबरा गया। वह परेशान होकर बोला, "सर, आप ही तो डा. पांडे हैं।"

"नहीं, मैं डा. रामअवतार अग्निहोत्री हूँ।"

"पर कल तक तो आप ही पांडेजी रहे ?"

"कल क्या, हम आज तक थे। पर दो मिनट पहले ही हमने अपना नाम बदल लिया है और डा. कपूर चाहेंगे तो कोर्ट से हलफनामा भी ला देंगे। अब जो हमें डा. पांडे कहेगा, उसे पचास जूते मारेंगे और जो डा. पांडे के नाम का पत्र डा. अग्निहोत्री को लाकर देगा, वह सौ जूते खाएगा।"

"अब हम क्या करें हजूर ?" चपरासी ने पूछा।

"हम क्या बताएँ ?" हम डा. अग्निहोत्री हैं। डाक्टर पांडे का ठेका हमने नहीं ले रखा है। हाँ, कोई डाक डा. अग्निहोत्री के नाम हो, तो लाओ," पांडेजी ने अपनी असमर्थता व्यक्त की।

चपरासी पत्र उठाकर वापस जाने लगा। जाते हुए चपरासी को रोककर डा. पांडे ने कहा, "और सुनो, यह एक डा. पांडे की छुट्टी की दरख्वास्त है। वे अनिश्चितकालीन छुट्टी पर चले गए हैं। इसे कपूर को दे देना। कहना, कि डा. पांडे डा. अग्निहोत्री को दे गए थे।"

यह कहकर उन्होंने जल्दी-जल्दी एक छुट्टी की दरख्वास्त लिखी और चपरासी को दे दी।

चपरासी जाने लगा तो डा. पांडे ने कहा, "डा. अग्निहोत्री के नाम का कोई पत्र तो नहीं है–ऐसा सुपरिन्टेंडेंट साहब से पूछ लेना। अभी हम यहीं बैठे हैं।"

चपरासी पांडेजी की प्रतिभा का लोहा मानता वापस चला गया।

चपरासी के बाहर जाते ही आमलेट तथा लस्सी लेकर रामअवतारजी कमरे में आये और बोले, "यह लीजिए पांडेजी।"

पांडेजी ने कहा, "पांडेजी छुट्टी पर हैं रामअवतारजी।"

"जी ?"

"जी हाँ, मैं डा. अग्निहोत्री हूँ।"

रामअवतारजी वर्षों से सरकारी अस्पताल की नौकरी में थे तथा किसी भी स्थिति के अनूठेपन, उलझाव या टेढ़ेमेढ़ेपन से घबराते नहीं थे। वे डा. पांडे के व्यवहार से यह नहीं मान बैठे कि डा. पांडे पागल हो गए हैं, बल्कि वे समझ गए कि कहीं कोई गहरी बात है। उन्होंने पूछा, "क्या बात हो गई, अग्निहोत्री साहब ?"

"असल में डा. पांडे यकायक लंबी छुट्टी पर चले गए हैं। अभी। आज से। आज डा. अग्निहोत्री आए हैं," पांडेजी ने बताया।

"क्या हुआ अग्निहोत्रीजी ?" डा. पांडे से रामअवतारजी ने पूछा।

"असल में, डा. पांडे को सस्पेंड करना चाहता है डा. कपूर," पांडेजी ने समझाया।

"अग्निहोत्रीजी, आप डा. पांडेजी से कह दें, कि चिंता न करें। हम उनके

साथ हैं। अब आप आमलेट खाएँ और मस्त रहें," कहकर रामअवतारजी वापस चले गए।

डा. पांडे प्यार से रामअवतारजी को जाते हुए देखते रहे। कितना समझदार तथा तीक्ष्ण दिमाग पाया है इसने। न केवल यह आदमी सारी बात समझ गया, बल्कि तुरंत उसने यह निर्णय भी ले लिया कि इस युद्ध में उसे किसके साथ रहना है। वाह !

पांडेजी ने प्यार से देखती हुई निगाह को और ज्यादा प्यारमय बनाते हुए आमलेट पर नजर डाली ही थी कि दरवाजा खुला और डा. शर्मा अंदर आए और बोले, "रामलँगोटजी ने बताया कि यहाँ बढ़िया लस्सी रखी है, सो चले आए।"

"ठीक बताया उन्होंने। और भी कुछ बताया किसी ने ?"

"हाँ, सुपरिन्टेंडेंट साहब के आफिस के सामने से गुजर रहा था तो देखा कि वहाँ हंगामा मचा हुआ था। कपूर साहब चपरासी को डाँट रहे थे कि डा. पांडे की छुट्टी की एप्लीकेशन उसने क्यों ली और डा. अग्निहोत्री कौन है ?"

"फिर ?"

"फिर क्या ? डा. कपूर ने चपरासी के मुँह पर आपकी एप्लीकेशन फेंककर कहा कि दीनानाथ, अब तुम्हीं यह एप्लीकेशन रखो, तो उसने कहा कि मैं नहीं रखूँगा क्योंकि मैंने भी अपना नाम बदलकर दीनानाथ से कल्लूराम कर लिया है जिसने कोई एप्लीकेशन लाकर नहीं दी है।"

"वाह साहब, क्या बात है। सही कहा उसने। दीनानाथ के अपराध की सजा आप कल्लू को नहीं दे सकते।"

"सही कहा आपने। सौ अपराधी छूट जाएँ, पर एक बेगुनाह को सजा न हो यही हमारी अदालतें भी कहती हैं," शर्माजी ने कहा।

"हमारी अदालतें यह न कहतीं तो सौ अपराधी कैसे छूटते ?" डा. पांडे ने लस्सी का गिलास शर्माजी की तरफ बढ़ाकर कहा।

शर्माजी ने लस्सी लेकर आमलेट की प्लेट उठाई और डा. पांडे को दी। इस तरह दोनों एक-दूसरे को खिलाने लगे।

हराम का माल खाने का यही आदर्श तरीका भी था।

कुत्ते ने हॉस्टल के पेशाबघर की ठंडक में एक नींद पूरी की, डाक्टर्स हॉस्टल के मैस में जूठे बर्तनों के बीच पड़ी हुई कुछ मनपसंद चीजें खाईं, बरामदे में रखे दो-तीन स्कूटरों को सूँघकर रिजैक्ट करते हुए एक चपरासी की साइकिल पर पेशाब किया और फिर मुख्य द्वार से बाहर आ गया। वह कुछ घंटों पूर्व की मुर्दाघर

के पास घटित दुर्भाग्यपूर्ण पिटाइयों को पूर्ण रूप से भूलकर पुनः अपने संपूर्ण कुत्तेपन के साथ हॉस्टल के बाहर खड़ा था और भरे पेट तथा अलसाए शरीर के साथ सोच ही रहा था कि अहा, श्वान-जीवन भी क्या है ! कि तभी भरपूर श्वाँस खींचने पर उसने पाया कि एक तीखी बदबूदार गंध उसके फेफड़ों में भर गयी है। कुत्ते को अपने कुत्ता होने में यही बात खराब लगती थी कि उसकी नाक बहुत तेज थी। वह पाता था कि चारों तरफ से नाना प्रकार की गंधें आ रही हैं और आदमी को शायद पता न भी हो, पर उसे पता था कि यह संसार प्रायः बदबूदार गंधों से भरा पड़ा है।

कहाँ से आ रही है यह बू ? कुत्ते ने हवा के बहाव की दिशा के हिसाब से चारों तरफ देखा और पाया कि यह गंध मुर्दाघर की तरफ से आ रही है। कुत्ता गंधों को लेकर बड़ा संवेदनशील था। मामले की तह में पहुँचने के लिए उसका दिल मचलने लगा। वह कुछ घंटों पूर्व किए गए संकल्प को भूलकर पुनः मुर्दाघर की तरफ चल पड़ा। ज्यों-ज्यों मुर्दाघर पास आ रहा था, वातावरण और अधिक गँधाने लगा था।

डा. चौबे के कमरे के सामने की बैंच।

बैंच पर राजाराम भृत्य तथा मिश्रीलालजी पटेल। दोनों अपने-अपने स्वामियों के सेवक। सेवकाई, चमचाई तथा स्वामिभक्ति के क्षेत्र के दोनों महारथी। दो महाबली कमजोर सरकारी बैंच पर बैठे थे और बैंच तब भी टूटी नहीं थी; बैंच धन्य थी। बैंच के इस पराक्रम पर देवता फूल बरसाते, पर छत बीच में आड़े आ रही थी। देवता इन दोनों पर भी फूल बरसाते, पर वे अपने देवता अपने स्वामियों को ही मानते थे, सो देवता नाराज थे। राजाराम भृत्य के देवता डा. चौबे थे और पटेलजी के देवता मिनिस्टर साहब के भाई साहब श्री इंद्रमणिजी थे।

दोनों इस समय भी अपने देवताओं की ही धार्मिक चर्चा कर रहे थे।

"कैसे आये हैं मिनिस्टर साहब ?" राजारामजी ने पूछा। वे जानते थे कि मिनिस्टर का भाई भी मिनिस्टर ही होता है।

"अरे वही रामानंदवाले केस के चक्कर में।"

"उसमें क्या ?" राजारामजी ने सब जानते हुए भी उत्सुकता जताते हुए पूछा।

पटेलजी ने तब जो विस्तार से बताया, उसका सार इस प्रकार था–

रामानंदजी उस क्षेत्र के मशहूर छात्र नेता थे। वे इंद्रमणिजी के दायें हाथ थे। इसी हाथ से इंद्रमणि स्थानीय राजनीति में बहुतों की टाँग खींचते थे। उसी हाथ से मिनिस्टर साहब के क्षेत्र में फर्जी वोटिंग रोकनेवालों की गर्दन नापी जाती

थी। उसी हाथ से वे राजनीति में अपने विरोधियों की धोतियाँ उतरवाते थे तथा शिक्षाशास्त्रियों की टोपियाँ उछलवाते थे। अब उन्हीं हाथों ने पिछले दिनों एक हरिजन कन्या को उठा लिया और बलात्कार करके गला मसक दिया। वह कृतघ्न मर भी गयी। पुलिस उससे भी कृतघ्न निकली, जिसने उन्हीं हाथों में हथकड़ियाँ डाल दीं। अदालतें तो हमारे देश की, आप जानते ही हैं, बड़ी बेमुरव्वत होती हैं—उन्होंने रामानंदजी को जेल में डाल दिया था तथा जमानत नहीं होने दे रही थी। मिनिस्टर होते हुए भी यदि रामानंद-जैसा उनका गुंडा जेल में बंद रहे, तो उनका कुर्सी पर होने का कोई मतलब नहीं था। लानत थी उन पर। वे पश्चात्ताप की अग्नि में जले जा रहे थे। इसी आग में पहले उन्होंने स्थानीय पुलिस एस. पी. को जलाया।

अब इंद्रमणिजी इसी सिलसिले में डा. चौबे के पास पहुँचे थे। वकील ने बताया था कि रामानंद यदि बुरी तरह बीमार हो जाएँ, तो जमानत हो जाएगी, मेडिकल ग्राउंड पर। मेडिकल ग्राउंड वह मैदान था, जहाँ, अदालत में, बेईमानी की बहुतेरी लड़ाइयाँ लोगों ने पहले भी लड़ीं तथा फतह की थीं। सो तय पाया गया कि बीस वर्ष के उस लड़के को हार्ट-अटैक होगा और डा. चौबे से बेहतर कौन बता सकता था कि कैसा हार्ट-अटैक है क्योंकि डा. चौबे स्थानीय मेडिकल कालेज के स्वनामधन्य प्रोफेसर थे, हृदयरोग विशेषज्ञ थे तथा इस पोस्ट पर जमे रहने के लिए राजनीतिज्ञों के चरणों में पड़े रहनेवाले महान भक्त-परंपरावाले डाक्टर थे। वे राजनीतिज्ञों का हर काम सिर-माथे पर रखते थे। वे एक फोन पर एम. बी. बी. एस. में फेल हो रहे लड़के को गोल्ड मैडल तथा मेडिसिन का क, ख, ग भी न जाननेवाले को एग. डी. दे देते थे।

मेडिकल शिक्षा के राजनीतिकरण का जब भी इतिहास लिखा जाएगा, तब डा. चौबे पर लिखा अध्याय अशोक महान या बादशाह अकबर के बराबर लंबाई तथा महत्व का होगा—यह निर्विवाद था। चिकित्सा-शिक्षा-जैसे पवित्र, दायित्वपूर्ण तथा कठिन क्षेत्र में भी, भारतीय सड़क-छाप राजनीति तथा इसके मिडिलची नेताओं को लाकर डा. चौबे ने मेडिकल शिक्षा को सुगम, सरल, दस दिन पढ़कर पास हो जानेवाले, अपवित्र, घटिया, जोड़तोड़ से भरे तथा षड्यंत्रकारी कार्य में बदल दिया था। अब चिकित्सा-शिक्षा में अपने दिन-रात खपा देने, मोटी-मोटी किताबों तथा दुबले मरीजों के बीच रात-दिन गुजारकर, वर्षों अनुभव, मेहनत तथा लगन की आग में तपकर डाक्टर बनने के दिन जा चुके थे। अब अपने काम के प्रति लगन, अपने डाक्टर तथा प्रोफेसर होने के अहम तथा गर्व की अनुभूति करने तथा होशियार लड़कों को छाँटकर उन्हें प्रोत्साहित कर समाज को बेहतरीन डाक्टर देनेवाले प्रोफेसरों के दिन भी जा चुके थे। अब इक्कीसवीं सदी की पूर्वसंध्या के वे सुनहरे, चमकीले, सुंदर, हरामखोर, बेईमान तथा कमीने दिन आ गए थे,

जहाँ प्रोफेसर बिकाऊ थे, मरीज जानवर तथा पढ़ाई तथा श्रम बेमतलब। अब सिफारिश मरीज को बिस्तर दिलवाने से लेकर एनीमा लगवाने तक के लिए चाहिए थी। अब डाक्टर आम आदमी को उसी तरह लात मारता था, जैसी वह आम आदमी और जगहों पर भी खाता आ रहा था। जो दो-तीन बेवकूफ प्रोफेसर तथा डाक्टर अभी भी लात मारना तथा अन्य विद्याएँ नहीं सीखे थे, वे स्वयं लात खा रहे थे।

राजारामजी ने सारी कथा सुनी और आश्वासन-सा दिया, "रामानंदजी छूट जाएँगे। अपने डा. चौबे अच्छे आदमी हैं, लिख देंगे।"

"हम जानते हैं।"

"क्या ?"

"कि वे अच्छे आदमी हैं और हम यह भी जानते हैं कि हमारे इंद्रमणिजी भी अच्छों के लिए अच्छे तथा राक्षसों के लिए महाराक्षस हैं।"

कुछ सोचकर पटेलजी मुस्कराए और बोले, "बड़ी देर लगा दी चौबेजी और इंद्रमणिजी ने ?"

"बड़े आदमियों की बातें," राजारामजी ने कहा।

"कमरा बंद करके कुछ और तो नहीं कर रहे ?" आँख दबाकर पटेल ने कहा और हँसने लगा।

"दोनों ही ऐसे शर्मदार नहीं कि ऐसे काम के लिए कमरा बंद करें," राजारामजी ने बताया।

तभी दरवाजे की घंटी बजी। चौबेजी ने राजाराम को याद किया था। वे अंदर गए तथा फिर बाहर आकर पटेलजी से बोले, "आप तब तक तंबाकू-जर्दा करें··· हम तनिक डा. शर्मा को बुलाकर लाते हैं··· दोनों उन्हें याद कर रहे हैं।"

वही, डा. पांडे का कमरा।

किचन से फैलता धुआँ कमरे के सामने के बरामदे में भर गया था। दूर किचन की ट्राली की खड़खड़ की आवाज रहस्यपूर्ण संगीत की सृष्टि कर रही थी। शर्माजी तथा डा. पांडे आमलेट इत्यादि समाप्त करके चुपचाप बैठे थे। धुएँ के धुँधलके में उनकी आकृतियाँ अय्याश प्रेतों-सी लग रही थीं। अच्छा भला वातावरण बिना किसी अन्य कारण के जासूसी हो गया था।

तभी अंदर से पांडेजी ने देखा कि धुएँ को चीरती हुई दो छायाएँ आ रही हैं। यदि उनके हाथ में मोमबत्ती और पीछे से कोई गाना चल रहा होता तो यह सीन सीधे किसी हिंदी हॉरर फिल्म का टुकड़ा होता, पर उनके हाथ में मोमबत्ती की जगह एक कागज तथा गाने की जगह होंठों पर हवा में बेनामी बाँटी जा

रही गालियाँ थीं। गालियों के स्वर से पांडेजी समझ गए कि एक छाया तो डा. कपूर की है, तथा पीछे उनकी गालियों पर जो जोर-जोर से सिर हिलाकर ताकीद कर रहा है, वह उनका पी. ए. है। तब हाथ का कागज डा. पांडे का निलंबन आदेश ही होगा, यह जान लेने के लिए डा. पांडे को किसी विदेशी तकनीकी सलाहकार की आवश्यकता नहीं थी। वे तनकर बैठ गए।

"अब मजा आएगा," यह सोचकर डा. शर्मा ढीले होकर बैठ गए। डा. कपूर दरवाजे के बांहर ही रुक गए। उनके पी. ए. ने निलंबन का आदेश दरवाजे पर चिपका दिया। तब डा. पांडे ने कुर्सी पर से ही पूछा। "क्या बात है भाई ?"

"डा. पांडे का निलंबन आदेश है," पी. ए. ने कहा।

"पर वे तो छुट्टी पर हैं," पांडेजी ने मुस्कराकर कहा।

तब डा. कपूर दरवाजे से अंदर आए और मुस्कराकर बोले, "आप ही डा. अग्निहोत्री हैं ?"

"जी," पांडेजी ने विजेता की मुस्कान के साथ कहा।

"डा. पांडेजी को बताइएगा कि उनका निलंबन आदेश उनके दफ्तर तथा घर के दरवाज़ों पर चिपका दिया गया है तथा छुट्टी की अर्जी हमें मिली नहीं है। उनसे कहिएगा कि वे मेरे पास आएँ और नाक रगड़ें।"

"नाक रगड़ेगी मेरी जूती," पांडेजी गुस्सा हो गए।

"गुस्सा न हो अग्निहोत्रीजी। आपकी तो मैंने बात ही नहीं की। मैं तो पांडेजी की बात कर रहा था," डा. कपूर ने मजे लेकर कहा।

"ठीक है कपूर साहब··· मैं भी देख लूँगा," पांडेजी ने कहा।

डा. कपूर ने कहा, "आप बेवजह ही परेशान हो रहे हैं अग्निहोत्रीजी··· मैं पांडेजी की बात कर रहा था··· मैं रिटायर हो रहा हूँ, पर अपने साथ पांडेजी की भी नौकरी लेता जाऊँगा," यह कहकर वे अपने पी. ए. के साथ निकल गए।

डा. पांडे उन्हें दूर बरामदे में फैले हुए धुएँ में गायब होते देखते रहे। फिर कुछ देर चुप रहकर बोले, "हरामी है स्साला··· "

शर्माजी ने तब एक पते की बात कही, "आप डरें नहीं। आप कौन किसी से कम हरामी हैं।"

"यह सही कहा आपने। अब यही तय होगा कि असली हरामी कौन है ?"

हवलदार बलभद्दरजी को शीघ्र-पतन की बीमारी थी। उन्हें उत्तेजना कम होती थी, स्तंभन में गड़बड़ी थी। उन्हें अपना शिश्न टेढ़ा लगता था, अंडकोषों में सूजन लगती थी, तथा उनका वीर्य दिनोंदिन सरकारी डेरी के दूध की तरह पतला होता जा

रहा था। उन्हें गुप्त रोग था। उन्हें शुजाक हो चुका था। गिनोरिया का इलाज वे लेते रहते थे तथा हस्तमैथुन की बीमारी भी उन्हें थी। वे शिलाजीत खाते थे, जलजमनी की खोज में रहते थे, वैद्यों तथा हकीमों को चरन छूकर नमस्कार करते थे तथा एलोपैथिक डाक्टरों के पीछे ताकत की सुई लगवाने के लिए घूमते रहते थे। उनकी दूसरी पत्नी मात्र बीस वर्ष की थी और वे पचास के पेटे में थे। उन्हें अपनी पत्नी पर संदेह था। वे उसके साथ काम-क्रीड़ा में हरदम पराजित हुए थे। इसी कारण वे घर जाने में डरते थे। सो वे कहारिन के घर जाते थे। आज भी वे वहीं निकल गए थे, कि पता चला कि कहारिन किसी के साथ भाग गयी थी।

बलभद्दरजी वापस साइकिल पर चढ़ गए थे और तेजी से साइकिल पर पैडल मारते चल पड़े। वे चलते गए और चलते गए। वे अपमान से भरे थे। कहारिन कहीं भाग गई, इसका गम उन्हें नहीं था। यह कोई प्यार-मुहब्बत का सलीम-अनारकलीवाला मसला तो था नहीं। वे किसी और को पकड़ लेंगे। पर कहारिन ने यूँ एक जवान के साथ भागकर उन्हें पुनः उनके गुप्त रोग के प्रति जागृत कर दिया था। वे किसी भी औरत को संतुष्ट क्यों नहीं कर पाते ? पुलिस विभाग को पता चले तो वहाँ क्या सोचेंगे बड़े अफसर ? जिस पुलिस के लोग देश के थानों में यहाँ-वहाँ बलात्कार में यूँ उत्साह के साथ मुब्तिला हैं, वहाँ एक यह नामर्द भी है, जो पुलिस का नाम डुबो रहा है ! यह स्साला क्या बलात्कार करेगा ? उसे लगा कि जैसे हवाएँ उन पर हँसती हुई बह रही हैं, परिंदे उनकी खिल्ली उड़ाते चहचहा रहे हैं और साइकिल भी बार-बार चेन उतारकर उनकी हो-हो कर रही है। चेन चढ़ाकर वे और तेजी से चीरघर की तरफ चल पड़े। वे अब गुस्सा थे। अब लोगों की खैर नहीं। वे अब किसी को धुनकेंगे, यह तय था। नामर्दी का यही मर्दाना तोड़ था उनके पास।

राजाराम भृत्य जब डा. शर्मा का यहाँ-वहाँ पता करते हुए अंततः वहाँ पहुँचे, तब डा. शर्मा तथा डा. पांडे बाहर खड़े उस निलंबन आदेश के नोटिस को पढ़ रहे थे जिसे डा. पांडे के कमरे के बाहर चिपकाकर डा. कपूर अभी-अभी विजेता की मुद्रा में गए थे।

"सस्पेंड की स्पेलिंग गलत है। एस यू एस की जगह पर एस ए एस लिखा है," डा. शर्माजी ने बताया। पांडेजी चुपचाप खड़े रहे।

"इसे उखाड़ दें दरवाजे से," शर्माजी ने सुझाया।

पांडेजी ने कहा, "चिपका रहने दें। कौन पढ़ता है अपने यहाँ ? बीसों पोस्टर और कागज अस्पताल में यहाँ-वहाँ चिपके रहते हैं। यदि आदमी सभी को पढ़ने लगे तो बीमार हो जाए। लिखे की चिंता मत किया करो शर्माजी। इस देश में

लिखे को पढ़ता कौन है ? लिखते रहो स्सालो। कितने पढ़ेंगे ? कितने पढ़े-लिखे हैं इस देश में ? और पढ़े-लिखों में से भी कितने पढ़ते हैं ? और जो पढ़ते हैं, उनमें से कितने समझते हैं ? और जो समझते हैं, उन्हें सोचने की फुर्सत कहाँ है ? वे महँगाई, दफ्तर तथा बीवी-बच्चों के पचड़ों में ही मर-खप रहे हैं। बाकी देश तो अनपढ़ है ही, पढ़े-लिखों का भी डर नहीं। इसीलिए समझदार लोग लिखे हुए से डरते नहीं। यहाँ लिखनेवाले को रोकना बेवकूफी है। लिखने दो स्सालो को। अगर तेरे को इसी में ठीक लगता है तो लिख। सरकार में, पालिटिक्स में–जो इस बात को समझता है वही आदमी खुश है।"

शर्माजी ने कहा, "क्या बात कही है पांडेजी आपने··· तत्व की बात कह डाली आपने। लिखे को सच्ची में ही कौन पूछता है यहाँ ? हमने तो इसीलिए मेडिसिन की किताबें तक पढ़नी बंद कर दी हैं। न जाने क्या-क्या लिखते हैं ससुरे। नई-नई बातें। यहाँ पुरानी तक तो पढ़ी नहीं, नई क्या सीखेंगे ?"

डा. पांडे ने भारतीय परिस्थितियों में डाक्टरी के क्षेत्र में चल रहे धाँधलेबाजी के झंझावात में अपनी नैया को डूबने से बचाने के इस उपाय पर आगे चिंतन करते हुए कहा, "सही कहा आपने··· आप तो चौबेजी को पकड़े रहो यार··· वही तुम्हें एम. डी. दिलायेंगे। किताबों में दबे रहोगे तो किसी दिन तितली या फूल की तरह किताबों के पन्नों के बीच में सूखकर मर जाओगे।"

"हम नहीं पढ़ते किताबें भैया···। छूते तक नहीं···। मरीज को देखने में डाक्टरी की किताबों का क्या काम भैया ? मरीज को देखना भी एक कला है, जो आदमी पेट से सीखकर आता है। हम तो भैया, जैसा एम.बी.बी.एस. करने से पहले थे, वैसे ही अब हैं," शर्माजी ने अपनी स्थिति स्पष्ट की।

"सही कहा शर्माजी आपने। डाक्टर यदि डाक्टरी की ही किताबें पढ़ेंगे या नए-नए जर्नल, चिकित्सा-ग्रंथ, शोधपत्र आदि में लगे रहेंगे, तो फिर मरीज कब देखेंगे ?" डा. पांडे ने शर्माजी को नैतिक सहारा दिया।

"कुछ डाक्टर स्साले अभी भी पढ़ते हैं," शर्माजी ने शिकायत की।

"चूतिए कहाँ नहीं होते भैया ? कोई बेवकूफी पर ही उतारू हो, तो कहाँ तक उसका हाथ पकड़िएगा," पांडेजी ने समझाया।

"समझते नहीं कि यह इंडिया है प्यारे। कोई अमेरिका नहीं कि लगे हैं साइंस झाड़ने।"

"यहाँ तो आर्ट ऑफ मेडिसिन सीखो यारो। भूल जाओ कि कोई साइंस ऑफ मेडिसिन भी होती है। यहाँ चिकित्सा-विज्ञान की नहीं, चिकित्सा-कला की बात करनी चाहिए भैया।"

यह दो सफल डाक्टरों की बातचीत थी। यह दो भारतीय ढंग से जागरूक चिकित्सकों की बातचीत थी। यह नीम-हकीमों, ऐलोपैथिक दवाइयों के बल पर

आयुर्वैदिक प्रेक्टिस करते वैद्यों, घरेलू उपचारों के बल पर चिकित्सा क्षेत्र में झंडा गाड़नेवालों, मीठी गोलियों को ही होमियोपैथी समझनेवाले होमियोपैथों, बिना चीरफाड़ के मस्सों तथा भगंदर को शर्तिया सुखा देनेवाले चाँदसी-दवाखानों, हिमालय की कंदराओं में वर्षों भटकने के बाद भी जवान बने रहनेवाले तथा यहाँ-वहाँ की हड्डियाँ तथा खालें बटोरकर और डंठल-फूल-पत्तियाँ बटोरकर उनका मजमा लगाकर नामर्दों–पुराने बीमारों–बाँझों आदि को बेचनेवालों, डाक से इलाज करनेवालों, पोलियो, दमा-मिर्गी तथा मधुमेह आदि का शर्तिया इलाज करने के बड़े-बड़े विज्ञापन अखबारों में निकालने के बाद भी चिकित्सा के क्षेत्र में नोबल-प्राइज न पानेवाले हतभाग्यवीरों तथा मर्दाना कमजोरी, गुप्त रोगों आदि के मायाजाल फैलाए माया-मछंदरों के रेगिस्तान में नखलिस्तान की गलतफहमी पाले हुए 'भारतीय एलोपैथिक' चिकित्सा के टापू पर खड़े दो भटके हुए यात्रियों की बातचीत थी। मैंने 'भारतीय एलोपैथिक पद्धति' की बात इसीलिए की क्योंकि हमारी एलोपैथिक चिकित्सा का ढंग विदेशी एलोपैथिक चिकित्सा से एकदम निराला है। हमने एलोपैथी का ऐसा राष्ट्रीयकरण तथा भारतीयकरण किया है, कि लोग असली माल पहचानना भूल गए। हमारे यहाँ एलोपैथिक चिकित्सा का तात्पर्य है– लाल-पीली कुछ भी गोलियाँ मरीज को खिलाना, स्टैथोस्कोप या आला या टूँटी को यहाँ-वहाँ दस सेकंड में बीस जगह छुआकर, मरीज को यह खुशफहमी देना कि डाक्टर इस आले के जरिए न जाने क्या सुनकर, न जाने कौन-सा रामबाण मारने जा रहा है (जबकि वास्तव में उनका आला वर्षों पुराना है, जंगशुदा हो चुका है तथा मात्र आभूषण-जैसी वस्तु है)। नकली-सस्ती दवाइयाँ बनानेवाली स्थानीय कंपनियों की दवाइयाँ लिखना, दवाई कंपनी के एजेंटों से दवाइयों के बारे में पढ़ना, सैम्पल की दवाइयाँ बेचना, लंबे-लंबे नुस्खों में एक-दूसरे को काटनेवाली दवाइयाँ तथा तीन-चार तरह के टॉनिक लिखना, जो भी नई दवाई दवा-कंपनीवालों ने निकाल दी उसे आँख मूँदकर लिखना, झूठे शोधपत्रों के जरिए देश-विदेश की यात्रा करना, बिना बैक्टीरिया या जीवाणु की चिंता किए कोई भी एंटीबायटिक किसी भी (दिल को पसंद आनेवाले) डोज़ में खिलाना, चार मशीनें खरीदकर पैथालोजिस्ट या रेडियोलोजिस्ट या कोई और लोजिस्ट बन जाना, आपस में मरीजों को एक-दूसरे को ऐसे रिफर करना जैसे सब तरफ से नोंचने को गिद्ध टूट पड़े हों, फाइवस्टार होटलों की ठसक के तथा महँगें नर्सिंग होम चलाना आदि। यह नहीं था कि इनके बीच अच्छे तथा सच्चे एलोपैथिक चिकित्सक नहीं थे। वे थे, पर नहीं-जैसे थे। वे थे पर उनकी प्रायः कोई पूछ नहीं थी। वे थे, और दिनोदिन वे और अधिक 'थे' होते जा रहे थे। वे भूतकाल की चीज हो रहे थे। चिकित्सा-क्षेत्र का वर्तमान तिकड़मों, साजिशों, दो नंबरियों तथा जोड़-तोड़वाले तथाकथित डाक्टरों का हो गया था। जनता भी ऐसे ही डाक्टरों को पसंद करती थी। उसे देश में अन्य क्षेत्रों में धोखा दिए जाने

तथा जूते खाने आदि की ऐसी कुटेव लग गई थी, कि वह चिकित्सकों से भी यही चाहती थी। वह जो चाहती थी, वह भरपूर मात्रा में पा भी रही थी। जब तक डा. पांडे तथा डा. शर्मा-जैसे चिकित्सक एलोपैथी में मौजूद थे, आम जन को बेवकूफ बनने के लिए कहीं और जाने की आवश्यकता नहीं थी। वे उन्हें उनके पसंद की चीज भरपूर, लगातार देते रहने की स्थिति में थे।

डा. पांडे तथा डा. शर्मा जब एलोपैथी के विज्ञान के, वर्षों पूर्व शिकार किए गए मृत शरीर पर पैर रखकर फोटो खिंचवाने की अदा में खड़े होकर उपरोक्त वैज्ञानिक तथा सुखद बातचीत में मुब्तिला थे, तभी श्री राजारामजी भृत्य ने जाकर उन्हें डा. चौबे का संदेश यूँ दिया–

राजाराम : चौबेजी ने याद किया है।

शर्माजी : कहाँ ?

राजाराम : कमरे पर।

शर्माजी : वहाँ ?

राजाराम : हाँ, वहाँ। नेताजी भी आए हैं–इंद्रमणिजी।

शर्माजी : कौन ? चाचाजी ?

राजाराम : वे आपके चाचाजी हैं ?

शर्माजी : वे हमारे पिताजी हैं भैया··· चाचाजी तो हम कहते हैं। वैसे भी मंत्री का भाई तुम्हारा चाचा हुआ ना, क्योंकि मंत्रीजी तो सबके बाप हैं।

यह सुनकर राजारामजी हँस दिए। वे शर्माजी की इसी अदा के दीवाने थे कि शर्माजी सीधी और साफ बात कहते थे। मंत्रीजी सभी के बाप थे, पर सभी डाक्टर कहाँ इतनी साफगोई से यह बात कबूल कर सकते थे ?

डा. शर्मा ने पांडेजी से कहा, "चलिए, आप भी चलिए न। आपके इस सस्पेंशन की बात भी करे लेते हैं। चाचाजी भी वहीं हैं।"

डा. पांडे ने तब कहा कि चौबेजी को अब तक सब पता हो गया होगा। चौबेजी को इतना कम मत समझो।

तब डा. शर्मा ने कहा कि हम चौबेजी को कम नहीं आँक रहे हैं। वे बड़े हरामी हैं, यह हमसे ज्यादा और कौन जानता है, क्योंकि हम भी कोई कम हरामी नहीं हैं। पर चाचाजी भी वहीं थे, तो बात हो जाती।

इस पर डा. पांडे ने कहा कि चाचाजी भी कम हरामी नहीं हैं, वे तो हरामियों के सरताज हैं। इतनी छोटी-सी बात के लिए इतने बड़े हरामी की सेवाएँ लेना ठीक नहीं होगा। निलंबन वगैरह से तो हम ही निबट लेंगे।

तब शर्माजी ने कहा कि जैसा आप उचित समझें। हमने तो एक बात कही थी।

यह कहकर वे राजारामजी के साथ बरामदे में फैले तथा फैलते ही जा रहे

धुएँ के बादलों में गुम हो गए।

पांडेजी कुछ देर तक कमरे के दरवाजे पर ही खड़े होकर कुछ सोचते रहे। थोड़ी देर के संक्षिप्त मगर गहन चिंतन के पश्चात उन्होंने दो बातें तय पाईं–एक, कि वे भूखे हैं तो दो अंडों की उन्हें सख्त आवश्यकता है, तथा दो, कि मान लो कि जाँच बैठ ही गई, तो रामअवतारजी, रामलँगोटजी इत्यादि रसोइयों की एक बैठक लेकर उन्हें ब्रीफ करना आवश्यक है।

दोनों ही बातों के लिए किचन में जाना आवश्यक था। डा. पांडे ने देर न की। वे कुड़क मुर्गी की तरह बेचैन कदमों से किचन की तरफ चल पड़े। आगे का चिंतन उन्होंने दो अंडों के खाने तक मुल्तबी कर दिया था।

कुत्ता चीरघर के पास खड़ा था।

उसने चौकन्नी निगाहों से देखा। वहाँ कोई नहीं था। जहाँ बलभद्दरजी ने जलती बीड़ी फेंकी थी, पीठ पर वह जगह अभी तक जलन कर रही थी। वैसे धूल में लोट-लोटकर तथा फिर बाथरूम के गीले फर्श पर लेटकर कुत्ते ने अपने जख्म का देसी तथा घरेलू उपचार किया था, पर दर्द अभी भी था। इसीलिए वह सतर्क था। वह फिलहाल और कोई चोट नहीं चाहता था। कुत्ते ने एक बार भौंककर पूछा, "भौं, भौं" अर्थात कोई है ?

कोई नहीं था।

अब कुत्ते की जिज्ञासु प्रकृति ने जोर मारा। वह गंध कहाँ से आ रही है, यह वह जान गया था। गंध मुर्दाघर से आ रही थी। 'अंदर चलकर देखूँ,' कुत्ते ने स्वयं से पूछा। 'चलो, पर पिट न जाना,' उसने स्वयं को जवाब दिया। वह कुछ देर तय करता रहा कि जाऊँ या नहीं ? अन्ततः हिम्मत जुटाकर वह बरामदे में चढ़ा। अंतिम बार उसने चारों तरफ एहतियात के तौर पर नजर दौड़ाई। दूर सड़क पर एक साइकिल आ रही थी। उसे लगा कि हवलदार बलभद्दरजी साइकिल पर आ रहे हैं। फिर उसने सोचा कि बुढ़ापे की नजर हो चली है उसकी और वह घबरा गया है, इसी कारण उसे चारों तरफ हवलदार ही दिख रहा है। कुत्ता अंदर घुस गया।

जब कुत्ता गँधाते कमरे में घुस रहा था, तब तक वह साइकिल सवार मुर्दाघर के काफी पास आ गया था। अब यदि कुत्ता अपनी बूढ़ी आँखों से भी देखता तो जान जाता कि साइकिल पर हवलदार बलभद्दर ही सवार थे। जब साइकिल रोककर बलभद्दरजी उसे टूटे हुए स्टैंड पर खड़ा कर रहे थे, तब कुत्ता मुर्दाघर में घुस चुका था।

डा. कपूर का पी. ए. जब वार्ड में पहुँचा, तो डा. अग्रवाल सर्जिकल वार्ड के राउंड पर थे। डा. अग्रवाल का राउंड लेने का तरीका डा. चौबे से एकदम अलग था। उन्होंने अपनी अलग ही शैली विकसित की थी। वे सर्जरी के प्रोफेसर थे, पर सर्जरी नहीं करना चाहते थे। उन्हें सर्जरी से नफरत थी। वे आपरेशन के पचड़े में नहीं पड़ना चाहते थे। काटना-पीटना, सिलना आदि को वे दर्जी का काम मानते थे। वे सर्जरी में भरती हर मरीज के आपरेशन को तब तक टालते थे, जब तक कि वह निहायत आवश्यक न हो जाए और जब वह आवश्यक हो ही जाए, तो वे छुट्टी ले लेते थे ताकि कोई और जूनियर डाक्टर या कंसलटेंट आपरेशन कर दे। कभी-कभी वे स्वयं भी आपरेशन करते थे। ऐसे आपरेशन वे संन्यासी की भाँति निश्छल, निःस्पृह भाव से करते थे, जिसमें कोई लालच-बंधन-इच्छा या अच्छे फल की आकांक्षा ही नहीं होती थी, अर्थात 'भाड़ में जाओ' की भावना के साथ। वे प्रायः मरीजों को आपरेशन न कराने के लिए ही प्रेरित करते थे। वे राउंड लेते समय मरीजों को आपरेशन के खतरे, नुकसान तथा यकायक जान जाने की आशंका आदि की बातें इतने विस्तार से बताते थे कि एक-एक मरीज पर उन्हें दस-दस मिनट लग जाते थे। डा. चौबे जहाँ दौड़कर, उड़कर, तथा लंबी कूद मारकर, मिनटों में राउंड खत्म कर देते थे, वहीं डा. अग्रवाल का राउंड घंटों चलता था।

वे इस समय जिस पलँग के पास थे, उस पर लेटे एक बूढ़े मरीज के संबंध में यूँ राउंड हो रहा था–

"हाँ भाई, तो क्या केस है यह ?" डा. अग्रवाल ने साथ चल रही जूनियर डाक्टरों की रेवड़ से पूछा।

"सर, यह गॉलब्लेडर के स्टोन का केस है," एक भेड़नुमा जूनियर डाक्टर ने फाइल देखकर बताया।

"बाबा, तुम्हारे गॉलब्लेडर में पथरी है," डा. अग्रवाल ने तब मरीज को बताया और फिर पलटकर जूनियर डाक्टर से पूछा, "कैसे कहते हो कि यह गॉलब्लेडर की पथरी का केस है ?"

"सर, आपने ही कल कहा था।"

"गुड··· पर यह भी हो सकता है कि यह गॉलब्लेडर की पथरी न होकर गुर्दे की पथरी हो ?"

"यस सर, हो सकता है।"

"या कहीं की भी पथरी ही न हो, क्या कहते हो ?"

"जैसा आप कहें सर।"

"तुम्हें क्या लगता है ?"

"जैसा आपको लगे सर, वैसा ही मुझे लगता है।"

"गुड··· हो सकता है कि यह 'कोलोन' का कैंसर हो।"

"हो सकता है सर।"

"पर गॉलब्लेडर की पथरी ही ठीक रहेगा। वही है इसे।"

"जी हाँ, वही है।"

"गॉलब्लेडर–बोलने में भी अच्छा लगता है।"

"जी हाँ।"

"फिर पथरी ही हमें निकालनी हो तो गॉलब्लेडर की ठीक रहेगी। वह आपरेशन हमें अच्छा आता है··· "

"जी सर।"

"वैसे हो सकता है कि गॉलब्लेडर में पथरी न निकले।"

"हो सकता है, सर।"

"फिर भी खोलकर देखने में कोई बुराई नहीं है।"

"जी सर।"

तय हो गया कि खोलकर देखे लेते हैं यानी आपरेशन करके देख लेते हैं। पथरी निकली तो ठीक, और न निकली तो भी अपने बाप का क्या गया ? मरीज का भी फायदा ही हो गया कि उसे यह पता चल गया कि उसका गॉलब्लेडर अच्छा है; उसमें पथरी नहीं है। कम-से-कम, वह आपरेशन के बाद ताल ठोंक कर कह सकता था कि मेरे गॉलब्लेडर में पथरी नहीं है, जो कि अन्य लोग नहीं कह सकते थे। वह अपने गॉलब्लेडर के विषय में आँख मूँदकर शर्त लगा सकता था कि वहाँ कोई पथरी नहीं है। सो तय हुआ कि आपरेशन किया जायेगा। मरीज सारी बातें ध्यान से सुन रहा था। वह डाक्टर को ईश्वर मानता था। वह सोच रहा था कि डाक्टरों के बीच घनघोर ज्ञान की बातें चल रही हैं, जिनके चलते उसके रोग का पता चल जाएगा।

जूनियर डाक्टर जानते थे कि अब इस नाटक के अगले अंक का परदा उठने को है। वे जानते थे कि क्या नाटक होगा तथा संवाद क्या होंगे। आपरेशन करना है–पहले अंक में यह तय करने के बाद नाटक का दूसरा अंक इस बात को लेकर था कि इस आपरेशन को अब कैसे टाला जाए, जिसे तय कर लिया है कि करना है। वे आज भी इतनी बात के बाद आपरेशन टालने के संवादों पर आए। वे अब मरीज से ही यह कहलवाने पर उतारू हो गए कि उसे आपरेशन नहीं कराना है। बातचीत यूँ शुरू हुई :

"बाबा, तुम्हारे गॉलब्लेडर में पथरी है," अग्रवाल साहब ने मरीज को बताया।

"जी मालिक," मरीज ने कुछ भी न समझते हुए भी बड़े डाक्टर के रोब में आकर कहा।

"आपरेशन कराओगे ?"

"जी, करा लेंगे।"

"करा लो, ठीक रहेगा। पथरी निकलने से आराम हो जाएगा।"

"जी।"

"तो, आपरेशन को तैयार हो ?"

"जी।"

"बड़ा सरल आपरेशन है। इसमें कोई खतरा नहीं है। आराम से हो जाता है।"

"कोई खतरा तो नहीं डाक्टर साहब ?" मरीज ने पुनः तसल्ली के लिए पूछा।

"काहे का खतरा बाबा··· कोई खतरा नहीं। कभी-कभी टाँका पक जाता है, तो क्या हुआ ? या बेहोशी की दवाई से लिवर खराब हो जाता है। पर कभी-कभी, हमेशा तो नहीं। डरना क्या। डरो मत।"

"लिवर खराब··· ?" मरीज ने घबराकर पूछा।

"लिवर हमेशा खराब नहीं होता। आजकल अच्छी बेहोशी की दवाइयाँ आ गई हैं। पता भी नहीं चलता है। हाँ, कभी ऐसा होता है कि किसी मरीज को लकवा हो जाए या बेहोशी में ही वह चल बसे··· "

"मरने का डर है सरकार ?" मरीज ने डरकर पूछा।

"अब आदमी आपरेशन कराने को उतरा है तो फिर मरने का क्या डर यार ? और फिर कोई हर मरीज थोड़े ही मरता है। उस मरीज का ही केस लो, जिसका परसों गॉलब्लेडर का आपरेशन किया था। बस वही एक मर गया था। पिछले दो तो बढ़िया होकर चले गए थे," अग्रवाल साहब तसल्ली देने लगे।

"फिर भी सरकार··· हम कल सोचकर बताएँगे," मरीज ने कहा।

"खूब सोचो। कल बता देना। जल्दी नहीं है हमें आपरेशन करने की। सोच लो। आपरेशन जरूरी है, ठीक हो जाओगे। यह सही है कि आपरेशन में थोड़ा खतरा है। पर मरने से कब तक डरोगे ? मरने से आदमी को नहीं डरना चाहिए। बुढ़ापे में आकर मरने से क्या डरना ? आपरेशन में वैसे भी कोई करने की बात नहीं है। छोटा-सा आपरेशन है। पर मान लो कि मर भी गए, क्योंकि कुछ तो मर ही सकते हैं आपरेशन में, तो क्या हुआ ? वैसे, हम कैसे कह सकते हैं कि आपरेशन में तुम मरोगे नहीं ? पर हमें न जाने क्यों लगता है कि तुम मरोगे नहीं। वैसे मर भी सकते हो। पर डरो नहीं। मरोगे नहीं। और, मर भी गए तो डरना क्या ? मरने के बाद क्या डरना ? फिर भी सोच लो। कल बता देना।"

इतना कहकर डा. अग्रवाल अगले पलँग पर पहुँच गए। उक्त वार्तालाप के दौरान जूनियर डाक्टर हाँ-में-हाँ मिलाते रहे। अगले पलँग पर उन्होंने पुनः अपने जूनियर डाक्टरों से पूछा।

"यह कौन-सा मरीज है ?"

"जी, इसका कल आपरेशन है, पेप्टिक अल्सर का।"

"इसे पथरी नहीं है ?"

"नहीं सर।"

"हो सकता है कि हो।"

"सो तो है सर।"

"फिर कैसे कहते हो कि नहीं है।"

"यस सर।"

"भई, जब तक हम यह न कह सकें कि पथरी नहीं है तब तक हम क्यों कहें कि पथरी नहीं है ? क्योंकि हो सकता है कि इसे पथरी हो। वैसे, इस बात का चान्स नहीं है कि इसे पथरी हो क्योंकि यह पेप्टिक अल्सर का मरीज है, फिर भी साथ में पथरी भी इसे हो, तो कोई क्या कर सकता है ? और हो सकता है कि पथरी ही हो और पेप्टिक अल्सर न हो या दोनों ही न हों या यह मरीज ही कोई दूसरा निकले··· "

"जी सर।"

"गुड··· हाँ। तो भई बताओ, तुम वही मरीज हो ना, जिसका कल आपरेशन होना है ?" अब अग्रवाल साहब ने मरीज से मुखातिब होते हुए कहा।

मरीज ने निहाल होते तथा दंडवत् मुद्रा में कहा, "हाँ, सरकार।"

"बहुत अच्छे···," अग्रवाल साहब ने प्यार उँड़ेला।

"जी सर, बहुत अच्छे," एक जूनियर डाक्टर ने कहा।

"गुड···, तुमने बहुत अच्छा 'बहुत अच्छा' कहा।"

"सर, मैंने आपसे ही इतना अच्छा 'बहुत अच्छा' कहना सीखा है।"

"गुड··· सीखते रहो, हाँ, तो भई कल तुम्हारा आपरेशन है ?"

"जी सरकार।"

"भई, इनसे कंसेंट (अनुमति) पर हस्ताक्षर करा लेना कि ये आपरेशन के लिए तैयार हैं तथा बेहोशी और आपरेशन के सारे खतरे इन्हें समझा दिए गए हैं।"

"जी सर," जूनियर डाक्टर ने कहा।

"भई, तुम दस्तखत कर देना या अँगूठा लगा देना। यह कानूनी कार्रवाई है। आपरेशन के पहले करनी होती है। क्या होता है, कि मान लो कि मरीज आपरेशन-टेबल पर ही मर गया, जिसे हम कहते हैं डेथ आन टेबल–डी.ओ.टी., या बाद में भी मरा तो यह कागज काम आता है।"

डा. अग्रवाल मरीज को आपरेशन से पूर्व करारनामे पर हस्ताक्षर करने का महत्व समझाते हुए उसे आपरेशन से डराने लगे। पर वह मरीज नहीं डरा। वे उसे पिछले दस दिनों से राउंड पर डरा रहे थे। पर वह तैयार हो गया था और

आपरेशन के लिए तत्पर बैठा था। उसने डा. अग्रवाल के सामने ही करारनामे पर दस्तखत भी कर दिए।

"ठीक है भई, ये तैयार हैं। अच्छी बात है। कल इन्हें ले लो। पर इनका प्री-एनीस्थेटिक चैकअप हो गया ?... क्यों भैया, तुम्हें बेहोशीवाले डाक्टर साहब देख गए क्या ?" डा. अग्रवाल ने मरीज से पूछा।

"यहाँ तो साहब दिन-भर कोई-न-कोई डाक्टर साहब देखते रहते हैं। क्या पता कौन-से बेहोशीवाले थे," मरीज ने कहा।

"वे मूँछें रखते हैं, हकलाते हैं तथा उनको लगातार कुकुर-खाँसी है," डा. अग्रवाल ने बताया।

तब तक एक जूनियर डाक्टर ने बताया, "वे दोपहर में देखने को कह गए हैं।"

"ठीक है, फिर कल देखते हैं... "

यह कहकर अग्रवाल साहब आगे बढ़ ही रहे थे कि सुपरिन्टेंडेंट डा. कपूर के पी. ए. ने आकर उस पत्र की एक कापी डा. अग्रवाल को दी, जिसमें डा. पांडे के निलंबन आदेश के साथ-ही-साथ डा. अग्रवाल को जाँच अधिकारी बनाने की बात थी। डा. अग्रवाल पत्र को काफी देर तक पढ़ते रहे, फिर बोले, "क्या टाइपराइटर से 'एम' भी टपक गया ?"

"जी सर," पी. ए. ने बताया।

"फिर 'एम' की जगह क्या लगा रहे हो ?"

"अपुन तो, आपको पता है ही सर 'ए' लगा देते हैं ऐसी जगह," पी. ए. ने गर्व से बताया।

"और 'ए' की जगह ?"

"वहाँ 'एम' लगा देते हैं।"

"पर 'एम' तो टपक गया है न ?"

"इसीलिए तो फिर 'ए' ही लगा देते हैं।"

"यार, यह तुम ही पढ़कर बताओ—आधी से ज्यादा जगह तो सिर्फ 'ए' लिखा है।"

"आपको बुलाया है सर, दफ्तर में। वहीं वे सब बता देंगे। डा. पांडे का मामला है। आप तो जानते ही हैं। जैसी आपसे बात हुई थी, वैसा कर दिया है कपूर साहब ने," पी. ए. ने बताया।

"अच्छा हम आते हैं। आप चलें।"

यह कहकर डा. अग्रवाल जूनियर डाक्टरों की तरफ मुड़े और बोले, "और कोई इम्पोरटेंट केस तो नहीं है ?"

"ऐसा तो कोई नहीं है।"

"फिर भी, हो भी सकता है।"

"हाँ सर, हो तो सकता है।"

"वो तुम लोग देख लेना।"

"जी सर, वो हम देख लेंगे।"

"ठीक है, फिर हम जा रहे हैं सुपरिन्टेंडेंट साहब के पास, जरूरी मीटिंग है।"

"सर, आपकी क्लास थी पंद्रह मिनट बाद ही। फाइनल एम. एम. बी. एस. की।"

"वो तुम ले लो।"

"जी सर।"

और यह कहकर डा. अग्रवाल लपककर वार्ड से बाहर चले। चलते-चलते उन्होंने पलटकर एक बार जूनियर डाक्टरों को देखा। कोई भी नहीं हँस रहा था। फिर खिलखिलाने की आवाज-जैसा क्या सुनाई दिया था उन्हें ? क्या पता ? कुछ समझ नहीं आता। कौन हँसता है मुझ पर ? इसी सोच में डूबे डा. अग्रवाल सीढ़ियों की तरफ बढ़ते गए।

4

चीरघर के चारों तरफ सन्नाटा था, जब कुत्ता पड़ताल करके मुर्दाघर से बाहर निकला। उसने चौकन्नी निगाह से मुर्दाघर के दरवाजे से झाँककर बाहर देखा। उसने आधा शरीर दरवाजे से बाहर सतर्कतापूर्वक निकाला ही था कि हवलदार ने उसे देख लिया। हवलदार जमीन पर साइकिल के साथ पड़े थे तथा फिलहाल पैंट को चैन से निकाल रहे थे।

हवलदार और कुत्ते की निगाहें मिलीं।

हवलदार की आँखों में कुत्ते ने ऐसी हवलदारी देखी कि वह अंदर तक हिल गया। वह घबरा गया। माँ की गाली देते हुए हवलदार चिल्लाए—"सब मादरचोद खुला छोड़ गए हैं और लाश को कुत्ते खा रहे हैं··· "

कुत्ते ने बताना चाहा कि लाश सड़ रही है और वह सड़ी लाश नहीं खाता है। ऐसा कहने के लिए उसने भौं-भौं भी की, पर जो हवलदार आदमियों की भाषा नहीं जानता था, वह कुत्ते की भाषा क्या समझता ? बल्कि उस पर इस भौं-भौं का उल्टा ही असर हुआ। कुत्ता भारतीय पुलिस पर भौंक रहा है—यह अपमान हवलदार बलभद्दर के अंदर छुपे उस वीर पुलिसमैन को जगा गया जो निहत्थों पर लाठीचार्ज, महिलाओं पर बलात्कार या कैदियों की पिटाई के समय जाग उठता है। वे झटके से उठ खड़े हुए। उनकी कमीज तथा पैंट चेन में फँसकर फट गई, पर वे साइकिल से निकल आए। नितंबों पर आई लंबी खरोंच पर ध्यान न देते हुए उन्होंने अपना डंडा घुमाया और कुत्ते पर दे मारा। डंडा हवा में ब्रह्मास्त्र-सा तैरता हुआ कुत्ते की तरफ बढ़ा। कुत्ता बुरी तरह घबरा गया। घबराहट में उसने आँखें मूँद लीं।

डंडा उसकी कमर में लगा और उधर से उछलकर कमरे में पड़े मुर्दे के सिर से टकराता हुआ जमीन पर गिर गया। मुर्दे ने सोचा कि पुलिस मरने के बाद भी उसे नहीं छोड़ रही है। यही सोचकर वह अपनी आत्महत्या की सार्थकता-निरर्थकता पर चिंतन करता पड़ा रहा।

कुत्ता दर्द में बिलबिलाता, आँखें मीचे जो सीधा तीर की तरह निकला, तो हवलदार की टाँगों के बीच से निकल गया। बलभद्दर लाख भारतीय पुलिस की

बहादुरी की डींगें मारतें थे, पर कुत्ते को सीधा अपनी तरफ आते देखकर घबरा गए। कुत्ता जब टाँगों से टकराता हुआ उनके बीच से निकला, तब तो उनकी टाँगों में जैसे दम ही नहीं रहा। वे घबराकर गिर पड़े और पुनः साइकिल की चेन, पहिए तथा स्टैंड से निकली टूटी स्प्रिंगों के जाल में फँस गए।

कुत्ते ने दूर हॉस्टल से पलटकर देखा कि बलभद्दरजी साइकिल में फँसे हुए गालियाँ दे रहे हैं। तभी अस्पताल की तरफ से आनेवाली सड़क पर दो-तीन आदमी आते दिखे। वे सिपाही, तथा मुर्दे के रिश्तेदार थे। उन लोगों को देखकर बलभद्दरजी की गालियाँ और ऊँची हो गईं।

"सब समझ गए न डा. शर्मा ?" चौबेजी ने पूछा।

इंद्रमणिजी वहीं पास की कुर्सी पर बैठे थे–नेताओं की छटा तथा धज में। आज शायद सुबह से दारू लगाकर निकले थे, पर फिर भी चौकन्ने। सिर पर दुपल्ली टोपी। गांधी जैकेट। ढीलीढाली धोती। लटके हुए गाल। दो-तीन ठुड्डियाँ। मोटे-ताजे। साँडनुमा, खाया-पिया शरीर। भारतीय राजनीति की नाजायज संतान। वे आशा की निगाहों से डा. शर्मा को देख रहे थे। डा. शर्मा की शक्ल देखते ही वे समझ गए थे कि डा. चौबे ने सही काम के लिए सही आदमी को बुलाया है। फिर जब शर्माजी ने आते ही उन्हें चाचाजी कहकर बातें करनी शुरू कर दीं, तो वे समझ गए कि यह आदमी इस काम को चुटकियों में कर देगा। वे शर्माजी की बदमाशी भरी मुस्कान, कुछ भी गैरकानूनी कर गुजरने के लिए आवश्यक आत्मविश्वास से भरी नजर तथा डाक्टरवाला सफेद कोट पहनने के बाद भी नेताओंवाली बातचीत से ही उनके कायल हो गए थे। 'यह आदमी तो राजनीति में होना चाहिए था,' उन्होंने सोचा। फिर यह सोचकर संतुष्ट हुए कि यह डाक्टरी में भी राजनीति कर रहा होगा।

"सब समझ गया सर," शर्माजी ने आश्वासन दिया।

वे सब समझ गए थे।

दस मिनट बाद ही जिला-जेल से एक फोन अस्पताल आना था। वह एक मरीज के लिए अतिआवश्यक कॉल होगा। डा. चौबे इसके लिए डा. शर्मा को भेजेंगे, जो ई. सी. जी. मशीन इत्यादि के तामझाम के साथ जाएँगे। वे वहाँ उस मरीज को देखेंगे, जाँच करेंगे और यह नहीं कहेंगे कि उसको कुछ नहीं है। शर्माजी की यद्यपि आदत तो यही कहने की रही है, पर वे वहाँ मरीज के ई. सी. जी. को एक पुराने ई.सी.जी. से बदलेंगे, जिसे वे अस्पताल से ही लेकर जाएँगे। यह हार्ट-अटैक के मरीज का ई.सी.जी. होगा। शर्माजी उस पुराने ई.सी.जी. को इस नए मरीज की छाती पर रखकर जान जाएँगे कि इस नए मरीज को हार्ट-अटैक

हुआ है। वे बिजली की गति से उसे एम्बुलेंस में डालेंगे तथा आक्सीजन देते हुए अस्पताल लाएँगे। मरीज सीधा गहन-चिकित्सा इकाई में भरती हो जाएगा।

रामानंद को इस तरह जेल से लाकर शर्माजी अस्पताल में भरती कर देंगे। आगे का काम वकील देखेंगे।

"मैं सब समझ गया सर··· " शर्माजी ने पुनः आश्वस्त किया।

"मैं जानता हूँ बेटा कि तुम यह काम कर लोगे," इंद्रमणिजी ने प्यार से कहा।

"आपका आशीर्वाद है चाचाजी," शर्माजी ने कहा।

"वह लड़का भी तुम्हारी तरह होनहार है पर नासमझी में जेल में घुस गया। लड़कियों के पीछे जेल जाने की क्या तुक ? पाँच-पाँच रुपए में जितनी लाना हो, लाओ और खत्म करो··· ", इंद्रमणि ने भारतीय नारी के प्रति राजनीतिक आदर प्रस्तुत किया।

"सही कह रहे हैं आप चाचाजी।"

"भैया, हम तो यही करते थे। क्यों चौबेजी," हँसकर इंद्रमणिजी बोले। डा. शर्मा से शरमाने की आवश्यकता नहीं थी। वे यह मान रहे थे कि लड़का घर का ही आदमी है।

पर चौबेजी मुस्कराकर रह गए और डा. शर्मा से बोले, "तुम जाकर ई.सी.जी. वगैरह एम्बुलैंस में रखवाओ। फोन आता ही होगा। और सुनो··· ऊपर डा. वर्मा से कहना कि मैं जरूरी मीटिंग में हूँ। मेरी क्लास ले लें। और सुनो··· तुम आज सेमीनार में बेड नंबर सात ले लो। इंद्रमणिजी के गाँव का मरीज है। उसका पेट-दर्द ठीक ही नहीं हो रहा है। हम लोग आज उस पर ही चर्चा करेंगे।"

शर्माजी दोनों को जुहार करके जब कमरे से बाहर निकल रहे थे तभी चौबेजी का फोन बजा। शर्माजी जानते थे कि फोन कहाँ से है, सो वे रुके नहीं।

अस्पताल के कोने में, नाजायज बच्चे की भाँति तिरस्कृत उस चौकोर कमरे को अस्पताल का रसोईघर, चपरासियों का कॉमन-रूम, धुआँ पैदा करने का देसीयंत्र तथा बाजार की सड़ी-गली सब्जियों का श्मशानघाट कहा जा सकता था। होने को तो वह कमरा अपने टूटे पलस्तर, ढहती छत, काली दीवारों तथा टूटे रोशनदानों की समस्त गरिमा के साथ रसोईघर के स्थान पर पेशाबघर, जच्चाखाना, या स्टोर भी हो सकता था, क्योंकि सारे अस्पताल की इमारत का यही हाल था। परन्तु नियति की मार से वह नाजायज कमरा रसोईघर बनकर रह गया था, जैसे बहुत-से उदीयमान कहानीकार आरंभिक असफल प्रयत्नों के बाद अंत में साहित्य की इमारत

के एक कोने में अपना लघु-पत्रिका चूल्हा जलाकर धुआँ करते रह जाते हैं। कमरे के साथ ही दो-तीन छोटे कमरे या कोठरियाँ चापलूसों की तरह लगे थे, जिनमें मरीजों को खिलाए जाने से पूर्व आलू-बैंगन इत्यादि को ससम्मान ठहराया जाता था। इसी में प्याज भी रहती थी, इसी में धनिया, मिर्ची आदि भी रहती थीं। सारी सब्जियों के बोरों के ऊपर बैठकर रामअवतारजी फुर्सत के समय किस्सा गुलबकावली पढ़ते थे, जबकि इन्हीं बोरों की आड़ में बैठकर उनके सुपुत्र रामलँगोटजी सचित्र कोकशास्त्र का अध्ययन करते थे। बाप-बेटे दोनों ही अस्पताल के रसोईघर के कर्मठ कर्ताधर्ता थे।

कमरे में एक तरफ लकड़ियों का ढेर पड़ा रहता था, जो वास्तव में एक तरफ न होकर चारों तरफ था। लकड़ियाँ इतनी सारी थीं कि यहाँ के भोजन से यदि कोई मरीज मर जाए तो उसको लगे हाथों राजकीय सम्मान के साथ जलाया जा सकता था।

रामअवतारजी ब्राह्मण थे और मात्र अपनी इसी योग्यता के कारण हैड रसोइया थे। उनके पुत्र रामलँगोट थे। तब ब्राह्मण परिवार में पैदा होना ही सबसे बड़ी बात मानी जाती थी। वैसे पैदा होने के तुरंत बाद रामलँगोटजी ने अपनी तरफ से सारे प्रयत्न किए कि लोग इन्हें जूते मारें, परंतु लोग यह कहकर इन्हें छोड़ देते कि ब्राह्मण का लड़का है। जुआ खेलने, तीतर लड़ाने, अँधेरे में पड़ोस की कन्या के साथ हनीमून की पेशकश करने तथा उजाले में उसी को देखकर बेशर्मी से आँख दबाकर 'राजाजानी' कहने के बावजूद भी गाँव के लोग उन्हें 'पाँयलागू पंडितजी' ही कहते रहे। तब इनके पिताजी श्री रामअवतार ने अंतिम सीन पढ़ते हुए रहस्य खोलकर बताया कि बेटा, हमने भी अपनी जवानी में यही सब किया था, बल्कि हम तो अँधेरे के अलावा उजाले में भी हनीमून की पेशकश करते थे, परंतु कुछ न हो सका। तब रामअवतारजी ने पिताजी से प्रेरणा ली तथा भरपूर दहेज लेकर शादीशुदा हो गए। चूँकि शादीशुदा होना शराफत की डिग्री है, तो उसी डिग्री की आड़ बनाकर, उसी को बिठाकर, रामलँगोटजी आजकल अस्पताल के इस कोने में रसोइया बनकर छुपे बैठे रहते थे, तथा गाँव की भोली महिला-मरीजों को और ज्यादा दूध दिलवाने का आश्वासन देकर आलू के बोरों के पीछे ले जाते थे तथा उस कमरे के और अपने कतिपय अप्रकाशित दर्शनीय क्षेत्र दिखाने का प्रयत्न करते थे।

रामअवतारजी आज एक बड़े से ढेर के पास उकड़ूँ बैठे कुछ गुप्त कार्रवाई-सी कर रहे थे। दूर बरामदे से देखने पर लगता था कि मानो घूरे में से कुछ बीन रहे हों, दरवाजे से देखने पर लगता था कि मैले का ढेर साफ कर रहे हों, और एकदम निकट आकर देखने पर ज्ञात होता था कि वे आलू के ढेर पर बैठकर आलू छाँट-छाँटकर आलू ही काट रहे थे। उनके पास ही एक अन्य

नरश्रेष्ठ बैठने तथा खड़े होने की मुद्रा के बीच, कुछ तय न कर पा सकने की-सी स्थिति में, बैंगन के ढेर पर स्थित होकर बैंगन ही काट रहे थे। धड़ाधड़ कटाई चल रही थी। पास ही तंबाकू भी थूकी जा रही थी, जो कटे हुए आलुओं तथा बैंगनों में मिल रही थी। कटाई का आलम यह था कि थोड़ी देर में स्थिति यूँ हो गई कि कटे हुए बैंगनों पर बैठकर एक व्यक्ति आलू काट रहा था और कटे हुए आलुओं पर बैठकर दूसरे सज्जन बैंगनों के साथ वही बर्ताव कर रहे थे। कटे हुए का ढेर उठता गया और अन्त में जब ढेर पर स्थित रामअवतारजी का सिर ऊपर छत से टकराकर टन्न से बोला, तब वे वहीं से चीखे, "अबे ओ रोक के।" दूसरे सज्जन जिनका नाम रामखिलावन था और जो अब तक छत से कुल चंद इंचों की दूरी पर रह गए थे, यह कमांड सुनकर सटाक से रुक गए। फिर उन्होंने ढेर के ऊपर बैठे हुए ही चाकू नीचे की तरफ फेंका, जो निशाने की कमजोरी के कारण बरामदे से आ रहे एक मरीज को न लग सका। फिर वे नीचे कूद आए। इसके बाद दोनों ने सम्मिलित स्वर में एक तीसरे आदमी को बुलाया, जो इस बात का इंतजार कर रहा था कि जब तक ये लोग उसे गाली देकर नहीं बुलाएँगे, वह नहीं आएगा। उसे इसी रीति से बुलाया गया। इनका नाम कालीचरण उर्फ कल्लू था। कल्लूजी पधारे और बिना किसी आदेश की प्रतीक्षा किए वे आलू के ढेर में बैंगन तथा बैंगन के ढेर को आलू में इस तरह मिलाने लगे कि थोड़ी ही देर बाद आलू के ढेर के स्थान पर बैंगन तथा बैंगन के स्थान पर आलू का ढेर स्थित हो गया। इस तरह हमारी विदेश-नीति की तरह यथास्थिति भी बनी रही और कहने को परिवर्तन भी हो गया। अब कालीचरणजी ने सहायतार्थ रूस-अमेरिका यानी शेष दोनों की तरफ देखा। तब तीनों मिलकर पहले हाथों से, बाद में पैरों से तथा इसके बाद समूचे व्यक्तित्व से आलुओं तथा बैंगनों को सफलतापूर्वक मिलाने लगे। मिलाने की इस प्रक्रिया में दोनों सब्जियों का मलीदा बन गया।

अब सब्जी का एक लोंदा तैयार हो गया। इस लोंदे को उठाकर उन तीनों ने एक बड़े से बर्तन में डाल दिया। बर्तन को प्यार से भगौना कहा जाता था। यह इतना बड़ा था कि जब सम्मिलित रूप से इसे उठाकर चूल्हे पर रखने का प्रयास किया जाता था, तो एक तरफ से उठानेवाला दूसरी तरफवाले की कोई बात नहीं सुनता था।

रामअवतारजी ने एक तरफ से अर्थी में कंधा देने के भाव में भगौने को उठाया और चीखे, "उठा बे, रामखिलावन !" रामखिलावन अपने खूनी पंजे को अंडरवीयर में डालकर विकट खुजली में व्यस्त थे, सो उन्होंने नहीं सुना। उधर रामलँगोटजी बाहर बरामदे में ध्यान से एक गिलहरी को ताक रहे थे क्योंकि फिलहाल यही एक मादा उनकी रेंज में थी।

इस शोरगुल से रामलँगोटजी के एकांत चिंतन में गहरी बाधा पड़ी और वे अंदर आए। उन्होंने अकेले ही उठाकर वह भगौना चूल्हे पर रख दिया। रामलँगोटजी ने भगौना रखा और पुनः बरामदे में आ गए। वे अब बरामदे में बैठी एक बीमार औरत को ध्यान से देखने लगे। गिलहरी ने उनकी बेवफाई पर लानत दी तथा पास की दीवार पर चढ़कर रसोईघर से चुराया आलू का टुकड़ा कुतरने लगी।

रामअवतारजी पुनः भगौने की सेवा में उपस्थित हो गए और एक सबसे गीली तथा सबसे मोटी लकड़ी का तना छाँटकर उसे चूल्हे के मुँह में तब तक ठूँसने का प्रयास करते रहे, जब तक कि चूल्हे की एक तरफ की दीवार गिर नहीं गई। गिरते भगौने को मोटी लकड़ी तथा माँ की गाली पर सँभालते हुए वे चिल्लाकर बोले, "अबे ओ रामखिलावन, दो ठो ईंट ले आ।"

रामखिलावनजी पास आकर खड़े हो गए थे तथा पुनः खुजाने के महत्वपूर्ण कार्य में लग गए थे। बिना आसपास देखे ही उन्होंने बताया, "यहाँ नहीं है।"

"वहाँ तुम्हारे बाप के पास होगी बरामदे में, वहीं से ले आओ। कहना कि तुम्हारी कब्र बन रही है," रामअवतारजी ने भगौने को लकड़ी पर साधे-साधे कहा।

"बाप तक न जाइए वरना एक ईंट न मिलेगी," रामखिलावनजी ने अंडरवीयर में बहुत गहराइयों तक खुजाते हुए धमकी दी।

इसके बाद चीख-पुकार, गाली-गलौज चल पड़ी। तब बड़बड़ाते हुए रामखिलावनजी ने एक साबुत तथा एक आधी ईंट लाकर रामअवतारजी के पास पटक दी तथा हाथ पुनः बनियान तथा अंडरवीयर के बीच डालकर खुजाने लगे। साबुतवाली ईंट गिरकर दो बराबर भागों में इस तरह बँटी कि एक भाग के नीचे रामअवतारजी की उँगली दब गई तथा उन्होंने चीखकर भगौना छोड़ दिया।

सब्जी का लोंदा भगौने से लुढ़ककर चूल्हे के पास ही बनी बर्तन धोने की नाली में घुस गया। तब रामखिलावनजी ने खुजाने का मिशन बीच में ही छोड़कर उस लोंदे को नाली से उठाकर, उस पर एक लोटा पानी डाल पुनः शुद्ध करके, अपने खुजली भरे हाथों से भगौने में डाल दिया। गाली-गलौज के इस माहौल में जब पुनः भगौने को चूल्हे पर रखने का अभियान चल रहा था, तभी डा. पांडे धुएँ को चीरते हुए कमरे में घुसे। उन्हें देखकर सभी ने भगौना छोड़ दिया और नमस्कार करने लगे। सब्जी का लोंदा पुनः लुढ़ककर नाली की तरफ चल पड़ा जिसे पैर से रोककर रामअवतारजी ने रामलँगोट को आवाज दी, "बेटा, दो उबले अंडे तो लेता आ।"

सिपाही ने मोड़ पर ही आकाश में घुमड़कर अपनी तरफ आते गालियों के बादलों

की गर्जना सुन ली थी। फिर मुड़कर मुख्य सड़क पर आते ही उसने दूर से सड़क पर कटी लाश की तरह तड़पते बलभद्दरजी को देखा, तो वह दौड़ पड़ा। पीछे-पीछे मुर्दे के रिश्तेदार और उनके पीछे दो-तीन तमाशबीन किस्म के मरीज। फिर तमाशबीनों ने जब यह पाया कि मामला पुलिस का है, तो वे धीरे से खिसक लिए तथा दूर तक तथा देर तक डरते रहे कि कहीं पुलिस इस मामले में, जिसे वे समझ भी नहीं पाए थे, उन्हें न फँसा दे।

सिपाही तथा मुर्दे के रिश्तेदार भागकर हवलदार बलभद्दरजी के पास पहुँचे और उनको साइकिल से खींचकर अलग करने लगे। कुछ लोगों ने साइकिल थामी तथा शेष ने बलभद्दरजी को खींचा। मुर्दाघर के सामने वार्षिक पुलिस-खेल महोत्सव का समाँ खिंच गया, जिसमें रस्साकशी हो रही हो। पैंट का काफी महत्वपूर्ण हिस्सा साइकिल की चेन को फिरौती के रूप में देकर, तथा इस प्रकार पिछवाड़े से पूर्णतः नग्न होकर जब हवलदार बलभद्दरजी सड़क पर खड़े हुए, तब पुलिस का आला सिपाही होते हुए भी उनकी गालियों का स्टाक समाप्त हो चुका था। वे दर्द से बिलबिला रहे थे। किसी को मारना चाहते थे। वे कहारिन, कुत्ते तथा साइकिल का गुस्सा निकालकर शांत होना चाहते थे। बात डरते-डरते सिपाही ने शुरू की : "हैडसाहब, पैंट पीछे से फट रही है।"

"तो क्या ?" बलभद्दरजी गुर्राए।

"आपने शायद जाँघिया भी नहीं डाला है," सिपाही ने कहा।

"हमने कभी नहीं डाला। डाला भी होता, तो कहारिन के घर छोड़कर आते।"

"आप नंगे हैं हैडसाहब।"

"पुलिस में कौन नंगा नहीं है ?"

"जैसी आपकी मर्जी।"

"इसमें मर्जी का क्या है ? नंगा होना मर्जी पर नहीं होता। पुलिस में नंगा होना मर्जी से नहीं होता, सुअर के बच्चे। पुलिस में रहना है तो सिपाही को नंगा होना पड़ता है, क्योंकि यहाँ नंगई से ही तो दिन-रात पाला पड़ता है।"

"जैसी आपकी मर्जी।"

"अरे हमारी मर्जी तो तुम्हारी गाँड पर लात मारने की है।"

"मार लीजिए।"

"तुम कहाँ थे ?"

"शर्माजी को खोज रहा था।"

"और इन मादरचोदों को भी साथ ले गए थे ? यहाँ मुर्दे को, पीछे कुत्ते खा रहे हैं।"

"मुर्दा सड़ रहा है हैडसाहब। कल रात से चीरघर में पड़ा है," एक रिश्तेदार ने कहा।

हवलदार बलभद्दरजी ने बिना किसी पूर्व चेतावनी के अथवा योजना के बस यूँ ही एक जोरदार झापड़ रिश्तेदार को मारकर कहा, "अबे जलाना ही तो है। सड़ जाएगा तो भी जलाना ही है। इसमें फें-फें क्यों कर रहा है ?"

शर्माजी चौबेजी के कमरे से तरकस से निकले तीर की तरह एम्बुलैंस की तरफ जा रहे थे कि राजारामजी के पास ही बैठे पटेलजी ने रोका और शर्माजी से पूछा, "कब तक बैठेंगे नेताजी अंदर ?"

"अभी तो अस्पताल की पॉलिटिक्स डिसकस हो रही है। हास्पिटल की पालिटिक्स का कोई अंत है ? नेताजी बैठे रहें तो घंटों निकल जाएँ," शर्माजी ने बताया।

शर्माजी आगे बढ़े। आज बाधाओं का दिन था। लोग उन्हें कदम-कदम पर रोक रहे थे। लोग राह में रोड़े डाल रहे थे। लोग 'रास्ता रोको आंदोलन' पर उतारू थे। यह दिन भी जिंदगी के अन्य दिनों की भाँति ही हलचलपूर्ण तथा घटनापूर्ण रहेगा–यह वे जानते थे। वे बाधाओं से निबटते आगे बढ़े। कुछ मरीजों को उन्होंने दवाइयों की पुर्जी पर लिखी दवाइयाँ लेने का ढंग समझाया, कुछ को केला खाने की सख्त मुमानियत की और कुछ को दिन-भर केले लेते रहने को कहा। वे ऐसी सलाहें मजे ले-लेकर देते थे और चलते-फिरते देते थे। एक ने रोककर पूछा, "तो फिर अपने मरीज को आज खिचड़ी दे दें क्या ?" शर्माजी पहिचान नहीं पाए कि यह पट्ठा किस मरीज की बात कर रहा है ? फिर भी उन्होंने सलाह दी कि "खिचड़ी मत देना, जहर का काम करेगी," और यह कहकर वे आगे बढ़े। फिर एक मरीज को 'खूब खिचड़ी खाना' कहकर उन्होंने पिछले पाप का प्रायश्चित किया। इसके आगे उन्होंने एक मरीज को, जो डा. अग्रवाल का पता पूछ रहा था, गलत दिशा में उँगली उठाकर सही पता बताया, एक मरीज को गोलियाँ गरम पानी के साथ ही लेने की सख्त हिदायत दी और फिर कुछ अन्य मरीजों को मीठा खाने, मीठा न खाने, दौड़ने, न दौड़ने, भरे पेट ही गोलियाँ खाने तथा खाली पेट रहने, रोज गोली लेने के फायदे तथा ज्यादा गोलियाँ लेने पर होनेवाले नुकसानों के विषय में बताते हुए डा. शर्मा अंततः फिनिशिंग लाइन अर्थात एम्बुलैंस पर पहुँच गए।

एम्बुलैंस ड्राइवर श्री जानकी बाबू वहीं खड़े थे। वे अभी-अभी एम्बुलैंस के नीचे से निकले थे तथा पुनः उसके नीचे घुसने की फिराक में थे। शर्माजी को देखा तो बोले, "सरकार एक बूढ़ा आदमी आपको खोज रहा था।"

"लँगड़ाकर चल रहा था क्या ?" शर्माजी ने पूछा।

"जी हाँ… "

"वही है फिर।"

"कौन ?"

"जिसका हमने आज ही परिवार नियोजन का आपरेशन किया था।"

"गलत नस काट दी क्या सरकार ?"

"नस तो काटी ही कहाँ भैया। अब बूढ़े की नस क्या काटना ? हमने तो वहीं नस के ऊपर चीरा लगाकर, टाँके मार दिए," शर्माजी ने बताया।

"बूढ़े की नस भी काहे की नस सरकार," जानकी बाबू ने शर्माजी का समर्थन किया।

"ऐसा मत कहो जानकी बाबू। आप ही पचास के ऊपर के हो।"

"हमारी नस भी अब गई ही समझो सरकार।"

"और जो एम्बुलैंस में उस औरत को कल रात में··· ?"

"अरे सरकार··· आप भी··· आइए बैठिए, कहाँ चलना है ?" जानकी बाबू ने पूछा। फिर आँख दबाकर स्वयं ही बताया भी, "जेल चलिएगा न ?"

सबको पता चल गया था। सब इस गुप्त कार्रवाई के विषय में जान गए थे। सबको यह बदमाशी पता चल गई थी। हर एक को खबर हो गई कि शर्माजी अस्पताल का ई.सी.जी. लेकर रामानंद को छुड़ाने जा रहे हैं। सबको पता चल गया था, केवल अदालत को छोड़कर, जो डाक्टरी सर्टिफिकेट की प्रतीक्षा कर रही थी, जिसे देखकर उसे रामानंद को छोड़ना पड़ता।

शर्माजी एम्बुलैंस में बैठ गए।

तभी दूर से लँगड़ाता बूढ़ा स्क्रीन पर उभरा। लँगड़ाता हुआ वह एम्बुलैंस के पास आकर ठहरा और गौर से डा. शर्मा को देखते हुए बोला, "आप ही डा. शर्मा हैं न ?"

डा. शर्मा को तब तक डा. पांडे की बात याद आ गई और वे आम आदमी को सामने पाकर उसकी छीछालेदर करने के अपने पुराने शौक को पूरा करने के लिए कमर कसकर तैयार हो गए।

उन्होंने कहा, "बाबा क्या बात है ? किसे पूछ रहे हो ?"

"आप ही डा. शर्मा हैं न ?" बूढ़े ने आशा से पूछा।

शर्माजी ने कहा, "नहीं, हम शर्माजी नहीं हैं। हम डा. कपूर हैं।" यह कहकर उन्होंने जानकी बाबू ड्राइवर को आँख मारकर यह इशारा किया कि मजाक चल रहा है। जानकी बाबू भी क्लच छोड़कर, गाड़ी न्यूट्रल में डालकर इस नाटक के दर्शकों की प्रथम पंक्ति में बैठ मजा लेने लगे।

"आप ही जैसी शक्ल थी उनकी," बूढ़ा बड़बड़ाया और जाने लगा।

शर्माजी ने आवाज देकर उसे वापस बुलाया और पुचकारकर पूछा, "क्या काम था शर्माजी से ?"

"मरीज भरती किया था उन्होंने हमारा।"

"शर्माजी कभी गरीब मरीज को भरती नहीं करते," डा. शर्मा ने डा. कपूर की तरफ से बताया।

"किया था साहब। हमने नसबंदी कराई थी।"

"बुढ़ापे में नसबंदी क्यों करा ली बाबा ? कोई औरत फँसा रखी है क्या ? लौंडिया-वौंडिया ?" शर्माजी ने मजा लेते हुए कहा।

जानकी बाबू खी-खी करके हँसने लगे। उन्होंने गाड़ी बंद कर दी ताकि पूरी तसल्ली के साथ मजा ले सकें। इसी बीच चार-पाँच फुरसतिए वार्डबॉय, भंगी तथा लौंडे-लफाड़ी एम्बुलैंस के पास जमा हो गए और शर्माजी द्वारा आम आदमी की होती दुर्गति में हँस-हँसकर भाग लेने लगे, गो कि वे भी उसी आम आदमी के ही वर्ग से आते थे। सभी खी-खी करके हँसने लगे, तो बूढ़ा मरीज, जो शर्माजी के बाप की उम्र का था और बाप होता तो चार जूते शर्माजी को मारता, हँसी सुनकर खिसियाता हुआ बोला, "सरकार मजाक करते हैं।"

"मजाक नहीं करते। सच्ची कहते हैं। कोई लौंडिया हो तो हमें भी दिलवाओ," शर्माजी ने कहा।

बूढ़े ने कानों को छूकर 'राम-राम' कहा, तब शर्माजी ने उसे फिर घेरा, "फिर नसबंदी क्यों करा ली बाबा ?"

"शर्माजी ने कर दी सरकार। बोले कि मरीज तभी भरती होगा," बूढ़ा लाचार स्वर में बताने लगा।

"तो हो गया भरती ?"

"नहीं सरकार··· वहीं पड़ा है बाहर। शर्माजी के पर्चे को लेकर गए थे तो बाबू ने हकाल दिया कि भरती का कागज नहीं बनेगा।"

"क्यों ?"

"कहते हैं कि मरीज को लाकर दिखाओ।"

"तो दिखा देते।"

"वह बेहोश पड़ा है सरकार। चल ही नहीं सकता।"

"उठाकर दिखा देते।"

"दिखाया था सरकार।"

"फिर ?"

"वे बोले कि क्या सबूत है कि यह कनछेदी ही है, जिसे भरती का शर्माजी ने लिखा है ?"

"तब ?"

"वे मरीज से पूछने लगे कि तेरा नाम कनछेदी है कि नहीं ?"

"मरीज ने बता दिया होगा ?"

"मरीज तो बेहोश है, महाराज। तब बाबू ने कहा कि यह तो बताता ही

नहीं कि इसका नाम कनछेदी है और तुम लोग स्साले चूतिया बनाते हो।"

"तुम क्यों बाबू को चूतिया बना रहे थे ?"

"कहाँ बना रहे थे–वह कनछेदी ही तो है।"

"कैसे पता ?"

"हम जानते हैं साब··· नाती है हमारा।"

"हम कह दें कि हमारा नाती है वह और इसका नाम कनछेदी नहीं है, बल्कि रामलँगोट है तो आप क्या करेंगे ?"

"आप खुद पूछ लें सरकार।"

"पर तुम तो कहते हो कि मरीज बेहोश है ?"

"हाँ सरकार, बेहोश है।"

"फिर कैसे पूछ लें कि वही कनछेदी है ?"

"यही तो परेशानी है, तभी तो हम शर्माजी को खोज रहे थे कि वे बाबू को बोल देते।"

"पर शर्माजी को क्या पता कि वह कनछेदी ही है ?"

"वे जानते हैं सरकार।"

"कैसे जानते हैं ? क्या कनछेदी को पैदा किया था उन्होंने ?"

"भरती किया था सरकार··· आप शर्माजी का पता बता दें सरकार··· मेहरबानी होगी।"

आसपास और भीड़ बढ़ गई थी। मजा लेनेवाले गुच्छा बनाकर खड़े थे और मजबूर बूढ़े का तमाशा मजा लेकर देख रहे थे। वे आम भारतीय नागरिक की मारक निःस्पृह-प्रवृत्ति तथा 'मरने दो स्साले को' की परंपरा के पाले हुए लोग थे। वे जान रहे थे कि शर्माजी बूढ़े के साथ चूहे-बिल्ली का क्रूर खेल खेल रहे हैं तथा किसी भी सभ्य समाज को ऐसी हरकत के विरुद्ध खड़ा हो जाना चाहिए, पर वे हरकत के साथ खड़े हो गए थे और शर्मिन्दा न होकर हँस रहे थे। वे भारतीय समाज में उतर आई भयानक समाजविहीनता, 'अपनी-अपनी फिकर करो भैया' के अकर्मण्य सोच तथा दूसरे के दुख से पूरी तरह असंपृक्त होने की अजीब मानसिकता के घनघोर उदाहरण थे। शर्माजी उस बूढ़े को नंगा करते रहे और सभी हँसते जा रहे थे।

"शर्माजी बहुत हरामी डाक्टर हैं बाबा," शर्माजी ने बताया।

"नहीं सरकार, हम छोटे आदमी हैं। हमारे लिए तो सभी अच्छे हैं," बूढ़े ने गिड़गिड़ाते हुए कहा।

"वे नस काटकर छुट्टा छोड़ देते हैं।"

"नहीं सरकार··· "

"सच्ची··· वे नस के साथ-साथ कुछ और भी काट देते हैं।"

सभी इस अश्लील मजाक पर हँसने लगे।

बूढ़ा चुप रहा और जान गया कि यहाँ उसको नंगा करने में कोई कोताही नहीं बरती जाएगी। वह मुड़ा और जाने लगा।

"सुनो बाबा···" शर्माजी ने पुकारा।

"जी सरकार···"

"क्या शर्माजी तुम्हें सच्ची में अच्छे लगे ?"

"अच्छे थे सरकार।"

"हरामी नहीं लगे ?"

"नहीं सरकार।"

"आँख में मोतियाबिन्द है क्या ?"

"जी सरकार।"

"तभी तुम देख नहीं पाए बराबर। वे बड़े हरामी दिखते हैं।"

"नहीं सरकार, वे बड़े आदमी हैं। बड़े आदमी सब अच्छे होते हैं सरकार।"

"कैसे कहते हो ?"

"पूरी जिंदगी बड़े आदमियों के जूते खाते बीती है सरकार··· हम जानते हैं।"

शर्माजी को बूढ़े की यह बात बहुत पसंद आई। उन्होंने उसकी तरफ प्यार से देखा और जानकी बाबू से कहा, "इस आदमी का काम कर ही दें यार।" फिर उन्होंने वहीं एक पर्चे पर कुछ घसीटकर लिखा, दस्तखत किए और उस बूढ़े को पकड़ाकर पूछा, "नसबंदी में कुछ नोट-वोट मिले ?"

"जी सरकार।"

"यह पर्ची और दस का नोट वाजपेयीजी को दे देना। वे भरती कर देंगे।"

"कौन बाजपेयीजी सरकार ?"

"अरे भैया वही बाबू, जो मरीज को भरती नहीं कर रहे थे। वे ही वाजपेयी बाबू हैं। तुमने जो बताया, ऐसा वाजपेयी बाबू ही करते हैं। वे साफ-साफ पैसा नहीं माँगते। यदि श्रीवास्तव बाबू ड्यूटी पर होते तो इतनी झिकझिक न होती। तब वे सीधे दस का नोट माँगते और न देने पर सीधे आपकी चूतड़ पर एक लात मारते। लात तो नहीं मारी न बाबू ने ?"

"नहीं सरकार।"

"दिखाओ जरा चूतड़।"

बूढ़े ने घूमकर दिखाया।

"हाँ भई, नहीं मारी। इसका मतलब है कि वे श्रीवास्तव जी नहीं हैं। वे वाजपेयीजी ही हैं। जाकर दस का नोट देना और पर्ची देकर कहना कि डा. शर्मा ने भेजा है।"

बूढ़ा चकराया, "पर आप तो डा. कपूर हैं सरकार ?"

शर्माजी ने मुस्कराकर कहा, "हम डा. शर्मा हैं, भैया।" फिर एक वार्डबॉय को बुलाकर वे बोले, "भैया, इस बूढ़े को वाजपेयीजी के पास ले जाओ।"

बूढ़ा पर्ची लिए, कुछ भी माजरा न समझकर, पोर्च में खड़ा रह गया तथा जमाने-भर की कार्बन मोनो-आक्साइड का धुआँ बूढ़े पर फेंकती एम्बुलेंस में बैठे हुए शर्माजी और जानकी बाबू जेल की तरफ निकल गए।

धुआँ धीरे-धीरे छँटा। बूढ़ा स्तब्ध-सा पर्ची हाथ में लिए वहीं पोर्च में खड़ा था। हँसते-खिलखिलाते लोग वहाँ से धीरे-धीरे हट गए। अब वह अकेला था। उसने एक बार हाथ की पर्ची की ओर देखा और फिर उस ओर देखा जहाँ एम्बुलेंस में बैठकर डा. शर्मा निकल गए थे।

"शर्माजी सच ही बहुत हरामी हैं बाबा। तुम चलो··· तुम्हारा मरीज भरती करा दें," वार्डबॉय को न जाने क्यों उस पर तरस आने लगा था। शायद उसे उसकी जेब में पड़े नब्बे रुपए दिख रहे थे।

"सच्ची कही भैया··· शर्माजी सच्ची ही बहुत हरामी हैं", बूढ़े ने माना और वार्डबॉय के साथ आउटडोर की इमारत की तरफ चल पड़ा।

रसोईघर का वह कमरा कलकत्ते का ब्लैकहोल नहीं था, यद्यपि यह उससे किसी भी अर्थ में कम भी नहीं था। इस कमरे में ढेर सारे धुएँ में उससे भी ढेर सारे मनुष्य, बहुल सारी चपातियों के साथ, सामुदायिक भावना के अंतर्गत एकत्रित थे।

इस कमरे में लगभग दस चूल्हे, एक कोने से दूसरे कोने तक प्रभातफेरियों की-सी अफरा-तफरी मचाते फैले हुए थे। इन चूल्हों के बीच बची धरा (धन्य) पर बैठकर चूल्हों तथा चूल्हों के आसपास आग जलाने के महती प्रयत्न चल रहे थे। प्रयत्न चलानेवाले, चूल्हों तथा बाहर जल रही आग के बीच शेष रह गई भूमि पर बैठे बड़े कौशल से अपने-आपको अग्नि से बचा रहे थे। सभी उदास थे। सभी बीमार-से थे। एकदम श्मशानघाट का करुण दृश्य था।

उस कमरे में मरीजों की रोटियाँ बनाई जाती थीं। एक बड़ी-सी टीन, लोहा, ताँबा तथा शायद अभ्रक तथा अन्य अल्पज्ञात तत्वों के सुख संयोग से बनी वस्तु वहाँ जमीन पर रखी थी, जिसे लोग परात कहकर पुकारते थे। इस गलीज तथा गंदे बर्तन को परात उसी परंपरा के अंतर्गत कहते थे जिसके वशीभूत होकर, रेंड बहाते, कलूटे, ऐंचकताने बालक को भी हमारे यहाँ प्यार से 'पप्पू' कहकर बुलाते हैं–"हमारा पप्पू बड़ा शैतान है।", "हमारी परात बहुत मजबूत और पुरानी है," वे कहा करते। वह वास्तव में पुरानी थी। बहुत पुरानी थी। वैसे जो रसोइए इस परात के दाएँ-बाएँ, ऊपर-नीचे तथा उसके अंदर घुसे बैठे थे, वे भी कम पुराने

नहीं थे। अस्पताल में जिसे कहीं काम पर नहीं लगाया जा सकता था उसे यहाँ लगा दिया गया था। जो कर्मचारी बीमार होता, बूढ़ा हो जाता, वह अंततः यहाँ आ जाता। दस-बारह लोग यहाँ रोटियाँ बनाने को तैनात थे। वे रोटियाँ नहीं बनाने का भरपूर प्रयत्न करते थे।

इन रसोइयों को खाज थी, जुखाम था, पेचिश तथा टाइफाइड भी था। उन्हें पीलिया था, भगंदर था तथा क्षय-रोग भी था। वे हर वर्ग से बीमारी लेकर आए थे और रोटियों के माध्यम से अपनी बीमारियाँ उदारतापूर्वक सभी मरीजों को देने में लगे हुए थे। टाइफाइडवाला मरीज अस्पताल में भरती होता, तो खाली हाथ वापस न जाता। ये लोग उसे पीलिया दे देते या पीलिया पसंद न आने पर पेचिश पेश करते। बीमारियों के आयात-निर्यात के लिहाज से यह कमरा एक्सपोर्ट-इंपोर्ट के आफिस का काम सरंजाम दे रहा था। विदेशी अस्पतालों में, तथा भारत में भी, बड़े शहरों के बड़े अस्पतालों में जिन बीमारियों के भय से रसोइयों की लगातार समय-समय पर डाक्टरी जाँच की जाती है, उन्हीं संपूर्ण बीमारियों के साथ ये रसोइए यहाँ मोर्चे पर डटे थे तथा विदेशियों का मानमर्दन कर रहे थे। वे बता रहे थे कि "देखो मूर्खो, हम हर रोटी में डीसेंट्री के सत्तर हजार कीटाणु मिला रहे हैं, परंतु हमारे मरीजों का हाजमा देखो। सब गपागप, लक्कड़ हजम, पत्थर हजम। अब बीमारों के यह हाल हैं, तो स्वस्थ के तो कहने ही क्या ! वे तो अपने बाप को भी साबुत पचा जाएँगे।"

इन लोगों के सामने रखी परात में, मिलावट के राष्ट्रीय मापदंडों को भी मात कर देनेवाली प्रतिभा के धनी, स्थानीय विक्रेताओं द्वारा प्रदत्त आटे को सानकर मलीदा बना दिया गया था। इस आटे की रोटियाँ खाने के बाद आदमी को कहीं बाहर जाने की आवश्यकता नहीं पड़ती थी; सारी फसलें एक ही रोटी में मिल जाती थीं। खनिज पदार्थ देश की मिट्टी-कंकड़ के माध्यम से मुफ्त मिल जाते थे, सो अलग।

जैसाकि हमने ऊपर बताया, इस आटे से रोटियाँ बनाने में लगभग दस व्यक्ति लगे रहते थे। वास्तव में वे इस ताक में अधिक लगे रहते थे कि उनमें से कौन रोटियाँ न बेलकर आराम से बैठा है और आराम से बैठकर दूसरे को ताक रहा है। सब एक-दूसरे को ताकते रहते थे। इन सबको ताकते रहते थे—श्री रामचरण कक्का। वे रामअवतारजी के ससुर थे, परंतु उनकी विरोधी लॉबी के थे। वे कपूर साहब के आदमी थे। कड़क आदमी माने जाते थे। इन दस लोगों के हैड थे। चपाती-इंचार्ज थे। वे चिल्ला-चिल्लाकर सबसे कहते कि "हरामियो, चपाती बनाओ। मरीज भूखे मर रहे होंगे," पर उनकी कोई नहीं सुनता। सब आपस में लड़ते और तेज-तेज चिल्लाकर यह बताते कि कोई कुछ नहीं कर रहा और वे ही कर-करके मारे जा रहे हैं। आज भी यही हो रहा था। कुछ इस तरह की किचकिच चल

रही थी–

"बद्री ससुरे, काहे कुछ नहीं कर रहे ?"

"नहीं कर रहे, जाओ। कर लो जो करना है।"

"हम क्या करेंगे ?"

"फिर तुम्हारी क्यों खुजा रही है ?"

"हम कोई चूतिया हैं, जो यहाँ ऐसी-तैसी करा रहे हैं ?"

"बिलकुल हो।"

"हम भी न बनाएँगे, जाओ।"

"न बनाओ, घुसो।"

इन दो की बातचीत के बीच तब तक तीसरा सुर मिलता है : "हम तुम दोनों की बात सुन रहे हैं, बेटा। तुम दोनों जब बातें कर-करके टेम काट रहे हो और हम रोटी बेल-बेलकर दुबरिया गए।"

"तुम भी हो।"

"क्या ?"

"चूतिया।"

तब तक चौथा स्वर उभरता और 'मिले सुर मेरा तुम्हारा' का समाँ खिंच जाता।

चौथी आवाज कहती, "पर हम नहीं हैं। हमने भी आटा सरकाकर दुर्जन के सामने धर दिया है। हमसे नहीं होता।"

"सरका दिया है, तो हम कहाँ डाल लें ? पूरे कमरे को सरका के हमारे मूँड़ पे धर दो," दुर्जनजी उवाच।

"अच्छा, कोई न करे। कौन हमारे बाप का काम है," बीच में समझौतावादी सर्वोदयी सुझाव, एक बुढ़ऊ रसोइए की तरफ से, जो वैसे भी कोई काम नहीं करते थे, पर सुझाव देने में उस्ताद थे।

"अब तुम तो चुप्पै रहो बुढ़ऊ," एक नौजवान रसोइए ने समझाया।

"हमें क्या है। हमने तो एक बात कही," बुढ़ऊ ऊँघने लगे। शेष लोग लड़ने लगे। वे अभी भी लड़ रहे थे कि रामचरण कक्का कमरे में फैले धुएँ के बीच किसी धार्मिक फिल्म के देवता से प्रकट हुए। प्रकट होते समय पार्श्व संगीत के रूप में छन्न की आवाज भी आई, जो पास के कमरे में बन रही दाल के बर्तन के गिरने से पैदा हुई थी। उन्होंने देवताओं की-सी ही गुरुगंभीर वाणी में पूछा, "रोटियाँ बना लीं कि नहीं ?"

"नहीं," उत्तर इतनी तेजी से आया कि कक्का का प्रश्न पूरा निकलने से पूर्व ही उनके मुँह में वापस आधा घुस गया।

"काहे ?"

"कोई नहीं बना रहा, ससुरे, सब लड़ रहे हैं," एक सज्जन बोले, जो स्वयं ही खूब लड़ रहे थे।

"लड़ो, ससुरो, जूता लेकर लड़ो। उधर तुम्हारे बाप डा. कपूर साहब जब ठेलेंगे, तब टिल्लाते फिरोगे।"

"टिल्ला लेंगे, पर न बनाएँगे।"

"न बनाओ।"

"हाँ, न बनाएँगे।"

"तो घुसो," कहकर रामचरण कक्का जब परशुराम-सी क्रोधित, परंतु पराजित मुद्रा में वापस बाहर जा रहे थे, तभी रामलँगोटजी ने कमरे में प्रवेश किया और घोषणा की, "रामचरण कक्का, आपको पिताजी बुला रहे हैं।"

"कह दो कि नहीं आते।"

"डा. पांडे ने बुलाया है।"

"अच्छा आते हैं।"

वे कमरे से निकलकर रामअवतारजी के कमरे की तरफ गए ही थे कि शेष लोग रोटियाँ बनाने लगे। अब वे हँस रहे थे। "यह स्साला रोज का झंझट है"–वे जानते थे।

"डा. अग्रवाल का कुछ कराइए।"

फोन सुनने के बाद, डा. शर्मा के चले जाने के बाद, यह बताने के बाद कि फोन जेल से था तथा उसके बाद के काफी क्षण खिली हुई बाँछों के साथ लगातार उन इंद्रमणिजी को घूरने के बाद जो अब ऊँघने लगे थे, डा. चौबे ने जो पहला वाक्य बोला, वह यही था।

जब से इंद्रमणिजी आकर बैठे थे, तब से चौबेजी ने यह वाक्य पचास बार पचास तरह से घुमा-फिराकर कहने के बाद अब एकदम साफ-साफ बोला था। इससे पूर्व वे डा. अग्रवाल की बुराई कई रूपों में कर चुके थे। उन्होंने डा. अग्रवाल के विषय में इतना कुछ तिरछा-आड़ा करके बता दिया था कि कोई भी समझदार आदमी होता तो अब तक आश्चर्य करने लगता कि इतना बड़ा राक्षस आदमी डाक्टर बनकर इस अस्पताल में लगा है और लोगों को खबर भी नहीं। परन्तु डा. चौबे तब से देख रहे थे कि उन्होंने कई तरह से कहा, परंतु इंद्रमणिजी नहीं समझे या समझकर भी नहीं समझे। तब उन्होंने सीधा कहना उचित समझा। ऐसे मौके पर जब वे इन्द्रमणिजी के गुंडे के लिए इतना बड़ा गैर-कानूनी कार्य कर रहे थे–ऐसा नहीं कि वे कानून की बड़ी इज़्ज़त करते हों, पर फिर भी–वे मौका उचित जानकर अंततः उपरोक्त वाक्य बोले। बोलने के बाद एक बार वे पुनः

बोले, "डा. अग्रवाल का कुछ कराइए।"

"क्या बात है भाई। चौबेजी, ऐसे अग्रवाल से क्यों नाराज हैं ?"

"आप जानते हैं नेताजी… " चौबेजी ने कहा।

"मिलजुलकर रहना सीखिए डाक्टर साहब… आप सभी लोग देश के बुद्धिजीवी वर्ग के हैं। सारा देश आपसे प्रेरणा के लिए आपकी ओर ताकता है। आपको दिखाना होगा कि एक हैं, तभी न देश में भी एकता आएगी !" इंद्रमणिजी ने बदमाशी से मुस्कराकर जवाब दिया, "न हो, फिर भी दिखाना तो चाहिए न। यही बात तो आपको राजनीति से सीखनी चाहिए, डाक्टर साहब। कौन कहता है कि एक हो जाओ। लड़ो-मरो, पर बात एकता की करो। लड़ाई की बात मत करो। आप तो इतने विद्वान हैं। अमेरिका वगैरह भाषण देने जाते हैं। आपको हम क्या कहें ? पर डाक्टरों में यह बात हमें ठीक कभी नहीं लगी कि वे दुश्मन को दुश्मन कहकर मारना चाहते हैं। वे जमाने गए डाक्टर साहब। तब क्षत्रियों, राजपूतों का जमाना था। दुश्मन को कहकर मारते थे। यह कोई बुद्धिमानी नहीं थी। तभी तो कभी भी दुश्मन मरता नहीं था। वह तैयार हो जाता था। ऐसा नहीं करना चाहिए। अगर डा. अग्रवाल आपका दुश्मन है… "

"आप सब कुछ जानते हैं। वह कैसा मेरे पीछे लगा है।"

"वह भी मूर्खतापूर्ण काम कर रहा है। दुश्मन से ऐसे नहीं लड़ा जाता। आप हमको देखिए। कितने विरोधी हैं, हमारे ! हमारे ही दल में। बैठकों में रोज हाथापाई होती है हमारे गुर्गों में। एक-दूसरे की धोती उतरवाते हैं हम। पर कोई कहता है तो यही कहते हैं कि हम तो अपने नेता के अदना सिपाही हैं, हममें कोई लड़ाई नहीं है तथा हम सभी में घनघोर मोहब्बत चल रही है। आप लोगों में यह बुरी तथा बेवकूफी की आदत है कि आपकी जिससे दुश्मनी होती है तो हर जगह उस आदमी को गाली देते घूमते हैं। इससे वातावरण खराब होता है। वातावरण सौहार्दपूर्ण रहना चाहिए। कत्ल भी करना हो, तो भी सौहार्दपूर्ण वातावरण में करिए। समझे न आप ?"

"वह तो ठीक है, पर अब आप तो उस डा. अग्रबाल का इलाज करवाइए।"

"फिर वही बात की न आपने ! आप हमारी बात मानिए। प्यार-मोहब्बत से रहिए। डा. अग्रवाल के गले में बाँहें तथा कमर में हाथ डालिए। अपना बनाकर रखिए। सीधा-सादा बने रहिए और मौके की प्रतीक्षा करिए। मौके की प्रतीक्षा कीजिए तो मौका जरूर आता है। गिद्ध जैसा धैर्य चाहिए डाक्टर साहब। दुश्मन को पछाड़ना है तो धैर्य से प्रतीक्षा कीजिए। मौका आएगा। और एक बार मौका आए, तो चूकिए मत। कमर में हाथ डालकर ही पटक दीजिए। चढ़ बैठिए ऊपर और खत्म कर दीजिए। दुश्मन पर वह वार कीजिए कि पलटकर बाद में वार करने के लिए बचे ही नहीं। आप कहते हैं कि अग्रवाल का ट्रांसफर करा दो।

मान लो मैं करा देता हूँ, पर वह कहीं न कहीं तो रहेगा न ? वह वहीं से आपकी गाँड में उँगली करता रहेगा। ऐसी छोटी-मोटी शिकस्त देने से कुछ नहीं होता चौबेजी।"

"कब तक प्रतीक्षा करूँ नेताजी ? दो साल से आप कह रहे हैं कि प्रतीक्षा करूँ। इतने इंतजार में तो गिद्ध भी अघा जाता," डा. चौबे रुआँसे होकर बोले।

"नहीं अघाता जनाब ! हम क्यों नहीं अघाए ? लोगों ने कांग्रेस में घुसने के लिए दस साल तक दरवाजे पर प्रतीक्षा की है। हम राजनीति में क्या करते हैं ? सही अवसर की प्रतीक्षा में बैठे रहते हैं। चुपचाप पड़े रहते हैं। सबको नमस्कार करते हैं। ऐसा लगता है कि हमारे जैसा कोई संत ही नहीं। फिर मौका आता है और सब खत्म।"

"नहीं नेताजी, आप तो इन डाक्टर अग्रवाल का कुछ कराएँ वरना मैं प्रतीक्षा करता ही रह जाऊँगा और वह सीनियर होने के कारण इस अस्पताल का सुपरिन्टेंडेंट बनकर मेरी छाती पर बैठ जाएगा।"

"नहीं बैठ पाएगा। परेशान न हों।"

"एक महीने बाद तो डा. कपूर रिटायर हो जाएँगे नेताजी। फिर तो अग्रवाल बन ही जाएँगे न।"

"प्रतीक्षा तो करें। मौका आएगा।"

"दो साल से आपकी सेवा करते हुए नहीं आया, तो अब एक महीने में क्या आएगा नेताजी ?"

"ऐसा मत कहिए डाक्टर साहब। मौके का क्या है। आप आँखें खुली रखें। वह आज भी आ सकता है। होता क्या है–और हमारी राजनीति में भी जो बेवकूफ खिलाड़ी हैं, वे रोना रोते रहते हैं कि मौका नहीं आया, जबकि मौका कई बार आकर निकल जाता है। आँखें मीचकर मत चलिए। अंदर की आँखें भी खोलकर रखिए। हर छोटी घटना पर नजर रखिए। इन्हीं में से मौके आते हैं, जब आप दुश्मन को परास्त कर सकते हैं। हम राजनीति में क्या करते हैं ? कोई अवसर छोड़ते हैं क्या ? हमारे लिए बाढ़, सूखा, मौत, दुर्घटना, सती, हिन्दू-मुसलमान-ईसाई, दंगे, महँगाई–सब चीजों में से मौके निकल आते हैं, जिनके जरिए हम दुश्मन को परास्त करते हैं। अब वह हरिजन युवती से बलात्कार का केस लीजिए। हमारे लौंडे रामानंद ने बलात्कार किया। ऐसा मौका भी हमारे विरोधी चूक गए। इस तरह वे कभी दुश्मन को नहीं पराजित कर पाएँगे। वे जल्दबाजी में रहते हैं। प्रतीक्षा चाहिए, गिद्धवाली प्रतीक्षा। बिना फैक्ट-फिगर जाने कूदने लगे कि सामूहिक बलात्कार हुआ है, जबकि अकेले रामानंद ने ही सब किया था। साला बलात्कार करने के लिए भी कोई चार आदमी चाहिए क्या ? पर हमने भी कहा ठीक है। सामूहिक हुआ न ! तीन और आदमियों को पकड़वा दिया। वे उनके आदमी थे।

रामानंद ने उनका नाम पुलिस को दिया। अब रामानंद को हम छुड़वा लेते हैं। जेल में मरते रहेंगे उनके ही आदमी। तो यह जल्दबाजी बुरी चीज है। गिद्ध बनो डाक्टर, गिद्ध। धैर्य रखो, मौका मिलेगा।"

"कब मिलेगा नेताजी ?"

"कभी भी। हो सकता है आज ही। और जब ऐसा मौका मिले, तो फिर मेरे पास आइए। मैं यह काँटा आपकी राह से ऐसा हटाऊँगा कि आप नंगे पाँव भागते जाइए या पूरे नंगे होकर दौड़िए, कोई रोकेगा नहीं।"

डा. चौबे को लगा कि इन्द्रमणिजी उनका काम नहीं करना चाहते, सो बातों में उलझा रहे हैं। वे दुखी हो गए। जिसके लिए इतना कर रहे हैं, वही ऐसा बहलानेवाली बातें कर रहा है, ऐसा सोचकर वे चेहरा लटकाकर कुर्सी पर बैठे रहे।

कुछ देर तक दोनों के बीच चुप्पी रही। इन्द्रमणिजी उनको बहुत गहरी रुचि के साथ देखते रहे, फिर बोले, "आपको लग रहा है चौबेजी, कि मैं इस आदमी के लिए इतना गैर-कानूनी काम करने को तैयार हूँ और यह स्साला अपने मंत्री भाई से इतना छोटा काम भी नहीं करवा रहा है··· है ना ? चौबेजी, माना कि आप बहुत पढ़े-लिखे हैं, विद्वान हैं। पर उसी पढ़ाई का पर्दा आपके दिमाग पर छा गया है। जो आप चाह रहे हैं, वह मैं इसी कमरे में बैठे-बैठे, इसी फोन को घुमाकर दो मिनट में करवा दूँ। पर मैं नहीं चाहता, जो आप चाहते हैं। ऐसे ट्रांसफर से क्या होगा चौबेजी ?"

"तो क्या मर्डर करवा देंगे अग्रवाल का ?" चौबेजी चिढ़ गए।

"बिलकुल ठीक कहा आपने। आप मेरे आदमी हैं। मेरे आदमी का दुश्मन रहना ही नहीं चाहिए। मैं अग्रवाल को खत्म करा दूँगा। मुझे मौका दिखाइए। मैं उसे इस नौकरी से ही चलता कर दूँगा। मैं यही चाहता हूँ।"

"ऐसा कैसे हो सकेगा, नेताजी ?"

"होगा। आप धैर्य के साथ मौके की प्रतीक्षा करें। गिद्ध बनें आप। गिद्ध बनना आवश्यक है। यदि डा. अग्रवाल को ठिकाने लगाना है, तो गिद्ध बनना होगा।"

जब डा. चौबे सोच रहे थे कि गिद्ध बनने के लिए क्या-क्या सामान लगेगा तभी राजारामजी अंदर आए और बोले, "शर्माजी जेल से आ गए साहब, मरीज लेकर।"

चौबेजी उठे। इन्द्रमणिजी उठे। चौबे जब उठकर दरवाजे की तरफ बढ़ रहे थे, तब इंद्रमणिजी ने उनके कंधे पर पितृवत् प्रोत्साहन का हाथ रखकर कहा, "परेशान न हों। डा. अग्रवाल की चिन्ता हमें करने दें।"

चौबेजी यही सुनना चाहते थे। वे उदासी से एकदम घनघोर उत्साह पर

आ गए। चहककर बोले, “नेताजी, आपकी बात मैंने गाँठ बाँध ली है। मैं भी गिद्ध बनूँगा।”

कुत्ता हॉस्टल के बरामदे में खड़ा था।

उसका अंग-अंग टूट रहा था। सुबह से जिस तरह वह पिट रहा था, उससे उसे लगने लगा था कि आज का दिन ठीक नहीं है। लौटते में उसने एक सड़कछाप कुतिया से प्रणय-निवेदन किया था, पर उसने भी वह नहीं माना, जबकि वह काफी देर तक और बहुत दूर तक उसके पीछे लगा रहा था। दिन ही खराब था। हॉस्टल के मैस में झाँककर आया था, तो वहाँ के एक लौंडे ने गरम चिमटा मार दिया, जबकि वह मात्र मुँह डालकर आलू-मटर की सब्जी का स्वाद देख रहा था।

पिटा हुआ कुत्ता पिटा-सा खड़ा था। उसने सोचा, आज का दिन सभी कुत्तों के लिए बड़ा ही खराब था। पर क्या यह दिन केवल कुत्तों के लिए ही खराब था ?

डा. पांडे ने कमरे में धुआँधार अपने गिरोह के लोगों की मीटिंग की। उन्होंने डा. कपूर के पत्र के विषय में रामलँगोट, रामअवतार, रामचरण कक्का आदि को विस्तार से बताया, तथा यह भी बताया कि इस पत्र की पुंगी बनाकर वे डा. कपूर के किधर डालनेवाले हैं। उन्होंने रामचरण कक्का को, जो डा. कपूर के आदमी थे, तिरछे ढंग से यह सीधी बात भी बताई कि डा. कपूर एक महीने बाद रिटायर हो रहे हैं और डा. अग्रवाल सुपरिन्टेंडेंट नहीं बन पाएँगे चाहे वे दौड़-दौड़कर जान दे दें, क्योंकि डा. चौबे को सुपरिन्टेंडेंट बनना है और वे इसके लिए डा. अग्रवाल की जान भी ले सकते हैं। उन्होंने कक्का की तरफ अप्रत्यक्ष इशारा करते हुए यह भी कहा कि डा. चौबे के सुपरिन्टेंडेंट बनने पर डा. कपूर के हर आदमी के उसी स्थान में पुंगी डाली जाएगी, अतः बेहतर होगा कि वह आदमी अभी ही पाला बदलकर इस तरफ आ जाए। रामचरण कक्का चुपचाप सुनते रहे। डा. पांडे ने यह भी बताया कि पहले तो इंक्वायरी होगी ही नहीं, और हुई भी तो सबको वही बोलना होगा, जैसा वे बता रहे हैं। ऐसा न करनेवालों के भी अमुक स्थान पर वही पुंगी डालने की बात उन्होंने बताई।

सारे पुंगी-पुराण के पश्चात वे उठे तो रामअवतारजी ने उन्हें दो उबले अंडे पुनः प्रस्तुत किए। दोनों को गुटककर वे चले। वे सारा ग्राउंडवर्क करने के बाद अब डा. चौबे से मिलना चाहते थे।

जाते-जाते उन्होंने रामचरण कक्का को सुनाकर कहा, "सियार की मौत आती है, तो वह शहर की तरफ भागता है। कपूर की मौत आई है।"

डा. चौबे रामानंद की गहन जाँच में लगे थे। तमाम छुटभैये छात्रनेता गहन चिकित्सा इकाई के बरामदे में आकर अपना पुश्तैनी काम यानी शोर-गुल, गाली-गलौज कर रहे थे। सभी को पता था कि रामानंद को कुछ नहीं हुआ है। पर भीड़ जितनी बड़ी हो, मरीज उतना ही सीरियस होता है–इस सिद्धांत पर विश्वास करते हुए गुंडों, मवालियों, गिरहकटों, युवा-नेताओं तथा ऐसे ही फालतू मगर महत्वपूर्ण नागरिकों की भीड़ बरामदे में जमा हो गई थी। आम मरीज इनको देखकर घबरा रहा था। मरीजों की सेवा-टहल में व्यस्त माँ-बहनों को लोगों ने घर भेज दिया था। नर्सें यहाँ-वहाँ डरती-सहमती आ-जा रही थीं। छात्र नेता विशेष तौर पर नर्सों की गहन जाँच में लगे थे और परस्पर बातें कर रहे थे, "सही चीज है बॉस !"

"कौन-सी ?"

"वो वाली···"

"और वो ?···"

"यार जुगाड़ लगाओ न।"

"रामानंद ही बड़े मुश्किल से छूटे हैं।"

"बहुत हुआ तो चले जाएँगे जेल, यार··· ।"

जेल-भरो आंदोलन के लिए तत्पर ये रणबाँकुरे बरामदे में हंगामा बरपा कर रहे थे। गहन चिकित्सा इकाई में पड़े वास्तविक गंभीर मरीज इसके बाद भी नहीं मर रहे थे तो यह उनकी बेशर्मी थी। बात-बात पर ठहाके चल रहे थे। कदम-कदम पर गालियाँ बिखर रही थीं। अस्पताल, जहाँ शोर करना अपराध होना चाहिए तथा होता है भी, वहाँ शोर किसी महामारी-सा फैल गया था। यह आए दिन की बात थी। कोई नेता या नेताओं की रुचि या काम का मरीज भरती हो जाता, तो अस्पताल कुछ दिनों के लिए मछली बाजार में तब्दील हो जाता। डाक्टर उसी मरीज में लगे रहते। नर्सें उनकी चोबदारी में हाजिर होने को मजबूर रहतीं। शोरगुल रात-दिन रहता। मरीज और ज्यादा मरीज हो जाते। बीसों मर-खप जाते। वैसे, कोई आम मरीजों को आम दिनों में वैसे ही नहीं पूछता था। इन विशेष दिनों में तो वे यहाँ-वहाँ जूते तथा धक्के खाते। सारे डाक्टर यहाँ से वहाँ भाग-भागकर यह देखते कि नेताजी को ताजा मौसम्बियाँ पहुँचीं या नहीं, दस्त होने के बावजूद मांस-मछली उनके लिए ठीक-ठाक आई या नहीं, तथा नए-नए रंग-बिरंगे, मीठे-खट्टे टॉनिकों की बोतलों का पहाड़ उनके पलंग के पास लगातार ऊँचा हो रहा है या नहीं ? डाक्टर बरामदे में तेजी से चलते, वार्डों में तेज-तेज चलते क्योंकि वे नेताजी

के मरीज के पास जा रहे थे या वहाँ से आ रहे थे। बीच में कोई आम मरीज टोककर कुछ पूछने की कोशिश करता तो ऐसा दुत्कारा जाता कि शर्माजी के हॉस्टल का कुत्ता तक शरमा जाए।

आज भी यही हो रहा था।

रामानंद को गहन चिकित्सा इकाई में क्या रखा गया था, एक हंगामा उतर आया था अस्पताल पर। चौबेजी दो बार तेजी से सीढ़ियाँ उतरकर न जाने कहाँ गए और न जाने क्या लेकर वापस आए। फिर एक्सरेवाली कोई मशीन घसीट लाए। फिर पैथोलॉजीवाले खूब सारा खून खींचकर भागते हुए चले गए। फिर नर्स आकर 'मुलाकात की मनाही' का बोर्ड टाँग गई। फिर सफाई कर्मचारी ने आँकर दो बैडपैन रख दिए। फिर शर्माजी एक मरीज को धक्का देकर नीचे चले गए। फिर चौबेजी बात करने के लिए रोकने का दुस्साहस करते एक गरीब बीमार को सीढ़ियों से धकेलकर नीचे चले गए। फिर ट्रॉलीवाला दूध-फल लाकर, फर्श पर पड़े एक बूढ़े की टाँग पर से ट्रॉली निकालकर तेजी से रामानंदजी के कक्ष की तरफ चला गया।

चारों तरफ गहमा-गहमी थी। चारों तरफ भाग-दौड़ मची थी। कोई सीरियस मरीज आ गया है, इस बात का पूरा माहौल बन गया था।

ऐसे ही चुस्त तार के-से तने वातावरण में डा. शर्माजी एक बार पुनः गहन चिकित्सा इकाई से बाहर निकले। जाहिर है, तेजी से निकले। वे सबको यह दिखलाते हुए कि वे बहुत व्यस्त हैं और शायद मरीज की जान को बचाए बिना वे आज नहीं मानेंगे, तेजी से ऐसे निकले जैसे सावित्री यमराज के भैंसे के पीछे भागी जा रही हो। वही संकल्प की आभा चेहरे पर और वही सत्यवान को बचा लेने के लिए आवश्यक सत् व्यक्तित्व में।

शर्माजी बरामदे में आ रहे दो गरीब मरीजों की, जो उनसे कुछ पूछने की कोशिश में थे, उनकी टाँगों के बीच से झपट्टा मारकर जब निकल ही रहे थे, तभी उन्होंने हवलदार बलभद्दरजी को लँगड़ाते हुए अपनी ओर आते देखा।

"और दारोगाजी," शर्माजी ने पूछा, "टाँग को क्या हो गया ?"

"मत पूछिए।"

"मत बताइए। बताने लायक बात न हो तो मत बताइए।"

"गिर पड़े थे, डंडा लग गया, खुद का।"

"पुलिस के डंडे में यही खराब बात है दारोगाजी। बड़ा बेमुरव्वत होता है, खैर।"

"सरकार, आपकी ही तलाश में घूम रहा था।"

"क्या हुआ ?"

"एक पोस्टमार्टम करना था, सरकार।"

"किसका ?"

"आत्महत्या का मामला है। दफा··· का।"

"क्या बनाना है ?"

"आत्महत्या ही बनाना है।"

"कहो तो हत्या का बना दें ?"

"गरीब आदमी है सरकार, मर जाएगा।"

"गरीब की तो मौत वैसे भी है ही। कहाँ तक उसे बचाओगे दारोगाजी ?"

"आप तो आ जाएँ। आत्महत्या ही बनाइए।"

"वैसे है क्या ?"

"वैसे आत्महत्या का ही है।"

"फिर क्या मजा ? जो है, वही रिपोर्ट बनाने में क्या मजा ?"

"बताया न सरकार, गरीब आदमी है।"

"कुछ देगा कि नहीं ? गरीब-गरीब कहे जा रहे हो। ऐसे ही सूखे न निपटवा देना दारोगाजी।"

"देगा क्यों नहीं। खाल खींचकर बेच देंगे, स्साले की।"

"गरीब की खाल कौन खरीदेगा दारोगाजी ? कितने देगा ?"

"हजार दे देगा।"

"बस।"

"गरीब है सरकार।"

"बारह सौ लूँगा।"

"ग्यारह सौ ले लीजिए।"

"बारह से एक पैसा कम नहीं लेंगे।"

"चलिए, आपकी ही सही। फिर चलिए।"

"हम आते हैं।"

"चलिए सरकार ! सुबह से आपकी प्रतीक्षा कर रहे हैं।"

"हम आते हैं। आप चलो।"

"लाश रात से पड़ी है।"

"आप चलो तो, हम आते हैं।"

"मुर्दा सड़ने लगा है सरकार, जल्दी आइएगा," जाते-जाते हवलदार ने कहा।

सीढ़ियाँ उतरते हुए तथा इसी प्रक्रिया में एक बच्चे के ऊपर से छलाँग लगाते हुए शर्माजी ने कहा, "तुम मुर्दा सड़ जाने को रो रहे हो ? यहाँ अस्पताल में स्साले जिंदा सड़ रहे हैं और कोई नहीं रोता।"

5

अब हम कहानी में एक नया पात्र लाते हैं।

उपन्यास-लेखन में ऐसा करना पड़ता है। लिखते-लिखते लेखक पाता है कि पाठक उन्हीं-उन्हीं पात्रों को देखकर दांपत्य जीवन की-सी बोरियत महसूस कर रहा है या करनेवाला है, तब समझदार लेखक एक नया पात्र निकालकर ग्राहक के सामने रखता है कि इसे देखिए, एकदम नया माल है। इससे पाठक को उम्मीद बँधती है कि उपन्यास अभी तक भले ही कूड़ा था, पर अब शायद कचरे में से रत्न प्रकट हुआ है। थोड़ी-थोड़ी देर में इसी तरह नये पात्र लाकर पाठक को लटकाए रखकर ही मोटे उपन्यास लिखे जा सकते हैं। लेखक ने भी इस उपन्यास को पाँच-छः सौ पेजों तक खींच ले जाने की कसम खाई है। इसीलिए यह नया पात्र प्रस्तुत है।

पात्र का नाम है डा. गुलाटी। डा. गुलाटी इस अस्पताल के 'गुप्तरोग तथा चर्मरोग विशेषज्ञ' थे।

गुप्तरोग को कौन नहीं जानता ? अर्थात सभी जानते हैं। देश की हर दीवार पर गुप्तरोगियों का आह्वान करते विज्ञापन लिखे हैं। देश का बच्चा-बच्चा अखबारों, पोस्टरों, दीवारों पर लिखे बड़े-बड़े विज्ञापनों के द्वारा गुप्तरोगों के इलाज के लिए उपलब्ध मुछाड़िए, पहलवान डाक्टरों की तस्वीरों से परिचित हैं। इन विज्ञापनों से लगता है कि यह देश गुप्तरोगियों का देश है। सही कहा जाए तो यह सही ही होगा कि देश में थोड़ी-बहुत साक्षरता बढ़ने का सीधा फायदा यही हुआ है कि दीवारों, अखबारों तथा मुफ्त बाँटे जा रहे पर्चों द्वारा जनता को यह महत्वपूर्ण बात यूँ ही ज्ञात हो गई कि भारत गुप्तरोगों का देश है। इसका उल्लेख चीनी यात्री फाह्यान या ह्वेनसांग के यात्रा-वृत्तांतों में नहीं मिलता क्योंकि तब दीवारों पर लिखने का फैशन नहीं था और बिजली का आविष्कार नहीं हुआ था। इसी कारण हजारों मील की भारत-यात्रा के बाद भी वे यह नहीं जान पाए कि इलाहाबाद में अमुक सिनेमा के ठीक सामने हकीम फलाने दीवानजी की क्लीनिक से बिजली द्वारा इलाज का एक कोर्स लेकर, ये चीन लौटने पर हजारों चीनी कन्याओं का मान-मर्दन कर सकते थे।

गुप्तरोग डाक्टर की क्लीनिक में लगी नोटों की मशीन है।

देश की आजादी के बाद यह तय पाया गया कि देश को अब गुप्तरोगों के इलाज में आत्मनिर्भर हो जाना चाहिए। ऐसा निर्णय लेते ही इलाहाबाद, दिल्ली, भोपाल आदि के कसरती शरीरवाले लोगों ने मूँछें घनी करनी शुरू कर दीं और स्थानीय फोटो स्टूडियो से फोटुएँ खिंचवा लीं। फोटुएँ कुछ इस असर की थीं, जैसे म्युनिसिपैलिटी के हाईस्कूल का हैडमास्टर गुप्तरोग का नाम अपने स्कूल से काटकर उसे धमका रहा हो कि खबरदार, जो अब कभी इस तरफ दिखे तो ठीक करके रख दूँगा। छेदी पहलवान भी इस तरह खानदानी हकीम अमुकचंद राय या चमुकमल प्रेमी हो गए। गली-गली में शोर हो गया कि अमुकचंदजी धोबीपछाड़ तो अच्छा लगाते ही हैं, परंतु बिजली का करंट भी पेशाब की नली में ऐसा शर्तिया लगाते हैं जो गुप्तरोग पर धोबीपछाड़ साबित होता है। पूरे हिंदुस्तान में मूँछें मरोड़ते, कमर में पिस्तौल लटकाए, साफा बाँधे या हैट लगाए तथा कुछ पोस्टरों में तो शेर के ऊपर पैर रखे हकीमों की फोटुएँ लग गईं। पूरा देश इलाहाबाद चल पड़ा। भगवान प्रसन्न हुए कि देश धार्मिक हो रहा है। लोगों ने स्नान किया, फिर बिजली से शर्तिया इलाज करवाकर, प्रसन्नवदन घर पहुँच मायके से पत्नी को आ जाने का तार दे दिया और बस-स्टैंड पर बैठकर अपनी पत्नी के आने की प्रतीक्षा करने लगे। डाक-तारवालों को लाभ हुआ। घाटे में जा रहे राज्य परिवहन निगम को लाभ हुआ। तब देश के शेष शहरों का कर्तव्यबोध भी क्रमशः जागा और धीरे-धीरे गली-गली में गुप्तरोगों का इलाज होने की इतनी ही खुलेआम सुविधा हो गई, जितनी कि इससे पूर्व इसे पाने की दिशा में थी। लोग एक घर से गुप्तरोग लेकर निकलते और बगलवाले घर में इलाज करा लेते। कुछ उत्साही कार्यकर्ताओं ने एक ही घर में दोनों किस्म की सुविधाएँ देनी प्रारम्भ कर दी थीं।

और तब जन-जन में यह विश्वास जाग्रत हुआ कि भारत गुप्तरोगों का देश है। जैसाकि ऐसे शुभ अवसरों पर कभी-कभी होता है, सरकार जागी। जागकर उसने अँगड़ाई ली और राष्ट्रीयकरण की आदत से लाचार उसने हर बड़े अस्पताल में एक गुप्तरोग क्लीनिक खुलवा दिया। वही इस अस्पताल में भी था। यह अस्पताल के ऐसे अँधियारे कोने में स्थित था, जो अपने-आपमें काफी गुप्त किस्म का था।

गुप्तरोग क्लीनिक में ही चर्मरोगों को भी निबटाया जाता था। इस तरह कमरे का पूरा नाम, सरनेम सहित, 'गुप्तरोग एवं चर्मरोग क्लीनिक' बन गया था।

गुप्तरोग का क्या इलाज है ? डा. गुलाटी जानते थे कि इसका कोई इलाज नहीं। वे जानते थे कि शीघ्रपतन हो या स्तंभन में कमजोरी, स्वप्नदोष हो या हस्तमैथुन के बाद के मानसिक दोष, वीर्य पतला हो या कलाकंद-सा गाढ़ा, शिश्न दुबला होता जा रहा हो या छोटा–ये कोई बीमारियाँ नहीं थीं। इन्हें थोड़ी-सी

मानसिक शांति देकर, समझाकर, रोगी में विश्वास जगाकर ठीक किया जा सकता था। होना यह चाहिए था कि आम जन को बताया जाता कि यह सब मानसिक कारणों तथा तनावों से होता है और इसमें बिजली के करंट, जड़ी-बूटियों, ताकत की सुइयों या चिनमिन करनेवाली मल्हमों का कोई रोल नहीं था। धंधे में उतरे, चिकित्सा-शिक्षा से हीन, पहलवान-छाप हकीमों ने तो विज्ञापनों, बातचीत आदि के द्वारा भारतीय समाज में गुप्तरोगों का हौवा खड़ा किया ही था, मुश्किल यह थी कि जो पढ़े-लिखे डाक्टर इस भ्रांति को दूर कर सकते थे, वे भी गुप्तरोगों से पीड़ित मरीज को आतंकित ही करते थे। पैसा आतंकित करने में ही था। पैसा बिजली का करंट पेशाब की नली या अंडकोषों में लगाने में ही था। पैसा कोई भी तेल अंग-विशेष पर मलने में ही था। पैसा मरीज को नपुंसक बनाए रखने में ही था। गुप्तरोग पैसे की खान थी। सभी इसमें से पैसा उलीच रहे थे। डा. गुलाटी भी पैसा चाहते थे। वे बैठे-बैठे पैसा चाहते थे। वे बिना हाथ-पाँव हिलाए पैसा चाहते थे। इसके लिए गुप्तरोग से बेहतर और क्या जरिया हो सकता था ?

गुप्तरोग की एक और बात अच्छी यह थी कि गुप्तरोगी अस्पताल की खैराती क्लीनिक में नहीं आते थे। वे बदनामी के डर से घर पर दिखाने के लिए डा. गुलाटी के बँगले पर रात में जाते थे, जब अँधेरा घिर आता था। अस्पताल में कोई गुप्तरोगी आ भी जाए, तो डा. गुलाटी उसकी वो छीछालेदर करते थे कि वह आगे मुफ्त में गुप्तरोग जैसे राजरोग को खैराती क्लीनिक में ठीक करवाने के दुष्प्रयत्न का दुस्साहस न कर सके। यदि अस्पताल में कोई गुप्तरोगी आ जाता, तो वे उससे इस प्रकार बातें करते–

"क्या है भैया ?"

मरीज पहले चारों तरफ ताकता। भीड़ दरवाजे से ताक रही है, दो महिलाएँ जालीवाली खिड़की से अंदर झाँक रही हैं तथा दो-तीन बदमाश किस्म के लौंडे भीड़ में खड़ी महिलाओं में संभावनाएँ तलाश करते घूमते हुए क्लीनिक के दरवाजे पर ही किसी महिला के ठीक पीछे खड़े होकर स्पर्श-सुख में व्यस्त हैं।

"कोई सुन न ले ?"–मरीज शर्म में पड़ जाता है। वह स्वयं आँयबाँय बोलने लगता।

"जी कमर में दर्द है।"

"और ?"

"जी कमजोरी लगती है।"

"और ?"

"जी हल्का-हल्का बुखार रहता है।"

"और ?"

"जी, जी···"

"बोलो, बोलो।"

मरीज मुँह डा. गुलाटी के पास लाता। डा. गुलाटी कान मरीज के पास लाते। मरीज फुसफुसाकर कहता, "जी, वीर्य पतला होता है और स्वप्नदोष हो जाता है।"

तब गुलाटी जोर से सबको सुनाकर कहते, "क्या कहा ? वीर्य पतला होता है और स्वप्नदोष हो जाता है ?"

मरीज शर्म से गड़ जाता। उपस्थित भीड़ मजा लेने के इरादे से तथा यह जानकर कि कुछ उत्तेजक बातचीत चल रही है, और अंदर आ जाती तथा ध्यान से कथोपकथन सुनने लगती। बदमाश लौंडे स्त्रियों के पीछे खड़े होकर बदमाशीवाले मजाक करते हुए उनसे और चिपक जाते।

"बताओ, बताओ, शर्माओ नहीं," डा. गुलाटी मरीज से कहते।

"जी, जी," मरीज पानी-पानी होता रहता।

"अरे भाई, आप लोग बाहर चलिए। इनको बताने दीजिए। इनका वीर्य पतला है। ये आपके सामने कैसे बताएँगे ?" डा. गुलाटी भीड़ को प्यार से फटकारते। सभी मुस्कराते हुए थोड़ा-थोड़ा पीछे खिसक जाते।

"अब बताओ, अब कोई नहीं है," गुलाटी मरीज़ को अभयदान देते हुए कहते।

"जी··· बस वही है जो आपको बताया," मरीज हकलाता रहता।

"कब से है ?"

"दो बरस से।"

"बाकी काम सही होता है ?"

"जी···" मरीज लाज से पानी-पानी हो गया है। वह सोच रहा है कि यहाँ भीड़ में क्यों आया। वह नंगा हो गया है। डा. गुलाटी खूब जानते हैं कि ऐसे प्रश्न सबके सामने करने से उस मरीज में और मानसिक विकृतियाँ आएँगी और वह कभी ठीक नहीं होगा। परंतु वे उसे इस बात की सजा देना चाहते हैं कि वह बिना पैसे खर्च किए गुप्तरोग से मुक्ति चाहता है।

"ठीक होता है ?"

"जी।"

"झूठ न बोलो मिस्टर··· सही बताओ।"

"सही कह रहा हूँ।"

"शीघ्रपतन नहीं होता ?"

"जी··· जी···"

"होता है··· हस्तमैथुन करते हो ?"

"जी नहीं…"

"यार हम तो करते हैं… तुम नहीं करते ?"

यह सुनकर सब हँसने लगते। मरीज फिर कुछ न बोलता। कुछ देर और मजा लेकर वे उसे कोई दवा घसीटकर लिख देते और मरीज सिर झुकाए हुए, मुस्कराती भीड़, शर्म से कटाक्ष मारती महिलाओं तथा ठहाके मारते बदमाश लौंडों के बीच से निकलकर सीधा भाग जाता। वह कुछ दिन शहर में सभी से बचा-बचा फिरता। उसे और भी रोग हो जाते। वह पगला जाता।

इसी कारण उनकी इस क्लीनिक में गुप्तरोगी नहीं आते थे। इस क्लीनिक में चर्मरोगी आते थे और रैली बनाकर आते थे। चर्मरोगों से लोहा लेने के लिए एलोपैथी ने दो अस्त्र डा. गुलाटी को दिए थे। वे इन्हीं दो दवाइयों से सबसे निबटते थे। वे जानते थे कि चर्मरोगों में कुछ नहीं होने का। जिसे खुजाना है, वह खुजाएगा ही। किस-किसका हाथ पकड़िएगा ? खुजाओ स्सालो–गुलाटी का यह नजरिया था चर्मरोगी के प्रति। वे अपनी दो दवाओं से पतिव्रता की भाँति लगे थे। ये दो दवाइयाँ थीं–'कारटीकोस्टेरोयड' की गोलियाँ, क्रीम तथा मल्हम और 'जेन्शियन-वॉयलेट' उर्फ 'नीली दवा'। किसी-किसी को वे 'एस्केबियोल' नामक अस्त्र भी मारते। वे ही नहीं, एलोपैथी के हजारों रणबाँकुरे इन्हीं दवाइयों का लँगोटिया-कवच पहनकर चर्मरोगों के महाभारत में वर्षों से लड़ रहे थे।

डा. गुलाटी हर चर्मरोगी की खाल को देर तक देखते, फिर मन-ही-मन यह कहते हुए कि स्साले सभी चर्मरोग एक से दिखते हैं और पता नहीं इसको यह क्या हो गया है, उसे कारटीकोस्टेरोयड-युक्त कोई मल्हम लिख देते। अगले मरीज के लिए वे पहले ही पर्ची पर नीली दवा लिखकर रखते। उसके अगले को वे पुनः कारटीकोस्टेरोयड देते और उससे अगले को नीली दवा। इस तरह दोनों दवाइयों को बराबर का मौका तथा सम्मान देते हुए वे सारे मरीज निबटा देते। कभी-कभी वे बोर होकर क्रम बदल देते। तब वे लगातार नीली दवा चार मरीजों को देते और फिर एक को कारटीकोस्टेरोयड दे देते या पाँच को नीली दवा देकर फिर ऐसा करते या कभी-कभी वे इसका उल्टा करते और पाँच को कारटीकोस्टेरोयड देकर एक को नीली दवा देते। ऐसे ही खेल-खेल में वे सारे चर्मरोगियों को चलता कर देते।

यूँ तो वे दोनों दवाइयाँ लिखते थे और प्रायः ऐविल, फोरिस्टाल आदि की एजर्लीवाली गोलियाँ भी लिख दिया करते थे, परंतु सही में पूछा जाए तो डा. गुलाटी जेन्शियन-वॉयलेट यानी नीली दवा के आशिक थे। वे प्रायः आश्चर्य करते कि ईश्वर भी कैसा मायावी है। वाह भगवान, तूने भी क्या नीली दवा बनाई है। इसे फरन्कुलोसिस पर भी पोत दो और एक्जीमा पर भी। इसे मुँह पर भी पोत दो और चूतड़ पर भी। डा. गुलाटी नीली दवा के ऐसे कायल थे कि वे नीली

दवा को चर्मरोगों के संकुचित दायरे से निकालकर मलेरिया तथा मधुमेह आदि के रोगियों पर भी प्रयोग करने की दिशा में विचार करने लगे थे। गुप्तरोगियों को तो वे पहले ही गुप्तांगों पर नीली दवा लगाने के लिए दे रहे थे। नीली दवा उर्फ जेन्शियन-वॉयलेट बनानेवालों ने जो दवा चंद बीमारियों के लिए बनाई थी, डा. गुलाटी की असीम अनुकंपा से उस दवा की बोतल उलटकर पूरे जमाने पर फैल गई थी।

इन्हीं डा. गुलाटी की चर्मरोग क्लीनिक चल रही थी और इस समय पूरे यौवन पर थी। खुजाते, पैंट-पाजामे-चड्डी तथा बनियान में हाथ डाले, भिनकती मक्खियों को दुत्कारते तथा भीड़ में एक-दूसरे से लिपटकर चर्मरोगों का आदान-प्रदान करते हुए मरीज गुलाटीजी के कमरे के सामने खड़े थे, पड़े थे तथा दबे थे। ये गरीब लोग थे। ये वे लोग थे, जिन्हें आम आदमी कहकर साहित्य तथा राजनीति दोनों में इस्तेमाल किया जाता था। इनका कोई नहीं था। ये कहीं भी भीड़ देखकर खड़े हो जानेवाले थे।

डा. गुलाटी ने ठाठें मारती मरीजों की सेना की ओर सरसरी निगाह से देखा और भीड़ का यह आलम देखकर उन्होंने तय किया कि इस विषम स्थिति से निबटने का सबसे कारगर उपाय पेशाब के लिए निकल जाना ही होगा। डा. गुलाटी ने ईश्वर को धन्यवाद दिया, जिसने मरीजों से लोहा लेने के लिए नीली दवा के अलावा उनके शरीर में गुर्दे जैसे नायाब अंग की रचना की, जो पेशाब बनाता है। यदि यह न होता तो वे किस बहाने से आउटडोर से खिसकते ? फिर उन्होंने अपने दिमाग को धन्यवाद दिया जिसने ऐसी बात सोची। तत्पश्चात उन्होंने उस बात को भी धन्यवाद दिया जो उनके दिमाग में सही समय पर आई। इस प्रकार चारों तरफ धन्यवाद ठेल देने के बाद डा. गुलाटी ने स्थिति का पुनरवलोकन किया, तो पाया कि उनके धन्यवाद-ज्ञापन समारोह से हो रहे विलंब के कारण, जिसके दौरान वे एक मेडिकल जर्नल में विज्ञापन में छपी सुंदर युवती के सुडौल स्तन देख रहे थे, आधे मरीज खुजाते हुए घरों तथा दफ्तरों की ओर चले गए हैं। डा. गुलाटी ने चले जानेवाले मरीजों का भी धन्यवाद किया और चपरासी को यह बताकर कि वे पेशाब करने जा रहे हैं, आउटडोर से निकल गए। मरीज देखते रह गए और कारवाँ गुजर गया। डा. गुलाटी जानते थे कि कुछ मरीज अधैर्य के कारण उनकी प्रतीक्षा नहीं करेंगे और चले जाएँगे। उन्होंने जाते-जाते उन मरीजों को भी हार्दिक धन्यवाद किया।

फिर भी बहुत-से मरीज खुजाते, खरहरा करते, नोचते-खसोटते वहीं बैठे डाक्टर की प्रतीक्षा करते रहे।

चपरासी स्टूल पर बैठा तंबाखू मलकर एक महिला के फटे ब्लाउज में झाँककर उसकी गरीबी पर दुखी होता रहा कि गरीबी इतनी कम क्यों है कि ब्लाउज

इतना कम फटा है।

तभी सुपरिन्टेंडेंट आफिस का भेजा हुआ हरकारा वहाँ पहुँचा और डा. गुलाटी को पूछने लगा।

"गुलाटी साहब तो मूतने गए हैं," चपरासी ने बिना ब्लाउज से निगाहें हटाए बताया।

"मूतकर आएँ तो बता देना कि कपूर साहब ने अरजेंट बुलाया है।"

"मूतकर आयें तब न।"

"क्यों, क्या वहीं बैठे रह जाएँगे ?"

"कुछ भी हो सकता है। मान लो कि टट्टी ही लग जाए। दस्त लग जाए। तभी हम इन मरीजों से भी कह रहे हैं कि घर जाओ। गुलाटी साहब का भरोसा नहीं। पर ये मानते ही नहीं।"

"आएँ तो भेज देना। नहीं पहुँचे तो जानते हो कि डा. कपूर के सामने अच्छे-अच्छों के दस्त बंद हो जाते हैं।"

"वे जमाने गए भैया। डा. कपूर अब रिटायर हो रहे हैं।"

"मरा हाथी भी सवा लाख का होता है।"

"तुम्हारे हाथी कहने से, गधा हाथी न हो जाएगा।"

दोनों लड़ने लगे। चपरासी चौबेजी का आदमी था। हरकारा सुपरिन्टेंडेंट साहब का आदमी था। यहाँ वार्डबॉयों, सफाई कर्मचारियों, चपरासियों, छात्रों, नर्सों तक सब किसी-न-किसी के आदमी थे। दोनों अपने-अपने नमक को अदा करते हुए लड़ने लगे।

मरीज खुजाना भूलकर, यह युद्ध दिलचस्पी से देखने लगे थे। अब उनकी खुजली मानो ठीक हो गई थी। खुजली के इलाज का यह तरीका भी अत्यंत मौलिक था, परन्तु भारतीय चिकित्सा परिषद ने इन चपरासियों को इस तरीके के लिए कोई पुरस्कार नहीं दिया था।

सुपरिन्टेंडेंट डा. कपूर का कमरा।

दुश्मन की छावनी का हैडक्वार्टर।

डा. कपूर किसी जनरल-से तो नहीं लग रहे थे, पर युद्ध की कमान उन्हीं के हाथों में थी। घूमनेवाली कुर्सी पर वे घायल-से, लेटे-से बैठे थे। यह कुर्सी घूमती थी। घूमनेवाला जोड़ ढीला था। आदमी अच्छा-भला, मस्ती में, दुनिया से बेखबर तथा कुर्सी की मौज में बैठा घूम रहा हो, तभी ढीले जोड़ के खिसक जाने से आदमी मुँह के बल उस कुर्सी से गिर पड़ता था। कपूर साहब कई बार गिरे थे। पर उन्होंने घूमती कुर्सी पर बैठना न छोड़ा। ताकतवर कुर्सियाँ घूमती ही हैं और

उनको दबोचकर रखना पड़ता है–ऐसा वे मानते थे। कुर्सी से गिरो और फिर कुर्सी पर चढ़ जाओ। जो कुर्सी पर से गिरा और घबराया या खिसिया गया, वह कुर्सी से गया। हमारे देश में कुर्सी पर लगातार जमे रहनेवालों को गिरकर धूल चाटने और चाटकर पुनः उठ धूल-धूसरित ही कुर्सी पर चढ़ जाने की कला आती है। कपूर साहब ने जानबूझकर ही यह कुर्सी ठीक नहीं कराई थी। वे उससे गिरते रहते थे और फिर चढ़ जाते थे। कपूर साहब को इस वजह से कुर्सी की क्षणभंगुरता का अहसास तो रहता ही था, तथा इस बात का अहसास भी रहता था कि कोई उन्हें कुर्सी से लाख पटक दे, वे फिर कुर्सी पर वापस चढ़ बैठेंगे। कुर्सी की लड़ाई में गिरने से डरना नहीं चाहिए पर पुनः चढ़ बैठनेवाली बेशर्मी तथा जुगत चाहिए–यह वे जानते थे।

यही बात वे सामने बैठे डा. अग्रवाल को समझाने का प्रयत्न कर रहे थे।

डा. अग्रवाल राउंड छोड़कर आए थे और डा. कपूर के कमरे में पिछले पंद्रह मिनट से बैठे थे और एक ही बात कह रहे थे कि डा. चौबे का कुछ कराना होगा। थोड़ी देर की चुप्पी के बाद डा. अग्रवाल ने पुनः वही बात कही, "डा. चौबे का कुछ करना होगा।"

"मैंने डा. पांडे को सस्पेंड कर दिया है," डा. कपूर ने कहा।

"पर हमें पहले डा. चौबे का कुछ करना होगा। चौबे बहुत स्ट्रांग हो गया है। वह पांडे को भी बचा ले जाएगा।" डा. अग्रवाल ने चिंतित होकर कहा।

"कोई किसी को नहीं बचा सकता। डा. अग्रवाल, कौन किसको बचाता है ? सबको अपनी-अपनी पड़ी रहती है। जब स्वयं डूबने की बात आती है, तो आदमी को अपनी ही लगती है।"

"डा. चौबे डूब नहीं रहा।"

"तो डुबाइए उसे।"

"वही तो मैं कह रहा हूँ कि डा. चौबे का कुछ कीजिए," डा. अग्रवाल उसी चिर-चिन्ता में लीन हो गए।

डा. कपूर ने डा. अग्रवाल की ओर चिन्ताभरी नजरों से देखा। उन्हें पहली बार यह लगने लगा कि वे कहीं गलत आदमी के साथ तो नहीं हैं ? वे जिसे अपनी गद्दी सौंपकर रिटायर होना चाहते हैं, वह यदि ऐसा घबरानेवाला तथा कमजोर है, तो उनके किए घपलों को कैसे दबाकर रख पाएगा ? उन्होंने देखा कि डा. अग्रवाल किसी कारण से घबरा रहे हैं।

"क्या बात है ? बहुत घबरा रहे हैं आप ?"

"इन्द्रमणि इस वक्त डा. चौबे के साथ उसके कमरे में है," डा. अग्रवाल ने बताया।

"कोई किसी के साथ नहीं होता डा. अग्रवाल ! कौन किसके साथ होता

है ? और फिर इन्द्रमणि क्या कर सकता है ? यह मेडिकल कालेज है। आप सर्जरी के वरिष्ठ प्रोफेसर हैं। कालेज में सबसे सीनियर हैं। आपकी भी ऊपर तक जोड़-तोड़ है। मैं हूँ आपके साथ। मैं भी इन्द्रमणि को जानता हूँ। कौन आपको हाथ लगाएगा ?" यह कहते डा. कपूर कुर्सी घुमाते हुए मुँह के बल जमीन पर गिर पड़े।

डा. अग्रवाल उन्हें उठाने के लिए चौंककर उठे।

कपूर ने उठकर कहा, "इस कुर्सी को समझ लीजिए। ऐसे ही गिराती है। बाद में आपको ही बैठना है।"

"क्या पता बैठने को मिलता है या नहीं" ? डा. अग्रवाल आज निराश होने पर उतारू थे।

"आप निराश न हों। आप तो इस समय डा. पांडे की बात सोचें। मैंने उन्हें सस्पेंड कर दिया है। जाँच-अधिकारी आप हैं। अब गवाह बनाकर उसको निबटाना आपका काम है। आप अपनी जाँच में सख्त कार्रवाई की सिफारिश कीजिए। मैं स्साले को नौकरी से बाहर करवाता हूँ।"

"पर डा. पांडे से क्या होगा ? हमें डा. चौबे का कुछ करना होगा।"

"डा. पांडे को सस्पेंड करना ही डा. चौबे का कुछ करने की शुरुआत है, डा. अग्रवाल ! राजनीति समझो डा. अग्रवाल, वरना इस कुर्सी पर दस मिनट भी नहीं बैठ पाओगे और कुर्सी पर घूमोगे भी नहीं तो भी यह तुम्हें पटक देगी। आप उल्टी तरफ से चल रहे हैं। सीधे राजा को मारना चाहते हैं। यह संभव नहीं। लड़ाई में पहले सेनापतियों को साफ करना पड़ता है। तब राजा कब्जे में आता है।"

डा. अग्रवाल चुप रहे। वे चुपचाप डा. कपूर को कुर्सी पर बेखटके घूमते देखते रहे।

डा. कपूर घूमते हुए, डा. अग्रवाल का अध्ययन करते रहे। घूमते-घूमते वे फिर गिरे। इस बार वे टेबल के नीचे घुस गए तथा उनका सिर रद्दी की टोकरी में चला गया। वे आराम से टोकरी से सिर निकालकर वापस कुर्सी पर बैठे और पुनः उनको देखने लगे।

"आप कृतसंकल्प हों तो कोई भी आपको रद्दी की टोकरी में नहीं फेंक सकता। हमारे नेताओं को देखा है ? कितनी बार कुर्सी से रद्दी की टोकरी में जाते हैं ? सब सोचते हैं कि इस बार रद्दी में ही रह जाएगा। पर वह उठता है। देर-सबेर उठकर वह फिर कुर्सी पर होता है। यही धैर्य चाहिए। आप तो तब घबरा रहे हैं, जब हर चीज आपके साथ है। आप सीनियर हैं, बढ़िया कैरियर है आपका। आप ही सुपरिन्टेंडेंट की कुर्सी पर आएँगे, घबराएँ न। डा. चौबे से क्या घबराना ? मैं तो खैर रिटायर हो रहा हूँ। यह लड़ाई मुझे लड़नी होती तो

मैं आपको बताता कि लड़ाई कितनी भयंकर तथा नीच हो सकती है। मैं एक-एक करके चौबे के आदमियों को खत्म करता। मैं चूहे की तरह घेर लेता उसको। पर आपको लड़नी है यह लड़ाई, उसके आदमियों को खत्म करके। उसे चूहा बनाओ पहले, तब सोचो कि डा. चौबे का क्या करें ? अभी आप उसका कुछ नहीं कर पाएँगे। उसे अकेला करो पहले।"

डा. अग्रवाल चुपचाप रणनीति तथा मिलिट्री टैक्टिस की ये रोमांचक बातें सुनते रहे।

डा. कपूर ये बातें करते-करते पूरे जोश में आ गए थे। जोश में आकर उन्होंने कुर्सी पर लगातार तीन चक्कर मारे और कुर्सी से फिसलकर वे टेबल के बगल से होते हुए चिकने फर्श पर गिरे तथा लुढ़कते हुए डा. अग्रवाल के पैरों के पास रुके। वे कुछ देर वहीं पड़े रहे। फिर अग्रवाल के पैरों का सहारा लेकर उठ खड़े हुए तथा पुनः कुर्सी पर बैठकर घूमने लगे। घूमते-घूमते वे पुनः डा. अग्रवाल को देखने लगे।

डा. कपूर ने डा. अग्रवाल को देखकर पाया कि यह आदमी अभी भी डिप्रेशन से उभरा नहीं है तथा डा. चौबे का भय इस पर अभी भी सवार है। "पहले ही डर गए आप तो ! लड़ने को उतरिए तो ! अभी आपने देखा कि हमें कुर्सी ने कहाँ फेंका था ? आपके चरणों में न ? हमने क्या किया कि आपके चरणों को पकड़कर, पैरों का सहारा लेकर उठ खड़े हुए, और पुनः कुर्सी पर बिराजे, देखा न ? यही बात कुर्सी की लड़ाई की है। जो आपको गिरा रहा है, तो गिरने से मत घबराइए। सबके चरणों में गिरिए। सबको अपनी तरफ तोड़िए। सबके पैरों में पड़े-पड़े उनके ही पैर पकड़कर उठिए, फिर कुर्सी पर बैठकर उन्हीं पर हुकूमत करिए, जिनके चरणों में आप थे। समझे न आप ? डा. चौबे के आदमियों को पकड़िए। डा. पांडे के आदमियों को पटाइए। उन्हें काम में लाइए। उनकी टाँगों का सहारा लेकर उठिए और उनको तथा चौबे को खत्म करिए। यही धर्म है। यही धर्मयुद्ध है।"

ऐसे लगने लगा जैसे श्रीकृष्ण भगवान डा. कपूर की रथनुमा घूमती कुर्सी पर बैठकर डा. अग्रवाल में स्थिर किंकर्तव्यविमूढ़ अर्जुन को गीता-पाठ दे रहे हों।

डा. कपूर ने पुनः डा. अग्रवाल की ओर देखा। उन्हें लगा कि डा. अग्रवाल का डिप्रेशन घट रहा है तथा चेहरे पर आशा तथा उत्साह का ऊषाकाल उतर रहा है। डा. कपूर उत्साहित होकर कुर्सी पर धीमे-धीमे घूमने लगे। फिर उन्हें संदेह हुआ कि यह ऊषाकाल के स्थान पर सूर्यास्त की लालिमा तो नहीं ? वे समझ नहीं पा रहे थे। डा. कपूर यह बात समझ नहीं पा रहे थे कि कुर्सी की लड़ाई लड़ने के लिए मैदान में उतरा यह व्यक्ति कमीनगी-काइयाँपन तथा बदमाशी से लबरेज क्यों नहीं दिख रहा ? यह ईमानदारों, सिद्धान्तवालों-जैसा कांतिहीन चेहरा

लेकर ही यदि यह आदमी सुपरिन्टेंडेंट की कुर्सी पर बैठना चाहता है, तो कैसे बैठ पाएगा, और क्योंकर बैठना चाहिए उसे ? यदि किसी कारण बैठ भी गया तो कब तक टिक पाएगा यह ? सुपरिन्टेंडेंट की कुर्सी कितनी खतरनाक थी, यह वे ही जानते थे जो इससे रोज गिरकर हजारों टन धूल अब तक के कैरियर में चाट चुके थे। धूल की बात याद आते ही वे पुनः तेज-तेज कुर्सी पर घूमने लगे। वे शायद यह बताना चाहते थे कि वे रिटायरमेंट के करीब होते हुए भी कुर्सी का पूरा मजा ले रहे हैं। वे एक बार तेजी से घूमे और कुर्सी से निकलकर वाशबेसिन के नीचे बनी नाली की जाली तोड़ते हुए नाली में घुस गए। नाली में से वे आराम से निकले, वाशबेसिन पर मुँह धोया, और पुनः कुर्सी पर बैठकर बोले, "जानते हो यह कितनी खतरनाक कुर्सी है ?"

"अभी मैंने देखा," डा. अग्रवाल ने कहा।

"कुछ नहीं देखा तुमने। क्या देखा तुमने ? कि कुर्सी से गिरकर मैंने धूल चाटी, तुम्हारे चरणों में गिरा और एक बार नाली में गिरा ? यही न ? अरे इस देश में हर कुर्सी एक नाली पर टिकी है। कुर्सी में बैठना यानी नाली में बैठने-जैसी तपस्या है। उसकी बात नहीं कह रहा मैं। यह तो देश की हर कुर्सी का हाल है। पर अस्पताल के सुपरिन्टेंडेंट की कुर्सी उनसे भी आगे तथा खतरनाक है। यहाँ तुम्हें जीवन-मृत्यु के सांसारिक बंधनों से ऊपर उठना होता है। नकली दवाइयों, एक्सपायरी डेट के इंजेक्शन, गंदे भोजन आदि के बीच से पैसा बनाना पड़ता है। आत्मा इसी नाली में छोड़कर फिर बैठना होता है इस कुर्सी पर। यह कुर्सी तो स्टोरकीपर, बाबू, डाक्टर, केमिस्ट, दवाई कम्पनीवालों तथा ठेकेदारों की लंबी बेईमान कड़ी का हिस्सा मात्र है मित्र। इस पर बैठकर मरीजों की जान से खेलने के लिए बहुत बड़ा गुर्दा चाहिए, डा. अग्रवाल। वह हो, तभी आगे बढ़ना, वरना बहुत हैं। बहुत क्या, अपने डा. चौबे ही हैं।"

"तो डा. चौबे का कुछ कराइए न," डा. अग्रवाल ने कहा।

अब डा. कपूर को ताव आ गया। वे समझ गए कि उषाकालनुमा लालिमा जो डा. अग्रवाल के चेहरे पर थोड़ी देर के लिए बेईमानी का आलोक बिखरा गई थी, वह वास्तव में ऊषाकाल की न होकर सूर्यास्त की ही थी। डा. अग्रवाल की जोड़-तोड़ करने की हिम्मत का सूरज डूब रहा था। वे सोचने लगे—ऐसे कैसे होगा ?

वे यही सोचते-सोचते कुर्सी पर हौले-हौले घूमते रहे। तभी कमरे में डा. गुलाटी आए। वे पेशाब आदि करके आए थे तथा मरीजों को निबटाने के लिए एक ताजा-ताजा, एम.बी.बी.एस. की डिग्री की तलवार से मरीजों का वध करने को तत्पर, उत्साह से छलछलाते इंटर्न को लगा आए थे, जिसने इनको आश्वासन दिया था कि आप जाइए सर, मैं सबको निबटा दूँगा। यह जानकर

कि यह इन्हें निबटा देगा क्योंकि इन मरीजों को कोई भी निबटा सकता था, डा. कपूर के कमरे में आ गए थे।

डा. कपूर ने डा. गुलाटी को देखा तो उनकी बाँछें थोड़ी-सी खिल गईं। उनकी बाँछें किसी भी पंजाबी को देखकर खिल जाती थीं। हमारे देश में, जैसा कि आपको पता ही होगा, अलग तरह की बाँछें हैं। इन बाँछों में कुछ ऐसा पुर्जा लगा है, कि अपनी जातिवालों को देखकर ये स्वचालित मशीन की भाँति खुलने लगती हैं। जातिवाद हमारे शरीर में गहरे उतरकर बाँछों तक चला गया है। जहाँ दूसरे देशों में आदमी की बाँछें अच्छा काम देखकर, ईमानदारी से काम करके मिली रोटी खाकर तथा भले आदमी को देखकर खिलती हैं, वहीं हमारे देश में बाँछें इन सबके बीच पड़कर बंद होने लगती हैं। हमारी बाँछें अपनी जातिवाले को देखकर खिलती हैं। अपनी उपजातिवाला हुआ तो कहना ही क्या और यदि गोत्र भी उसका वही हुआ तब तो बाँछें खिल-खिलकर जान देने पर उतारू हो जाती हैं। यही स्थिति डा. कपूर की बाँछों की थी। वे यद्यपि डा. अग्रवाल के कायर रवैये के कारण आज उतनी गतिशील नहीं थीं, फिर भी एक पंजाबी को देखकर उन्हें खिलना चाहिए था और वे खिलीं।

खिली बाँछों के साथ डा. कपूर ने कहा, "भई गुलाटी, अब तुम ही डा. अग्रवाल को समझाओ। ये तो हिम्मत हार रहे हैं।"

डा. गुलाटी अग्रवाल की कुर्सी के पास ही बैठकर खुसुर-फुसुर शैली में उन्हें समझाने लगे। डा. कपूर उन्हें प्यार से देखते रहे। उनकी बाँछें और खिलीं। वे कुर्सी पर घूमने लगे। बाँछें जितना गुलाटी को देखतीं, उतना और खिलती जातीं। वे कुर्सी पर और तेज घूमने लगे। बाँछें जातिवाद के कीचड़ में पूरी तरह खिलकर कमल-सी हो गईं। ऐसा होते ही डा. गुलाटी चकरघिन्नी से घूमने लगे। तेज और तेज। मानो माँझे की गिट्टी। मानो समय का पहिया। वे इतना तेज घूमने लगे कि आँखों को स्थिर-सा दिखने लगे। फिर वे यकायक कुर्सी से सटाक से निकले और हवा में उछल गए।

डा. अग्रवाल और डा. गुलाटी ने यह नहीं देखा कि वे कहाँ गिरे ? वे जानते थे कि वे जहाँ भी गिरे होंगे वहाँ से उठकर थोड़ी देर में कुर्सी पर नजर आयेंगे।

भरती बाबू का पूरा नाम गेंदालालजी वाजपेयी था। जैसाकि स्पष्ट है, वे भरती करनेवाले बाबू थे। कम-से-कम सरकार ने उन्हें यही सोचकर इस पोस्ट पर बिठाया था कि वे भरती किए गए मरीजों को भरती का रजिस्ट्रेशन करके, उनकी फाइल बनाकर, ससम्मान उन्हें उनके संबंधित वार्ड की तरफ रवाना करेंगे।

पर ऐसा नहीं था। वे भरती बाबू थे, पर मरीज को भरती नहीं होने देते

थे। वे जी-जान लगाकर मरीज को भरती होने से तब तक रोकते, जब तक वह अंटी से पैसा न निकाल दे। पर वे पैसा नहीं माँगते थे। वे पैसा चाहते थे, पर उनको पैसा देना आसान काम नहीं था क्योंकि वे यह नहीं मानते थे कि उन्हें पैसा चाहिए। वे हर मरीज की भरती में टाँग अड़ाकर खड़े हो जाते और प्रतीक्षा करते थे कि वह पैसा देगा, और जब वह पैसा देने लगता तो उस पर अपनी ईमानदारी को खरीदने का दुस्साहस करने का आरोप लगाकर पैसा वे तब तक नहीं लेते थे जब तक वह जबरन जेब में डाल न दे, जिसके लिए वे क्या कर सकते थे। वे ईमानदार बने रहने का मजा लेते हुए अपनी बेईमानी चला रहे थे, जिसे अंग्रेजी भाषा में कहते हैं कि वे केक खा भी रहे थे और उनका केक साबुत भी था। वे जानते थे कि इस अस्पताल में कोई उनकी ईमानदारी पर उँगली उठाकर आक्षेप नहीं लगा सकता था कि वाजपेयी बाबू पैसा लेते हैं, क्योंकि वे लेते नहीं थे और देनेवाले को तब तक रोकते थे, जब तक कि वह जबरन जेब में डालकर सरपट भाग न जाए। वे पीछे भी भागते कि भैया यह पैसा ले जाओ, हम पाप की कमाई नहीं लेंगे। कभी-कभी गुस्से में सामने ही पैसे फेंक भी देते। परंतु अंततः उसे कोई नहीं उठाता, तो वे मजबूर होकर उठा लेते और खीसे में डालकर अगले मरीज को भरती न करने के अभियान में लग जाते।

आउटडोर के एक कोने में, खुली हवा में मेज डालकर, तथा पाँच-सात रजिस्टरों को एक साथ उस पर खोलकर और इस तरह पूरी मेज घेरकर वे बैठे थे तथा उन शत्रुओं के चौतरफा आक्रमण को इस समय झेल रहे थे जो उनके किले को फतह करके अस्पताल में प्रवेश करना चाहते थे। वे इस समय दस-बारह आदमियों से घिरे थे तथा ऐसे इत्मीनान से रजिस्टर पर लाइनें खींच रहे थे मानो लाइनें खींचने का ही काम आज उन्हें करना हो।

"वाजपेयीजी··· थोड़ा कर देते," एक मरीज के रिश्तेदार ने डरते-डरते लाइनें खींचने की उनकी तपस्या भंग करने की हिम्मत की।

"क्या कर दें ?" वाजपेयीजी ने मासूमियत से पूछा।

"भरती···" रिश्तेदार ने बताया।

"क्यों ?"

"जी, मरीज को दस्त लग रहे हैं। हालत बुरी है।"

"सबकी हालत बुरी है भैया। हमारी कौन-सी ठीक है।"

"डाक्टर जैन ने भरती किया है।"

"वे तो सबको भरती कर देते हैं। तुम सामने खड़े हो जाते, तो तुम्हें कर देते।"

"आप पर्चा बना दें," रिश्तेदार ने कहा।

"बनायेंगे भैया, क्यों नहीं बनायेंगे ? हमने मना किया क्या ?" वाजपेयीजी

ने पुचकारकर कहा।

"तो बना दें न," रिश्तेदार आशान्वित हो गया।

"देखते नहीं कि रजिस्टरों पर लाइनें खींच रहे हैं। इन्हीं पर तो मरीज का नाम लिखना पड़ेगा। तब न पर्चा बनेगा ?" वाजपेयीजी ने फटकारा।

"बना दीजिए साहब," रिश्तेदार रिरियाता हुआ बोला।

"हमने मना किया क्या ? हम तो बनाने के लिए ही बैठे हैं। हम न बनाएँगे तो कौन बनायेगा ? बिलकुल बनाएँगे। यही काम है हमारा। रोज बनाते हैं। सुबह से शाम तक बनाते हैं। आपका भी बनाएँगे। हमारी आपसे क्या दुश्मनी ? क्यों भाई साहब, आप ही बताएँ, हमारी इनसे कोई दुश्मनी है क्या ?"

"नहीं तो," भीड़ में से किसी ने बताया।

"बस, फिर जरूर बनाएँगे," वाजपेयीजी लाइनें खींचते हुए बोले।

"बना दीजिए न," रिश्तेदार रोते हुए बोला।

"यार हमने मना किया क्या ? कोई कह दे कि हमने मना किया हो तो···" वाजपेयीजी लाइनें खींचते रहे।

"पर आप बना भी तो नहीं रहे," रिश्तेदार झल्लाया।

"ऐसा मत कहिए। आप झूठा आरोप लगाते हैं। हमने कब मना किया? हमने तो यही कहा न कि बनाते हैं। एकदम जादू कर दें क्या ? बनने में समय लगता है। फुटा लेकर लाइनें खैंचनी पड़ती हैं। फिर चार जगह तुम्हारे मरीज का नाम चढ़ेगा। डाक्टर के दस्तखत की ताईद करूँगा, तब न···" वे रिश्तेदार पर उखड़ गए।

"तो पर्चा बना दीजिए न। मरीज को बहुत दस्त लग रहे हैं," वह गिड़गिड़ाने लगा।

"दस्त लग रहे हैं, तो पाखाने ले जाओ यार··· यहाँ क्यों खड़े हो ? कपड़े खराब करवाने हैं क्या ? कभी तुमको दस्त लगे हैं कि नहीं ? दस्तों को रोक नहीं सकते। दस्त लगते हैं तो दस्त करना चाहिए। दस्तों को रोको मत," वाजपेयीजी दस्तों के विषय में नितान्त व्यक्तिगत राय देने लगे।

"आप पर्चा बना देते साहब," रिश्तेदार बोला।

"हमने मना किया क्या ? कोई साहब कह दें कि हमने मना किया हो ? पर्चा तो हम बनायेंगे ही···" वे पुनः अपने स्थायी पर आ गए और उन्हीं पुराने आरोहों-अवरोहों में खो गए।

तब आसपास की भीड़ में थोड़ी खुसुर-फुसुर हुई।

सरकारी दफ्तरों के पुराने अनुभवी उस आदमी को समझाने लगे कि कुछ ले-देकर मामला निबटाओ, वरना इस नाटक पर पर्दा गिराना नामुमकिन है क्योंकि पर्दा भी वाजपेयीजी ने उतारकर रख दिया है। तब वह आदमी दस रुपए का

एक नोट निकालकर मेज पर रखने लगा।

"यह क्या है ?" वाजपेयीजी की त्योरियाँ चढ़ गईं।

"बच्चों को मिठाई के लिए है," आदमी ने कहा।

"बच्चों को मिठाई देकर दस्त लगवाने हैं क्या ?" वाजपेयीजी ने फटकारा।

"ले लीजिए," रिश्तेदार चिरौरी करने लगा।

"रिश्वत देते हैं आप ?" वाजपेयीजी ईमानदारी में लथपथ होकर चिल्लाए।

"नहीं साहब··· यह तो बस तुच्छ-सी···" आदमी हकलाकर कहने लगा।

"दस के नोट को तुच्छ कहते हो ? तुच्छ है, तो हमें क्यों दे रहे हैं ?"

"ले लीजिए सरकार और पर्चा बना दीजिए।"

"पर्चा तो हम बनाएँगे ही···वह हमारा काम है। हम नहीं बनाएँगे तो कौन बनाएगा ? पर यह दस का नोट उठा लीजिए।"

"अरे नहीं वाजपेयीजी···" आदमी ने पैसा नहीं उठाया।

वाजपेयीजी मानो ईमानदारी के ताप से तपते गुस्से की झलक दिखाने लगे। मरीज का रिश्तेदार घबरा गया। परंतु वाजपेयीजी को जाननेवाले व अन्य आसपास के लोग उसे इशारा करते रहे कि घबराओ मत···ये ऐसे ही रिश्वत लेते हैं। क्या करें ? सबके अपने-अपने ढंग हैं रिश्वत लेने के। यह समझकर आदमी बिना नोट उठाए खड़ा रहा।

"अरे उठाओ भई···" वाजपेयीजी थोड़ा नरम होकर बोले।

"आप मरीज की भरती कर देते," आदमी ने विनम्रता से कहा।

"वह तो हम करेंगे ही। काम है हमारा। पर उठाओ यार···यह पैसा उठाओ। पाप की कमाई हमसे नहीं बनती भैया··· कौन-सी बिल्डिंग खड़ी करनी है," वाजपेयीजी और नरम होकर बोले।

मरीज का रिश्तेदार चुप खड़ा रहा।

"उठाओ यार···भई, इनको बोलो न कि यह पैसा उठा लें," वाजपेयीजी ने दूसरों से अपील की। कोई कुछ नहीं बोला। सभी वाजपेयीजी को जानते थे। वे जानते थे कि यह अपील नामंजूर करने के लिए की जा रही है। इस अपील में नामंजूर करने की भी अपील नत्थी है।

अब सभी कह उठे, "ले लीजिए वाजपेयीजी, बेचारे का दिल रख लीजिए।"

वाजपेयीजी इसी बीच उस आदमी के हाथ से भरती की पर्ची लेकर फार्म इत्यादि फटाफट भरने लगे थे। वे मरीज का नाम, वल्दियत तथा पूरा पता इत्यादि पूछकर एक रजिस्टर में भरते हुए बड़बड़ाते जाते थे।

"कैसे ले लीजिए यार, भरती करना हमारा काम है, इसमें पैसे कैसे ले लें? परचा तो हम बनाएँगे ही। वह हमारा काम है। पर यह पाप है। हमें मत घसीटिए इसमें। रिश्वत ही लेनी होती तो हम तो उनमें से हैं कि साफ-साफ कहते कि

पैसे निकालो। पर हमें रिश्वत नहीं लेनी। कौन-सी बिल्डिंग खड़ी करनी है। और फिर स्साले दस के नोट से कहीं बिल्डिंग खड़ी होती है ?···दस का नोट ले आते हैं और यूँ दिखाते हैं–अरे यार क्या हम कोई रंडी हैं ? समझा क्या है ?" उन्होंने यही बड़बड़ाते हुए फाइल पूरी की और मरीज के रिश्तेदार को दे दी। इसी बीच उनकी एक आँख बराबर उस दस के नोट पर रही ताकि कोई अन्य आदमी उस पाप की कमाई से अपने हाथ खराब न कर बैठे। वे फाइल देते हुए पुनः एक बार ईमानदारी की अपनी तस्वीर पर कूँची मारकर फिनिशिंग टच देते हुए बोले, "ये लीजिए अपनी फाइल···और हाँ, ये पैसे उठाते जाइए···अरे देखिए···अरे-अरे···देखिए, यह बात ठीक नहीं है। अरे कहाँ जा रहे हैं ?···"

वे कुर्सी से उठकर उसके पीछे जाने का उपक्रम करने लगे। इससे पूर्व वे दो के पीछे सौ गज तक जा भी चुके हैं। अब की बार सबने उन्हें उठने से रोक दिया–स्साला हर बार इसी में दस मिनट खराब करता है, यह सोचकर। फिर कुछ देर तक सभी के चिरौरी करने पर वे अगले मरीज का केस हाथ में लेने की उपरोक्त प्रक्रिया पुनः शुरू कर ही रहे थे, कि डा. शर्मा द्वारा नसबंदीशुदा बूढ़ा व्यक्ति कनछेदी की भरती की पर्ची लेकर उनकी सेवा में प्रस्तुत हुआ। साथ आये वार्डबॉय ने कहा, "शर्माजी ने भेजा है वी. टी. करके। इसका मरीज भरती करना है। बेचारा गरीब आदमी है।"

"अस्पताल में गरीब-अमीर सब बराबर हैं," वाजपेयीजी ने रजिस्टर पर पुनः लाइनें खींचने का कार्य हाथ में लेते हुए कहा।

"हुजूर, कनछेदी की भरती बना देते," बूढ़ा गिड़गिड़ाया।

"सबकी भरती बनाएँगे हम। हमने कब मना किया ? यही तो हमारा काम है," वाजपेयीजी ने दिलासा देते हुए पुचकारा। वे जान गये थे कि वार्डबॉय साथ लेकर आया है, तो यह आदमी नोट निकालेगा। रास्ते में वार्डबॉय ने तो अपना हिस्सा झटक भी लिया होगा।

"यह पर्चा लिखा था डा. शर्मा ने," भरती का बूढ़े ने शर्माजी का प्रिस्क्रिप्शन रखते हुए कहा।

वाजपेयीजी ने देखा कि उसने बस पर्चा रखा है और साथ में नोट आदि कुछ नहीं। उनके अंदर बैठा भरती क्लर्क जाग उठा, जो भरती रोकने पर आमादा रहता था।

"पर्चे को अपने पास रखो," वाजपेयीजी ने डाँटकर कहा।

"भरती कर देते कनछेदी को।"

"कौन-सा कनछेदी ?"

"वहाँ पड़ा है।"

"ले आओ इधर।"

"बेहोश है।"

"बेहोश को छोड़कर इधर चले आए ? शर्म नहीं आती। मान लो कुत्ता मूत दे उसके मुँह पर ? या कोई कपड़े ही उतारकर नंगा छोड़ जाए उसे, तो ? भैया यह अस्पताल है, आदमी को सँभलकर चलना चाहिए।" वाजपेयीजी समझाने लगे।

"वह पहले ही नंगा है हुजूर।"

"नंगा है ?"

"गरीब है न सरकार।"

वाजपेयीजी ने ध्यान से देखा। स्साला बार-बार बात को गरीबी पर ला रहा है। पैसे देगा या नहीं ? फिर वे जान गए कि यह देगा क्योंकि शर्माजी ने नसबंदी करके भेजा है तथा वार्डबॉय साथ है, जिसके चेहरे पर पैसे झटक लेने के बाद आई चमक अभी शेष है। वे बोले, "नंगा है तो यहाँ क्यों लाए ? किसी कपड़े की दुकान पर जाते।"

"गरीब है सरकार।"

"यार गरीब है तो बैंक में जाकर लोन लो न। गरीबों में खूब पैसा फेंक रहे हैं बैंकवाले।"

"बीमार है सरकार।"

"तो ऐसा कहो ना।"

"भरती कर लें।"

"भरती तो हम करेंगे। हमारा काम ही है यह। हमने मना तो नहीं किया न ? क्यों भाई साहब, किया क्या ? भरती जरूर करेंगे–कनछेदी को भी करेंगे और जो भी जिस तरह का छेदी होगा, सबको करेंगे।"

"तो कर लेते हुजूर।"

"क्या नाम बताया ?"

"कनछेदी।"

"कान छिदे हैं इसके ?"

वार्डबॉय समझ गया कि यह निरर्थक बहस दस के नोट पर ही टूटनी है। उसने बुढ़ऊ के कान में कहा, "पैसे निकालकर रख।"

बुढ़ऊ ने पाँच का नोट निकालकर मेज पर रख दिया। वाजपेयीजी तिलमिला गए। उनकी ईमानदारी कराह उठी। उनके ईमान को चोट लगी, क्योंकि उनका रेट दस रुपए था और यह आदमी नसबंदी के पैसे दबाए हुए, गरीबी की आड़ में पाँच का नोट टिपाने के चक्कर में था। वे भड़क उठे। वे गरज उठे। वे चीखने लगे। चौंककर दूर-दूर तक के लोग देखने लगे। सब समझ गए कि वाजपेयीजी को किसी ने प्रचलित रेट से कम रिश्वत देने का प्रयत्न करके उनकी ईमानदारी

को नींद से जगाया है, अब उसकी खैर नहीं।

वाजपेयीजी ने पाँच का नोट बूढ़े के मुँह पर फेंककर कहा, "रिश्वत देते हो ? शर्म नहीं आती ? बुढ़ापे में ऐसी हरकतें करते हो ?"

डा. चौबे ने गहरी साँस खींचकर पूरा शरीर कुर्सी पर ढीला छोड़ दिया और आँखें बंद कर लीं। थोड़ी देर वे ऐसे ही पड़े रहे। चौबेजी अभी-अभी इन्द्रमणिजी को कार तक छोड़कर वापस अपने चैम्बर में आए थे। वे थक गए थे। सुबह से वे लगातार चक्कर चला रहे थे। चक्कर तो वे वर्षों से चलाते आ रहे थे। वे मेडिकल कालेज में लगातार चक्कर चला रहे थे, जैसे कि उनके जैसे अन्य प्रोफेसर आदि भी चला रहे थे। चारों तरफ चकरियाँ चल रही थीं। हर डाक्टर का अपना चक्कर था। हर डाक्टर का अपना चक्र था। वे एक-दूसरे पर चक्र फेंककर प्रहार करते थे। ये कलियुगी चक्र थे, चूक भी जाते थे। पर डा. चौबे के चक्र नहीं चूकते थे। वे चक्र धारण करके वार्ड में निकलते और जूनियर डाक्टरों को धराशायी करते। वे चक्र का चक्कर मरीजों की जेब पर मारते, कालेज कौंसिल की मीटिंगों में मारते, सीधे-साधे किंतु उनके ग्रुप में न होनेवाले डाक्टरों पर मारते। परंतु पिछले दो-तीन माह से तो चक्र चकरघिन्नी-सा चलाना पड़ रहा था। यह चक्कर मेडिकल सुपरिन्टेंडेंट की पोस्ट का था। उस कुर्सी का था, जो अस्पताल के बजट में से खोदकर निकले कमीशन के खजाने के ऊपर रखी थी। यह दवाइयों, मशीनों तथा लाखों की खरीदी के तिलिस्मी बगीचे के बीच रखा सिंहासन था जिस पर बैठने पर आदमी इस खजाने को पा सकता था। वे इस तिलिस्मी खजाने के चक्कर में थे। वे घूम रहे थे। वे कुर्सी के चारों तरफ कुत्ते की-सी बेचैनी से घूम रहे थे। वे दो महीने से हर जोड़-तोड़ कर रहे थे। उनकी राह में डा. अग्रवाल का रोड़ा था, जो सीनियर थे। वे हर देशी-विदेशी सहायता ले चुके थे और ले रहे थे, पर चक्कर लंबा चल निकला था। जैसे-जैसे डा. कपूर के रिटायरमेंट के दिन पास आते जा रहे थे, चक्कर तेज होता जा रहा था। उन्हें यह भी खबर थी कि डा. अग्रवाल तथा डा. कपूर भी इसी चक्कर में हैं, कि कुछ चक्कर उधर भी है, यह डा. पांडे के निलम्बन से साफ था। उन्होंने चौबेजी के सिपहसालारों को नेस्तनाबूद करना शुरू कर दिया था। इसे इसी जगह नहीं रोका गया तो उनके सिपहसालारों तथा सेना में भगदड़ मचने में कितनी देर लगनी थी ? इतिहास उठाइए तो पाएँगे कि कितनी ही बार युद्ध में स्वयं के हाथी-घोड़े ही घबराकर पलट पड़े और सबको रौंद गये। चौबेजी को जब से पता चला कि पांडेजी को निलंबित कर दिया गया है, वे चिंतित थे। वे नहीं चाहते थे कि पांडेजी तथा उनके-जैसे बहुत-से हाथी-घोड़े जो अस्पताल की रणभूमि में उन्होंने लगा रखे थे, डा. कपूर

के हमले से घबराकर मैदान छोड़ पलट पड़ें और उन्हें ही रौंद दें। कुछ करना होगा।

यही बात उन्होंने इन्द्रमणिजी को कार तक पहुँचाने जाते हुए रास्ते में भी कही थी, "अब तो तुरंत कुछ करना होगा।" इन्द्रमणिजी ने भी डा. पांडे के निलंबन के आदेश की खबर सुन ली थी। उन्होंने कार में बैठते-बैठते कहा, "डा. चौबे, अब तो यह समझो कि धर्मयुद्ध शुरू हो गया है। उन्होंने मौका देखकर तुम्हारा एक सेनापति मारा है। तुम जल्दी ऐसा मौका देखो कि सीधे राजा को मार सको। युद्ध के अपने-अपने तरीके हैं। कुछ लोग सिपाहियों, सेनापतियों को मारते-मारते फिर राजा तक पहुँचते हैं। ऐसे भी युद्ध जीते हैं लोगों ने। पर यह लंबी झिकझिक का मामला है। एक सेनापति को मारो, राजा नया बनाकर लगा देता है। आप मेरी बात मानें। इसमें रिस्क अधिक होती है, कौशल भी अधिक चाहिए, परंतु युद्ध जीतने का सबसे छोटा, सीधा तथा तय रास्ता यही है कि राजा को मार दो। सारी सेना, सिपाही, सेनापति सब अपने-आप हार जाते हैं।"

"आप समझे न ?" वे कार की खिड़की से झाँककर मुस्कराते हुए बोले।

उन्हें डा. चौबे पर पूरा भरोसा था। यह आदमी ठीक है। इसी की पीठ पर हाथ रखना ठीक रहेगा। डा. अग्रवाल तथा डा. चौबे के बीच, अपनी राजनीतिक आवश्यकताओं की गणना में उन्होंने डा. चौबे पर दाँव लगाने को चुना था। वे जानते थे कि उन्होंने सही आदमी चुना है।

"मैं जल्दी ही डा. अग्रवाल का कुछ इन्तजाम करता हूँ, फिर आगे आपको सब देखना है," डा. चौबे बोले।

चलती कार से इन्द्रमणिजी ने एक ही बात कही जो वे पहले भी कह चुके थे–"मौका खोजो और टूट पड़ो। धैर्य से मौका देखो और राजा को मारो। पर धैर्य रखो। गिद्ध बनो।"

डा. चौबे, कुर्सी पर ऊँघते हुए, यही सब सोच रहे थे। वे सोचते रहे और ऊँघते-ऊँघते सपना देखने लगे। सपने में उन्होंने देखा कि वे गिद्ध बन गए हैं। वे अस्पताल की रणनीति के आकाश में मँडरा रहे है। नीचे श्मशान के मैदान-सा अस्पताल था। अस्पताल खाली था। वहाँ केवल कुर्सियाँ थीं। वे मँडराते हुए नीचे आए। वे सुपरिन्टेंडेंट की कुर्सी पर मँडराते लगे। वे और नीचे आए। कुर्सी पर झपट्टा मारने ही वाले थे कि उन्होंने देखा कि कुर्सी पर डा. अग्रवाल बैठे हैं और उनकी तरफ कुटिल मुस्कान से देख रहे हैं। पास ही डा. कपूर भी खड़े थे। यह देखकर उनका दिल धक्क हो गया कि वे दोनों भी गिद्ध बन चुके थे।

घबराकर उनकी नींद खुल गई। दिल धड़कने लगा। कहीं डा. अग्रवाल भी गिद्ध बन गया तो ? और यदि कपूर भी गिद्ध है, तो दो गिद्धों से वे कैसे लड़ेंगे, जबकि वे मात्र एक गिद्ध हैं ?

वे इसी चिंता में पुनः ऊँघने लगे और उन्होंने फिर एक सपना देखा। इस बार का सपना थोड़ा अच्छा था और इसे देखकर उनके गिरते आत्मविश्वास को सहारा मिला। इस सपने के कई भाग थे। ये भाग लगातार आते गये। हर भाग में डा. अग्रवाल थे जिन्हें वे अलग-अलग तरीकों से खत्म कर रहे थे। उन्होंने देखा कि डा. अग्रवाल अस्पताल की छत से झाँक रहे हैं कि पीछे से लात मारकर उन्होंने उसे नीचे फेंक दिया है। उन्होंने देखा कि अग्रवाल साहब सड़क पर जा रहे हैं कि उन्होंने उस पर गाड़ी चढ़ा दी है। उन्होंने डा. अग्रवाल को नदी में डूबते, धरती में समाते, तोप में बाँधकर मरते, बरछी से बिंधते, शेर द्वारा चबाए जाते, साँप द्वारा काटे जाते, रस्सी से फाँसी लटकते, जहर खाते तथा भीख माँगकर भूखों मरते भी देखा। जैसे-जैसे सपना आगे बढ़ा, उनका आनंद बढ़ता गया। वे कुर्सी पर सो रहे थे और सपने में डा. अग्रवाल की दुर्गति देखकर सोते-सोते मुस्करा रहे थे, हँस रहे थे और "वो मारा पापड़वाले को" कह रहे थे। जब वे डा. अग्रवाल पर कराते का हाथ मारकर उनकी गर्दन के दो टुकड़े करके हॉस्टल के कुत्ते को देनेवाले थे, तभी कोई उनके कमरे में आया और उनका सुंदर सपना टूट गया।

एक मरीज था।

मरीज को उन्होंने खदेड़कर भगाया।

मरीज के भाग जाने के बाद, डा. चौबे पुनः सुखद स्वप्नों में खोने का प्रयत्न करने लगे। परंतु इस बार उन्होंने पुनः दो गिद्धों को स्वप्न में देखा और घबराकर आँखें खोल बैठे।

आउटडोर के ठीक बाहर (तथा अंदर की दीवारों पर भी) पोस्टरों, होर्डिंग्स, बोर्डों तथा दीवार पर हाथ से लिखे गए संदेशों, नारों, उपदेशों, धमकियों, सलाहों, समाचारों तथा फुसलाते विज्ञापनों का जंगल फैला था। इन पोस्टरों में एक आदमी, उसकी औरत, एक लड़का तथा लड़की मिलकर सारे संसार का आह्वान कर रहे थे कि वे उठते-बैठते निरोध का प्रयोग करें। सारा जोर इस बात पर था कि निरोध को मौके पर याद रखें। निरोध को भूलें नहीं। निरोध से बेवफाई ठीक नहीं क्योंकि यह सुरक्षित है, परखा हुआ है, सरलता से प्रयोग किया जा सकता है, सस्ता है और अस्पताल में तो मुफ्त में मिलता है। मुफ्त में लगाने में क्या जाता है ? हिंदुस्तान में तो मुफ्त में जो भी मिल रहा हो, उसे लेने आदमी किराया लगाकर जाता है, परंतु न जाने क्या था कि लोग निरोध लेने न आते। वैसे वे आते भी तो उन्हें अस्पताल में निरोध न मिलते। यहीं उनकी खपत बहुत ज्यादा थी। खैर निरोधों के पोस्टरों से पटी तथा उनके सहारे ही खड़ी दीवारों पर बीच-बीच में लोगों को अन्य सलाहें भी मुफ्त में दी गई थीं। नसबंदी की सलाह तो खैर यहाँ-वहाँ

दी ही गई थी। पर यह सलाह कई तरह से दी गई थी।

बहुत सारे सिरों की भीड़ द्वारा, एक तरफ कई रोते बच्चों तथा दूसरी ओर दो हँसते बच्चों द्वारा, तथा ऐसे ही लट्ठमार तरीकों से लोगों को बताने का प्रयत्न किया जा रहा था कि नसबंदी करा लो, यारो ! नसबंदी के ऐसे पोस्टर, अस्पताल के कोने-कोने में चिपकाकर सरकार निश्चिंत हो गई थी कि उसने इनके द्वारा आमजन को परिवार नियोजन का महत्व इतने खुले तौर पर समझा दिया है कि वह स्वयं आकर आपरेशन टेबल पर लेटकर नाड़ा ढीला करके सरकार के सामने नस प्रस्तुत कर देगा। इसी तरह के भोले विचार के तहत सरकार ने अन्य बहुत-से पोस्टर आदि हैजा, मलेरिया, पेचिश, टीका लगवाओ अभियान, पेट के कीड़ों, टी.बी. आदि के विषय में भी यहाँ-वहाँ चिपका रखे थे। एक बोर्ड में एक मरियल-से व्यक्ति को, दूसरा उससे भी मरियल व्यक्ति कुश्ती का कोई विशेष दाँव जैसा लगा रहा था। इस चित्र के माध्यम से चित्रकार ने यह बताने का प्रयत्न किया था कि गांधीजी कुष्ठरोगी की कैसी तन्मयता से सेवा कर रहे हैं। अहा ! कुष्ठरोगियों को लेकर समाज में घृणा थी, भ्रम थे, अंधविश्वास थे और उन सबका सामना करता हुआ यह अकेला सैनिक सरकार ने तैनात कर दिया था। इसी तरह तपेदिक को लेकर भी सरकार ने पोस्टर-युद्ध द्वारा जनता में फैले अज्ञान को मार गिराया था। उन पोस्टरों से बची दीवारों पर बड़े-बड़े अक्षरों में यह अहिंसात्मक दावा किया गया था कि मच्छर रहेगा मलेरिया नहीं। मच्छर क्यों रहेंगे ? यह पता नहीं चलता था कि सरकार की क्या मंशा थी ? परंतु यह तय था कि सरकार की रुचि मच्छर में थी, जो ख़ून चूसता था। शायद ख़ून चूसने की प्रवृत्ति के कारण सरकार को उसमें अपनी छवि नजर आती हो। कहा नहीं जा सकता था। यहीं दीवार पर यह भी लिखा था कि गर्भपात अब वैध है तथा इस अस्पताल में गर्भपात का माकूल इंतजाम है। फोन नंबर भी दिए गए थे ताकि रात-बिरात भी यदि गर्भपात कराने की तमन्ना किसी को हो तो वह परेशान न हो। गर्भपात के विषय में यह ज्ञानवर्धक सूचना ऐन निरोध तथा नसबंदी के पोस्टरों की छत्रछाया में लगी थी। ऐसा समाँ था मानो जनता को फुसलाया जा रहा हो कि यार निरोध का इस्तेमाल करो, या अच्छा होगा कि नसबंदी कराके रोज-रोज का झंझट ही खत्म करो या फिर दोनों ही बातों पर राजी न हो, तो कम-से-कम गर्भपात तो कराते जाओ। ऐसा भी क्या ! गर्भपात कराने में क्या जाता है यार तुम्हारे बाप का ? पाँच मिनट में होता है, कानूनी है। कानूनी गर्भपात न करवाइएगा ? गर्भपात की न सही, पर कानून की बेइज्जती तो मत करिए।

इन्हीं पोस्टरों के सहारे वह आदमी खड़ा था। वह नसबंदी के पोस्टर के ठीक नीचे खड़ा था तथा उसकी पीठ पर हैजे से बचने के उपाय दबे पड़े थे। वह एकटक उस ओर देख रहा था, जहाँ वाजपेयीजी अपनी मेज बरामदे में लगाए

मरीजों की भरती के पर्चे बनाने का काम करते हुए भी नहीं कर रहे थे और नहीं करते हुए भी कर रहे थे।

उसने कनछेदी के बूढ़े रिश्तेदार को दूर से पहचान लिया। यही उसका शिकार है। वाजपेयीजी ने उस बूढ़े के मुँह पर पाँच का नोट फेंक दिया, तो वह घबराकर भीड़ के पीछे आ खड़ा हुआ था और दोबारा वाजपेयी के दरबार में फरियाद करने की हिम्मत जुटाता एक किनारे खड़ा था। वार्डबॉय उसे छोड़ गया था।

आदमी बाज की तरह डैने फैलाए और झपट्टा-सा मारते हुए कनछेदी के रिश्तेदार के पास उतरा।

"मरीज भरती कराना है ?"

"जी सरकार।"

"हम करा देते हैं।"

"पर वाजपेयीजी तो मना कर दिए हैं ?"

"वाजपेयीजी के बाप के पास ले चलते हैं, चलो। तुम्हें डा. चौबे के बँगले पर ले चलते हैं। बढ़िया डाक्टर हैं। ए-वन-इलाज, तुरंत भरती। रात-बिरात देखभाल, सैंपल की दवाइयाँ..." वह आदमी किसी होटल के एजेंट-सा डा. चौबे की खूबियाँ बताता गया। उसने चौबीस घंटे पानी, कमरे में ही टेलीफोन, क्लोज सर्किट टीवी तथा गरम-ठंडा पानी आदि ही नहीं कहा, वरना शेष बातें उसी धुन पर थीं।

डाक्टरों के एजेंट अस्पताल के कोने-कोने में फैले हुए थे। ये वार्डबॉय, सफाई कर्मचारियों, नर्सों आदि में से तो थे ही, परंतु इनके सबसे बड़े एजेंट रिक्शा चलानेवाले थे। शहर में तिपहिया साइकिल-रिक्शा बेतादाद थे। ये अस्पताल के सामने तो रहते ही, पर बस-स्टैंड, बाजार, रंडीखाने तथा शहर की झुग्गी बस्तियों के किनारे भी खड़े होकर अपना शिकार तलाशते। जो आदमी बीमार नजर आता, ये उसके पास रिक्शा खींचते पहुँच जाते और अपने डाक्टर के पास ले चलने का प्रस्ताव रखते। वैसे शहर की आधी जनता बीमार शक्ल की लगती थी, पर फिर भी वे न जाने कैसे छठी इंद्रिय द्वारा पहचानकर अपना शिकार खोज लेते।

उनको डाक्टर हर मरीज पर कमीशन देते थे। हर डाक्टर के अपने रिक्शेवाले थे। कोई डा. चौबे का था, तो कोई डा. अग्रवाल का, तो कोई डा. अलाने का। वे अपने-अपने डाक्टर की तारीफ करते। इसी तारीफ में वे आपस में लड़ बैठते। अस्पताल के सामने तो यह रोज का धंधा था। रोज ही रिक्शेवाले मरीजों की प्रतीक्षा में खड़े होकर डाक्टरों पर चर्चा करते। ये रिक्शेवाले गाँव के थे, धक्के खाए हुए थे। रोज स्वयं धक्के खाते थे, परंतु फिर भी अस्पताल में आनेवाले गाँववालों, गरीबों, धक्के खानेवालों को और धक्के मारने में वे आनंद लेते थे। ये दिन-भर अपने साइकिल-रिक्शों की सीट पर अधलेटे पड़े रहते, बीड़ी धौंकते,

आने-जानेवाली नर्सों के साथ दोस्ताना संबंध कायम करने के सपने देखते तथा मरीज की औकात के अनुसार दो रुपए से लेकर पाँच रुपए तक एक मरीज पर देते। नए डाक्टर ज्यादा देने को तैयार रहते।

मरीज फाँसने का एक सिलसिला था, जो निरंतर चला आ रहा था। अस्पताल एक भयानक जंगल था, जहाँ मरीजों का शिकार करने के लिए लोग घूमते रहते। मारकर उन्हें बड़े डाक्टरों के डाकबँगलानुमा बँगलों पर ले जाया जाता, जहाँ उसे प्राइवेट प्रैक्टिस की आँच पर सेंककर डाक्टर आपस में परोसकर खाते।

आज भी रिक्शेवाले, आउटडोर के सामने रिक्शों पर बैठकर, लेटकर तथा उनसे सटकर खड़े हुए इसी शाश्वत प्रश्न पर संसदनुमा, अर्थात निरर्थक, बहस कर रहे थे कि कौन-सा डाक्टर कितने पैसे बना रहा है तथा किस डाक्टर ने किस मरीज को कैसे चूतिया बनाया। अभी अंदर से कनछेदी को लटकाए हुए अनेक रिश्तेदार हड़बड़ाते बाहर निकले। उनके आगे वही रिक्शेवाला था, जो उसे वाजपेयीजी के काउंटर की डाल पर से फाँसकर लाया था। उन्होंने लाकर बेहोश कनछेदी को रिक्शे की सीट पर इस तरह पटका कि उसकी गर्दन पायदान पर लटकने लगी तथा टाँगें यहाँ-वहाँ लोहे के पाइपों के बीच उलझ गईं तथा पहले से ही फटी धोती सीट से निकली स्प्रिंग में फँसकर पूरी तरह फट गई। चीरहरण की प्रक्रिया सम्पन्न करने के बाद रिक्शाचालक ने अपनी सीट पर बैठते हुए आसपास के मित्रों तथा दुश्मनों को बताया, "चौबेजी के घर ले जा रहा हूँ।"

"ले जाओ, अपना-अपना भाग्य है।"

"भाग्य की क्या बात कही ?"

"और क्या ? मरीज का भाग्य।"

"भाग्य है, तभी चौबेजी के पास जा रहा है, वरना तुम्हारे अग्रवाल साहब से फँसता तो···" रिक्शा चलाते हुए उसने कहा।

"वैसे जाना इसे डा. अग्रवाल साहब के पास ही चाहिए था।"

"क्यों ?"

"सर्जिकल का केस है। उसकी फटी धोती में झाँककर देखो। कितना बड़ा हाइड्रोसील है", अग्रवाल साहब के रिक्शेवाले ने डाक्टरी झाड़ी। "बेहोशी देखोगे कि हाइड्रोसील को··· ?"

"इतना बड़ा हाइड्रोसील देखकर बेहोश तो आदमी यूँ ही हो जाएगा," दूसरे रिक्शेवाले ने मरते मरीज की फटी धोती उठाकर उसकी हँसी उड़ाते हुए कहा। यहाँ न मृत्यु का सम्मान था न जीवन का। एक बड़ा तथा सतत मजाक था, जो जीवन से मृत्यु के बीच फैले अस्पताल में चल रहा था।

कनछेदी को लादे हुए रिक्शा चला। बेहोश मरीज का सिर पायदान के पटिए पर खटाखट बजने लगा। हाथ बार-बार लटककर सड़क पर आने लगा। एक

आदमी रिक्शे पर बैठकर बेहोश मरीज को सँभालने का सर्कस कर रहा था। वह एक बार सामने की तरफ गिरा और एक बार बेहोश मरीज की टाँगों से उलझकर पहिए के नीचे आ गया।

"ढंग से पकड़कर रखो यार···फिर कहोगे कि डा. चौबे ने मरीज को मार दिया," रिक्शेवाले ने फटकारा।

रिक्शे पर बैठा रिश्तेदार बेहोश मरीज से लिपटकर बैठ गया। टूटी सड़क के दचकों में अब वे दोनों किसी भी पल रिक्शे से गिरकर सड़क के किनारे बनी पाताल तक गहरी नाली में लुढ़क सकते थे। शेष रिश्तेदार रिक्शे के पीछे-पीछे भागते रहे।

बूढ़ा रिश्तेदार आपरेशन के कारण दौड़ नहीं पा रहा था। वह लँगड़ाकर रिक्शे के पीछे लगा रहा। एक रिक्शा उसके पास से निकला। रिक्शाचालक ने बूढ़े को आवाज देकर पूछा, "क्यों बाबा, कितने पैसे लेकर जा रहे हो उधर ?"

"भैया नब्बे थे। पाँच चपरासी ने ले लिए। पचासी बचे हैं।"

"पाँच, गाँव वापस जाने के रख लेना···बाकी तो खैर चौबेजी छुड़ा ही लेंगे," रिक्शेवाले ने जाते-जाते कहा।

बूढ़े ने आसमान की तरफ निराशा से देखा। आसमान अभी भी नहीं टूटा था।

6

उस टूटे किनारेवाली प्लेट में एक तिकोना जीवाणु-बम पड़ा था। वह बम हवलदार बलभद्दर, सिपाही तथा मुर्दे के भाई के सामने पड़ी टूटी मेज पर रखा था। वे बम को डिफ्यूज करने की जगह गपागप खा रहे थे। यह गंदगी, धूल-मिट्टी, आलू, नमक-मिर्ची, दस्त के कीटाणु, नाखूनों की गंदगी, टाइफाइड के जर्म्स तथा मैदे का बना बम इस टपरानुमा चाय की दुकान का बना समोसा कहलाता था। बीमारी से ठसाठस भरे इस समोसे से कहीं भी जीवाणु-युद्ध छेड़ा जा सकता था। इसे खाकर कोई भी बीमारी प्राप्त की जा सकती थी। गर्भाधान के अलावा इससे सब कुछ हो सकता था। और हो सकता है कि गर्भाधान भी इससे हो जाता।

अस्पताल के बाहर ही बहुत-सी चाय की गुमटियाँ थीं। यहाँ हाईजीन का कत्ल होता था, साफ-सफाई का गला घोंटा जाता था तथा स्वास्थ्य पर बरछे चलाए जाते थे। यहाँ चाय की पत्तियों में पीलिया, समोसों में दस्त और जलेबियों में अमीबा थे। यहाँ कुर्सी में खाज, टेबल पर हैजा तथा वातावरण में तपेदिक था। यहाँ दुकानदार से शुजाक, रसोइए से गलसुवे तथा चपरासियों से पेट के कीड़े मुफ्त लिए जा सकते थे। अस्पताल की छत्रछाया में ही बीमारियों की यह झुग्गी-कालोनी पनप रही थी। बीमार आदमी अस्पताल से निकलकर इन्हीं दुकानों पर चाय, समोसे आदि खाते थे तथा ढेर सारी बीमारियाँ लादकर डाक्टरों की अग्नि-परीक्षा लेने पुनः बिस्तर पर लेट जाते थे। चूँकि जहर, जहर को काटता है, अतः कभी-कभी एक बीमारी के कीटाणु शरीर में पहुँचने पर पाते कि यहाँ तो अन्य जीवाणुओं की बड़ी भीड़ है और अपुन तो समोसे में ही बढ़िया थे। तब जीवाणु आपस में कट मरते और मरीज ठीक हो जाता। बीमारी ठीक करने का यह तरीका भी इन गुमटीनुमा होटलों का अपना मौलिक था, जिस पर कोई पुरस्कार भारतीय चिकित्सा परिषद ने नहीं दिया था।

ऐसी ही एक गुमटी के बाहर पड़ी बैंचों पर बैठकर हवलदार, सिपाही तथा मुर्दे का भाई चाय-नाश्ता कर रहे थे।

"खा लो भैया, न जाने कितनी देर लगे," सिपाही ने मुर्दे के भाई को कहा और एक और सूखा, कड़क समोसा गटक गए। समोसा गले तथा खाने की नली

को चीरता हुआ पेट में टपक गया।

"पेट भर गया हमारा," मुर्दे का भाई बोला।

"हम तो एक आलूबोंडा और खाएँगे," हवलदार साहब बोले।

"हम एक रसगुल्ला लेंगे," सिपाही बोला।

मुर्दे के भाई ने आवाज देकर एक आलूबोंडा तथा एक रसगुल्ला और लाने को कहा, जिसे चड्डी में हाथ डालकर खुजाते हुए चपरासी ने सुना। उसने दो मिनट के लिए चड्डी से हाथ निकाला, सामान सर्व किया तथा पुनः यथास्थान खुजाते हुए खड़ा हो गया।

"क्या बोले शर्माजी ?" मुर्दे के भाई ने आशा से पूछा।

"वह कह रहे थे कि कहो तो हत्या का केस बना दें ?" हवलदार ने पूछा। "फिर हमने कहा कि सरकार गरीब आदमी है, ज्यादा न दे पाएगा। कृपा की जाए। वे मान गए। कहने लगे, दारोगाजी, फिर जैसा आप कहें। बड़े दयावान हैं शर्माजी। आत्महत्या को आत्महत्या ही बनाए, ऐसा डाक्टर आजकल कहाँ मिलता है ? बताइए भला ?"

"शर्माजी आएँगे न सरकार ?"

"जरूर आएँगे भैया··· वे तो हमसे भी बड़े दयालु हैं। गरीब को देखकर रोने लगते हैं। गरीबनवाज हैं। वे जरूर आएँगे। गरीब की लाश को सड़ने नहीं देंगे वे।"

मुर्दे का भाई समझ गया। वह बहुत-से दयालुओं, शरणागतवत्सलों, गरीबनवाजों आदि के बीच आ गया था और अब उसकी खैर नहीं थी। उसने एक लंबी साँस ली और बचा हुआ बदबू मारता आलूबोंडा प्लेट से उठाकर दूर फेंक दिया।

आलूबोंडा जहाँ गिरा, वहाँ कुत्ता खड़ा था। वह दबे पाँवों आलूबोंडे तक आया, उसे सूँघा, बुरा मुँह बनाकर 'थू' कहा और वापस चला गया। 'जब तक ये लोग यहाँ हैं, चलकर चीरघर की खबर ली जाए'–यह सोचकर वह सड़क की तरफ चल पड़ा।

शर्माजी सचमुच ही गरीबों की सेवा में थे। रामानंद को भरती कराके वे सीधे आउटडोर आ गए थे, जहाँ गरीबों का अथाह समंदर ठाठें मार रहा था। गरीब, बेबस, लाचार, दीनहीन, बेसहारा, बूढ़े बीमारों की ऊँची-ऊँची लहरें उस तट से सिर टकरा रही थीं, जिस पर शर्माजी के आउटडोर का कमरा बना हुआ था। शहर के गरीब ही यहाँ आते थे। जो पैसा दे सकते थे, वे डाक्टरों के घर पर जाकर, प्राइवेट क्लीनिक में या नर्सिंग होम में जाकर इलाज कराते थे। वे इन

खैराती आउटडोरों की औकात जानते थे। गरीब भी जानते तो थे, पर वे क्या करते ? वे शर्माजी के आउटडोर पर भीड़ लगाने के अलावा और करते भी क्या ? घर पर मरने से बेहतर है कि अस्पताल में मरो, कम-से-कम मृत्यु प्रमाण-पत्र तो मिलेगा जो बच्चों को, पुलिस द्वारा हत्या के इल्जाम से बचाएगा। शर्माजी के आउटडोर से होकर गरीबी रेखा गुजरती थी। यह रेखा खासी मोटी थी, जो आउटडोर को खारिज करती हुई गुजर रही थी।

शर्माजी ने इतनी भीड़ देखी, तो एक बार उन-जैसे तिकड़मी तथा मरीज को चुटकियों में फुटा देने में प्रवीण डाक्टर को भी पसीना आ गया। उन्होंने सोचा कि काश वे पुलिस में होते तो स्सालों पर लाठी-चार्ज करवा देते या कहीं से आँसू गैस का गोला नहीं मिलेगा क्या ? ऐसे मौके के लिए यह बड़ा मुफीद रहेगा। कहाँ से निकलकर आ रहे हैं इतने सारे बीमार ? वे आश्चर्य करने लगे। ये सभी बीमार हैं या मात्र उन्हें परेशान करने यहाँ चले आए हैं ? इनको और कोई काम नहीं है क्या, जो स्साले बीमार पड़ जाते हैं ? क्या यही शौक रह गया है ? हम कहते हैं कि बीमार क्यों पड़ते हो–दारू पीओ, जुआ खेलो, लड़की-वड़की भगाओ। मनोरंजन के और भी साधन हैं। पर वे शर्माजी से दुश्मनी पर उतारू थे। वे बीमार होकर उनके आउटडोर के सामने खड़े थे और चाहते थे कि शर्माजी उनकी जाँच करके उन्हें ठीक करें ताकि वे पुनः बीमार पड़ सकें। अगर यही होना है, तो ठीक ही क्यों किया जाए उनको–यह शर्माजी का सिद्धांत था। यदि आगे भी बीमार ही होना है तो यही बीमारी चलने दो। फिर शर्माजी यह तो मानते ही थे कि इन सबको कुछ भी बीमारी है ही नहीं और ये मात्र गलतफहमी या हरामखोरी की आदत के शिकार हैं। खैर··· वे बाधाओं तथा संकटों से निबटना जानते थे। वे घबराए नहीं। वे डा. गुलाटी की भाँति पेशाब करने नहीं भाग गए। उन्होंने साहस के साथ अपना भारी, दो नलियोंवाला, जंगशुदा आला बैग से निकालकर गर्दन में हीरे के बहुमूल्य हार की तरह ठसके से लटकाया और चपरासी को आज्ञा दी कि प्रथम मरीज को बुलाया जाए।

मरीज का नाम रामलली था। आउटडोर का भृत्य कमरे से "मैं मदमाता बादल मुझे बरसना है" की अदा में झूमता हुआ बाहर आया। उसने चार-छः मरीजों को अस्थि-शल्य चिकित्सा विभाग के आउटडोर तक धकेलकर, पाँच-सात को नेत्ररोग के आउटडोर तक फेंक देने के बाद तथा इस तरह स्थिति को काबू में करके जोर से आवाज दी, "रामकली··· "

ललकार सुनकर दस रामकली, लगभग उससे दुगुनी संख्या में रामलली तथा तिगुनी संख्या में रामफलियाँ उठकर, एक साथ, उस सँकरे दरवाजे की तरफ लपकीं। न जाने किस भाग्यशाली, सौभाग्यवती का नंबर आ गया था–यही सोचती हुई वे दरवाजे पर काँय-काँय करने लगीं।

तब चपरासी के सामने वही प्रश्न आ खड़ा हुआ, जो किसी जमाने में राजा भोज के दरबार के सामने आया था, अर्थात 'असली कौन और नकली कौन ?' परंतु उसने राजा भोज की सामंतवादी टैकनीक की तरफ प्रगतिशील हिकारत से देखते हुए, सहायतार्थ रूस अर्थात शर्माजी की तरफ कमरे में झाँककर देखा। शर्माजी ने पुनः सूचित किया, "भई आप छब्बीस वर्ष की रामलली को बुला दो, पत्नी श्री रामलँगोट।"

चपरासी ने पुनः आवाज दी, "रामलली···छब्बीस साल, पत्नी श्री रामलँगोट।"

थोड़ी देर के लिए भीड़ में सन्नाटा छा गया। कोई रामलली सामने नहीं आई। किसी भी छब्बीस साल की लड़की ने दावा प्रस्तुत नहीं किया।

शर्माजी सारा नजारा मजा लेकर देखते रहे।

"अरे रामलली है कोई ? बोलो भई," चपरासी ने अदालती आवाज में पूछा।

कोई सामने नहीं आया।

"रामलली ई ई ई ई ई," विह्वल होकर चपरासी ने अंतिम पुकार दी।

किसी अन्य कमरे में, छाती रोग-विशेषज्ञ के कमरे में कार्यरत ट्रेनी डाक्टर ने मरीज की छाती से अपना स्टैथेस्कोप लगाए हुए यह ई ई ई ई सुनी और इस आवाज को फेफड़ों से उत्पन्न मानकर मरीज को बताना प्रारंभ कर दिया कि तुम्हें दमा की बीमारी हो गई है तथा तुरंत दवा न हुई तो एक दिन मर भी सकते हो।

तब आउटडोर के ठीक दूसरे छोर पर हलचल हुई। एक बलबला-सा उठा। एक जलजला-सा उठा, जिसने उठते ही एक मुसम्मात की शक्ल इख्तियार कर ली। उसके ब्लाउज के बटन खुले थे, परंतु उत्सुक भीड़ को निराश करता हुआ एक मरगिल्ला बच्चा उसके स्तनों से झूल रहा था। भद्र महिला ने बच्चे को खींचकर जमीन पर एक आदमी के सिर को बचाते हुए दूसरे के मुँह पर मारा, ब्लाउज के बटनों को बंद करने का 'माईम' किया, बच्चे को पुनः उसकी तर्जनी पकड़कर झुलाते हुए उठा लिया और नंबर निकल जाने की घबराहट में प्राप्त हजार अश्वशक्ति की ताकत से भीड़ को चीरती हुई गजब की फुर्ती से उस तरफ बढ़ी जहाँ उसकी पुकार चल रही थी।

"हम हैं रामलली···हम हैं," उसने वहीं से चीखकर कहा।

"कहाँ मर गई थीं ?" चपरासी ने अब तक पास आ गई महिला के दर्शनीय स्थलों का जायजा लेते हुए कहा।

महिला चुप रही।

"अब बाहर ही रहोगी या अंदर साहब के पास जाओगी ?" कहते हुए चपरासी ने लपककर तत्परता से महिला को सहारा देते हुए कमरे में फेंक दिया। सहारा देने की कार्रवाई कुछ इतनी तबियत से तथा आत्मीयतापूर्वक सम्पन्न की

गई थी कि महिला को कुछ एतराज हो गया। उसने कमरे के अंदर से चिल्लाकर कहा, "देखकर हाथ नहीं लगाते। घर में बहू-बेटियाँ नहीं हैं क्या ?"

"क्या हो गया है भई ?" शर्माजी ने पूछा।

"कहती हैं, छेड़ दिया," चपरासी ने भद्दी हँसी हँसते हुए कहा।

"भई छेड़ो मत," शर्माजी ने समझाया।

"कौन छेड़ रहा है ?" चपरासी नाराज होकर बोला।

"जो भी छेड़ रहा है, उसे कहो कि छेड़े मत। अस्पताल छेड़ने के लिए नहीं है। छेड़ने से क्या होगा ? छेड़िए मत। अस्पताल में छेड़ना ठीक नहीं। क्या तुम्हें यह नहीं पता कि यहाँ छेड़ने की सख्त मुमानियत है ?" शर्माजी संतों की भाँति बोलने लगे।

"हमने किसी को नहीं छेड़ा है," चपरासी ने ढीठता से फिर कहा।

शर्माजी महिला के शरीर पर आँखों का 'मांस-मज्जा डिटेक्टर' फिराते हुए बुदबुदाने लगे, "नहीं ऐसा नहीं हो सकता। हमारा चपरासी ऐसा नहीं है। फिर तुम भी तो कुछ ऐसी नहीं हो कि छेड़ा जाए। और छेड़ भी दिया तो कौन-सा पहाड़ टूट पड़ा ? तुम्हारी चीज तो तुम्हारे पास है···ब्लाउज में से ऐसा क्या चुरा लिया ?···भारत इसीलिए पिछड़ा रह गया क्योंकि यहाँ महिलाएँ जरा-सा छेड़ देने पर बवाल खड़ा कर देती हैं।"

इतनी बातें होंठों के बीच बुदबुदाकर शर्माजी भारत की दुर्दशा पर दो मिनट का मौन रखकर बैठ गए। प्रकट में उन्होंने इतना ही कहा, "अपनी इज्जत अपने हाथ···भई चपरासीजी, आप अपने स्टूल पर बाहर बैठ जाइए। गाँवों की औरतें हैं।"

चपरासी ने शर्माजी का इशारा समझा और बाइज्जत बाहर जाकर आदरपूर्वक स्टूल पर बिराज गया। अब शर्माजी ने महिला को अपने पास रखे स्टूल पर बैठने का आकर्षक इशारा किया। वे अब मरीज को बेवकूफ बनाने के लिए पूरी तरह तैयार थे।

शर्माजी ने देखा कि महिला के साथ-ही-साथ एक बूढ़ा भी अंदर आया है। शर्माजी ने महिला को देखा और उसके ठीक पीछे प्रवेश करते एक अन्य बीमार से, अधमरे, अंतिम श्वास-सी लेते बूढ़े को देखा। बूढ़ा आते ही सीधा शर्माजी के कदमों की तरफ तीर की तरह लपका और उनके पैरों पर लोटने लगा। शर्माजी ने सावधानीवश वहाँ से पैर हटा लिए। वे अपने डाक्टरी कैरियर के प्रारंभ में ऐसे कृतघ्न नहीं थे। तब वे गरीबों को पैर छू लेने दिया करते थे। वैसे भी उस इलाके में गरीबों के बीच यह शौक बड़ा फैला हुआ था। वे जिसे देखते, उसके चरणों में जा गिरते। वे जो जरा-सा ठीक दिखा उसके पैर पकड़ लेते। उनका सारा समय इसी में बीतता।

उस इलाके का गरीब बड़ा व्यस्त था। उसे पैर छूने से ही फुर्सत नहीं थी। वह तहसीलदार के छूता, फिर थानेदार के छूता, फिर पटवारी के चरणों गिरता और फिर उस साहूकार के जिससे उसे नमक लेना था। लोग भी इससे बड़े खुश रहते थे। गरीब, गरीब-जैसा व्यवहार करे, यह उन्हें अच्छा लगता था। वे गरीब उन्हें नहीं भाते थे, जो गरीब होने के बावजूद आत्मसम्मान, बराबरी, हक, नियम आदि की बातें करें। ऐसों को ठीक करना उन्हें आता था। खैर···शर्माजी तो फिर भी डाक्टर थे और बीसों गरीब उनके चरणों में यहाँ-वहाँ लोटते रहते थे। उनका चलना मुश्किल कर रखा था। वे बिना किसी गरीब को कुचलते हुए एक कदम भी आगे नहीं बढ़ा सकते थे। गरीब भी उनके चरणों में ऐसे लिपट जाते कि दो-एक बार वे कुर्सी से नीचे मुँह के बल गिर पड़े। तब से वे सतर्क हो गए थे। वे गरीब को पैर पर नहीं गिरने देते थे। यदि गिर भी जाए तो उसे उठाने में समय खराब नहीं करते थे। वे जानते थे कि अब यह आसानी से नहीं उठने का। गरीब भी यह जानता था कि इन स्सालों के चरणों में गिरने से भी गरीब पर पिघलने से रहे, पर शायद इस कारण से ही ये इतनी शर्म तो खा जाएँगे कि उसे और नंगा शायद न करें। पर शर्माजी पर इसका कोई असर नहीं होता था। वे इसे गरीब का शौक मानते थे।

"क्या तकलीफ है भैया ?" शर्माजी ने महिला को नजरअंदाज करते हुए बूढ़े से पूछना शुरू किया।

"बड़े गरीब हैं सरकार।"

"तकलीफ क्या है ?"

"गरीब हैं सरकार।"

"गरीब तो हैं, पर तकलीफ क्या है ?"

"गरीबी।"

"अबे, यहाँ क्या ऐसी-तैसी कराने आए हो ?"

"गरीब के साथ जो चाहे सो करिए, सरकार।"

शर्माजी समझ गए कि यह हिंदुस्तान का पुश्तैनी गरीब है और गरीबी छोड़नेवाला नहीं। गरीबी ही इसका आभूषण, अस्त्र-शस्त्र, देवी-देवता, रामबाण तथा पितु-मातु-सहायक-स्वामी-सखा है। यह मानकर चलता है कि गरीबी खोलकर दिखाने पर सारा जमाना अश-अश कर उठेगा–"बेचारा, बड़ा गरीब है, अच्छा भई···दो इसे दवा-खाना-कपड़ा-जमीन।" इसी आशा में वह पिछले हजारों वर्षों से गरीबी को उपलब्धि की भाँति छाती से चिपकाए घूम रहा है। वह इसी जमाने के आगे गरीबी दिखाता हुआ घूम रहा है, जिसने उसे गरीब बनाए रखने की ठानी है। वह अस्पताल में भी इसी का रोना रो रहा है। शर्माजी से बातचीत जारी रखी।

"क्या तकलीफ है यार, साफ-साफ बताओ ?"

"गरीब हैं सरकार··· वैसे पेट भी दुखता है।"

"गरीब के पेट पर सभी लात मारते हैं।"

"ठीक कहा सरकार ने।"

"तभी पेट दुखता है," शर्माजी ने बताया।

"जी सरकार।"

"कब से है यह ?"

"क्या··· पेटदर्द ?"

"नहीं गरीबी।"

"हमारे पिताजी भी गरीब थे।"

"खानदानी बीमारी है ?"

"जी सरकार।"

"इसका कोई इलाज नहीं है।"

"किसका··· पेटदर्द का ?"

"नहीं, गरीबी का।"

"जी सरकार।"

"तुमने खानदान ही गलत चुना।"

"जी सरकार।"

"हिंदुस्तान में तो भैया खानदान देखकर पैदा होना चाहिए।"

"जी सरकार।"

"अगली बार देख के पैदा होना··· अंबानी के घर होना। ठीक ?"

"जी।"

"बाकी पेटदर्द की सल्फाडाइजीन गोली लिख दी है, ले जाओ।"

"ठीक तो हो जाएँगे सरकार ?"

"बिल्कुल।"

"गरीब आदमी हैं, सरकार, कृपा करना।"

"गरीब आदमी पर कृपा हमारी हमेशा रहती है। इसमें जाता भी क्या है।"

"वैसे सरकार, तकलीफ बहुत है।"

"क्या तकलीफ है ?" शर्माजी ने लगभग पुचकारते हुए कहा।

"बीमार हैं।"

"यार, बीमार तो दुनिया में कौन नहीं है, बताओ ?"

"सच कहा सरकार।"

"तुम्हें क्या बीमारी है ? तुम्हें तो बुढ़ापा है।"

"सच कहा सरकार।"

"बुढ़ापे का क्या इलाज है बाबा ?"

"नहीं सरकार··· बुढ़ापे का कोई इलाज नहीं। पर खाँसी थी।"

"खाँसी तो बुढ़ापे में होती ही है, बाबा।"

"और घुटने दर्द करते हैं।"

"बुढ़ापे की गठिया है, बाबा।"

"कमजोरी इतनी···"

"बुढ़ापे की कमजोरी है। बुढ़ापे में आदमी कमजोर हो जाता है। महाराजा दशरथ तक कमजोर हो गए थे, बाबा।"

"पेशाब रुक-रुककर आती है।"

"बुढ़ापे में हो जाता है। ज़िंदगी-भर बढ़िया पेशाब करी न, अब बुढ़ापे में मशीन खराब हो जाती है।"

"साँस फूलती है सरकार।"

"हर बूढ़े की फूलती है।"

"कुछ दवाई लिख देते सरकार।"

"बुढ़ापे की क्या दवाई है बाबा ? तुम्हें कुछ है नहीं, हम बता रहे हैं। वैसे हम जाँच करे लेते हैं। पर बुढ़ापे के अलावा और कोई बात नहीं है।"

"कुछ दवाई लिख देते, सरकार, गरीब आदमी हैं।"

"गरीबी भी बुढ़ापे-जैसी है। उसका भी कोई इलाज नहीं।"

"सरकार कोई दवा तो देते।"

"ले जाओ··· सल्फाडाइजीन ले जाओ। दिन में तीन बार खाना। दिल करे तो चार बार भी खा लेना।"

एक कागज पर घसीटकर उन्होंने सल्फाडाइजीन पूरी ताकत से इस प्रकार लिखा कि जहाँ लिखा था वहाँ का इलाका चिंदी-चिंदी हो गया। इस फटी पर्ची को ही बूढ़े को थमाते हुए शर्माजी ने कहा, "बगल की खिड़की से दवा ले लो। बड़ी अच्छी दवा है सल्फाडाइजीन··· लेकर देखो··· क्या पता, बुढ़ापा ठीक ही कर दे। इस गोली का भरोसा नहीं। ठीक न करे, तो कुछ भी न करे और असर कर जाए तो सबकी ऐसी-तैसी कर दे।"

"यह पर्ची तो फट गयी ?" बूढ़े ने जिज्ञासा की।

"हमारा कंपाउंडर सारी फटी पर्चियों पर सल्फाडाइजीन तथा हर साबुत पर्ची पर नीली दवा देता है।"

यह बात सत्य भी थी। कंपाउंडर हर फटी पर्ची पर सल्फाडाइजीन तथा हर साबुत पर्ची पर नीली दवा देता था।

"तुम जाओ, अब," शर्माजी ने बूढ़े को कहा।

"मैं इस बाई के साथ ही हूँ, सरकार।" बूढ़े ने बताया।

"तुमको क्या तकलीफ है ?" शर्माजी ने रामलली की तरफ आशा की नजरों से देखा। वे उसमें अनंत संभावनाएँ देख रहे थे। वे इन संभावनाओं का पता रामलली को परदे के पीछे ले जाकर जाँच करके करना चाहते थे और परदे के पीछे यदि माल ठीक-ठाक साबित हो तो उसे हॉस्टल में आमंत्रित करने का भी विचार रखते थे।

पर रामलली चुप थी।

"क्या तकलीफ है, बाई ?"

"इसका लड़का पेड़ से गिर गया, टाँग टूट गई," बूढ़े ने बताया।

शर्माजी ने मामले की तह तक जाने के उद्देश्य से पूछा, "कौन गिर गया ? पेड़ गिर गया ? या टाँग गिर गई ?" फिर उन्होंने दुर्घटना के अन्य पहलुओं पर भी जानकारी चाही, अर्थात क्या पेड़ टाँग पर गिर गया या टाँग पेड़ पर गिर गई या दोनों एक-दूसरे पर गिर गए या कोई भी नहीं गिरा, और वे यहाँ मात्र हँसी-ठट्ठा करने चले आए हैं ? सही-सही बताओ कि बात क्या है ?"

दोनों घबरा गए। मरीज को बेवकूफ बनाने के लिए वकीलों की तरह ऐसे उलझानेवाले बेमतलब सवाल निकालने में शर्माजी माहिर थे। इन प्रश्नों के बाद वे एक बात बार-बार कहते थे कि भई, सही-सही सारी बात बताना, वरना इलाज गलत हो जाएगा और तुम रोते फिरोगे। इलाज गलत हो जायगा–ऐसा रामबाण वाक्य था जो वे हर पल मारा करते थे। वे हर सवाल के बीच में यह बात साफ कर देते थे कि सोच-समझकर जवाब देना, वरना इलाज गलत हो जाएगा। आज भी उन्होंने यही कहा, "भई साफ-साफ बता दो, वरना टाँग गलत जुड़ जाएगी।"

शर्माजी ने यह कहकर अभयदान-सा देते हुए मरीज से कहा कि जो कुछ हो, साफ-साफ बता दो, उसका कुछ नहीं होगा। उन्होंने यह भर नहीं कहा कि तुम्हें सरकारी गवाह बना लिया जावेगा, वरना शेष सारी कार्रवाई पुलिसलाइनवालों जैसी साफ-साफ फुसलाने की थी।

दोनों फिर भी चुप रहे।

"काहे का पेड़ था ?"

"जामुन का।"

"फिर ?"

"जामुन पर से गिर पड़ा और टाँग टूट गयी।"

"जामुन छोटा-सा होता है यार। गोलमोल, उस पर क्यों चढ़ बैठे ? झूठ मत बोलो यार। जामुन पर से तो चींटी भी न गिरेगी," शर्माजी ने बातचीत में अद्‌भुत रस घोलते हुए पूछा।

"बताओ भाई, जामुन पर क्यों चढ़ बैठे ?" शर्माजी ने पूछा।

"पेड़ पर चढ़े थे सरकार।"

"अभी तुम जामुन कह रहे थे।"

"यही"'.जामुन का पेड़।"

"यार, तुम बुढ़ापे में झूठ बोलते हो।"

"नहीं सरकार।"

"जामुन पर चढ़े थे या पेड़ पर ? यदि पेड़ था तो काहे का ?"

बूढ़ा गाँव का था, जहाँ खेतों में मुकदमों, भिसिलों, पेशियों, वकीलों के कुतर्कों, दाँवपेंचों, बहसों, दीवानी-फौजदारी मामलों की ही खेती होती थी। गाँव का बच्चा-बच्चा मुकदमे में गले-गले तक डूबा हुआ था। घुटनों तक ही बहस आती थी, कि वहाँ का आदमी समझ जाता था कि बहस अभी निरर्थक लगती हुई भी किस दिशा में फाँसने के लिए बढ़ रही है और वह उसका तोड़ अपने बयान में निकाल लेता था। बूढ़ा भी शर्माजी के खतरे को भाँप गया और बोला, "जामुन का पेड़ था, उस पर चढ़कर टाँग टूट गई।"

"चढ़कर कैसे टाँग टूट सकती है ?"

"हमारा मतलब है गिरकर, सरकार।"

"यार, तुम फिर बात बदल रहे हो।"

"जी पेड़ से गिरकर टाँग टूट गई।"

"कौन-से पेड़ से ?"

"जी जामुन के पेड़ से गिरकर टाँग टूट गई।"

"किसकी ?" शर्माजी ने पूछा।

"लड़के की, सरकार।"

"टाँग टूटी है, तो हड्डीवाले डाक्टर को दिखाओ," शर्माजी ने कहा।

ऐसा कहकर शर्माजी ने कागज पर कलम द्वारा, जो घसीटकर लिखा, उसका तात्पर्य यह था कि 'रिफर्ड टू आर्थोपीडिक आउटडोर फार नीडफुल', अर्थात यहाँ से हड्डीवाले डाक्टर के पास यथोचित व्यवहार के लिए आपको भेजा जाता है। यह केस तो खैर हड्डीवाले के पास जाना ही चाहिए था, परंतु यूँ भी शर्माजी हर तीसरे मरीज को हड्डीवाले डाक्टरों के पास भेजते थे, क्योंकि हड्डीवाले डाक्टर हर दूसरा मरीज उनके पास रिफर करते थे जिन्हें वे रोज ही सर्जरीवालों को रिफर कर देते थे, जिनको शर्माजी वैसे भी हर दूसरा केस भी रिफर कर देते थे क्योंकि वे हर पहला केस शर्माजी को रिफर कर दिया करते थे। सारे अस्पताल में अजीब तमाशा मचा हुआ था। विशेषज्ञ सेवाएँ इतनी बढ़ चुकी थीं कि मरीज के हर अंग का एक अलग डाक्टर था। शरीर में इतने अंग होते हैं कि मरीज हर अंग के इलाज के लिए घंटों अलग-अलग लाइनों में लगा रहता था। एक विशेषज्ञ दूसरे विशेषज्ञ को रिफर करता। दूसरा तीसरे को। सभी विशेषज्ञ एक-दूसरे के पास मरीज भेजने में व्यस्त थे। वे यह कार्य करने में इतने व्यस्त थे कि उन्हें

मरीज देखने की फुर्सत नहीं थी। वे मरीज के आते ही उसे कहीं रिफर कर देते। इसमें फायदा यह था, कि शर्माजी मरीज को एक डाक्टर को रिफर कर देते तो वह मरीज उस दिन के लिए तो मुँह काला कर ही जाता था।

तो ऐसे ही यहाँ-वहाँ रिफर करके मरीज को अपने सिर से टालने के सुहावने वातावरण में वह मरीज आया था, जिसकी टाँग वास्तव में टूटी थी और जिसे वास्तव में हड्डीवाले श्रीवास्तवजी के पास भेजा जा सकता था।

शर्माजी ने एक पर्ची पर घसीटकर लिखा और बूढ़े को देते हुए कहा, "टाँग टूटी है, तो हड्डीवाले डाक्टर साहब को दिखाओ।"

मरीज ने पर्ची नहीं ली। उसने कंधे पर पड़ी हुई अपनी तौलिया-कम-नेपकिन-कम-अँगोछा-कम-चिथड़ा उतारकर उसके कोने में बँधी गाँठ को खोला और एक मुड़ा-तुड़ा पर्चा निकालते हुए शर्माजी को बताया कि वह हड्डीवाले श्रीवास्तोबाबू को ही दिखाकर यहाँ आया है तथा उपरोक्त यथोचित व्यवहार हड्डीवाले डाक्टर साहब उसके साथ पहले ही कर चुके हैं। शर्माजी ने पर्ची लेकर देखा।

डा. श्रीवास्तव ने उस पर्ची पर शिलालेखों-जैसी किसी क्लिष्ट तथा अबूझ शैली में यह लिख दिया था कि मरीज की जो टाँग टूटी है, उसकी चमड़ी में खुजली की या शायद एक्जीमा की या शायद फंगस इन्फैक्शन की बीमारी है, अतः 'द केस इज़ बींग रिफर्ड टु मेडिकल ओपीडी,' अर्थात कृपया मेडिकल आउटडोर में दिखाएँ।

"और टूटी हड्डी ?"

"वह कहते हैं कि पहले खुजली ठीक करा लो।"

"तब तक तो हड्डी टेढ़ी जुड़ जाएगी।"

"वे कहते हैं कि खुजली के इलाज के बिना वे टाँग को हाथ तो क्या, लात भी नहीं लगाएँगे।"

तब शर्माजी ने डा. श्रीवास्तव के नाम दो गालियाँ निकालीं और अपनी पर्ची को काटकर, उसी पर लिख दिया, "रिफर टू स्किन ओपीडी।"

"तुम चमड़ीवाले डाक्टर साहब को दिखाओ," शर्माजी ने कहा।

"वे तो चले गए।"

"वे आएँगे," शर्माजी ने आश्वस्त किया।

"वे नहीं आएँगे, सरकार।"

"कौन कहता है ?"

"वे खुद कह गए हैं। वे कह गए थे कि बगल के कमरे से नीली दवा लिखवा लेना।"

"तुम जाकर दवाई की लाइन में लग जाओ, वो वैसे ही नीली दवा पोत देगा। लाइन में लगनेवाले हर आदमी को, जिसके पास पर्ची नहीं होती, वो नीली

दवा पोत देता है।"

"और जिसके पास पर्ची हो ?"

"उसको तो खैर वह पोत ही देते हैं।"

"ठीक है सरकार।"

"नीली दवा से कौन बच सका है भाई ?"

"सच कहा सरकार।"

"आसपास के गाँवों के हजारों आदमी नीली दवा पोते घूम रहे हैं।"

"देखा है सरकार।"

"वो गीदड़ की कहानी सुनी कि नहीं, जो शहर आया था और नीला होकर जंगल गया था ?"

"जी सरकार।"

"वह इसी अस्पताल से गया था।"

"जी सरकार।"

"तो जाओ और लाइन में लग जाओ। लाइन लंबी है, पर यदि काउंटर पर पहुँचने तक तुम जिंदा रहे, तो नीली दवा लगकर रहेगी तुमको।"

"ठीक है सरकार।"

"और सल्फाडाइजिन तो नहीं चाहिए।"

"नहीं सरकार।"

"ले लो, अच्छी होती है। खाँसी ठीक कर देती है।"

"जैसा आप कहें।"

यही कथोपकथन चल रहा था कि तभी वह लँगड़ाता हुआ घुसा। वह बेहोश कनछेदी का वीटी-शुदा बूढ़ा रिश्तेदार था। वह शर्माजी के पैरों पर गिर गया। शर्माजी ने सतर्कतापूर्वक पैर हटाते हुए उसे मुँह के बल गिराकर, धूल चटाकर पूछा, "क्या हुआ ?"

दो गिद्ध।

डाक्टरों के हॉस्टल की छत पर अलसाए-से दो गिद्ध बैठे थे। दोनों खाए-पिए गिद्ध लग रहे थे। देश की स्थिति ऐसी हो गई थी कि सभी गिद्धों के खाने-पीने का भरपूर इन्तजाम हो गया था। बल्कि सही कहा जाय तो गिद्धों के दिन आ गए थे। देश गिद्धों से भर गया था। दसों दिशाएँ गिद्धमय थीं। हर कोने, कुर्सी, कार, जुलूस, स्कूल, अस्पताल तथा सड़क पर गिद्ध छा गए थे। देश पर गिद्ध मँडराते थे। आदमी के सिर पर गिद्ध छा गए थे। आदमी पर छाने का सबसे अचूक तरीका ही यह हो गया था कि गिद्ध बन जाओ। ऐसे गिद्धशुदा वातावरण

में बैठे दो गिद्ध। चर्चारत ये गिद्ध पैदा होने के बाद ही अस्पताल के क्षेत्र में आ गए थे और इन्होंने पाया था कि यूँ तो सारा देश ही गिद्धों के लिए मुफीद है, परंतु अस्पताल का तो कहना ही क्या। वे यह मानने लगे थे कि आदमियों ने अस्पताल बनाया ही इसलिए था कि गिद्ध पनपें। यह इन दो गिद्धों का मत था। शायद यह सच भी था। हम यहाँ इन्हें गिद्ध-एक तथा गिद्ध-दो के नाम से संबोधित करेंगे।

गिद्ध-एक ने हॉस्टल की छत से दिखते चीरघर को ताकते हुए कहा, "शर्माजी नहीं आए।"

"शर्माजी कब आते हैं समय पर ?"

"लाश सड़ाकर मानेंगे।"

"हमेशा ही सड़ा देते हैं।"

"क्यों सड़ाते हैं ?"

"शायद, लाश का स्वाद नहीं है, इसीलिए।"

"कौन कहता है कि शर्माजी को लाश का स्वाद नहीं है ? इन लोगों को जिंदा आदमी का स्वाद मुँह को लग गया है, मुर्दे की तो बात ही क्या," गिद्ध-दो ने कहा।

दोनों गिद्ध इस मजाक पर हँसने लगे।

वैसे यह मजाक नहीं था, यह वे गिद्ध नहीं जानते थे।

वार्ड के एक कोने में स्थित डाक्टर ड्यूटी-रूम।

वहाँ एकत्रित जूनियर डाक्टरों की भीड़ में हम अपने पाठक को ले चलते हैं।

यह अस्पताल जूनियर डाक्टरों पर टिका था, जैसेकि देश के अन्य बड़े अस्पताल टिके थे। ये मेडिकल कालेज के बँधुआ मजदूर थे, मेडिकल कालेज के सीनियर डाक्टरों के बीच की लड़ाई में काम आनेवाले गोला-बारूद थे, अपने प्रोफेसर के चपरासी और अपने मरीजों के बाप थे। ये नर्सों के प्रेमी थे, चिकित्सा विज्ञान का काला भविष्य थे, प्रोफेसरों के लिए झूठी-सच्ची थीसिस तथा शोधपत्र तैयार करनेवाले देसी वैज्ञानिक थे, इधर की उधर भिड़ाने में ही सारा समय लगा देनेवाले भारतीय विद्वानों की चिकित्सा शाखा के सक्रिय मेम्बर थे, एम.डी., एम.एस. की डिग्री प्राप्त करने के लिए पढ़ाई को छोड़कर कुछ भी करने को तत्पर, अन्य जूनियर डाक्टरों के भय से स्वयं भी पढ़ाई छोड़कर प्रोफेसरों के पीछे भागती भीड़ थे, मरीजों को गिनीपिग, कुत्तों तथा खरगोशों आदि प्रायोगिक जानवरों से अधिक महत्व न देनेवाले बहुसंख्यकों की आबादी थे, तथा भारतीय रोगों और रोगियों को छोड़कर

विदेशी चिकित्साग्रंथों में, विदेशी मरीजों के विदेशी मर्जों के विदेशी आँकड़ों को रटकर आपस में एक-दूसरे पर कीचड़ की तरह उछालनेवाले देश के जीनियस थे। इन्हें पता था कि अगर ये केवल पढ़ेंगे या मरीजों की सेवा करते रहेंगे या मरीज देखने में ही समय खराब करते रहेंगे या सही शोधग्रंथ लिखने के चक्कर में रहेंगे, तो प्रोफेसर तथा सीनियर डाक्टर इन्हें खा जावेगा। वे जो ऐसे बचकाने कामों में लगे रहते थे, वे कई-कई बार एम.डी. में फेल होते थे। एम.डी. में पास होने के मापदंड एकदम साफ थे। कहीं कोई कन्फ्यूजन की बात नहीं थी। 'जो करेगा सेवा, सो पाएगा एम.डी. का मेवा।' 'पहुँचाओ सीनियर प्रोफेसर के घर सब्जी और तेल, और पकड़ो स्पेशलिस्ट की डिग्री की रेल।' 'चाहे आता न हो मेडिकल का क ख ग, पर एम.डी. लेकर करो मरीजों की प फ ब।' 'मरना मरीज को है, जिसने समझा यह राज, वही जूनियर डाक्टर पहनेगा एम.डी. की डिग्री का ताज।' 'जो उठाएगा, प्रोफेसर, उसकी पत्नी और बच्चों के नाज, उसी का है यह ताज।' 'पहनो, मेडिकल प्रैक्टिस में स्पेशलिस्ट बनकर उतरो और करो कत्ले-आम।' 'जूनियर डाक्टर वही सही, प्रोफेसर जिसे चाहे वही।' 'जूनियर डाक्टर वही, जो प्रोफेसर मन भाये।' 'डिग्री वही जो चौबेजी दिलाएँ।' वे दिन हवा हो चुके थे जब एम.डी. की डिग्री कौमार्य की तरह पवित्र थी; जब जूनियर डाक्टर खपा देते थे अपने को मरीजों, किताबों, जर्नलों तथा शोधग्रंथों में। अब जो खपाने की कोशिश करते थे, वे इन्हीं के बीच खप जाते थे। अब डिग्री का महत्व था। कैसे भी डिग्री लो और निकलो। डिग्री लेने का मतलब अगर चौबेजी के चरणों की जूती बनना भी था, तो यह उन्हें मंजूर था। सारे देश में जो सड़ाँध छा गयी थी वह उड़ती हुई चिकित्सा-जगत पर ऐसी छायी थी कि अब यह क्षेत्र सड़ाँध के मामले में देश के किसी भी क्षेत्र से काँटे की टक्कर ले सकता था। जो राजनीति, शिक्षा, पुलिस तथा समाज में था, वह यहाँ भी था और खूब था। यहाँ भी पास होने के लिए सिफारिशें थीं, प्रोफेसरों के घर पहुँचाई जानेवाली रिश्वतें थीं तथा नेताओं के फोन मात्र आने पर चूतड़ खोलकर नाच उठनेवाले वरिष्ठ डाक्टर थे।

और इन सबके बीच फफूँद-सा पनपता जूनियर डाक्टर था, जिसका न भविष्य उज्ज्वल था, न वर्तमान। जूनियर डाक्टरों के सामने न कोई सपने थे, न आदर्श। यदि डिग्री लेकर उन्हें भी ऐसे ही फाँदेबाज तथा तिकड़म-प्रवीण सीनियर डाक्टर ही बनना था, तो इस तथ्य से उन्हें क्या प्रेरणा मिलती ? न कहीं नौकरी थी और न ही प्राइवेट प्रैक्टिस में बैठने के लिए उचित वातावरण। सरकार ने नीम-हकीमों के लिए देश को स्वर्ग बना दिया था। जो भी आदमी थानेदार, तहसीलदार, मास्टर, चपरासी, चोर, गिरहकट, घड़ीसाज, मछुवारा, सेंधमार, इंजीनियर, दुकानदार, कमीशन एजेंट या पाकेटमार आदि नहीं बन पाता था अर्थात

देश में उपलब्ध सम्मानजनक धंधों में किसी कारणवश नहीं उतर पाता था, वह डाक्टरी की दुकान खोलकर, रजिस्टर्ड मेडिकल प्रैक्टिशनर हो जाता था। ये लोग पोलियो का शर्तिया इलाज करते थे, मस्से चुटकियों में सुखाते थे, बिना चीर-फाड़ के भगंदर गायब कर देते थे तथा मर्दाना कमजोरी का ऐसा खतरनाक इलाज करते थे कि आदमी बलात्कार में बंद होते-होते बचता था। ये नीम-हकीम पुराने रोगों का गारंटी से इलाज करते थे तथा दमा-खाज-खुजली-दाद तो जड़ से छूमंतर कर देते थे। ये महिलाओं की इज्जत का ऐसा खयाल करते थे कि ताकत के इंजेक्शन उनके अंगों को बिना उघाड़े लँहगे पर ही स्प्रिट लगाकर, लँहगे में ही सुई घुसेड़कर लगा देते थे तथा इस प्रकार गाँव की बहू-बेटियों की इज्जत बचाते थे, चाहे इस चक्कर में इंजेक्शन पक जाये या टिटनेस से नारी की मौत हो जाए। ये नीम-हकीम गली-गली थे तथा अच्छे-खासे पढ़े-लिखे समझदारों का इलाज करते थे। वे एलोपैथी के मेडिकल रिप्रेजेन्टेटिवों द्वारा बताई दवाइयों, घरेलू नुस्खों, आयुर्वैदिक दवाओं, होम्योपैथी की गोलियों तथा ढेर सारे घातक आत्मविश्वास के सहारे मेडिकल प्रैक्टिस के महासमर में अपने पिद्दी रथ यहाँ-वहाँ दौड़ाते, जयघोष करते घूम रहे थे। इन जूनियर डाक्टरों को पता था कि एम.डी. की डिग्री हो या एम.आर.सी.पी. की, वे मेडिकल प्रैक्टिस में इन नीम-हकीमों की षड्यंत्रकारी प्रैक्टिस के सामने नहीं टिकनेवाले, बशर्ते कि वे स्वयं भी इन नीम-हकीमों द्वारा प्रयोग किए जानेवाले हथकंडों को प्रयोग में लाएँ। और यदि इन्हीं हथकंडों से प्रैक्टिस जमानी है तो डिग्री के लिए पढ़ने-खपने-मरने की कोई आवश्यकता नहीं थी।

इन जूनियर डाक्टरों में बहुत-से अधेड़ हो चले थे। कुछ जवान थे, पर असमय बूढ़े हो गए थे। बहुत-से इस निराशा, बोरियत, अँधेरी तथा भविष्यहीन स्थिति से निराश होकर दारू पीने लगे थे। जो दारू नहीं पीते थे, वे गाँजा लेते थे तथा जो गाँजा भी नहीं लेते थे वे गोलियाँ तथा मार्फीन के इंजेक्शन वगैरह लेते थे। जो यह सब भी नहीं लेते थे, वे सिगरेट तो पीते ही थे। और जो कुछ भी नहीं लेते थे वे चूतिया कहलाते थे।

ड्यूटी-रूम में इस समय भी धुआँ था। जूनियर डाक्टर सिगरेटें धौंक रहे थे तथा एक-दूसरे की माँ-बहन करते हुए मरीजों, नर्सों, बीमारियों, सिन्ड्रोमों, दवाइयों, शोधपत्रों, सेमीनारों, नई रिसर्च तथा पुरानी भूलती जा रही बीमारियों पर चर्चा कर रहे थे। चर्चा कई मुद्दों पर एक साथ चल रही थी। चिकित्साशास्त्र, फिल्में, लड़कीबाजी तथा राजनीति का कोलॉज-सा बनकर बातचीत में बिखर रहा था। जिसे एक जमाने में एब्सर्ड आर्ट कहकर प्यार से पुकारा जाता था, वह यहाँ इनकी बातचीत में बिखरी पड़ी थी। बातचीत यूँ चल रही थी–

"आज का केस क्या है सेमीनार में ?"

"सात नंबर है।"

"पेटदर्दवाला।"

"हाँ।"

"बता बेटा, क्या है उसे··· ?"

"होगा क्या। कुछ नहीं है स्साले को।"

"बेटा, देखा भी है तूने ? उसे सिकल-सेल एनीमिया है।"

"कैसे मालूम ?"

"हैरीसन में देख ले। टिपिकल ऐसा ही केस है।"

तब तक तीसरा टपक आया।

"अबे उसे टेबीज-डोरसेलिस है। शक्ल से ही सिफिलिस नहीं दिखता उसे ?"

"नहीं, उसे बिलियरी-कॉलिक है, यार।"

"छोड़ो यार, माँ चुदा··· गया मरीज। तुम यह बताओ तुमने 'ब्लो हाट–ब्लो कोल्ड' देखी। अल्पना में लगी है।"

"दो बार देख ली।"

"बस दो बार··· ? अबे दस बार देखने की चीज है।"

"यार अपनी 'ब्लो हाट' तो आजकल नाइट ड्यूटी पर है।"

"लगे रहो।"

"पर यार इसे है क्या ?" कोई और टपका।

"किसे ?"

"सात नंबर को।"

"किसने देखा यार। अपुन को क्या करना। शर्माजी केस प्रजेंट करेंगे। वे ही देख रहे हैं।"

"मुझे लगता है कि मारफन-सिंड्रोम विद अमीबिएसिस है।"

"तूने देखा है ?"

"देखा नहीं है पर लगता है।"

"मैंने भी केस देखा नहीं है। पर लगता है कि डंपिंग-सिंड्रोम है।"

"मुझे लगता है कि मिलियरी सिंड्रोम है, वैसे मैंने भी देखा नहीं है।"

"नहीं यार, टिपिकल कॉक है।"

"डा. चौबे क्या कहते हैं ?"

"अभी पता नहीं।"

"फिर क्यों डायग्नोसिस बना रहे हो सालो··· वो जो बनाएँगे, वही केस है यह।"

"पर चौबेजी क्या कहेंगे ?"

"वे तो मलेरिया कहेंगे।"

"यह मलेरिया ही है, तब।"

"अबे मलेरिया कैसे ?"

"क्योंकि चौबेजी कहेंगे।"

"यह भी सही कहा तुमने।"

"यह मलेरिया ही है।"

"सही कहा, यह मलेरिया ही है।"

"हाँ-हाँ, यह मलेरिया है।"

"मलेरिया।"

"मलेरिया।"

चारों तरफ मलेरिया छा गया, जो यूँ भी चौबेजी के प्यार के कारण डिपार्टमेंट पर छाया हुआ था। बैठे-बैठे सबने तय पाया कि आज के सेमीनार में पेश होनेवाला केस मलेरिया का है, जैसाकि पिछले सेमीनारों में होता रहा है, बशर्ते कि डा. चौबे कोई और डायग्नोसिस न उछाल दें जो उनके पिताजी को हो चुकी हो। एक बार यह तय हो जाने पर कि आज की सेमीनार में भी वही बेवकूफी चलेगी, सभी जूनियर डाक्टर ढीले होकर अन्य महत्वपूर्ण बातें करने लगे—

"और तेरी उसका क्या हाल है ?"

"किसका ?"

"वही··· चिल्ड्रेन वार्डवाली।"

"कलूटी ?"

"हाँ, वही। दी कि नहीं ?"

"वह क्यों न देगी ?"

"यार, हमें भी दिला दो।"

"अबे हट··· तू उस दिन उस मरीज को हॉस्टल ले गया था··· हमने कितना कहा था कि हमें भी··· "

"पर··· वह भले घर की थी।"

"तो हम क्या लुच्चे हैं ?"

"समझा करो··· "

"छोड़ बे··· तू जिसको भी लाता है, सब भले घर की ही लाता है··· "

"ऐसा ही है।"

"ऐसा ही भले घरवालियों में बिजी रहा तो थीसिस रह जानेवाली है तेरी।"

"वह भी चल रही है। हो जाएगी।"

"दो केस तक तो किये नहीं तूने।"

"अपुन को तो दिल्ली की पूरी थीसिस मिल गयी है। वही पूरी टीप देनी है।"

"दिल्ली की ?"

"हाँ, दिल्ली से लाया हूँ। वैसे यह वर्क वहाँ भी नहीं हुआ है। वहाँ के डाक्टर ने जयपुर की थीसिस टीपी थी, जिसने कलकत्ता की थीसिस मारी थी।"

"फिर हुई कहाँ थी ?"

"क्या पता ? पता नहीं, हुई भी या नहीं।"

"मेरे पास भी एक थीसिस है। उसी को देखकर तो मैंने अपना सब्जैक्ट लिया था।"

"पर चौबेजी तो कह रहे थे कि तेरी थीसिस से इंटरनेशनल कान्फरेंस का पेपर बनाना है।"

"अपन ने तो यहाँ-वहाँ का मिलाकर लिख दी है। अब जो बनाना हो बनाएँ, बस एम.डी. दे दें।"

"कब है परीक्षा एम.डी. की ?"

"डेट डिक्लेयर नहीं हुई अभी।"

"फिर चौबेजी के घर तू क्या कर रहा था ?"

"उनके कपड़े धो रहा था।"

"तेरे से कपड़े धुलवाए ? बड़ा लकी है रे।"

"और क्या।"

"तेरी एम.डी. पक्की।"

"देखो, कह नहीं सकते। परीक्षा के दिन तक धुलवाता रहे, तब न।"

"क्यों ?"

"और लोग भी तो ट्राई कर रहे हैं। कहीं उनसे धुलवाने लगा तो ?"

"अच्छा ये बता, स्साला चड्ढी पहनता है कि नहीं ?"

"क्यों ?"

"बता न यार।"

"यह ट्रेड सीक्रेट है।"

"एक बार एम.डी. हो जाऊँ। स्साले की चड्ढी जरूर उतारूँगा।"

"अभी उतार के धो दे, तो एम.डी. मिल जाएगी।"

"यार, एम.डी. के बाद भी क्या होना है ?"

"फिर एम.डी. के बाद क्या करने का विचार है ?"

"गाँड मराने का।"

"ठीक कहा, एम.डी. के बाद आदमी और कर भी क्या सकता है ? मेरे साथवाले, जो मेडिकल में नहीं आ पाए थे, आज डिप्टी कलेक्टर हैं।"

"मेरे साथवाला कालेज में प्रोफेसर है।"

"नौकरी अपुन को भी मिलेगी या नहीं ?"

"सुनते हैं कि सरकार कुछ पोस्टें निकाल रही है, आदिवासी तथा हिल एरिया के लिए।"

"वहाँ अपनी एम.डी. डिग्री को कमर पर लपेटकर आदिवासियों के साथ नंगा नाचना।"

"सुनते हैं तीर मार देते हैं ?"

"नहीं-नहीं, ऐसा नहीं है। कभी-कभी नहीं भी मारते।"

"कहते हैं कि वहाँ कच्ची शराब अच्छी उतरती है ?"

"बहुत अच्छी··· डाक्टर को तो मुफ्त में देते हैं··· याद है निगम की ? बता रहा था कि बस्तर में सुल्फी पीकर दिन-भर पड़ा रहता था। सारी डाक्टरी भूल गया था।"

"जो वैसे भी याद नहीं थी।"

"यार, डाक्टरी में हम क्यों आए ?"

"माँ चुदाने।"

"वो तो वैसे भी, बिना डाक्टरी के भी··· "

"सही कहा··· इस देश में तो सभी की माँ··· "

"कितने बज गए यार ?"

"ग्यारह बज रहे हैं।"

"चौबेजी राउंड को नहीं आये ?"

फिर वे चौबेजी के विषय में बातें करने लगे। जूनियर डाक्टरों के दिन अपने प्रोफेसर के विषय में ही बातें करते गुजर रहे थे। वे अपने प्रोफेसर की तारीफ करते, उसे गालियाँ देते, उसकी आदतों-सनकों, पसंद-नापसंद की बात करते दिन काट रहे थे। यह सभी जूनियर डाक्टरों के साथ सत्य स्थिति थी। परंतु चौबेजी के साथ काम करनेवालों की बात ही कुछ और थी। चौबेजी किसी आतंक की तरह उन पर छाए हुए थे। चौबेजी की चर्चा वे ऐसे करते मानो डाकू गब्बरसिंह को याद कर रहे हैं। वह कब और क्या कर बैठेंगे, यह किसी को भी पता नहीं था।

"यार, चलकर आज का केस देख लें।"

"चौबेजी पूछ सकते हैं।"

"वे मरीज से पूछ लेते हैं कि इन लोगों ने तुम्हें देखा या नहीं ?"

"बहुत तेज हैं चौबेजी।"

"चौबेजी बहुत तेज हैं।"

"चौबेजी बहुत चौकन्ने हैं।"

"चौबेजी को कोई उल्लू नहीं बना सकता।"

"चौबेजी से बचने के लिए वही करते रहो जो चौबेजी करवाएँ।"

"चौबेजी क्या चाहते हैं यार ?"

"चौबेजी को कौन समझा है ?"

"चौबेजी का क्या कहना !"

"चौबेजी के विषय में कुछ नहीं कहा जा सकता।"

"चलो यार, चौबेजी आते होंगे।"

"चौबेजी का टाइम हो गया।"

"चौबेजी का कोई टाइम नहीं।"

ऐसी चर्चाएँ करते हुए चौबेजी की काली प्रेत-छाया में रहने को अभिशप्त जूनियर डाक्टरों का दल सात नंबर के उस मरीज को ठोक-पीटकर, उल्टा-सीधा करके, कपड़े उतारकर, अंदर-बाहर झाँककर देखने चल पड़ा जिस पर आज डाक्टरों का सेमीनार होना तय हुआ था।

वह कचरा-ट्राली नहीं थी, यद्यपि उस पर कचरे-जैसा सामान लदा था। उस गाड़ी पर सामान लादकर चलनेवाले रामलँगोटजी थे, जिनको देखकर आदमी जान सकता था कि वह कचरा नहीं, मरीजों को बाँटने के लिए गाड़ी पर लादा जा रहा दोपहर का भोजन था। दो बाल्टियों में पतली दाल, एक में भटे की सब्जी, एक बड़े से जंगशुदा भगोने में लोंदा बन गए चावल तथा एक अन्य बाल्टी में जली, कटी, तिरछी, सीधी रोटियाँ। एक अन्य बाल्टी में खट्टा-सा गँधाता पनीला दही। मरीजों के बीच ताकत, प्रोटीन, खनिज, विटामिनों तथा वसा की बरसात करने के लिए यह पिद्दी-सा बादल घुमड़ने को तैयार था। रामलँगोटजी वरुण देवता की अदा से एक टाँग पर खड़े होकर रसोईघर में अपनी भोजन की ट्राली को लदते देख रहे थे। ललकारकर उन्होंने आवाज दी, "कालीचरन कक्का, रोटियाँ और गेर दो।"

"अब नहीं हैं।"

"कम पड़ जैहें।"

"पड़ जाने दो।"

"भूखों न मारो गरीबों को।"

"तो क्या हम भूखों मर जाएँ ?"

"तुम कितनी खाओगे ? बाकी तो इधर धर दो।"

"बाकी घर भिजवानी हैं।"

"हमारे घर भी भिजवा देना।"

"तो ऐसा कहो न।"

रामलँगोटजी ने ट्रॉली को आगे-पीछे खिसकाकर देखा। एक बाल्टी हिलकर गिरने लगी थी कि उन्होंने लपककर लात पर सँभाल ली। दाल से भरी इस बाल्टी

को उन्होंने इस तरह से हिला-डुलाकर भगौनों के बीच दबाकर फँसाया, कि काफी सारी दाल ट्राली, सब्जी की बाल्टी, चावल, फर्श तथा उनके पैरों पर गिर गई।

"सड़ गई का रे दाल ?" रामलँगोटजी ने वितृष्णा से पूछा।

"अभी बनाई, अभी सड़ गई ?" रामअवतारजी ने आकर आब्जेक्शन किया।

"गँधा रही है बापू," रामलँगोटजी ने बाप अर्थात रामअवतारजी को बताया।

"रोज गँधाती है।"

"आज ज्यादा गँधा रही है।"

"जल गई है आज। रोज तो गीली लकड़ी लगाते हैं न। आज न जाने कौन हरामी सूखी लकड़ियाँ लगा गया था। एकदम आँच पकड़ ली।"

"अकेले जले की गंध नहीं है। कलवाली दाल तो नहीं मिला दिए बापू ?"

"कलवाली बची कहाँ थी ? कालीचरण ले गये थे, सब।"

"और सब्जी काहे की है बापू ?"

"देख लो।"

"पानी भरा है सब। क्या देख लें ?"

"तली में झाँको रामलँगोट, तली में," रामअवतारजी ने आह्वान किया।

"बैंगन बने हैं क्या ?" रामलँगोट तली तक जाकर, वापस आकर पूछने लगे।

"और नहीं तो क्या ?"

"आपको पता है कि घर में बैंगन किसी को अच्छे नहीं लगते ?"

"तो क्या करें ?"

"गैस बनती है बैंगनों से।"

"तो छोड़ो गैस। किसने रोका है ?"

"सब्जी भी गँधा रही है," रामलँगोटजी ने बाल्टी में नाक, मुँह, गर्दन तथा टाँगें घुसाकर सब्जी का जायजा लेते हुए मुँह बनाकर कहा।

रामअवतारजी बुरा मान गए। बोले, "मुँह न बनाओ बेटा। गंध पर न जाओ। नाक बंद करके खा के देखो, पता भी न चलेगा कि बैंगन हैं कि आलू-मटर।"

"पानी पी के क्या पता चलेगा ? सब्जी में पानी के अलावा है क्या ?" रामलँगोटजी मुँह बनाते हुए कहते रहे।

"भैया, पानी बड़ा जरूरी है," रामअवतारजी ने कहा।

"काहे ?"

"यह गैस-बादी कम करता है। बैंगन से गैस बनेगी, तो पानी गैस को दबा देगा," रामअवतारजी ने डाक्टरी झाड़ी।

"पानी बहुत है।"

"पानी ही तो जीवन है।"

"बाकी बैंगन कहाँ गए ?"

"सड़े-सड़ाए तो लाए थे सब्जी मार्केट से।"

"आप ही तो लाए थे।"

"और कौन लाएगा ? सड़े बैंगन छाँटना कोई सरल काम समझे हो क्या ? एक-एक बैंगन छाँटकर रखना पड़ता है। सड़ा हो, पर ऐसा भी न हो कि सड़ा लगे। मरीज को उल्टी भी न हो, पच भी जाए और दस्त भी न लगें। सड़ी सब्जी से बिना-सड़ी सब्जी बनाना कोई ठट्ठा है क्या ? इसीलिए पानी ज्यादा है बेटा, जिसके लिए तुम रो रहे हो। ज्यादा बैंगन डालकर मरीजों की जान लेनी है क्या ? बताओ भला।" उन्होंने तब तक आसपास एकत्रित रसोइयों को सुनाकर कहा। सभी ने 'धन्य है, धन्य है' कहकर देवताओं की भाँति फूल तो नहीं बरसाए, पर 'सच कह रहे हैं' सूचक सिर अवश्य हिलाए।

रामलँगोटजी रसोईघर के एंग्री-यंगमैन थे। रसोईघर में चल रहे घपलों पर भारतीय नौजवान की भाँति नपुंसक क्रोध दिखाते थे और उन्हीं घपलों में बराबर के हिस्सेदार भी बने रहते थे। वे सब्जी की क्वालिटी खराब होने पर इसलिए गुस्सा नहीं होते थे कि उन्हें मरीजों से प्यार था, बल्कि इसलिए क्रांति पर उतारू होते थे कि घर ले जाकर यही सब्जी उन्हें भी खानी थी। वे चाहते थे कि मरीजों के खाने का स्तर उठे ताकि उनके परिवार के खाने का स्तर भी उठे। वे चौबीसों घंटे भुनभुनाते हुए ही मरीजों में खाना बाँटते और भुनभुनाते हुए ही स्वयं भी वही खाना खाते।

आज भी यही हो रहा था। रामलँगोटजी ने भुनभुनाते हुए ट्रॉली धकेलते-धकेलते भुनभुनाते हुए ही आवाज दी, "जल्दी से दाल की एक बाल्टी और धर दो ठेला पे, तो हम चलें।"

"सब धर दी है," एक आवाज ने बताया।

रामलँगोटजी ने भुनभुनाते हुए ट्राली पर एक नजर डाली। सारी चीजें यथास्थान थीं। दाल की बाल्टियों में पानी था, सब्जी की बाल्टी में भी पानी था और दही की बाल्टी में भी पानी ही था। सभी बाल्टियों से अजीब-सी गंध आ रही थी। ट्रॉली पर पिछले कई वर्षों से सब्जियाँ, दालें इत्यादि गिर-गिरकर यहाँ-वहाँ जम गई थीं। उनकी गंध भी बाल्टियों की गंध के साथ मिल गई थी। रामलँगोटजी की लँगोट तथा बनियान की अपनी गंध तो खैर थी ही, साथ ही अस्पताल के बरामदों की गंध, आलू-बैंगन आदि के सड़ते छिलकों की गंध, भिनकते झूठे बरतनों की गंध भी इन गंधों में मिल गई थी। इस प्रकार ट्रॉली पर दुर्गंध का हिमालय खड़ा हो गया था।

रामलँगोटजी ने गहरी साँस खींचकर गंध अंदर खींची और पायरिया, सड़े दाँतों तथा बीड़ी से सड़ गए फेफड़ों की दुर्गंध जमाने पर फेंकते हुए उन्होंने ट्रॉली

को धक्का दिया।

थोड़ी दूर ही ट्राली गई थी कि छन्न की आवाज के साथ एक बाल्टी ट्राली से गिर गई।

"इस बच्चे को पेटदर्द बचपन से था। ठीक ही न हो। घरवाले परेशान। क्या एलोपैथी, क्या आयुर्वेदक–सब चित। एलोपैथी के दो प्रोफेसरों ने तो लड़के को ठीक न कर पाने की शर्म में इस्तीफा दे दिया और राख लपेटकर चिमटा बजाते संन्यास पर निकल गए। बाकी के डाक्टरों ने आत्महत्या कर ली।

"तब वे मरीज को हमारे पास लाए। हमने दो खुराक दवा दी और कह दिया कि ऐसी-तैसी हमारी, जो दर्द दोबारा हो जाए। वह दिन है कि आज का, उस लड़के को दर्द कभी हुआ ही नहीं।"

इतनी कथा कहने के बाद हकीम रमजान खाँ ने आसपास के पलँगों पर लेटे मरीजों पर पड़ रहे प्रभाव को आँकने के लिए चोर नजरों से देखा। उन्हें लगा कि लोग प्रभावित हो रहे हैं। उन्हें हमेशा यही लगता था कि लोग प्रभावित हो रहे हैं। इससे उनका आत्मविश्वास बढ़ता था जो ऐसी अललटप्पू, विज्ञापननुमा ऊलजलूल, परंतु फिर भी बाँधनेवाली, अविश्वसनीय परंतु फिर भी वास्तविक-सी, बेवकूफी भरी परंतु फिर भी बुद्धिमानी के विश्वास से भरी कहानियाँ सुनाने में काम आता था।

हकीम रमजान खाँ होम्योपैथी के हकीम थे। वे मेडिकल कालेज के अस्पताल में पिछले पंद्रह दिनों से भरती थे और दुश्मन एलोपैथी के गढ़ में बैठकर अपनी होम्योपैथी के पक्ष में जासूसी कर रहे थे।

उन्होंने कहानी को आगे बढ़ाते हुए श्रोता मरीजों को बताया, "पेटदर्द की हमारी होम्योपैथी में अचूक दवा है। बाप को दे दो तो औलादों तक को पेटदर्द न हो। किसी को भी पेटदर्द हो, आप हमारे पास भेज देना। यहीं गांधीगंज में हमारी दुकान है। दो खुराक में खड़ा कर देंगे उसे।"

"खड़ा तो वह पहले ही होगा हकीम साहब। पैर में थोड़े ही दर्द है। दर्द तो पेट में है," एक ने कहा।

"जहाँ हो ठीक हो जाएगा," हकीम साहब ने जबरदस्त आत्मविश्वास से कहा।

फिर श्रद्धालु श्रोताओं में से एक ने जिज्ञासा की, "फिर आप यहाँ एलोपैथी का इलाज क्यों करा रहे हैं ? क्या बीमारी है आपको ?"

हकीम साहब ने इत्मीनान से बताया, "पेट में दर्द है। बचपन से ही है। ठीक ही नहीं होता।"

जैसाकि उपरोक्त विवरण से स्पष्ट है, हकीम रमजान खाँ अपनी होम्योपैथी फिल्म-कंपनी के निर्माता, निर्देशक, वितरक, विज्ञापन-एजेंट, प्रदर्शक तथा दर्शक थे। उनके पास पेटदर्द की अचूक दवा थी और वे पेटदर्द से परेशान होकर मेडिकल कालेज में भरती थे। वे एलोपैथी के घोर दुश्मन थे और दुश्मन को ही गले लगाए अस्पताल के बिस्तर पर एलोपैथी के साथ हमबिस्तर थे। वे एलोपैथी का क ख ग भी नहीं जानते थे पर उसकी बुराई पूरी अधिकार से करते थे। वे जानते होम्योपैथी भी नहीं थे, पर उसकी तारीफ भी पूरे अधिकार से करते थे। जहाँ तक होम्योपैथी का प्रश्न था, वे होम्योपैथी को न जानते थे, न पहचानते थे, परंतु फिर भी होम्योपैथी करते थे। हमारे देश में होम्योपैथी एक ऐसी क्रिया है जो प्रायः इसी तरह बिना होम्योपैथी सीखे की जाती है। यहाँ-वहाँ लोग होम्योपैथी करते पाए जाते हैं। आप किसी को फालतू बैठे पाते हैं और पता करते हैं तो पता चलता है कि वह आदमी फालतू नहीं है, बल्कि फालतू बैठा हुआ फालतू ही होम्योपैथी कर रहा है। यहाँ हर ऐरा-गैरा होम्योपैथी करता है। यहाँ जो कुछ नहीं करता, वह होम्योपैथी करता है। वह बिना होम्योपैथी पढ़े या जाने होम्योपैथी करता है। जो भी नौकरी से रिटायर हैं या नौकरी की प्रतीक्षा में हैं या नौकरी से निकाल दिए गए हैं या मास्टर हैं या शौकीन तबियत के हैं या उम्र अधिक हो जाने के कारण पतंग नहीं उड़ा सकते, वे बस होम्योपैथी करते हैं। होम्योपैथी भी एक विज्ञान है, जिसे पढ़-लिखकर, समझकर, अध्ययन करके ही प्रैक्टिस की जानी चाहिए, यह हमारे देश में कोई नहीं मानता। यहाँ जो कुछ नहीं करते, वे होम्योपैथी करते हैं। और जिन्हें कुछ करना होता है, वे भी होम्योपैथी ही करते हैं। चलो होम्योपैथी करें–एक आदमी या दो-चार आदमी यह कहते हैं और होम्योपैथी करने लगते हैं। दो आदमी मिलते हैं तो एक-दूसरे से यही पूछते हैं कि आप होम्योपैथी क्यों नहीं करते ? दूसरा तब यही कह सकता है या कहेगा कि वह पहले होम्योपैथी कर रहा है या वह भी यही सोच रहा है कि होम्योपैथी की जाए। इस देश में आदमी होम्योपैथी किए बगैर रह नहीं पाता। गर्म जलवायु के कारण ऐसा है या कांग्रेस की प्रगतिशील नीतियों के कारण या लोगों में मीठी गोलियाँ खाने के नैसर्गिक शौक के कारण–कहा नहीं जा सकता। हर शख्स होम्योपैथी कर रहा है। जो नहीं कर रहा है, वह होम्योपैथी करवा रहा है।

हकीम साहब के पिता भी होम्योपैथी करते थे। उनके पिता के पिता भी होम्योपैथी करते थे। उनके पिता के भाई, चाचा, ताऊ, मौसा और जीजा आदि भी होम्योपैथी करते थे। तात्पर्य यह कि हकीम साहब होम्योपैथी से बजबजाते वातावरण में ही पैदा हुए तथा बड़े हुए। बचपन में उन्हें घर में यहाँ-वहाँ छोटी-छोटी शीशियों में बहुत-सी छोटी-छोटी गोलियाँ रखी देखकर बड़ी उत्सुकता होती। वे प्रायः शीशी झपटना चाहते, पर अब्बाजान नहीं छूने देते थे। बच्चे की होम्योपैथी

में बचपन से ही ऐसी रुचि देखकर अब्बाजान प्रसन्न होते, हकीम साहब धीरे-धीरे बड़े हुए तो शीशियाँ उनसे बचाकर रखना कठिन हो गया। हकीम साहब में होम्योपैथी की छुपी प्रतिभा उनके अब्बाजान ने उस दिन पहचान ली, जब वे (यानी हकीम साहब) एक दिन पाँच शीशियों की सारी मीठी गोलियाँ उदरस्थ करके यह विचार कर रहे थे कि छठी शीशी के साथ क्या तथा कैसा व्यवहार किया जाए ? उन्होंने (यानी अब्बाजान ने) उनको (यानी हकीम साहब को) पहले पीछे से एक लात जमाई जिससे छठी शीशी उनके (यानी हकीम साहब के) हाथ से छूटकर व्यवहार करने लायक न बची और फिर उनका (यानी हकीम साहब का) कान पकड़कर उन्हें (यानी हकीम साहब को) अपने साथ दुकान पर बिठा लिया। उन्होंने (यानी अब्बाजान ने) उनको (यानी हकीम साहब को) बताया कि तू आज गोलियों को मिठाई समझकर खा गया, यही तेरी प्रतिभा है। जो इन गोलियों को दवा समझते हैं, वे हमारे मरीज हैं, और जिसने इन्हें शक्कर की गोली मान लिया, वही हकीम है। हकीम और मरीज के बीच यही अंतर है। यही अंतर होम्योपैथी प्रैक्टिस की जान है। जो बिरले होम्योपैथ पढ़कर तथा होम्योपैथी को जानकर होम्योपैथी करते हैं, वे होम्योपैथी के नाम पर धब्बा हैं, कुलकलंकी हैं और ऐसे लोगों का सही इलाज भी होम्योपैथी ही है।

तब से जो वे दुकान पर बैठे, तो हकीम रमजान खाँ होम्योपैथी के होकर रह गए। तब से वे कुत्ते द्वारा काटे जाने से लेकर अपैंडिसाइटिस तक का मुकाबला पाँच-छः गोलियों की शीशियों की कुमुक के सहारे ही करते आ रहे थे। अल्लाह का नाम लेकर वे गोलियाँ देते और अल्लाह के बंदों को वह सही राह दिखा देते जो होम्योपैथी से लेकर हकीम साहब तक को जन्म देनेवाले अल्लाह तक सीधी जाती है। हकीम साहब मेडिकल साइंस में हो रही तमाम नई खोजों तथा विकास की तरफ अपनी पीठ किए तसल्ली तथा प्यार से अपनी गोलियोंवाली पेटी को निहारते बैठे रहते।

चालीस वर्षों से चल रही अबाध प्रैक्टिस में हकीम साहब के भरती हो जाने से यकायक अवरोध आ गया था। हकीम साहब के भरती होने का भी किस्सा था।

हकीम साहब इंद्रमणिजी के आदमी थे। इंद्रमणिजी उन्हें प्यार करते थे क्योंकि हकीम साहब मुसलमान थे तथा मुसलमानों के वोट दिला सकते थे। इंद्रमणिजी भारतीय राजनीति के इस धर्मनिरपेक्ष पक्ष के कायल थे कि जाति के ऐसे तिकड़मी आदमी को पकड़कर रखो जो अपनी ही जातिवालों को बेवकूफ बनाकर वोट दिलवा सके। हकीम साहब ऐसे ही आदमी थे। वे होम्योपैथी के अलावा मुसलमानों के बीच इस्लाम, मस्जिद-मंदिर, उर्दू-हिन्दी आदि की राजनीति करते थे। इंद्रमणिजी के घर हर ईद पर ईद-मिलन करवाना तथा इसमें शहर की

जानी-मानी मुस्लिम हस्तियों को घेरकर एकत्रित करना उनके ही जिम्मे था। इंद्रमणिजी के घर पर हकीम साहब का आना-जाना था। वे इंद्रमणिजी की पत्नी को भाभीजी, माताजी को दादीजी तथा बच्चों को भैयाजी कहते थे। एक दिन वे इंद्रमणिजी के घर जब पहुँचे तो वे भजिये खा रहे थे। भाभीजी द्वारा भजिये पेश किए जाने पर हकीम साहब ने कहा कि वे नहीं खा पाएँगे क्योंकि उनके पेट में दर्द रहता है जो भजियों से बढ़ जाता है।

"आप अपनी होम्योपैथी क्यों नहीं लेते ?" भाभीजी ने कहा।

"यह दर्द शक्कर खाने से भी बढ़ जाता है। हमारी गोलियाँ मीठी होती हैं न··· नहीं ले सकते।"

"जरूर पेट में कीड़े होंगे आपके। शक्कर खाने से हो जाते हैं," इंद्रमणिजी ने बताया।

"क्या पता जनाब, क्या है ?" हकीम साहब ने कहा।

"आप डा. चौबे का इलाज क्यों नहीं लेते ?" इंद्रमणिजी ने कहा, "अपना आदमी है, बहुत उम्दा डाक्टर। हम चलकर भरती करा देते हैं आपको, सारी जाँच हो जाएगी।"

इस प्रकार हकीम साहब चौबेजी के हाथों भरती होकर अस्पताल में आ गए थे। पर पेटदर्द ज्यों-का-त्यों था। वे रोज चौबेजी के राउंड के समय दर्द को और बढ़ा-चढ़ाकर बताते। वे रोज उन्हें देखते और नई-नई जाँच लिखवा देते। हकीम साहब के हजारों एक्सरे, लाखों प्रकार की खून की जाँच तथा करोड़ों अन्य प्रकार की जाँच हो चुकी थी। रोज हकीम साहब को पहियेवाली कुर्सी पर बिठाकर ले जाया जाता और कुछ लोग उन्हें झपट लेते और खून निकालकर शीशियों, परखनलियों तथा प्लेटों में डालकर जाँच करने ले जाते। इनके जाते ही सफाई कर्मचारी आता और पेशाब की जाँच के लिए पेशाब देने के लिए दो बोतलें, टट्टी की जाँच के लिए टट्टी देने के लिए तीन बोतलें, कफ इकट्ठा करके जाँच करने के लिए देने का एक डिब्बा दे जाता। फिर सिस्टर आकर बड़ी-बड़ी चार-पाँच बोतलें रखकर यह हिदायत दे जाती कि चौबीस घंटे की पेशाब इन्हीं में करें तथा सहेजकर रखें क्योंकि कल पूरे चौबीस घंटे की पेशाब की जाँच की जाएगी। फिर कोई आकर नाक से नली डालकर पेट का पानी जाँच के लिए ले जाता। फिर कोई एनीमा का डब्बा लाकर एनीमा की पेशकश करता। सारे लोग उनमें व्यस्त थे। सारी एलोपैथिक विद्या उनकी सेवा में लगी थी क्योंकि वे इंद्रमणिजी के आदमी थे। रोज राउंड पर डाक्टरों के सामने हकीम साहब बढ़ा-चढ़ाकर दर्द की बातें करते। डाक्टर भी पूरी रुचि लेते। ऐसा ही आज भी हुआ।

रेजीडेंट डाक्टर का राउंड शुरू हुआ तो हकीम साहब पड़ोसियों को होम्योपैथी का यशोगान सुनाना छोड़कर पेटदर्द से दोहरे होकर पलँग पर उलट-पलट होने

लगे।

राउंड ले रहे रेजीडेंट डाक्टर को पता था कि यह मरीज इंद्रमणिजी का आदमी है और चौबेजी की रुचि इसमें है, अतः वह अन्य सभी मरीजों को छोड़कर हकीम साहब के पास दौड़ा आया और माथा खराब करने लगा।

"कैसे हैं ?"

"पेटदर्द है," हकीम साहब ने बताया।

"पेटदर्द कैसा है ?"

"पेटदर्द चल रहा है।"

"जो चल रहा है वह पेटदर्द कैसा है ?"

"दर्द तेज है।"

"जो तेज पेटदर्द है, वह कैसा है ?"

"जी, हो रहा है।"

"कम नहीं हुआ ?"

"जी, बिल्कुल नहीं।"

"थोड़ा तो हुआ होगा ?"

"बिल्कुल नहीं।"

यह सुनकर रेजीडेंट डाक्टर चिंतित होने का अभिनय करते हुए जूनियर डाक्टरों से चर्चारत हो गया–

"भई, इनका बेरियम-एनीमा कराओ।"

"जी, बेरियम-एनीमा हो चुका है," बताया जाता।

"तो फिर बेरियम-मील एक्सरे कराओ।"

"जी वह भी हो चुका है।"

"वैरी गुड।"

"उनमें कुछ नहीं निकला।"

"आई.वी.पी. एक्सरे करा लो। हो सकता है गुर्दे खराब हों।"

"जी, वह भी हो चुका।"

"कोलेसिस्टोग्राफी मत भूलिए। वह भी करा डालिए।"

"वह कल होगी सर।"

"और इंडोस्कोपी ?"

"वह कल हो चुकी सर।"

"और सिग्मोपडोस्कोपी ?"

"वह आज है सर।"

"और उनकी टट्टी, खून, पेशाब, कफ, चमड़ी, दाँत, गले, हड्डी, नाखून की जाँच ?"

"हो रही है सर।"

"इनका ई.सी.जी. तथा सिर के एक्सरे भी ले लो।"

"सिर का एक्सरे ?" जूनियर डाक्टर पूछता।

"ले लो, क्या पता कुछ निकल आए। आप तो दुनिया-भर की जाँच करवाते जाओ। कहीं तो कुछ निकलेगा। इसमें कुछ निकलना जरूरी है, यह इंद्रमणि का आदमी है।"

"जी सर।"

"और कोई जाँच बची क्या ?"

"जी, गर्भवती महिला में किया जानेवाला प्रेग्नेंसी-टैस्ट ही बचा है। वह इसमें कराने का कोई मतलब नहीं है।"

"तुम तो करा दो। कराने में क्या जाता है ? यही आएगा न कि ये गर्भवती नहीं हैं। सही बात है कि ये गर्भवती नहीं हैं। पर फिर अपने पास एक डाक्यूमेंटरी पेपर रहेगा जो हमारी बात को सपोर्ट करेगा कि ये गर्भवती नहीं हैं। वैसे ये गर्भवती होना भी चाहें तो नहीं हो सकते। पर अपने पास यदि लिखित में रहे कि ये गर्भवती नहीं हैं, तो क्या बुरा है ?"

"जी सर।"

"तुम तो भेजो। कोई जाँच न छूट जाए। वी.आई.पी. मरीज की हर जाँच होनी चाहिए। यह याद रखो।"

"जी सर।"

हकीम साहब की हर तरह की जाँच चल रही थी। हकीम साहब पर डिसकशन हो रहे थे। और आज इंद्रमणिजी द्वारा मरीज के बारे में पूछ लिए जाने का सीधा नतीजा यह हुआ था कि साप्ताहिक क्लीनिकल मीटिंग या सेमीनार के लिए उनके केस को ले लिया गया था। हकीम साहब बिस्तर नंबर सात के मरीज थे।

उन्हीं पर आज का सेमीनार होना था।

डा. अग्रवाल के सर्जिकल वार्ड के पोस्ट-आपरेटिव पलँगों की पंक्ति। पट्टियों में बँधे, खून तथा ग्लूकोस की बोतलों से सुसज्जित कराहते, काँखते, या आराम से बेहोश पड़े मरीज और इनके बीच वे पुराने खुर्राट मरीज जिनका आपरेशन कई दिन पहले हो चुका है और जो छुट्टी होने के करीब हैं। वार्ड में जो मरीज पुराने हो जाते हैं, वे अस्पताल के आधे गुर सीखकर अपने को डाक्टर-जैसा महसूस करने लगते हैं। वे नए मरीजों को सलाहें देते हैं तथा गलत दिशा में सही मार्गदर्शन करते हैं। वे सर्जन के विषय में आधिकारिक राय देते हैं, खाने में क्या दिया जाना चाहिए, यह बताने लगते हैं। वे आपरेशन के पहले तथा बाद में बरती

जानेवाली सावधानियों, परेशानियों, दवाइयों, ड्रेसिंग, टाँकों के साथ बरताव आदि के विषय में भी विशेषज्ञ की हैसियत से बताने लगते हैं। डा. अग्रवाल के वार्ड में आपरेशन यूँ ही कम होते थे, पर फिर भी कुछ मरीज इन पलँगों पर इमरजेंसी या साधारण आपरेशन कराके लेटे ही थे। पुराने मरीज, कल के आपरेशन हुए एक मरीज का जायजा ले रहे थे तथा नए मरीज को सलाहें, दिशा-निर्देश तथा राय एक साथ दे रहे थे।

"काहे का आपरेशन हुआ है तुम्हारा ?" एक पुराने बुजुर्ग ने पूछा जिनको अब तक प्रोटेस्ट, बवासीर, गुर्दे तथा गालब्लेडर के आपरेशन हो चुके थे।

"अपेंडिक्स का हुआ है दादाजी," मरीज के रिश्तेदार ने बताया।

"कैसा लग रहा है ?"

"ठीक लग रहा है," मरीज ने बताया।

"ठीक लग रहा है ? नीचे की तरफ दर्द तो नहीं है क्योंकि नीचे की तरफ दर्द हो तो फट्ट से समझ जाओ कि अग्रवाल साहब ने चिमटी छोड़ दी है पेट में।"

"चिमटी नीचे की तरफ दर्द करती है," दूसरे ने कहा।

"और ऊपर की तरफ हो, तो शर्तिया तौलिया छूट गया है," तीसरा बोला।

"हमारे ही छूटा था। तीसरे दिन पता चला था। जब हमने बताया कि ऊपर का दर्द जा नहीं रहा तो डा. अग्रवाल बड़े नाराज हुए कि पहले ही बताना था, हम तीन दिन से तौलिया खोज रहे हैं," पहलेवाले ने कहा।

"हमारे पेट में तो तौलिया और कैंची दोनों छूट गये थे," कोई और बताने लगे।

"और हमारे पेट में तो उनका चश्मा गिर गया था।"

"और हमारे पेट में उनके नकली दाँत।"

"और हमारे में उनका बिग।"

"और हमारे में रूई।"

"हमारे में पट्टी।"

"हमारे में कैंची।"

"हमारे में जूता।"

सभी पुराने मरीज बताने लगे कि डा. अग्रवाल ने उनके पेट में क्या-क्या छोड़ा था। पर सभी की राय इस बारे में एक थी कि डा. अग्रवाल की याददाश्त बहुत तेज थी और उनको एक-दो दिन बाद याद आ ही जाता था कि मरीज के पेट में क्या छूट गया है। वे तुरंत उसे निकालने के लिए आपरेशन कर डालते थे। वे टाइम देखने के लिए कलाई पर नजर डालते और कहते, "अरे, यह कहाँ गई ? इसका मतलब है कि पिछले मरीज के पेट में मेरी घड़ी रह गई। सात सौ

रुपयों की है। निकालनी पड़ेगी।" मरीज यही बातें आज भी कर रहे थे–

"तो तुम्हें ठीक लग रहा है ?"

"ठीक लग रहा है," नए आपरेशनवाले ने बताया।

"दर्द तेज तो नहीं हो रहा ?" एक खुर्राट ने पूछा।

"नहीं।"

"पेट दबाकर देखा ?"

"नहीं।"

"तो दबाकर देखो, भैया। कहीं कुछ गड़ता तो नहीं ? गड़े तो समझो कि चाकू छूट गया है।"

मरीज ने दबाकर देखा। कुछ नहीं हुआ। उसने बताया कि कुछ नहीं गड़ रहा है।

"टट्टी हो गई ?" पूछा गया।

"अभी नहीं।"

"टट्टी के रास्ते खून तो नहीं आया ?"

"नहीं।"

"आए तो समझ लेना कि सुई छूट गई है।"

नया मरीज अब तक घबराने लगा था, उसने डरते हुए पूछा, "क्या सबके में कुछ-न-कुछ छूट जाता है ?"

"नहीं, कभी-कभी नहीं भी छूटता," पुराने मरीजों ने सांत्वना दी।

एक पुराने मरीज ने दूसरों को याद दिलाते हुए कहा, "वह बिस्तर नंबर चार की याद है ? वही कैंसरवाला ? उसके पेट में कुछ नहीं छोड़ा था अग्रवाल साहब ने।"

"वह तो अगले दिन ही मर गया था।"

"पर पेट में कुछ नहीं छूटा था।"

"हाँ, यह सही है।"

"पेट में टिक-टिक तो नहीं होती ?"

"नहीं।"

"तब तो घड़ी भी नहीं छूटी है।"

"पेट में कोई चीज काटती तो नहीं ?"

"नहीं।"

"तब तो दाँत भी नहीं छूटे। और पेट में ऐसा तो नहीं लगता कि कोई ठक-ठक चल रहा है ?"

"नहीं।"

"फिर ठीक है। जूता भी नहीं छूटा। परेशान मत हो, ठीक हो जाओगे।"

सभी पुराने मरीज इस प्रकार से नए आपरेटेड मरीज से बातें करते हुए उसे सोने नहीं दे रहे थे। नया मरीज इन सब बातों को सुनकर घबरा रहा था। वे उसे समझा रहे थे कि घबराने की कोई बात नहीं है क्योंकि घबराने से कुछ फायदा नहीं होता। और फिर तुम्हारे तो पेट में भी कुछ गड़ नहीं रहा है, दर्द नहीं है, टिकटिक नहीं हो रही तथा टट्टी में खून नहीं है। फिर भी घबराओगे तो कैसे काम चलेगा ? खासकर तब कितना घबराओगे जब यह पता चलेगा कि किसी और मरीज की जगह तुम्हारा आपरेशन कर दिया गया है और अपेंडिक्स की जगह गुर्दा निकाल दिया गया है ? इन बातों से डरना नहीं चाहिए क्योंकि अस्पताल में आए हैं तो एक टाँग तो मान लो कि यमराज के दफ्तर में रख ही दी है।

यही सब चर्चाएँ जारी थीं कि तभी एक जूनियर डाक्टर तेजी से वार्ड में आया और वहाँ पहले से ही एक ड्रेसिंग में, तथा ड्रेसिंग के बहाने एक छात्रा-नर्स से चुहलबाजी में व्यस्त दूसरे जूनियर डाक्टर के पास जाकर पूछने लगा, "तूने साहब का हैट देखा ?"

"कौन-सा हैट ?"

"वही जो वे कल पहने थे।"

"नहीं तो।"

"क्या पता, कहाँ गया ?"

इतने में 'अरे, अरे' की आवाजें चारों तरफ से आईं। जूनियर डाक्टर ने पीछे पलटकर देखा। कल ही जिसका आपरेशन हुआ था, वह नया मरीज बेहोश हो गया था तथा आसपासवाले उसे हवा कर रहे थे। जूनियर डाक्टर भागकर वहाँ पहुँचा।

"क्या हुआ इसे ?"

"इसने साहब के हैट के खोने की बात सुन ली," सबने बताया।

7

अभी तक इस उपन्यास को पढ़कर सहृदय पाठकों को ऐसा लग सकता है तथा लिखते हुए मुझे भी लग रहा है, मानो डाक्टरी में सभी बदमाश, खलनायक, गुंडेनुमा, तिकड़मी, राजनीति-प्रवीण तथा निष्ठुर डाक्टर ही बचे हैं। विशेष तौर पर यदि इन पाठकों में कोई स्वयं भी डाक्टर होगा, तो उसे यह शिकायत अवश्य होगी। यह शिकायत दूर करने के लिए डा. भागवत अब उपन्यास में लाए जा रहे हैं। इतना लिखने के बाद मुझे भी ऐसा लगा कि एकाध सही डाक्टर भी अपने पाठकों के बीच लाऊँ, और उससे मिलवा दूँ। सही डाक्टर वैसे तो इसी मेडिकल कालेज में भी बहुत-से हैं, पर उनके साथ मुश्किल यह है कि वे किसी पचड़े में नहीं पड़ना चाहते। वे चुपचाप आते हैं, चुपचाप काम करते हैं तथा चुपचाप ही घर जाकर दाल पीकर सो जाते हैं। डा. कपूर, डा. चौबे तथा डा. अग्रवाल-जैसों के हाथों में अस्पताल को छोड़कर, 'अपने काम से काम' वाली, परमहंसोंवाली स्थितिवाले डाक्टर हो गए हैं। वे इन तिकड़मी डाक्टरों के किसी भी मामले से दूर रहते हैं। ऐसा करके उन्होंने डाक्टरी का भविष्य भी इन बिचौलियों के पास गिरवी रख दिया है।

इन्हीं में से एक हैं डा. भागवत। मैं उपन्यास के आरंभ से ही उन्हें पाठकों से मिलवाने की कोशिश कर रहा हूँ, पर वे हमेशा यह कहकर टाल जाते हैं कि यार, हमें पाठकों के बीच मत फँसाओ। हमें डाक्टरी करने दो। मैंने बताया कि पाठकों के बीच डा. कपूर, डा. चौबे आदि पहले ही पहुँच गए हैं, तब तो डा. भागवत हाथ जोड़ने पर उतारू हो गए कि यार हम बाल-बच्चेदार आदमी हैं, हमें अस्पताल की राजनीति में मत घसीटो।

आज भी वे उपन्यास में आने को कतई तैयार नहीं थे। मैं चुपके से अपने पाठकों को इनके पीछे ले चलता हूँ।

डा. भागवत बहुत शरीफ, ईमानदार, मेहनती, कार्यकुशल, होशियार तथा गरीबपरवर डाक्टर हैं। ये इनके गुण हैं, परंतु यही इनके साथ दिक्कत भी है कि ये शरीफ, ईमानदार, मेहनती आदि हैं। इन गुणों के कारण अस्पताल की राजनीति में इन्हें कोई नहीं पूछता। ईमानदारी के बोझ से इनकी कमर झुक गई

है तथा शराफत में दिनोदिन ये सूखकर काँटा हो रहे हैं। इस देश में केवल बेईमानों को मोटा होने का हक है, यह मानकर वे डर के मारे मोटे नहीं होते। प्रोमोशन इनका हमेशा देर से हुआ है। क्वार्टर इन्हें इनके लायक दिया नहीं गया है तथा अस्पताल में इन्हें चौबेजी भी लतियाते हैं और अग्रवालजी भी। ये चुपके से अस्पताल आते हैं, चुपके से मरीज देखते हैं तथा ऐसे डरते हुए अस्पताल से वापस चुपके-चुपके भागते हैं मानो चोरी करके जा रहे हों। इन्हें मरीज अवश्य चाहते हैं, पर मरीजों को ही कौन पूछता है, जो मरीजों द्वारा पूछे जानेवाले डा. भागवत को कोई पूछेगा ? डा. भागवत किसी गुट में नहीं हैं। वे राजनीति में नहीं। वे तिकड़म में नहीं। वे जोड़-तोड़ में नहीं। वे चौबेजी के साथ नहीं। वे डा. कपूर के साथ नहीं। वे किसी की भी तरफ नहीं। सो सभी उनको लतियाते हैं। डा. चौबे उनकी ईमानदारी पर हँसते हैं, तो डा. कपूर इनकी शराफत पर थूकते हैं और डा. अग्रवाल उनकी मेहनत पर मूतते हैं। ईमानदारी और परिश्रमी होना, जो डा. भागवत के सद्‌गुण माने जाने चाहिए थे, उनकी कमी तथा बुराई बन गए थे। डा. भागवत इस सबके चलते सबसे घबराने लगे थे। वे सबसे कटे-कटे रहते। वे अस्पताल की मुख्य धारा से अलग हो रहे थे। वे बीमार, पीले, मरे-मरे, बुझे-बुझे तथा पिटे-पिटे दिखते थे, जैसाकि इस देश में आम ईमानदार आदमी दिखता है।

आइए, तो ऐसे डा. भागवत के पीछे चलें। वे इस समय भी मरी-मरी चाल से बरामदे में जा रहे हैं। वे अभी राउंड लेकर निकले हैं तथा ऊपर क्लास लेने जा रहे हैं और वहाँ से लौटकर क्लीनिक में लड़कों को पढ़ाएँगे। वे शाम तक मजदूरों में खपे रहेंगे और इसी मरी चाल से घर वापस जाकर मुँह ओढ़कर सो जाएँगे। वे अस्पताल को डा. चौबे तथा डा. अग्रवाल के बीच लुटते देखेंगे, पर कुछ न कहेंगे। बल्कि शायद दूसरों की बेईमानी देखकर उनका अपने ईमानदार होने का अहसास तथा अहम् और बढ़ जाता है।

डा. भागवत कुछ मंत्र-जैसा बुदबुदाते-से बरामदे में जा रहे थे कि चौंककर रुक गए। दूर, बरामदे के दूसरे छोर से इन्हें डा. चौबे अपने दो-तीन जूनियर डाक्टरों के साथ आते दिखाई दिए। वे इसी तरफ आ रहे थे। डा. भागवत घबरा गए। क्या करूँ ? कहाँ छुप जाऊँ ? डा. चौबे सामने से निकले तो उनसे बात करनी पड़ेगी और उनसे बातें करते अगर डा. अग्रवाल ने देख लिया तो वह उन्हें डा. चौबे का आदमी समझेगा। न भी देख पाए तो कोई जूनियर डाक्टर, या वार्डबॉय या सिस्टर ही यह बात डा. अग्रवाल को बता सकती है कि वे हँस-हँसकर डा. चौबे से बातें कर रहे थे। तब वे चौबेजी के आदमी समझ लिए जाएँगे और अगर वे हँस-हँसकर चौबे से बातें नहीं करेंगे तो चौबेजी सोचेंगे कि क्या बात है कि वे उनसे हँस-हँसकर बातें नहीं कर रहे हैं ? तब वे डा. अग्रवाल के आदमी मान लिए जावेंगे। वे इन पचड़ों से दूर रहना चाहते थे। वे किसी विवाद में नहीं

पड़ना चाहते थे।

डा. भागवत ने चारों तरफ रक्षार्थ देखा। उनके साथ कोई नहीं था, जिसके पीछे वे छुप जाते। बरामदे में कोई परदा, दीवार, गड्ढा, गुफा, पेड़, नकाब, नाला या झाड़ी नहीं थी जिसके पीछे वे छुप सकते। उनके पास कोई नकली मूँछ, दाढ़ी या ऐयारी का बटुआ नहीं था, जिसकी सहायता से वे अपना भेस बदलकर, जानकी बाबू बनकर, चुपके से निकल जाते।

डा. भागवत घबराए हुए, और ज्यादा झुककर, और ज्यादा मरियल चाल से चलते हुए आगे बढ़ने लगे। डा. चौबे पास आ रहे थे। तभी डा. भागवत को बरामदे से लगा हुआ आउटडोर के मरीजों के लिए बना बाथरूम दिखा। उस बाथरूम में पेशाब की नदियाँ तथा टट्टी के ढेरों पहाड़ यहाँ-वहाँ बिखरे थे। इसकी कभी सफाई नहीं होती थी। गरीब मरीज इसी में टट्टी के ढेरों के पीछे बैठकर टट्टी करते थे तथा पेशाब के नाले में कमर तक डूबे हुए पेशाब करते थे।

डा. भागवत को इस मौके पर यह बाथरूम ईश्वर द्वारा भेजा गया देवदूत-सा प्रतीत हुआ। वे लपककर बाथरूम में घुस गए, और देर तक वहीं घुसे रहे।

चीरघर से दक्षिण दिशा में, लगभग बीस गज की दूरी पर एक झाड़ी है, जो छोटी-सी है, परंतु यदि कुत्ता, एच.एम.वी. के कुत्ते के पोज़ में, इसके पीछे बैठ जाए तो आम आदमी के अलावा पुलिस की निगाह तक से काफी देर तक छुपा रह सकता है। कुत्तों के बीच इन दिनों एच.एम.वी. के कुत्ते की तरह पोज़ बनाकर बैठने का फैशन जोरों पर था। कुत्ते यहाँ-वहाँ इस पोज़ में बैठे पाए जा सकते थे। सभी कुत्ते यूँ ही बैठते थे। यद्यपि इस पोज़ में बैठने पर पिछली टाँगें सो जाती थीं तथा उन पर झुनझुनी चढ़ जाती थी और मौके पर यकायक बिल्ली या दूसरे कुत्ते के पीछे (या आदमी से डंडा खाकर) भागना पड़ जाए, तो सोते, झुनझुनाते पैर के साथ भागना मुश्किल हो जाता था, परंतु ये दिक्कतें कुत्ते उसी खिलाड़ी भावना के साथ झेल जाते थे, जिसके साथ आदमी तंग मोहरी की पतलून या औरतें ऊँची एड़ी की सैंडिलें पहनकर गिरते-पड़ते जीवन बिताती हैं।

डाक्टरों के हॉस्टल का यह कुत्ता भी कम फैशनबाज नहीं था। वह इस समय उस झाड़ी के पीछे रिकार्ड पर छपे कुत्ते की भाँति बैठा था तथा चीरघर के सामने खड़े हवलदार, सिपाही तथा मुर्दे के रिश्तेदारों की बातचीत सुनने की कोशिश कर रहा था।

"हम जरा मूतकर आते हैं," हवलदार ने सिपाही से कहा और तोंद के नीचे खिसकते पैंट के बटनों से जूझते वे झाड़ी के पास पहुँचने लगे।

तब चीरघर की छत पर बैठे दोनों गिद्ध सारा नजारा देखकर, इस प्रकार

बतियाने लगे–

गिद्ध नंबर एक ने कहा, "अब मारा गया कुत्ता।"

"बिना मारे नहीं छोड़ेंगे हवलदार," नंबर दो ने कहा।

"बहुत गुस्सा रहते हैं वैसे ही हवलदार साहब," गिद्ध नंबर एक बोला।

"मूत भी देंगे कुत्ते पर तो वह मर जाएगा।"

"पुलिस की पेशाब है, कोई हँसी-ठट्ठा नहीं।"

"पुलिसवाले की पेशाब गरम होती है।"

"पुलिस की गरमी का क्या कहना !"

"पुलिसवाले की पेशाब तेजाब होती है।"

"पुलिस के तीखेपन का क्या कहना !"

"पुलिसवाले की पेशाब में अच्छे-अच्छे डूब जाते हैं, फिर कुत्ते की औकात क्या ?"

"पुलिस की गहराई का क्या कहना !"

"पुलिस की पेशाब कहर है।"

"पुलिस आखिरकार पुलिस है।"

"पुलिसवाले की पेशाब में जहर है।"

"भारतीय पुलिस धन्य है !"

"पुलिसवाले की पेशाब…"

"पुलिसवाला ही झेल सकता है।"

"सही कहा बन्धु।"

"सही कह रहे हो बन्धु।"

हवलदार झाड़ी तक आए और मोटी धार गिराने लगे। पेशाब झाड़ियों के बीच से बूँदों में बिखरती कुत्ते पर गिरने लगी। हवलदार पेशाब करते हुए पीछे देखते आ रहे थे तथा सिपाही को ललकारकर कहे जा रहे थे, "जाकर शर्माजी का पता करवाओ। वरना इन्होंने हमें पैसे क्या दिए हैं, उँगली ही करते रहेंगे।"

मुर्दे के रिश्तेदार घबराकर एक साथ बोलने लगे, "नहीं सरकार, यह बात नहीं है।"

"यही बात है भैया," हवलदार ने मजा लेते हुए कहा।

"नहीं सरकार, पैसे दिए हैं तो हमने कोई अहसान नहीं किया। पुलिस के पास आए हैं तो पैसे देने ही पड़ेंगे। इसमें क्या है ?" मुर्दे के रिश्तेदार स्वयं को कोसते हुए कहने लगे।

"यही बात समझने की है। पुलिस को पैसे दिए हैं तो अहसान नहीं किया है तुमने।"

इसी कथोपकथन के दौरान हवलदार ने गर्दन सीधी कर ली और उस दिशा

में झाड़ी की ओर देखा, जहाँ उनकी धार गिर रही थी। उनकी जलती हुई आँखें कुत्ते की भयभीत आँखों से टकराईं। कुत्ता घबराकर उठा, उठकर उसने पाया कि उसकी एक टांग सोई हुई है तथा दूसरी टाँग झाड़ी में फँस गई है। वह घबराकर, भौंककर चीखा। हवलदार ने उसे भौंकते पाया, तो पेशाब रोककर उन्होंने बजरंगी डंडा झाड़ी में दे मारा। जब कुत्ता चीखता, रोता, लँगड़ाता हॉस्टल की तरफ भागा जा रहा था, तभी उसके सिर पर से दो भयभीत गिद्ध भी उड़ते हुए जा रहे थे।

जब कुत्ता लँगड़ाता हुआ हॉस्टल में घुस रहा था, तभी एक लँगड़ा आदमी गैंदालालजी वाजपेयी, भरती क्लर्क के पास खुशी में भाव-विभोर खड़ा था और उनका प्रवचन सुन रहा था। गैंदालाल वाजपेयी कनछेदी की भरती की फाइल लँगड़े रिश्तेदार को पकड़ाकर कह रहे थे, "यह लो अपनी भरती की फाइल और अपना दस का नोट भी उठाकर ले जाओ। यह मत समझो कि तुमने दस का नोट दे दिया या शर्माजी ने कहा दिया, तो हमने तुम्हारे मरीज को भरती कर दिया। भरती तो हमें करना ही था। हम भरती क्यों न करेंगे ? हमने तुम्हें मेल मेडिकल वार्ड में भरती कर दिया है। आदमियोंवाला मेडिकल वार्ड होता है यह। तुम्हारा कनछेदी आदमी है कि औरत ?"

"आदमी है सरकार।"

"बस, फिर ठीक है। हमने पूछ लिया क्योंकि ऐसा न हो कि बाद में पता चले कि जनाना था और आदमियों के वार्ड में किसी ने उसके साथ कुछ गड़बड़ कर दी। जमाने का भरोसा नहीं। और जनाने का भी भरोसा नहीं। बस, तो अब तुम सीधे आदमियोंवाले मेडिकल वार्ड में चले जाओ। वहाँ यह फाइल दिखा देना। पलँग मिल जाएगा। उस पर मरीज पटक देना।"

"यह दस का नोट उठा लो मिस्टर," वाजपेयीजी ने फिर कहा।

कनछेदी का रिश्तेदार घबरा गया। वह वाजपेयीजी को अब तक नहीं समझा था। वह समझा कि वाजपेयीजी वास्तव में दस का नोट वापस लेने के लिए डाँट रहे हैं। फिर उसे शर्माजी का कहना याद आया, जिसमें उन्होंने वाजपेयीजी के रेट के विषय में विस्तार से बताते हुए उसे डाँटा था कि उसने वाजपेयीजी को दस की जगह पाँच का नोट क्यों दिखाया था ? साथ ही शर्माजी ने उन्हें बताया था कि कनछेदी सीरियस है तथा चौबेजी के बँगले के सामने पड़ा-पड़ा, चौबेजी के इंतजार में मर जाएगा। सो वह कनछेदी को वापस अस्पताल ले आया था और वाजपेयीजी को दस का नोट स्वयं शर्माजी ने आकर दिलवाया था। उसने नोट वहीं पड़े रहने दिया।

वाजपेयीजी विभोर होकर हँसे और अगली फाइल को पूरा करने के महती

कार्य में व्यस्त हो गए।

बूढ़े ने तपस्या में विघ्न डालते हुए पूछा, "किधर ले जाना है कनछेदी को हुजूर ?"

"जिधर दिल करे, उधर ले जाओ भैया," वाजपेयीजी ने बिना ध्यान दिए हुए, अभयदान-सा देते हुए कहा।

"किस पलँग पर ले जाएँ, सरकार ?"

"जो खाली दिखे, लिटा दो यार," वाजपेयीजी ने फिर गोलमोल जवाब दिया।

"कहाँ भरती किया है सरकार ?"

"देख लो लिखा है।"

"हम ठहरे गँवार।"

"तो क्या, इतना अच्छा अंग्रेजी में लिखा है डाक्टर साहब ने।"

"हम क्या जानें सरकार।"

"अंग्रेजी नहीं पढ़ना जानते ?" वाजपेयीजी ने आश्चर्य से पूछा।

"नहीं सरकार।"

"अंग्रेजी नहीं जानते ?" वाजपेयीजी ने पुनः दुगुने आश्चर्य के साथ पूछा।

"नहीं सरकार।"

"हिंदुस्तान में बिना अंग्रेजी जाने रह रहे हो, शर्म नहीं आती ?" वाजपेयीजी ने लानत भेजते हुए कहा।

"क्या करें सरकार। ?"

"चालान हो जाएगा··· हमसे तो कह दिया, किसी और से न कह देना। सारा अस्पताल ही अंग्रेजी पर टिका है। यहाँ मरीज अंग्रेजी में भरती होता है। अंग्रेजी में ही मरता है।"

"जी सरकार।"

"जाओ मेल-मेडिकल वार्ड में ले जाओ। सीधे जाना। मेन गेट मिलेगा। वहीं पूछ लेना यार··· कोई भी बता देगा," वाजपेयीजी ने कहा।

कनछेदी के रिश्तेदार ने वाजपेयीजी को आखिरी सलाम बोला और कनछेदी की ओर चलने लगा। आउटडोर के बाहर, मैदान में, धूप में खटिया पर कनछेदी, इस बेरहम, खौफनाक, जानलेवा, निर्लज्ज तथा क्रूर व्यवस्था से बेखबर बेहोश पड़ा था। बूढ़े को आता देखकर साथ के गाँववाले उठ खड़े हुए। एक ने बूढ़े से पूछा, "हो गया काम ?"

"हो गया," बूढ़े ने थकी हुई आवाज में कहा।

"कहाँ भरती करना है ?"

"जिधर दिल करे···" कहकर बूढ़ा वाजपेयीजी का मजाक याद करके हँसने लगा। सभी गाँववाले उसका चेहरा देखने लगे।

डा. कपूर का कमरा। घूमनेवाली टूटी कुर्सी पर बैठा हुआ जो शख्स घूम रहा है, वह डा. कपूर हैं, जो चिंतन में रत घूम रहे हैं। उनके चिंतन का ट्रैक पहले ही से तय है। वे जब भी चिंतन में हों, आदमी जान जाता है कि वे किसी तिकड़म, जुगाड़, षड्यंत्र, जोड़-तोड़, उठा-पटक, बदमाशी, कमीनगी, बेईमानी या पैसे की बात सोच रहे हैं। वे जब भी सोचते हैं, यही सब सोचते हैं। इसके अलावा उन्होंने कभी कुछ नहीं सोचा। वे बचपन में भी यही सोचते थे कि फलाँ लड़के का खिलौना कैसे झपटा जाए या फलाँ दोस्त की टॉफियाँ कैसे गायब की जाएँ या फलाँ दोस्त को कैसे कुएँ में धकेला जाए या एक मास्टर को पटाने के लिए दूसरे दुश्मन मास्टर के पाजामे में कैसे आग लगाई जाए ? ऐसे तिकड़मी बचपन से निकलकर वे ऐसे ही स्वार्थी तथा अघोरी-चिंतन के साथ जवानी में चोर की माफिक घुसे और ऐसे ही चिंतन तथा जीवन-मूल्यों के साथ वे अपनी सारी जीवन-यात्रा गुजारकर अब रिटायरमेंट के तट पर उतरनेवाले थे, तब भी यही कुछ तिकड़मों की सीपियाँ तथा चालबाजियों के शंख आदि उनके हाथ में थे। वे आज भी वही चिंतन कर रहे थे क्योंकि अन्य किसी किस्म का विचार उनके बस के बाहर था। वे देश, समाज, साहित्य, संस्कृति, फिलॉसफी और भलाई आदि की बातों पर कभी चिंतन नहीं करते थे, क्योंकि इन शब्दों का उन्हें अर्थ ही पता नहीं था। उनके लिए देश का मतलब अपने बीवी-बच्चे, समाज का मतलब अपना परिवार, साहित्य का तात्पर्य झूठे बिल तथा हिसाब-किताब, संस्कृति का मतलब रात में दारू पीकर बीवी की पिटाई या किसी नर्स के साथ सांस्कृतिक-उत्सव, फिलॉसफी का मतलब बेईमानी पर गहन चिंतन तथा भलाई का मतलब चींटियों के बिल पर अस्पताल का आटा डालकर पुण्य कमाना था। वे आज भी अपने कमरे में अकेले बैठे, कुर्सी पर घूमते हुए इसी तरह का गंभीर चिंतन कर रहे थे।

आज के चिंतन का विषय था कुर्सी।

वे कुर्सी की सोच रहे थे। उनका सोच दोतरफा था। एक तो यह कि उनके बाद इस कुर्सी पर कौन बैठेगा तथा दूसरा यह कि वे स्वयं इस कुर्सी से उतरकर किस कुर्सी पर बैठेंगे। कौन बैठेगा इस पर ? डा. अग्रवाल ? डा. चौबे ? या कोई तीसरा ही ? वे जितना भी सोचते, पाते कि उनमें से कोई भी उतना योग्य नहीं कि इस कुर्सी पर बैठे। रिटायरमेंट को प्राप्त होनेवाले हर बड़ी कुर्सीवाले की तरह वे भी यही मान रहे थे कि उनसे बेहतर व्यक्ति इस कुर्सी के लिए बना ही नहीं। वे यह जानते थे तथा मानते थे कि यह कुर्सी हर एक के बस की नहीं। कैसी सर्र-सर्र घूमती है। पर गिराती भी मुँह के बल है। डा. अग्रवाल यदि मुँह के बल भी गिरे, तो क्या करेंगे ? उठ पाएँगे क्या ? या गिरे, तो डा. चौबे उन्हें उठने देंगे क्या ? डा. अग्रवाल घबराते बहुत हैं। हो सकता है कि गिरकर रोने लगें और तब तक डा. चौबे जाकर कुर्सी पर बैठ जाएँ। वे अपने अनुभवों से

जानते थे कि कुर्सी पर से एक आदमी गिरे, तो सौ आदमी नीचे से निकलकर बैठने को तैयार रहते हैं। लोग ऐसी-ऐसी जगहों से चींटी की तरह निकल-निकलकर कुर्सी की तरफ दौड़ते हैं, जिसकी आपने कभी कल्पना भी नहीं की होगी। हो सकता है कि कुछ जुगाड़ करके डा. पांडे या डा. भागवत जैसा लीचड़ समझा जानेवाला शख्स ही डा. अग्रवाल के गिरते ही उस कुर्सी पर बैठ जाए। इस कुर्सी पर तो 'गिर-गिर के मोहब्बत में सँभलते ही रहे हैं' टाइप के आदमी बैठ सकते हैं। जैसे डा. कपूर। वे सोचते रहे। वे कुर्सी के विषय में सोचते रहे। वैसे भी यह उनके चिंतन का प्रिय विषय था। अब तो चिंता का भी यही प्रिय विषय था उनका–कुर्सी। वे सोचते रहे। अहा कुर्सी ! कुर्सी भी क्या चीज है ! किसने बनाई होगी कुर्सी ? संसार का शायद सबसे महत्वपूर्ण तथा बड़ा आविष्कार ! और उसी पर अब कहीं डा. चौबे बैठ गया, तो ?

डा. चौबे, डा. कपूर के दुश्मन थे। डा. कपूर के लिए दुनिया का हर आदमी या तो दोस्त था या दुश्मन। उनके लिए दुनिया का हर आदमी उनके किसी-न-किसी काम आना चाहिए था। वे हर व्यक्ति का इस्तेमाल करना जानते थे। जो उनके काम आ सकते थे, वे उनके दोस्त थे और जो उनके काम नहीं आते थे या जो दूसरों को उनके द्वारा प्रयोग किए जाने में बाधक बनते थे, वे उनके दुश्मन थे। यह संसार उनका साम्राज्य था, जिसमें बीच-बीच में दुश्मनों के गढ़ थे। उनका पूरा जीवन, दिन-रात इन दुश्मनों से जूझते, उन्हें ध्वस्त करते या उनसे पराजित होते ही बीता था। वे सबको मारते हुए इस कुर्सी पर बैठे थे। और आज जब वे डा. अग्रवाल का राज्याभिषेक करके वानप्रस्थ की तरफ रुख करना चाहते थे, तब डा. चौबे बीच में आ गए थे। डा. अग्रवाल को वे बाद में अपने कामों में काम ला सकते थे। पर डा. चौबे ऐसा नहीं होने देना चाहते थे, अतः वे डा. कपूर के दुश्मन थे। दुश्मन से जूझना होगा। डा. अग्रवाल के बूते यह नहीं होगा। या वह कर लेगा ? कहना कठिन है। डा. अग्रवाल अभी उन शस्त्रों को चलाने में डरता है, जिनसे ऐसे युद्ध जीते जाते हैं।

वे टूटी कुर्सी पर गोल-गोल घूमने लगे। घूमते-घूमते उन्होंने सोचा : फिर डा. चौबे का क्या किया जावे ? बल्कि उससे भी पहले यह समस्या, कि डा. अग्रवाल का क्या किया जाए कि वे डा. चौबे का कुछ करने लायक बन सकें ? वे स्वयं डा. अग्रवाल की जगह होते तो क्या करते ? बहुत-सी पुरानी यादें उस टूटी कुर्सी पर गोल-गोल घूमते डा. कपूर पर मँडराने लगीं। कैसे उन्होंने एक डाक्टर को बलात्कार के केस में फँसवाकर अपने रास्ते से हटाया था ? और कैसे डा. फलाने को वार्डबॉय से पिटवा दिया था, और तब की बात जब एक मरीज से डा. अलाने पर मुकदमा ठुकवा दिया था कि इलाज गलत हुआ है और कैसे डा. ढिकाने को दवाइयों के घपले में फँसवाकर स्वयं साफ निकल आए थे ? और डा. मलाने को

तो सीधे मिनिस्टर के हाथों खड़े-खड़े सस्पेंड करवाया था। और उस डाक्टर को, जिसके घर चोरी करवा दी थी ? या उस डाक्टर की तरह जिसके विरुद्ध अखबारों में तथा गुमनाम चिट्ठियों में उन्होंने जेहाद छेड़ा था ? या वह ? या वह ? डा. कपूर अपने पुराने कारनामों की याद में खो गए। वे अपनी ही हरकतों पर फिदा होकर एक बार ज्यादा ही तेजी से घूम गए और कुर्सी के झुक जाने के कारण, कुर्सी से निकलकर उछले और मेज पर जाकर गिरे।

जब वे मेज से उतरकर पुनः कुर्सी पर प्रतिष्ठित हो रहे थे, तभी डा. गुलाटी ने कमरे में प्रवेश किया। डा. गुलाटी चुपचाप सामनेवाली कुर्सी पर बैठ गए। फिर कुछ देर चुपचाप बैठे रहे। फिर मेज पर पड़े पेपरवेट को घुमाने लगे। फिर टाँगें हिलाने लगे। फिर कुछ देर वे उस कलम-दवात से खेलते रहे, जिसमें स्याही नहीं थी और निब भी टूटा हुआ था। डा. गुलाटी यह सब करते रहे, पर डा. कपूर ने कुछ भी नहीं पूछा। वे डा. गुलाटी की इन ऊलजलूल हरकतों से ही समझ गए थे कि वे किसी गहरी चिंता में हैं तथा परेशान हैं। ऐसी परिस्थितियों में डा. कपूर कभी अपनी तरफ से कुछ नहीं कहते थे। वे जानते थे कि चुप रहा जाए, तो चिंतित आदमी बेचैन हो जाता है और बेचैन आदमी सब कुछ सच-सच उगल देता है। सारा खेल धैर्य का है। आप धैर्य रखिए। चिंतित, परेशान आदमी के पास धैर्य नहीं होता। वह सही बात देर-सबेर उगलेगा ही। डा. गुलाटी बेचैन होकर जब मेज की हर चीज से खेल चुके, आलपिन के कुशन से खेलते हुए उँगली से खून निकाल चुके तथा पैर के अँगूठे पर फाइल-ट्रे गिरा चुके, तब उन्होंने सिर उठाकर डा. कपूर की तरफ आशा-भरी निगाहों से देखा और पाया कि वे पूर्ववत् कुर्सी पर घूम रहे थे। डा. गुलाटी चिढ़कर बोले, "आप चुपचाप ऐसे ही कुर्सी पर घूमते रहेंगे ? कुछ करेंगे नहीं, तो मर जाएँगे हम सब।"

"हुआ क्या ?" डा. कपूर ने कुर्सी पर घूमना रोककर पूछा।

"होना क्या है ? अग्रवाल के बस का है ही क्या ?" गुलाटी ने निराशा के स्वर में कहा।

"तुम ले गए थे न अग्रवाल को, अपने कमरे पर, बातें करने ? क्या बातें हुईं ?" डा. कपूर ने पुचकारकर पूछा। कुर्सी अभी भी रुकी हुई थी।

"माफ कीजिएगा। डा. अग्रवाल-जैसा चूतिया मैंने अपने जीवन में नहीं देखा।"

"सही कह रहे हो। तभी तो मैं चाहता हूँ कि वह इस कुर्सी पर बैठे। तब तुम लोग जो चाहोगे, इस अस्पताल में वही होगा।"

"वह नहीं बैठ सकता।"

"क्या हुआ यार··· तुम तो ऐसे परेशान हो··· "

"वो डा. अग्रवाल तो शीघ्रपतन के रोगियों-जैसे घबरा रहे हैं।"

"यार, उसे शीघ्रपतन की बीमारी सचमुच ही है।"

"वे गुप्तरोगी-से डरे-डरे रहते हैं।"

"उसे गुप्तरोग भी है।"

"इनमें लड़ाई का दम नहीं।"

"उन्हें दमा है, यार।"

"वे पहले ही मानते हैं कि वे कुछ नहीं कर पाएँगे।"

"वे नपुंसक भी तो हैं।"

"वे चौबे के सामने खड़े नहीं हो सकते।"

"उनका स्तंभन कमजोर है।"

"आप मज़ाक करते जा रहे हैं," डा. गुलाटी नाराज हो गये।

डा. कपूर ने देखा कि वे वास्तव में मजाक करते जा रहे हैं, जबकि डा. गुलाटी परेशान हैं। उन्होंने मजाक छोड़कर कुर्सी पर घूमना शुरू कर दिया। उन्होंने डा. गुलाटी से क्षमा माँगते हुए कहा कि मजाक का उनका इरादा नहीं था, परंतु कुर्सी घुमाना रुक जाने के कारण उनके मुँह से अपने-आप ही मजाक निकल गया था। वे कुर्सी घुमाते हुए बोले, "तुमने अग्रवाल को समझाया है ?"

"मैंने कहा, पर वे घबराते हैं।"

"तुमने बलात्कारवाला सुझाव दिया ?"

"मैंने तो यहाँ तक कहा कि लड़की का इंतजाम मैं कर दूँगा, जो चौबेजी के चेंबर से कपड़े फाड़ती निकले।"

"फिर ?"

"फिर क्या। आप बता ही रहे थे कि उनके बस का कुछ नहीं।"

"यार, तुम वही लौंडिया इंद्रमणि के पास भिजवा दो, वह लड़कीबाज है। अपना काम कर देगा," कुर्सी पर तेज-तेज घूमते हुए डा. कपूर ने कहा।

"वह लड़की ऐसी नहीं है," गुलाटी ने कहा।

"क्यों ? क्या शरीफ है ?"

"नहीं साहब, खतियल और काली कलूटी है। इंद्रमणि थूकेगा भी नहीं। फिर चौबेजी यह सब करवाते रहते हैं उनका, पहले से ही।"

"फिर ?" कपूर अभी भी तेजी से घूम रहे थे।

"फिर क्या। मुझे तो लगता है कि मैं गलत ही डा. अग्रवाल के साथ हो लिया। अभी भी वक्त है, मैं चौबेजी की तरफ जाऊँ तो वह खुशी-खुशी मुझे ले लेंगे।"

"तुम भी तो अग्रवाल जैसी निराशा की बातें कर रहे हो," डा. कपूर और तेजी से घूमकर चिंतन करते हुए बोले। वे और तेज घूमने लगे। कुछ सोचना होगा, वरना उनके कारण जो लोग अग्रवाल के साथ हैं, वे भी उसे छोड़कर

डा. चौबे के पाले में जा सकते हैं। कुर्सी पर घूमते हुए, चिंतन-मग्न डा. कपूर ने गुलाटी से कहा, "तुम घबराओ मत।"

"क्यों न घबराऊँ ?"

"क्योंकि तुमको डा. अग्रवाल की तरह शीघ्रपतन नहीं है, इसीलिए।"

"आपको कैसे पता कि मुझे नहीं है," गुलाटी खीझकर बोला। उसे अब डा. कपूर पर गुस्सा आ रहा था, जिन्होंने डा. अग्रवाल की तरफ उसे फँसा दिया था।

डा. कपूर, डा. गुलाटी के व्यवहार पर आश्चर्यचकित होकर और तेजी से घूमने लगे और कुर्सी से उछलकर सीधे सामने की दीवार पर टकराकर फर्श पर बिछ गए। वे फर्श से उठे और कुर्सी पर बैठते हुए बोलने लगे, "देखा तुमने··· ? कुर्सी से गिरने से नहीं घबराना चाहिए··· "

डा. गुलाटी ने उनकी बात काटते हुए चिढ़कर कहा, "मैं आपकी ये बातें सौ बार सुन चुका हूँ। ये बातें अग्रवाल साहब को समझाइए। मैं ये बातें आपसे हजारों दफे सुन चुका हूँ और खूब जानता हूँ।"

डा. कपूर ने गुलाटी की तरफ चिंतित होकर देखा। क्या बात है ? कहीं यह आदमी डा. चौबे की तरफ जाना तय तो नहीं कर चुका ? या जा ही चुका हो ? या केवल घबराकर ही आँय-बाँय-साँय बक रहा है ?

"डाक्टर अग्रवाल हैं कहाँ ?" डा. कपूर ने पूछा।

"आपरेशन थियेटर में," गुलाटी ने बताया।

"वह कब से आपरेशन करने लगा ?" कपूर ने वातावरण को हल्का बनाने के लिए मजाक-सा करते हुए पूछा।

"एक इमरजेंसी आपरेशन था। स्ट्रेंगुलेटेड हर्निया या शायद इंटेस्टाइनल आब्स्ट्रक्शन। उसी को लेकर ओ.टी. में हैं," गुलाटी ने कहा।

"फिर वहीं चलो।"

कहकर कपूर साहब उठने की कोशिश में कुर्सी पर से उछलकर गिरे और मुँह के बल फर्श पर आ गए। वे इस बार उठकर कुर्सी पर नहीं बैठे बल्कि दरवाजे की तरफ बढ़ गए।

क्या यह कोई बुरा शगुन हुआ ?··· कहा नहीं जा सकता था।

चार नंबर के आपरेशन थियेटर में आपरेशन हो रहा था।

ऊपर से लटकी हुई रोशनी की व्यवस्था, मॉस्कों, दस्तानों और लंबे चोगों में गुरु-गंभीर सर्जन तथा उनके ऐसी ही धज से सजे साथी, लगातार नाड़ी, हृदयगति, हृदयमॉनीटर, रक्तचाप आदि पर पैनी नजर रखे हुए बेहोशी डाक्टर, सर्जन का

हाथ फैलाते ही उस पर न जाने कौन-से औजार तुरंत रखनेवाली नर्सें, थिएटर में घनघोर सन्नाटा तथा थिएटर के बाहर प्रतीक्षारत बेचैन रिश्तेदार–यही सब-कुछ बातें आपरेशन थिएटर का नाम लेते ही आम पाठक के मन में आती हैं। किताबों में पढ़-पढ़कर, डाक्टरों (डाक्टर बाबू) के नाम पर घसीटे गए आँसू-तोड़ भावुकता से तरबतर उपन्यासों तथा प्रेम-त्रिकोण या मानवता की सेवा के चक्कर में फँसे डाक्टरों पर बनी सुबक-सुबक हिंदी फिल्मों के ग्राहक यदि अभी चार नंबर आपरेशन थिएटर में आकर झाँकें, तो उनके विश्वास तथा सोच को जो धक्का लगेगा, वह मैं ही समझ सकता हूँ। आपरेशन थिएटर में इस समय द्वितीय श्रेणी के रेलवे प्रतीक्षालय, भारत-महोत्सव के आदिवासी नाच, गाँव की हाट तथा दरवाजे पर बारात आ जाने पर लड़कीवालों के दरवाजे पर होनेवाली घिचपिच का वातावरण तो है ही, साथ ही हा-हा, ही-ही, धौल-धप्पा तथा गपशप का चौपाली माहौल भी बना हुआ है। जिन लोगों को यह भ्रम तथा खुशफहमी होती है कि आपरेशन बड़ा सीरियस मसला है, तो सभी रोनी सूरत बनाए, लंबोतरे चेहरे लिए, चुपचाप, केवल मरीज पर पूरा ध्यान लगाए, आपरेशन को अनुष्ठान की तरह सम्पन्न करते हुए आपरेशन थिएटर में घंटों खड़े रहते हैं, वे इस समय थियेटर नंबर चार में अवश्य झाँककर देखें।

डा. अग्रवाल लबादा पहनकर थिएटर की नर्स पर बरस रहे हैं। यह उनका हमेशा का दस्तूर है। वे आपरेशन करने से घबराते हैं। जब आपरेशन सिर पर आ ही पड़े तो वे गुस्सा थिएटर की नर्स, वार्डबॉयों, औजार बनानेवाली कंपनियों के नाम पर निकालते हैं। और फिर जूनियर डाक्टर तो हैं ही। उन पर चिल्लाकर वे आपरेशन में हो रही तथा होती जा रही गलतियों का गुस्सा निकाल लेते हैं। गुस्सा निकालने का अंतिम जरिया मरीजों के रिश्तेदार होते हैं, जो आपरेशन थिएटर के बाहर खड़े रहते हैं। इनको खून का इंतजाम न करने पर, मरीज के विषय में पूछने पर, आपरेशन कैसा रहा, यह पता करने की हिम्मत करने पर, या यूँ ही आते-जाते डाँटा जा सकता है।

यही डा. अग्रवाल जिससे डरते हैं और जो इनको फटकार भी सकता है, वह है डा. सोनी, बेहोशी के डाक्टर। वे अपनी मर्जी के मालिक, बेताज के बादशाह, थिएटर के तानाशाह, अघोरी बाबा से मस्तमलंग डाक्टर हैं। सोनी बेहोशी के डाक्टर हैं। सर्जन और एनीस्थेटिस्ट का रिश्ता पति-पत्नी के रिश्ते की तरह नाजुक, किचकिचवाला झगड़े-टंटे से भरपूर, परंतु फिर भी प्यारा होता है। बेहोशीवाला डाक्टर जब चाहे तब आपरेशन बंद करा दे या शुरू ही न होने दे। हो सकता है कि आपरेशन के बीच में ही धमकी दे दे कि रक्तचाप गिर रहा है, नाड़ी मिल नहीं रही–फटाफट बंद करो। वह बीच-बीच में यह धमकी कई तरह से देता भी जाता है, "यार क्या कर रहे हो ?" या "देख के डाक्टर अग्रवाल, क्या काट

दिया तुमने ? मरीज की साँस खराब हो रही है," या "जल्दी करो मिस्टर, मरीज को आउट करने का वक्त हो रहा है" या "हार्टवाले केस को इतने देर तक आपरेशन करके उसकी माँ चोदना है क्या यार ?" आदि-आदि।

वैसे डा. सोनी इस समय व्यस्त हैं। वे अखबार पढ़ रहे हैं। वे अखबारों के शौकीन हैं। विशेष तौर पर वे थिएटर में ही अखबार पढ़ने के खास शौकीन हैं। वे मरीज के सिर के पास स्टूल डालकर अखबार पढ़ते जाते हैं तथा आपरेशन चलता जाता है। एक आँख अखबार पर तथा एक आँख कभी-कभी मरीज पर डालकर वे बेहोशी का सारा कार्य ईश्वर पर छोड़ देते हैं। आश्चर्य की बात यह है कि ईश्वर यह कार्य करता भी बखूबी है तथा मरीज सही-सलामत आपरेशन कराके बाहर निकल आता है। वे इस समय भी अपने समाचारपत्र में पूरी तरह डूबे हुए हैं। जिस तन्मयता तथा रुचि से वे इस समय अखबार में व्यस्त हैं, उससे साफ है कि वे बलात्कार, चोरी, डकैती या लूटमार का समाचार पढ़ रहे हैं। इन समाचारों को पढ़ने के वे विशेष शौकीन हैं।

डा. अग्रवाल के ठीक पीछे तथा दाएँ-बाएँ उनके जूनियर डाक्टर हैं। वे डा. अग्रवाल के एक्सटेंशन ही माने जा सकते हैं। वे स्वयं कुछ भी नहीं कर रहे हैं। वे स्वयं कुछ कर भी नहीं सकते। वे जहाँ हैं, वहीं से डा. अग्रवाल की बातों पर सिर हिला रहे हैं या जैसा उनको कहा जा रहा है, वैसा करते हुए भाग रहे हैं। एक इंटर्न तथा फाइनल ईयर का एक छात्र एक नर्सिंग छात्रा से गुपचुप छेड़छाड़ कर रहे हैं। तीसरे वर्ष के दस-बारह मेडिकल छात्र भी आपरेशन थिएटर में नाटक के दर्शकों के-से उत्साह तथा उत्सवी मूड में एकत्रित हो गए हैं। वे हर बात को कौतूहल, आश्चर्य तथा मजा लेने के मूड में देख रहे हैं। दो-तीन जूनियर नर्सें यहाँ-वहाँ भागती हुई न जाने क्या कर रही हैं।

और इन सबके बीच, टेबल पर, घबराया, परेशान तथा चिंतित-सा एक दुबला-पतला व्यक्ति पड़ा हुआ है, जिसकी उपस्थिति की परवाह किए बगैर हर व्यक्ति अपनी-अपनी तरह से व्यस्त है। यह व्यक्ति मरीज है, जिसके लिए यह सारा ठाठ खड़ा किया जा रहा है। यह बात अलग है कि मरीज शायरी का शौकीन रहा है और उसे पता है कि सब ठाठ पड़ा रह जाएगा, जब लाद चलेगा बंजारा। यही उसकी चिंता का विषय है कि कहीं आपरेशन गड़बड़ कर दिया इन डाक्टरों ने, तो बंजारा दरवाजे पर लादने के लिए तत्पर खड़ा है।

डा. अग्रवाल ने सिस्टर को डाँटना बंद करके मरीज से बातें शुरू कर दीं। यकायक वे बड़े मीठे, उनकी बातें रसभरी तथा मुस्कान बड़ी आत्मीय हो गई। मरते आदमी से सभी को मोहब्बत से पेश आना चाहिए, यह वे मानते थे।

"क्यों भाई कैसा लग रहा है ?" डा. अग्रवाल ने लगभग पुचकारते हुए पूछा।

"जी घबरा रहा है, सर," मरीज ने चारों तरफ एकत्रित भीड़, औजारों का ढेर, हरे-सफेद कपड़े, पीली-नीली लाइट्स तथा बेहोशी के बायल्स-अप्रेटस की फुटबाल के ब्लेडरनुमा चीज को दबाते-पिचकाते हुए डा. सोनी को आशंकित निगाहों से देखते हुए कहा।

"घबराने की क्या बात है ?" डा. अग्रवाल ने अपनी घबराहट दबाते हुए कहा।

मरीज चुपचाप, डरा-डरा पड़ा रहा।

"तुम घबरा रहे हो ?" मरीज के बालों में प्रेमी की भाँति उँगलियाँ घुमाते हुए डा. अग्रवाल ने कहा।

"बहुत घबराहट हो रही है, सर," मरीज ने कहा।

"घबराना क्यों ?"

"आपरेशन से सभी घबराते हैं, सर," मरीज ने कहा।

"देखो, हम तो नहीं घबरा रहे," डा. अग्रवाल ने बहादुरी से कहा।

"जी सर।"

"तुम्हें भी नहीं घबराना चाहिए।"

"जी सर।"

"यूँ भी यह आपरेशन बड़ा सरल है, वैसे हमने बहुत दिनों से यह आपरेशन नहीं किया है तथा कभी-कभी इसमें जान का भी खतरा रहता है। परंतु वैसे यह आपरेशन बड़ा सरल है तथा कोई बच्चा भी इसे कर सकता है," डा. अग्रवाल मरीज को डराने लगे, जिसका कोई मतलब नहीं था। यह इमरजेंसी केस था। इसकी आँतें उलझकर 'इंटेस्टाइन-आब्स्ट्रक्शन' हो चुका था। आपरेशन तो उसका करना ही था।

"जी सर," मरीज किसी आज्ञाकारी जूनियर डाक्टर की भाँति बोला।

"बड़ा सरल आपरेशन है," डा. अग्रवाल ने पुनः कहा।

"बच्चा भी कर सकता है ?" मरीज ने प्रश्नवाचक स्वर में कहा।

"बच्चा भी कर सकता है।"

"पर बच्चों का खेल मत मान लीजिएगा सर," मरीज ने प्रार्थना की।

"ऐसा नहीं है, मित्र। बच्चों का खेल यह है भी नहीं। आपरेशन बड़ा कठिन है। बच्चा क्या उसका बाप भी नहीं कर सकता।"

"आप तो कह रहे थे, बड़ा सरल आपरेशन है ?" मरीज ने पूछा।

"सरल है, पर फिर भी कठिन है। बहुत कठिन किस्म का सरल है," डा. अग्रवाल ने बताया।

"फिर ?"

"फिर क्या··· करेंगे। करने से डरना क्या ?" डा. अग्रवाल ने पुनः बहादुरी

से कहा।

"पर करवाने से तो डर लगता है न ?" मरीज ने कहा।

"फिर भी, डरो मत।"

"जी सर।"

"हानि-लाभ, जीवन-मरण, यश-अपयश, विधि हाथ," डा. अग्रवाल अध्यात्म में चले गए।

डा. सोनी ने जो इतनी देर से अखबार में, तथा एक हाथ से यूँ ही बॉयल-अप्रेटस के ब्लेडर को सहलाने में व्यस्त थे, अखबार से सिर उठाकर अग्रवाल साहब को फटकारा, "शुरू करें अग्रवाल साहब।"

"जी हाँ, करते हैं," अग्रवाल साहब ने कहा।

"देर क्या है ?"

"बस शुरू करते हैं।"

"दो पेज पढ़ चुका हूँ मैं, छः पेज का कुल अखबार है।"

"अभी शुरू करते हैं।"

"मैं ज्यादा देर नहीं लगाने दूँगा, जल्दी खत्म करिएगा। मरीज की हालत ठीक नहीं है और मेरा अखबार भी थोड़ा ही बचा है," कहकर डा. सोनी पुनः अखबार में डूब गए।

अब डा. अग्रवाल अपने जूनियर डाक्टर की तरफ पलटे। जूनियर डाक्टर, मेडिकल छात्रा से पीठ सटाए स्पर्शसुख की सीमाओं से आगे जा चुका था। वे जूनियर डाक्टर पर टूट पड़े।

"उतनी दूर क्यों खड़े हो ? वहाँ से आपरेशन करोगे क्या ?"

जूनियर डाक्टर घबराकर आनंद की सीमाओं से कूदकर अपनी सीमा में आकर लड़की से दूर खड़ा हो गया।

"केस क्या है यह ?" डा. अग्रवाल ने अब उसी से पूछा।

"इंटेस्टाइनल-आब्स्ट्रक्शन है, सर," जूनियर डाक्टर ने बताया।

"ऐसा तो नहीं कि इंटेस्टाइनल-आब्स्ट्रक्शन की जगह पर गॉलब्लेडरवाला मरीज आ गया हो, जैसा पिछले संडे को हुआ था ?" अग्रवाल साहब ने पूछा।

"नहीं सर, उस दिन तो गॉलब्लेडर की जगह पर इंटेस्टाइनल-आब्स्ट्रक्शन का केस आ गया था।"

"आज तो केस सही है न ?"

"जी सर, आज इंटेस्टाइनल-आब्स्ट्रक्शन की जगह पर इंटेस्टाइनल-आब्स्ट्रक्शन ही आया है।"

"कहीं ऐसा तो नहीं कि किसी और इंटेस्टाइनल आब्स्ट्रक्शन की जगह पर यह कोई और इंटेस्टाइनल आब्स्ट्रक्शन आ गया हो ?"

"नहीं सर, अपने वार्ड में कुल दो इंटेस्टाइनल आब्स्ट्रक्शन के मरीज हैं। यह मूँछवाला है, दूसरावाला बिना मूँछ का है।"

"कहीं बिना मूँछवाले ने तो मूँछें नहीं उगा ली हैं, रात-भर में ?"

"नहीं सर।"

"नकली मूँछें लगाकर तो नहीं लेटा है यह ?"

"जी नहीं।"

"खींचकर देख लीं ?"

"नहीं सर।"

"देखो भाई, खींचकर देख लो। मरीजों का भरोसा नहीं। क्या पता, नकली मूँछें लगाने का शौकीन हो।"

जूनियर डाक्टर मूँछें खींचकर देखने लगा। तब तक डा. सोनी अखबार में घोर मग्न हो गए थे, परंतु उन्होंने भी नकली मूँछ का उड़ता-उड़ता उल्लेख सुन लिया। अखबार पढ़ते हुए ही वहीं से बोले, "अखबार में लिखा है कि एक आदमी ने नकली मूँछें लगाकर बैंक लूट लिया।" जूनियर डाक्टर ने आकर बताया कि मूँछें असली हैं। उसने खींचकर देख लीं।

डा. अग्रवाल ने चैन की साँस ली–इसका मतलब यह हुआ कि उस मरीज ने वह बैंक नहीं लूटा था। वे पुलिस के झंझटों से दूर रहनेवालों में से थे।

"शुरू करें, डा. सोनी ?" डा. अग्रवाल ने डा. सोनी को एनीस्थीसिया यानी बेहोशी देने का आमंत्रण देते हुए कहा।

डा. सोनी अब तक अखबार में गहरे चले गए थे, उन्होंने सुना ही नहीं।

"शुरू करें सोनीजी, हम तैयार हैं," डा. अग्रवाल ने ऊँचे स्वर में कहा।

डा. सोनी का ध्यान भंग हुआ। वे बोले, "यह बलात्कार का केस पढ़ा ?"

"शुरू करें ?"

"शुरू क्या··· वहाँ तो खत्म भी हो गया। पाँच लौंडे एक हरिजन कन्या को ले गए, हा हा, हा हा, उठाकर, हा हा हा··· वैसे··· बाई द वे, तुम्हारा केस क्या है ?" सोनीजी ने अखबार पढ़ते हुए पूछा।

"इंटेस्टाइनल आब्स्ट्रक्शन," अग्रवाल साहब ने बताया।

अखबार पढ़ते हुए सोनीजी ने पुनः एक खबर पढ़ी, "और यह केस सुना ?··· एक रात में पाँच घरों में सेंध लगी··· सभी सेंधें एक-सी। हा हा, हा हा··· तुम्हारा केस क्या है यार ?"

"जी, इंटेस्टाइनल··· "

"और यह··· एक बकरी ने सौ का नोट खा लिया··· हा हा, हा हा," सोनीजी अभी भी अखबार पढ़ रहे थे।

"शुरू करें सोनीजी ?"

"पर केस क्या है यार ?" सोनीजी अखबार में डूबे हुए पूछते जा रहे थे।

"बताया न··· "

"अमेरिका में एक औरत ने अपने आदमी को सिर्फ इसीलिए गोली से उड़ा दिया क्योंकि उस आदमी का कहना था कि उस औरत का निशाना ठीक नहीं है। उसने बता दिया कि क्या निशाना है। हा हा, हा हा।"

"शुरू करें··· ?"

"कर लो··· और यह पढ़ा ? एक बंदर और एक कौवे की क्या दोस्ती है ? ये अखबारवाले भी यार क्या-क्या खबरें लाते हैं··· हा हा, हा हा।"

"फिर, शुरू करें ?"

"कर लो यार··· और यह क्या मजेदार खबर··· "

सोनीजी अगला लोक-रुचि समाचार पढ़कर सुनाने जा रहे थे, कि अग्रवाल साहब ने टोककर कहा, "आप बेहोशी दें, तब तो शुरू करें।"

"तो ऐसा कहो न यार··· ," अखबार को पास में मोड़कर रखते हुए सोनीजी ने कहा।

डा. सोनी ने पाँच मिनट में मरीज को नस में इंजेक्शन देकर बेहोश किया और बॉयल-अप्रेटस पर मरीज को लाकर उसके ब्लेडर को फुलाने-पिचकाने लगे। साँस की नली में पड़ी इंडोट्रेकियल ट्यूब से जुड़े बॉयल-अप्रेटस द्वारा मरीज को अपने कब्जे में लेकर डा. सोनी ने मुजरा सुन रहे किसी जमींदार के ठसके से डाक्टरों को आदेश दिया, "शुरू करो !" उनके इस आदेश से महफिल में भगदड़ मच गई। मरीज के पेट को न जाने किन-किन दवाइयों के फाहों से साफ कर रहे जूनियर डाक्टरों के हाथ और तेज चल पड़े, मानो तबला ठोक-ठोककर ठीक कर रहे हों। अन्य साजिंदों अर्थात जूनियर डाक्टरों तथा नर्सों ने अपनी-अपनी जगह फुर्ती से सँभाल ली और डा. अग्रवाल, जो मुख्य रक्काशा की हैसियत से महफिल में थे, की जुगलबंदी के लिए तैयार हो गए। डा. अग्रवाल ने गाउन, मॉस्क, टोपी आदि की झिलमिल पोशाक डाल रखी थी, गोकि उसमें सलमे-सितारे या गोटे का काम नहीं था। अपनी पोशाक की सीमाओं में ही उन्होंने पहला ठुमका लिया और नृत्य की भंगिमा में उन्होंने एक हाथ नर्स की तरफ बिना "था थै" कहे फेंका, नर्स ने चाकू उनके हाथ में दे दिया। उन्होंने उस पर एक नजर डाली और गुस्से में जमीन पर फेंक दिया।

"क्या दे रही हैं आप ?" डा. अग्रवाल ने बिफरते हुए कहा।

"नाइफ, सर," नर्स ने डरते हुए कहा।

"जानती हैं, कि हमें क्या चाहिए ?"

"जी सर।"

"क्या ?" डा. अग्रवाल ने व्यंग्य घोलते हुए कहा।

"नाइफ," नर्स ने डरते हुए कहा।

"नाइफ ?" डा. अग्रवाल कन्फ्यूज़ हो गए।

"जी सर, नाइफ।"

"क्यों भाई, क्या चाहिए था हमें ?" डा. अग्रवाल ने जूनियर डाक्टर से पूछा।

"जैसा आप कहें, सर।"

जूनियर डाक्टर को पता था कि इस स्टेप पर उन्हें चाकू ही चाहिए था, पर वह किसी विवाद में नहीं पड़ना चाहता था तथा उसकी प्रतिबद्धता डा. अग्रवाल के प्रति तय थी।

"क्या वास्तव में नाइफ चाहिए था ?" डा. अग्रवाल संशय में पड़ गए थे।

इसी बीच डा. सोनी पुनः अखबार में व्यस्त हो गए। वे बीच-बीच में एक आँख मरीज पर तथा एक हाथ बॉयल-अप्रेटस के ब्लैडर या मरीज की नाड़ी पर डाल देते थे।

"लगता है हमें नाइफ ही चाहिए था," डा. अग्रवाल ने बुदबुदाते हुए कहा।

"जी सर, आपको नाइफ ही चाहिए था," जूनियर डाक्टर ने हाँ-में-हाँ का अपना रोल निभाया।

"तो फिर जब हम चाकू जमीन पर फेंक रहे थे, तुमने रोका क्यों नहीं ?" डा. अग्रवाल ने जूनियर डाक्टर को फटकारा।

"मुझे रोकना चाहिए था," जूनियर डाक्टर ने अपराध स्वीकार किया।

"आप लोग सोते हुए खड़े रहते हो। यह भी नहीं देखते कि कोई आदमी स्टर्लाइज्ड चाकू को यूँ जमीन पर फेंक रहा है ? अलर्ट रहो मिस्टर। जागो, जैसे ही कोई चाकू फेंके, रोको या लपक लो।"

"जी सर," जूनियर डाक्टर ने इकबाले-जुर्म किया।

"सॉरी सिस्टर··· लाइए, नाइफ दीजिए," कहकर डा. अग्रवाल ने इस बार बिना ठुमका लिए ही हाथ सिस्टर की तरफ फेंका।

नर्स ने दूसरा चाकू डा. अग्रवाल के हाथों में दे दिया। डा. अग्रवाल ने चाकू को अदा से उठाते हुए मरीज के पेट पर रखा और लंबा-सा पैरामीडियन-कट लगाते हुए उन्होंने पेट खोल दिया। जूनियर यहाँ-वहाँ ब्लीडिंग बंद करते रहे तथा एक प्रमुख सहायक डा. अग्रवाल की मदद करता गया। आँतें आब्स्ट्रक्शन के कारण फूल गई थीं और कट लगाते ही बहुत-सी आँतें पेट से बाहर निकलकर फैल गईं। आपरेशन फील्ड में और घिचपिच मच गई। डा. अग्रवाल आँतों के बीच आब्स्ट्रक्शन या रुकाव का स्थान खोजने के लिए आँतों को टटोलने लगे, उन्हें यहाँ-वहाँ से देखने लगे, उनमें उलझ गए और यह सोचने लगे कि क्या चीज बनाई है स्साली भगवान ने, यह आँत भी।

डा. अग्रवाल ने बिना डा. सोनी की तरफ देखे, आँतों के जंगल में भटकते तथा वहाँ से झाँकते हुए ही उन्हें आवाज देकर पूछा, "सब ठीक चल रहा है न ?"

डा. सोनी ने बिना अखबार से सिर हटाए जवाब दिया, "सब ठीक है··· यह सुना ? क्या शातिर चोर पकड़ा गया है ! पट्ठा नकली दाढ़ी लगाकर चोरी करता था, हा हा, हा हा।"

"ब्लडप्रेशर तो ठीक है न ?"

"ठीक होगा यार," डा. सोनी अभी भी अखबार में ही व्यस्त थे। "और यह सुना ? डाकुओं ने बैंक लूटा। सभी डाकू नकली बाल तथा नकली मूँछें लगाए थे। यार, यह नकली बाल भी क्या चीज है··· हा हा, हा हा।"

"आपरेटिव फील्ड में काटने पर खून बहुत कम निकल रहा है–सब ठीक तो है न सोनीजी," डा. अग्रवाल ने आपरेशन करते हुए पूछा।

"ठीक है यार, सब ठीक है··· और सुनो, लिखा है कि एक सौ बीस वर्ष के बूढ़े ने तीस साल की महिला से विवाह कर लिया। इस पट्ठे ने नकली दाँत, नकली बाल, नकली मूँछें, नकली दाढ़ी और नकली टाँग लगा रखी थी। क्या बात है, हा हा, हा हा··· ," सोनीजी अखबार में मगन थे।

"खून काला आ रहा है। आक्सीजन चेक कर लें सोनीजी," डा. अग्रवाल आँतों में अभी भी उलझे हुए थे।

"सब चेक है यार··· तुम अपना काम करो···," डा. सोनी ने एक नजर मरीज पर, एक उँगली उसकी नाड़ी पर रखकर तथा शेष ध्यान अखबार पर ही रखते हुए कहा, "और डा. अग्रवाल, यह समाचार सुना··· एक बूढ़े को नकली दिल लगाया गया है और वह भी शादी करनेवाला है··· यह स्साला नकली दिल देगा उसे, हा हा, हा हा।"

डा. सोनी का अनीस्थीसिया चलता रहा इसी तरह। नर्स डा. अग्रवाल को औजार देती रही, जिन्हें वे जमीन पर फेंकते रहे या काम में लाते रहे। उन्होंने आँतों में जहाँ आब्स्ट्रक्शन हुआ था, अंततः वह स्थान पता करने में सफलता पा ली। आँतों में इंटरप्शन हो गया था तथा आँत का एक हिस्सा अगले हिस्से में घुस गया था। डा. अग्रवाल उससे जूझने लगे तथा साथ-ही-साथ जूनियर डाक्टरों से बतियाते भी रहे।

"यह क्या है ?" किसी चीज को देखकर डा. अग्रवाल ने पूछा।

"जैसा आप कहें, सर," जूनियर डाक्टर ने हस्बे-मामूल कहा।

"ओमेंटम तो नहीं ?"

"यस सर, ओमेंटम ही है।"

"पर ओमेंटम को तो हमने ऊपर को रिट्रैक्ट कर दिया था ?"

"जी सर, ओमेंटम को तो हमने ऊपर को रिट्रैक्ट कर दिया था।"

"हो सकता है कि पूरा रिट्रैक्टर ठीक न लगा हो।"

"हो सकता है सर।"

"यह किस गधे ने रिट्रैक्टर पकड़ा हुआ है ?"

"सर, मैंने ही पकड़ा है।"

"फिर ठीक से रिट्रैक्ट करो, गधे।"

"जी सर।"

"वैसे है यह ओमेंटम ही।"

"जी सर··· यह ओमेंटम ही है।"

"कुछ और न हो ?"

"हो सकता है कि कुछ और हो, सर।"

"तुम तो काट दो।"

"जैसा आप कहें, सर।"

"या रुको।"

"जी, मैं रुका हूँ।"

"काट दो यार··· देखा जाएगा।"

"जी, मैं काटे देता हूँ।"

"कोई इम्पोर्टेन्ट चीज न कट जाय ?"

"यह तो है, सर।"

"पर इस तरफ पेट में इंपोर्टेंट क्या होता है ? कुछ भी तो नहीं।"

"यस सर, कुछ भी तो नहीं।"

"क्यों भाई, क्या-क्या स्ट्रक्चर होते हैं, राइट हाइपोकोंड्रियम में ?" डा. अग्रवाल ने मेडिकल छात्रों से पूछा, जो मदारी के खेल के दर्शकों की भाँति खड़े थे। सभी छात्र घबराकर एक-दूसरे का मुँह देखने लगे। वे छात्र, जो छात्राओं के पीछे या बगल में चिपककर बता रहे थे कि भीड़ बहुत है, थोड़ा दूर हटकर दूसरी तरफ की छात्राओं से चिपक गए। छात्राएँ ऐसा मुँह बनाने लगीं मानो प्रश्न का उत्तर खोजने में जान लगाए दे रही हैं। तब एक बीमार से पढ़ाकू छात्र ने गिनाया, "सर, लिवर, स्टोमक, गॉलब्लेडर, अपर पोल किडनी, बाइलडक्ट, पान्क्रीआस··· "

"यस, वैरी गुड, इस एरिया में बड़े इंपोर्टेंट स्ट्रक्चर होते हैं," डा. अग्रवाल ने छात्रों तथा जूनियर डाक्टरों को बताया।

"जी सर, बहुत इंपोर्टेन्ट होते हैं," जूनियर डाक्टर ने कहा।

"फिर इसे मत काटो, यार," डा. अग्रवाल ने कहा।

"जी सर, मैं नहीं काटता।"

"इस तरफ पेट में बड़े इंपोर्टेंट स्ट्रक्चर होते हैं।"

"जी सर, इस तरफ बड़े इंपोर्टेंट स्ट्रक्चर होते हैं।"

जब इस तरफ ये महत्वपूर्ण, बौद्धिक चर्चाएँ चल रही थीं, तब तक डा. सोनी ने अखबार खत्म कर लिया था। अब वे बेचैन होने लगे। उन्होंने स्टूल पर से बैठे-बैठे आवाज दी, "यार खत्म करो।"

"जी, बस अभी किया," अग्रवाल साहब ने कहा।

"खत्म करो यार, मरीज की हालत ठीक नहीं है।"

"जी हाँ।"

"मर जाएगा, तो सब मरेंगे। ब्लडप्रेशर गिर रहा है।"

"अभी किया।"

"कहाँ तक पहुँच गए ?"

"बस, पेट बंद करना है।"

"ठीक है, करो।"

तभी आपरेशन करनेवाले डाक्टरों के बीच हलचल मच गई। शोर होने लगा। यकायक गतिविधियाँ तेज हो गईं। सभी सर्जन परेशानी तथा तनाव में चर्चा करने लगे।

डा. सोनी वैसे तो समझ गए थे कि क्या हुआ होगा, फिर भी उन्होंने पूछा, "क्या हुआ ?"

"यार, हमारा चश्मा निकलकर आँतों के बीच गिर गया है," डा. अग्रवाल ने बिना चश्मे के, आँखें मिचमिचाकर डा. सोनी की तरफ देखते हुए कहा। डा. सोनी ने कंधे उचकाकर अखबार उठा लिया। जब तक ये लोग चश्मा खोजें, तब तक बलात्कारवाली खबर एक बार और पढ़ने में कोई नुकसान नहीं था।

8

निलंबित होने के पश्चात सुबह से डा. पांडे का यह सातवाँ अंडा था।

निलंबित होने के तुरंत बाद उन्होंने इस गम में दो अंडे खाए थे कि वे निलंबित हो गए थे। इसके बाद उन्होंने अपने-आपको सांत्वना दी कि डा. चौबे के होते हुए तथा स्वयं अपनी तिकड़मों के साबुत रहते किसी का बाप उन्हें निलंबित नहीं रख सकता था। इस सांत्वना के साथ उन्होंने सांत्वना-पुरस्कार के तौर पर स्वयं को दो अंडे प्रदान किए थे, जिन्हें समाप्त करने पर वे आगे की तिकड़मों, स्कीमों, षड्यंत्रों तथा जोड़-तोड़ की रूपरेखा बनाने में जुट गए थे। इस कार्य में परिश्रम लगना था, जिसके लिए ताकत की आवश्यकता थी। और जो ताकत अस्पताल के अंडे में थी, वह और कहाँ थी ? यही मानकर वे दो अंडे और खाकर इस नतीजे पर पहुँच चुके थे कि उन्हें अगर आगे भी इसी तरह अंडे खाते रहने हैं तो डा. अग्रवाल को नेस्तनाबूद करने की मुहिम में डा. चौबे के साथ पूरी तरह कूद जाना होगा।

भविष्य में सोने के अंडे देनेवाली मुर्गी डा. चौबे ही साबित होंगे, यह डा. पांडे ने समझ लिया था। डा. पांडे का चिंतन चल रहा था। उनका चिंतन अंडा-चिंतन था। वे हर बात को अंडे के संदर्भ, बिंब, उपमा तथा रूपक में देखते थे। वे गोल को अंडे-जैसा गोल, सफेद को अंडे-जैसा सफेद, पीले को अंडे की जर्दी-जैसा पीला तथा बदबू को सड़े अंडे-जैसी बदबू कहने पर ही गोल, सफेद, पीला या बदबू आदि शब्दों का अर्थ समझ पाते थे। इस समय भी वे सारी समस्या को अंडे के रूपक में सोच रहे थे तथा उसका समाधान भी अंडों के बिंबों में तलाश रहे थे। क्या किया जाए डा. अग्रवाल का ? जूते से मारा जाए या घर जाकर धमका दिया जाए, या अपने किसी रसोइए से पिटवा दें ? या रामलँगोटजी को पीछे लगा दिया जाए ? या वे स्वयं रामपुरी चाकू अड़ा दें डा. अग्रवाल के ? वे ऐसा कर सकते थे। ऐसा कर दिया तो अग्रवाल का चेहरा अंडे जैसा सफेद हो जाएगा और उसकी सारी बहादुरी फूटे कच्चे अंडे-जैसी बह जाएगी। ये स्साले कपूर और अग्रवाल जो ऊपर से अंडे के खोल-जैसे सख्त दीखते हैं, पांडेजी के उत्तरप्रदेशवाले दो लठैतों के जरा-सा हाथ दिखाने पर ही अंडे के खोल-जैसे ही

बिखर जाएँगे, यह तय था। डा. पांडे यू.पी. के थे। वे बुंदेलखंड के थे। उन्हें अपनी लठैती, डकैती तथा पहलवानी से भरपूर इतिहास पर नाज था। वे प्रायः चौबेजी के सामने प्रस्ताव रखते कि क्यों न डा. अग्रवाल और डा. कपूर की खोपड़ी को कच्चे अंडे-सा फोड़ दिया जाए ? पर चौबे का नजरिया दूसरा था, क्योंकि (शायद) वे अंडे नहीं खाते थे। डा. चौबे का कहना था कि जब तक हजारों कानूनी, प्रजातांत्रिक, राजनैतिक तथा प्रशासनिक हथकंडों से इन दोनों का आमलेट बनाया जा सकता है, तब तक ऐसी सीधी कार्रवाई वांछनीय नहीं थी। इसी कारण डा. पांडे चुप थे। वर्ना निलंबन के बाद, वे बजाय दो अंडे खाने के, डा. अग्रवाल की भुर्जी बनाकर आते। परन्तु वे डा. चौबे के कारण न सख्त हो पा रहे थे, न ही ढीले। अजीब हॉफ-बॉयल्ड अंडे की तरह उनकी हालत हो गई थी।

वे जानते थे कि डा. अग्रवाल में इतना दम नहीं था, परंतु उनकी महत्वाकांक्षा के अंडे को डा. कपूर मुर्गी की तरह बैठकर से रहे थे। इससे पहले कि इस अंडे में से वास्तव में डा. अग्रवाल के प्रमोशन का चूज़ा निकल आए, डा. पांडे कुछ करना चाहते थे। वैसे वे यह भी जानते थे कि अंडा ही खराब हो, तो मुर्गी लाख उसे सेती रहे, अंत में उसमें से महत्वाकांक्षा की लाश ही निकलेगी। उनका विश्वास था कि डा. कपूर गलत अंडे को गरम करने में अपनी समाप्तप्राय ऊर्जा खर्च कर रहे हैं। दूसरी ओर डा. चौबे वह अंडा थे, जिसमें से तिकड़मों, तरकीबों तथा अस्पताल की भविष्य की राजनीति का चूज़ा अभी से झाँक रहा था। कुछ लोग थे जो अपनी बेवकूफी या हठधर्मी में इसे नजरअंदाज कर रहे थे। पर डा. पांडे जानते थे कि सही अंडा किस टोकरी में है। इतने सालों से अंडे खाते-खाते यदि वे इतना भी नहीं बता पाते तो यह उन तमाम अंडों की शहादत का अपमान होता।

डा. अग्रवाल भी अपनी तरफ से डा. चौबे की कब्र खोदने में लगे हुए हैं—यह बात डा. पांडे जानते थे। फिर भी क्यों नहीं डा. चौबे उन्हें इशारा कर देते, यह बात वे इतने अंडे खाने के बाद भी नहीं समझ पाए थे। बल्कि इस प्रश्न को समझने के लिए उन्होंने कई बार दो की जगह तीन-तीन अंडे भी एक साथ खाए, पर वे डा. चौबे की यह बात समझ नहीं पाए थे। वैसे डा. चौबे ने उनसे कहा था कि वे अस्पताल के वार्डबॉयों, सफाई कर्मचारियों, जमादारों, नर्सों, कंपाउंडरों तथा अन्य ऐसे ही कर्मचारियों को उस मौके के लिए तैयार रखें, जब वे डा. अग्रवाल के विरुद्ध कोई कानूनी, प्रजातांत्रिक या प्रशासकीय हथियार चलाएँगे। डा. पांडे ने इन लोगों के बीच अच्छी पैठ बना रखी थी। ये सभी अस्पताल के किचन में आकर सड़ा खाना खा जाते थे, या पानी मिला दूध पी जाते थे, या सूखी मौसंबी चूस जाते थे तो डा. पांडे जानबूझकर नजरअंदाज कर जाते थे। वे जानते थे कि जब डा. अग्रवाल के विरुद्ध क्रांति का बिगुल डा. चौबे बजाएँगे,

तब क्रांति के लिए अतिआवश्यक कच्चा माल अर्थात सर्वहारा इसी भीड़ में से निकलेगा। पर क्रांति का बिगुल बगल में दबाए डा. चौबे कुड़क मुर्गी-से बैठे थे। डा. पांडे इस प्रतीक्षा से थक चुके थे। वे चाहते थे कि कुछ हो। जब डा. कपूर और डा. अग्रवाल उनको निलंबित करने-जैसी सीधी कार्रवाई कर सकते हैं, तो डा. चौबे को किस बात ने रोक रखा है, यह बात डा. पांडे नहीं समझ पाते थे। एक बार चौबेजी कह तो दें, फिर देखिए। ऐसे-ऐसे लोग पांडेजी की ताबेदारी में थे, जो इशारा पाने पर डा. अग्रवाल के पेट में गुप्ती, सिर पर लट्ठ, छाती में चाकू, पीठ पर साइकिल की चेन, मुँह पर तेजाब, घुटनों पर लाठियाँ, सीने में रिवाल्वर, सिर पर जूता या पाजामे में आग लगा सकते थे। पर डा. चौबे का सोचना ही दूसरा था। वे अहिंसा के पुजारी थे। वे अहिंसा में विश्वास करते थे। जबकि डा. पांडे का मानना था कि ऐसे अहिंसात्मक तरीके से अंग्रेज भले ही डरकर भाग गए, हिंदुस्तानी आदमी इनसे नहीं डरता। हिंदुस्तानी आदमी के चूतड़ पर जब तक तड़ से दो-चार लातें न पड़ें, तब तक वह नहीं मानता। डा. अग्रवाल को भी इसी स्थान पर लातें चाहिए थीं, यह तय था। पर डा. चौबे हाथापाई जैसे अमोघ अस्त्र को यों ही जंग लगने के लिए छोड़ने पर उतारू थे। डा. पांडे यही सब सोचते रहे। आगे सोचने पर उन्होंने यह सोचा कि चलकर डा. चौबे को पुनः पहलवानों तथा लठैतों द्वारा यह छुद्र समस्या सुलझाने का सुझाव दिया जाए। यह सोचते ही वे उठ खड़े हुए और एक अंडा जेब में डालकर कमरे से बाहर बरामदे में निकल आए।

एक ओर बरामदा, सर्जिकल से जुड़ा हुआ बरामदा। यहाँ की दीवारें मुर्दे-सी सफेद, छत किसी बड़े घपले-सी गोल (मोल) तथा धूप पीलिया के रोगी-सी पीली है। बरामदे में एक स्ट्रेचर-ट्रॉली पड़ी है, स्ट्रेचर-टॉली पर एक मुर्दा पड़ा है।

वह मुर्दा एक घंटे पहले तक जिंदा था।

उसका आपरेशन हुआ था। उसका आपरेशन दो दिन पहले डा. अग्रवाल ने किया था। उसके पेट में डा. अग्रवाल ने कुछ भी नहीं छोड़ा था। उसके टाँके बिल्कुल ठीक लगाए थे उन्होंने। उसकी बेहोशी सही समय पर टूट गई थी। वह आपरेशन के बाद ठीकठाक था। उसे आपरेशन के बाद उल्टी, पेट फूलना, घाव पकना, टट्टी में खून आना, बुखार आदि कुछ भी नहीं हुआ था। इन्हीं सब कारणों से डा. अग्रवाल घबराए हुए थे। वे रोज इस मरीज को देखते और परेशान होते कि आपरेशन के बाद यह ठीकठाक कैसे चल रहा है ? अपने अन्य मरीजों की तरह इसे कुछ हो क्यों नहीं रहा ? यह अपशकुन क्यों ? कहीं कुछ बड़ी गड़बड़ तो नहीं ? ऐसा तो नहीं कि इसको आपरेशन थिएटर तक ले जाकर वहाँ इसका

पेट चीरना ही भूल गए हों ? कहीं इसके पेट पर बँधी पट्टियाँ दुश्मनों ने तो नहीं बाँध दी हैं ? कहीं यह मजाक किसी जूनियर डाक्टर ने तो नहीं किया है ? एक दिन उन्होंने पट्टियाँ खोलकर भी देख लिया। पर आपरेशन हुआ था और फिर भी सब ठीक चल रहा था। डा. अग्रवाल को तभी संदेह हो गया था कि कुछ गड़बड़ है और उनकी आशंका सही निकली। मरीज तीसरे दिन यकायक मर गया। यूँ ही सोते-सोते रह गया। ऐसा हरामी मरीज डा. अग्रवाल ने बहुत दिनों बाद देखा था। उन्हें पता भी नहीं चला और मरीज मरा हुआ मिला। मरीज के घरवाले तक आश्चर्यचकित रह गए। फिर वे रोने लगे। फिर वे झगड़ने लगे कि मरीज कैसे मर गया, जबकि सब ठीकठाक था। फिर सर्जिकल वार्ड के जूनियर डाक्टरों ने मरीज के रिश्तेदारों को पहले समझाया, फिर धमकाया तथा अंत में लतियाया कि मरीज मर गया तो वे क्या कर सकते हैं ? डा. अग्रवाल ने इतना अच्छा आपरेशन किया, फिर भी यदि मरीज मर गया तो यह मुर्दे के लिए शर्म की बात है। इसी बात पर मुर्दे को चुल्लू-भर पानी में डूबकर दोबारा मर जाना चाहिए। एक जूनियर डाक्टर ने तो यह भी कहा कि उल्लू के पट्ठे हैं रिश्तेदार, जो रो रहे हैं कि उनका मरीज जरा-सा मर गया है। अस्पताल में मरीज मरते ही रहते हैं और इसमें रोने की स्साली क्या बात है ? जरा-सी मौत का इतना तमाशा करने का क्या मतलब है ? पर तब तक मुर्दा मरीज का एक रिश्तेदार स्यापा छोड़कर नेतागिरी पर उतर आया था और वार्ड से लाश को तब तक नहीं उठने देने की बात करने लगा था जब तक डा. अग्रवाल स्वयं वार्ड में आकर उससे बात नहीं कर लेते। जूनियर डाक्टरों ने बताया था कि डा. अग्रवाल एक इंटेस्टाइन-आब्स्ट्रक्शन के मरीज का आपरेशन करने इमरजेंसी में आपरेशन थिएटर गए हैं, अतः वे नहीं आ पाएँगे। और, वैसे भी उनसे क्या बात करनी है ? वे मरे को जिंदा थोड़े ही कर देंगे ? जिंदा को मुर्दा करना होता तो बात दूसरी थी। इसके बाद भी जिद करने पर एक नेता-टाइप जूनियर डाक्टर ने इस नेता-टाइप रिश्तेदार को दो लप्पड़ मारकर वार्ड से बाहर कर दिया और लाश को स्ट्रेचर-ट्रॉली पर रखवाकर वार्ड के साथ जुड़े बरामदे में रखवा दिया था।

वही लाश इस बरामदे में ट्राली पर पड़ी थी।

लाश के पास उसके रिश्तेदार दुखी, क्रोधित तथा रोते-कलपते खड़े थे। उन्हें उन वार्डबॉयों की प्रतीक्षा थी, जो ट्रॉली को धकेलकर लाश को नीचे तक पहुँचा देते।

जिनकी प्रतीक्षा हो रही थी, वे उसी बरामदे में थोड़ी दूर पर, मेडिकल वार्ड के वार्डबॉयों के साथ खड़े बीड़ी पी रहे थे। मुर्दे को तब तक प्रतीक्षा करनी होगी, जब तक इनकी बीड़ी खत्म नहीं हो जाती।

एक और बरामदा।

इसे हम फिलहाल 'डा. भागवत बरामदा' नाम देते हैं।

इस देश में शरीफ, महान, विभूति की स्थिति में पहुँचे लोगों को वैसे कोई पूछे न पूछे, परंतु एक बात के बारे में वे निश्चिंत होकर मर सकते हैं कि उनके नाम से कोई इमारत, शहर, गली, पुल, बरामदा, बाथरूम, नाली या ईंट अवश्य रखी जाएगी। यह हमारे देश की विशेष परंपरा रही है। यहाँ आदमी पर वर्षों तक कड़ी नजर रखी जाती है और यह तय होने पर कि यह आदमी वास्तव में संत, महात्मा, शरीफ, महान-आत्मा, देशभक्त वगैरह में से कोई है, वे तुरंत कोई ऐसी वस्तु खोजते हैं जिसका नाम उसके नाम पर रखा जा सकता हो। एक बार ऐसी वस्तु मिल जाए, तो काम हो जाता है। नाम रखकर सब हाथ झाड़ लेते हैं। अब वस्तु जाए भाड़ में और यह महान विभूति भी। और क्या करे देश तुम्हारे लिए ? महान हो, महापुरुष हो, तो क्या सिर पर चढ़ोगे ?

डा. भागवत का परिचय हम पहले ही दे चुके हैं। वे शरीफ, ईमानदार, मेहनती, लगनशील, बुद्धिमान डाक्टर हैं। यह तय है कि यह देश उन्हें छोड़ेगा नहीं। यही जानकर हम इस बरामदे का नाम, जहाँ के बाथरूम में अपनी सारी शराफत के साथ डा. भागवत जा छिपे हैं, डा. भागवत के नाम पर रख रहे हैं।

'डा. भागवत बरामदा'।

उससे जुड़ा बड़ा-सा पेशाबघर।

उसमें बहुत देर से छुपे डा. भागवत ने अंततः हिम्मत बटोरी और बरामदे में झाँकने के उद्देश्य से वे पेशाब तथा विष्ठा के ढेरों पर से उछलते-कूदते, बचते-बचाते हुए पेशाबघर के मुख्य दरवाजे तक पहुँच गए। उन्होंने धीरे-धीरे अपनी शरीफ खोपड़ी दरवाजे से बाहर निकालकर बरामदे का जायजा लिया—कोई नहीं है।

डा. भागवत निश्चिंत हो गए, कोई भी दुश्मन इस समय बरामदे में नहीं है। निकल चला जाए। अस्पताल की राजनीति से बचकर वे पेशाबघर में घुस गए थे। अब रास्ता साफ था। वे बाहर निकल आए।

डा. भागवत बरामदे में आ गए।

बरामदे की दीवारें किसी शरीफ आदमी के बीमार चेहरे-सी सफेद थीं, छत किसी बेईमान डाक्टर की तरह गोल-मटोल थी और बरामदे में पीली धूप बदमाशी की तरह फैली थी। डा. भागवत इस छत के नीचे ऐसी धूप में डरते-डरते (परंतु) तेजी से बढ़ने लगे। वे मुश्किल से पाँच कदम ही चले थे कि ठिठककर रुक गए। सामने से डा. पांडे आ रहे थे।

'बाप रे ! कहीं डा. अग्रवाल या डा. कपूर ने उन्हें डा. पांडे से बातें करते या नमस्कार करते, या मुस्कराकर सिर हिलाते भी देख लिया, तो क्या होगा ?

कहीं वे डा. पांडे के आदमी न मान लिए जाएँ जो स्वयं डा. चौबे के खास आदमी हैं ? सुना है कि डा. पांडे को आज़ सस्पेंड कर दिया गया है। सभी की निगाहें डा. पांडे पर हैं या होंगी। किसी ने भी डा. भागवत को उनके साथ क्षण-भर को भी देख लिया, तो ?' नहीं। डा. भागवत किसी पचड़े में नहीं पड़ना चाहते। वे अपने काम से काम रखनेवाले डाक्टर हैं। बाकी कोई अस्पताल में उनके सामने आग भी लगा रहा हो, तो वे उसे रोकने के पचड़े में नहीं पड़ेंगे। क्योंकि उस आदमी को रोकना पुलिस का काम है, आग बुझाना फायर ब्रिगेड का काम है और ये दोनों काम डाक्टरी में नहीं आते हैं। डा. भागवत ने यह सब कुछ क्षणों में ही सोच लिया और तेजी से पीछे की ओर घूम पड़े।

मुड़कर डा. भागवत तेजी से पुनः पेशाबघर की तरफ भाग चले।

कनछेदी को टूटी खाट पर डालकर गाँववालों का छोटा-सा दल, लँगड़ाते, वी.टी. शुदा रिश्तेदार के नेतृत्व में पाँच कदम ही चला था, कि फिर रुक गया। अब किधर जाएँ ? कहाँ है मेल मेडिकल वार्ड ? वे तब से आउटडोर के आसपास ही एक घंटे में दस चक्कर मार चुके थे और मेल मेडिकल वार्ड को खोज रहे थे। इतने बड़े अस्पताल में वे मेले में खो गए बच्चे की भाँति भटक रहे थे। वे सबसे मेल मेडिकल वार्ड का पता पूछ चुके थे और सभी ने उन्हें बता भी दिया था। सबके द्वारा बताए पतों पर चलकर वे अभी भी आउटडोर में ही थे।

"अब कहाँ चलें दद्दा ?" एक गाँववाले ने, जो खाट को अर्थी की तरह कंधा दिए हुए था, लँगड़े रिश्तेदार से पूछा।

लँगड़े रिश्तेदार ने चारों ओर निराशा, आशा, खोज तथा डूबती निगाहों से देखा और कहा, "लटकाए रहो।"

"लटकाए ही हैं," चिढ़कर गाँववाले ने कहा।

तभी एक पढ़े-लिखे-सी शक्ल का आदमी वहाँ से गुजरा। शायद यह बता सके ? बूढ़े रिश्तेदार ने तेजी से लँगड़ाते हुए उसके पास पहुँचकर पूछा, "बाबूजी, मेल मेडिकल वार्ड कहाँ है ?"

"मेल मेडिकल वार्ड ?" आदमी ने पूछा।

"हाँ, सरकार, मेल मेडिकल वार्ड," बूढ़े ने बताया।

"वहीं, जहाँ आदमी भरती होते हैं ?" आदमी ने पूछा।

"जी सरकार," बूढ़े ने आशान्वित होते हुए कहा।

"मेल मेडिकल वार्ड ?... "

"जी सरकार।"

"इसी अस्पताल में है।"

"वह तो हमें भी पता है सरकार।"

"फिर क्यों पूछ रहे हो ?"

"पर अस्पताल में कहाँ है सरकार ?"

"फीमेल मेडिकल वार्ड की बगल में।"

"फीमेल मेडिकल ?"

"औरतों का मेडिकल वार्ड, भैया।"

"औरतों का ?"

"हाँ, जहाँ औरतें होंगी, वहीं तो आदमी जाएगा। ठीक है ना ?"

"जी सरकार।"

"बस तो समझ गए न ?" सीधे अस्पताल में जाना। वहाँ किसी से भी फीमेल मेडिकल वार्ड पूछ लेना। वह पता चल जाये, तो उसी के पास मेल मेडिकल वार्ड है, या चाहो तो सीधे मेल मेडिकल पूछ लेना, कोई भी बता देगा।"

"आप बता दो न सरकार।"

"बताया तो।" कहकर पढ़ा-लिखा आदमी, गाँववालों की कूढ़ मगजता तथा छोटी-छोटी बातें भी इतनी अच्छी तरह समझाने पर भी न समझ पाने पर लानत भेजता हुआ अस्पताल की तरफ चला गया।

खाट पर पड़े कनछेदी का श्वाँस तेज-तेज चलने लगा था। उसके होंठ नीले हो रहे थे। उसकी बेहोशी और गहरी हो गई थी। उसका पेट फूल गया था। उसकी आँखें पलट रही थीं। उसके पैरों की सूजन बढ़ गई थी। मुँह से फेन आने लगा था। शायद उसने कपड़ों में पेशाब भी कर रखी थी। उसका बुखार बहुत तेज हो गया था। उसकी खाट के आसपास से बहुत-से ऐसे विद्वान डाक्टर आउटडोर से आ-जा रहे थे, जो इस गंभीर स्थिति में भी उसे बचा सकते थे। वह उस अस्पताल के सामने मर रहा था, जहाँ उसे बचाने के सारे साधन मौजूद थे। चिकित्सा-जगत को शायद पता भी नहीं था कि इस खाट पर एक भारतीय नागरिक सारी चिकित्सा व्यवस्था को लानतें भेजता हुआ मर रहा था। चिकित्सा-जगत इस समय प्राइवेट प्रैक्टिस, पोस्टिंग, पैसा, कुर्सी, खींचतान, तिकड़मबाजी, अफसरी, अंग्रेजियत तथा शहरीपन में इस कदर व्यस्त था कि उसे मरते हुए कनछेदी की कोई खबर नहीं थी। और खबर होती भी तो कोई परवाह नहीं थी।

किससे पूछें ? कौन है तारनहार ? कौन है इन भेड़ों का गड़रिया ? कौन है इन गरीबों, अनपढ़ों और बेजुबानों को इन बड़े अस्पतालों में रास्ता बतानेवाला, भरती करानेवाला, सही डाक्टर तक पहुँचानेवाला ? कौन है इनके मरने पर रोनेवाला ? या कौन है जो इनके मरने पर कम-से-कम हँसे तो न ? कनछेदी बेहोश है। कनछेदी को पता ही नहीं कि वह मर रहा है। कनछेदी को

यदि पता होता तो वह जानता कि वह कसाईबाड़े में पहुँच गया है। यहाँ उसे किसी-न-किसी के हाथों मारा जाना था, क्योंकि न तो उसके पास पैसा था, न सिफारिश और न तिकड़म, और इनके बिना इतने बड़े सरकारी अस्पताल में कनछेदी को कौन पूछता ?

कनछेदी की खाट लटकाए-लटकाए गाँववाले थक चुके थे। हारकर उन्होंने खाट को जमीन पर रख दिया और पास ही जमीन पर बैठ गए।

बूढ़ा रिश्तेदार थोड़ी देर यूँ ही खड़ा रहा। तभी उसे एक और पढ़ा-लिखा-सा आदमी दिखा। वह उसकी तरफ लँगड़ाते हुए बढ़ने लगा। शायद यह आदमी मेल मेडिकल वार्ड का पता बता दे।

डा. चौबे का कमरा।

डा. पांडे चौबेजी के सामने की एक कुर्सी पर बैठे हुए हैं और उन्हें पुनः अहिंसा का मार्ग त्यागकर उचित तरीकों द्वारा डा. अग्रवाल को ध्वस्त करने के लिए प्रेरित कर रहे हैं। डा. चौबे डा. पांडे की बातें चुपचाप सुनते जा रहे हैं। वे जानते हैं डा. पांडे निलंबित उनके कारण ही हुए हैं और उनका दुख जितना भी शब्दों द्वारा बाहर निकल आए, अच्छा है। वे डा. पांडे को भली-भाँति जानते हैं। वे जानते हैं कि यदि डा. पांडे बोल-बोलकर दिल का गुबार नहीं निकालेंगे, तो वास्तव में वे डा. अग्रवाल की अँधेरे-उजाले में भुर्जी बनाने से नहीं चूकेंगे। यही कारण था कि अहिंसात्मक तरीकों से, मात्र कपट, चालबाजी, कूटनीति आदि जायज अस्त्रों द्वारा ही दुश्मन को परास्त करने में विश्वारा रखनेवाले डा. चौबे आज डा. पांडे की बातों को काट नहीं रहे थे, बल्कि कई बार उन्होंने डा. पांडे की घोर हिंसात्मक बातों पर भी स्वीकृतिपूर्ण संशय प्रकट किए। डा. पांडे कह रहे थे–

"वह समझता है कि मुझे सस्पेंड करके खुद बच जाएगा ?"

"गलत समझता है," डा. चौबे ने कहा।

"वह समझता है कि निलंबन या जाँच से घबराकर मैं आपको छोड़ डाक्टर अग्रवाल की तरफ आ जाऊँगा ?"

"नादान है," डा. चौबे ने कहा।

"मैं इन नादानों का आमलेट बना दूँगा, सिर अंडे-जैसा चूर कर दूँगा, खून कच्चे अंडे-जैसा बहा दूँगा, हड्डियाँ भुर्जी-जैसी बिखरा दूँगा और··· " डा. पांडे अपनी पसंदीदा उपमाओं के जरिए गुस्सा प्रकट करने लगे।

"कब तक बचेंगे ये ? डा. अग्रवाल के दिन आ गए हैं यार," डा. चौबे ने सांत्वना दी।

"आप कुछ कर ही नहीं रहे, चौबेजी," पांडेजी ने चिर-शिकायत प्रस्तुत की।

"कौन कहता है ? हम तो मौका देख रहे हैं।"

"पर उसने तो हमें सस्पेंड कर दिया।"

"तो क्या हुआ ?"

"हुआ तो कुछ नहीं, पर इससे यह तो पता चलता है कि वह आपको रगड़ने पर तुला है," पांडेजी ने कहा।

"मौका आने दो, पांडेजी। धैर्य रखो। गिद्ध-जैसा धैर्य," चौबेजी ने इंद्रमणिजी द्वारा प्रदत्त ज्ञान पांडेजी को देते हुए कहा।

"ऐसा धैर्य हमारे बस का नहीं है चौबेजी। आप तो हमें आज्ञा दो। जाकर स्साले की खोपड़ी खोल आते हैं," डा. पांडे ने कहा।

"इससे क्या होगा ? तुम जेल में होगे और वह आदमी सबकी सहानुभूति पाकर अस्पताल में लेटा होगा। तुम हिंसा की बातें क्यों सोचते हो ?" डा. चौबे ने समझाने की कोशिश की।

पर डा. पांडे पर क्रोध का मुर्गा बैठा था, वह फड़फड़ा रहा था। वह कलगी उठाए बेचैन घूम रहा था। पांडेजी आज अहिंसा, क्षमा, दया, समझौता आदि धार्मिक शब्दों के विरुद्ध जूता लेकर खड़े थे। वे डा. अग्रवाल के दुःसाहस का जवाब किसी दुःसाहसी कार्य से ही देना चाहते थे। वे बोले, "अस्पताल में तो तब भरती होगा जब जिंदा बचेगा। हमारे पास ऐसे बढ़िया लठैत हैं कि एक लाठी में ही जयहिंद कर देंगे अग्रवाल को।"

"क्या फायदा," डा. चौबे ने शांत करते हुए कहा।

"आप कहें तो स्साले को रात-बिरात छत से नीचे फेंक दें या कंबल डालकर सीढ़ियों से ढकेल दें," डा. पांडे ने अन्य उपलब्ध उपाय बताए।

"तुम उसे चोरी या अफीम के केस में क्यों नहीं फँसवा देते ?" डा. चौबे ने अहिंसात्मक परन्तु कारगर उपाय का सुझाव दिया।

"शेर से कटवा दूँ ?" पांडेजी ने कहा।

"शेर कहाँ से मिलेगा ?" चौबेजी ने पूछा।

"अग्रवाल को बाँधकर जंगल में पटक आएँगे साहब। शेर न सही, भालू, चीता, भेड़िया कोई तो खाएगा स्साले को," पांडेजी को अब स्वयं ही विभिन्न उपायों तथा संभावनाओं के विषय में सोचकर मजा आने लगा।

"आजकल जंगल कहाँ बचे यार ? सब तो कट गए हैं," डा. चौबे ने बिगड़ते पर्यावरण के आधार पर इस सुझाव को रद्द करते हुए कहा।

"या जहर दे दें ? संखिया खिला दें ?" पांडेजी ने उत्साह से चमकती आँखों से पूछा। अब वे क्रोधित नहीं थे। अब तो वे डा. अग्रवाल को कितनी तरह से खत्म किया जा सकता है, यह सोचकर उत्साहित हो रहे थे।

डा. चौबे उनका उत्साह देखकर खुश थे। कम-से-कम निलंबन का गुस्सा

तो शांत हुआ। अब इसे कह लेने दो। कहने में क्या जाता है ? वरना कौन डा. अग्रवाल को शेर से कटवाने जा रहा है ? फिर डा. चौबे ने सोचा कि मान लो, वास्तव में वे किसी तिकड़म या धोखे में डा. अग्रवाल को न फँसा पाए, तब ? यदि वह डा. चौबे के ऊपर सुपरिन्टेंडेंट बन ही गया, तब ? यदि इंद्रमणिजी कोई सहायता न कर पाए और अग्रवाल ही इस कुर्सी पर बैठ गया, तब ?··· तब डा. पांडे के सारे सुझाव तथा उपाय प्रासंगिक हो जाएँगे। डा. चौबे जानते हैं कि वे लाख अहिंसा की बातें करें, पर उस स्थिति में वे डा. पांडे से प्रार्थना करेंगे कि शेर को लाकर या डा. अग्रवाल को वहीं ले जाकर शेर से कटवा दें। कुर्सी के लिए वे कुछ भी कर सकते थे। और वे जानते थे कि डा. अग्रवाल भी कुर्सी के लिए यही सब कर सकता है। वह भी डा. चौबे को शेर के सामने डलवाने में हिचकेगा नहीं, बल्कि हो सकता है कि वे दोनों एक ही शेर की मदद लेने की कोशिश करें। यही सब सोचकर वे डा. पांडे की बातों को प्यार, रुचि तथा ध्यान के साथ सुनने लगे, क्योंकि उनके सुझाव घोर हिंसात्मक होते हुए भी डा. चौबे में आशा का संचार कर रहे थे।

"आप कहें तो डा. अग्रवाल के ब्रीफकेस में जहरीला साँप धरवा दें ?" डा. पांडे ने नया सुझाव दिया।

"काट लेगा यार।"

"काटने के लिए ही तो रखवाना है।"

"तुम्हें काट लेगा।"

"साँप हमारा है, हमें नहीं काटेगा ?"

"जैसे तुम हमें नहीं काटोगे," कहकर डा. चौबे ठहाका मारकर हँसे, ताकि बात साफ रहे कि मजाक में कही गई है और पांडेजी साँप की उपमा से बुरा न मान जाएँ।

"आपको काटे, ऐसा बेवकूफ कोई साँप नहीं है। आपके जहर का जवाब साँप के पास भी नहीं," कहकर डा. पांडे भी हँसे, ताकि बात साफ रहे कि मजाक में कही गई है और चौबेजी साँप से भी अधिक जहरीला होने की सूचना पर बुरा न मान जाएँ।

इस प्रकार मजाक में ही सही-सही बातें एक दूसरे के विषय में कहकर दोनों थोड़ी देर चुप रहे।

"तुम उसे नाली में क्यों नहीं धकेल देते ?" चौबेजी ने कहा।

"उससे क्या होगा ? मर थोड़े ही जाएगा ?" पांडेजी ने कहा।

"तब भी मजा तो आएगा ?"

"कुएँ में या चढ़ी नदी में अवश्य धकेला जा सकता है," पांडेजी ने पुनः नया उपाय बताया। पांडेजी यह सोचकर ही आनंदित हो गए कि तेज नदी में

अग्रवाल साहब किसी बहते ठूँठ पर, भँवर में चकरघिन्नी से घूमते रोते हुए बहते चले जा रहे हैं और बचाओ, बचाओ चिल्ला रहे हैं। यह तय था कि वे कितना भी बचाओ-बचाओ कर लें, डा. पांडे उन्हें नहीं बचाएँगे, बल्कि किनारे पर खड़े होकर एकाध पत्थर मारने का ही प्रयत्न करेंगे।

चौबेजी चुप रहे। उनकी कुंडली में, ज्योतिषी ने बताया था कि पानी से मौत का खतरा है। इसी कारण नदी, कुओं के इस सुझाव से उन्हें स्वयं की मौत ही नजर आती थी। वे चुप रहे।

उन्हें चुप देखकर पांडेजी ने सोचा कि शायद यह सुझाव चौबेजी को इसलिए पसंद नहीं आया है कि हो सकता है कि अग्रवाल को तैरना आता हो या उनके गाँव का कुआँ सूखा हो। वे नए सुझावों की राह पर आगे बढ़े।

"डा. अग्रवाल के जूतों में बिच्छू रख दूँ ?"

"जैसा समझो।"

"या कुर्सी के नीचे बम लगा दें ?"

"पर कुर्सी भी तो टूट जाएगी साथ में ?"

"वह तो है।"

"ऐसा काम मत करो, जिसमें कुर्सी टूटे। देश में कहीं कोई कुर्सी टूटे हमें दुख होता है। आज उनकी टूटी है, कल हमारी टूट सकती है।"

"सही कहा आपने।"

"कुर्सी अमर है, कुर्सी अजर है। कुर्सी टूट नहीं सकती—इसी विश्वास पर तो हमारा सारा जीवन-दर्शन टिका है।"

"सही कहा आपने।"

"इसीलिए कुर्सी के नीचे बम रखनेवाला काम मत करना।"

"कहें तो उसके कोट या पाजामे में बम रख दें ?"

"हाँ, वहाँ रखा जा सकता है। पर कई बार बम फूटता नहीं है।"

"यह बात तो है," डा. पांडे ने स्वीकार किया। उन्हें याद आया कि एक बार उन्होंने बचपन में अपने हैडमास्टर पर सुअर मारनेवाला बम फेंका था, तो वह फटा नहीं था।

"तो फिर डा. अग्रवाल को मेन-होल से सीवेज-लाइन में धकेल दें ?" डा. पांडे ने अगला सुझाव दिया। आदमी को जिंदा रखने का कोई उपाय उन्हें पता न था और जो चिकित्सा विज्ञान ने उन्हें सिखाया भी था, उसे वे किचन-इंचार्ज की कुर्सी पर वर्षों से बैठे हुए भूल चुके थे; अलबत्ता आदमी को मारने के बीसों कारगर तरीके उन्हें ज्ञात थे।

"कर सकते हो, यह भी कर सकते हो," डा. चौबे ने कहा। वे देख रहे थे कि लंबी अँधेरी सुरंगनुमा, कीचड़ तथा जहरीली गैसों से भरी पाइपलाइन में

डा. अग्रवाल बदहवास दौड़ रहे हैं और अंत में गिरकर मर जाते हैं। उनकी लाश बुलबुलों से भरे कीचड़वाले पानी पर तैर रही है। फिर उन्हें जैसे याद आया कि राजनीति और कुर्सी की लड़ाई की यह अंधी सुरंग, जो अस्पताल में यहाँ से वहाँ तक फैली है, ऐसी ही जहरीली, घुटनभरी, कीचड़युक्त तथा अँधेरी ही तो है। वे इस सुरंग में बदमाशी, जोड़तोड़ तथा राजनीतिक संबंधों का मजबूत मास्क लगाकर उतरे हैं। डा. अग्रवाल ने भी यही मास्क चढ़ा रखा है। अब वही सड़ती लाश में तब्दील होगा, जो दूसरे का मास्क नोचकर उसे घुटनभरी सुरंग में छोड़ दे। डा. चौबे जानते थे कि देर-सबेर वे ऐसा कर देंगे, पर तब तक डा. पांडे के शस्त्रागार के दर्शन करने में कोई बुराई नहीं थी। जैसाकि वे कुछ देर पहले सोच ही रहे थे, यूँ तो ये सभी उपाय हिंसात्मक तथा बेवकूफी भरे हैं, पर यह भी सत्य था कि यदि आवश्यकता पड़ी तो वे स्वयं इन उपायों द्वारा डा. अग्रवाल को रास्ते से हटाने में नहीं चूकेंगे।

"या कहें तो ट्रक चढ़वा दें अग्रवाल की कार पर ?" डा. पांडे ने नया तरीका प्रस्तुत किया।

"कैसे ?"

"जैसे पिछले स्टोरकीपर की साइकिल पर चढ़वा दिया था।"

"वह तो दुर्घटना थी डा. पांडे।"

"यह भी दुर्घटना ही होगी चौबेजी।"

"तो यों कहो न, कि हो सकता है कि कोई ट्रक ही चढ़ जाए डा. अग्रवाल की कार पर।"

"जी हाँ, यही मतलब था मेरा," डा. पांडे ने चौबेजी की बात पर कायल होते हुए कहा।

"हो जाती हैं, आजकल सड़क दुर्घटनाएँ बढ़ गयी हैं," चौबेजी ने बताया।

"जी हाँ," पांडेजी ने कहा। "या जहर बुझा तीर मार दें स्साले को ?" डा. पांडे के पास एक से एक उपाय थे।

"तीर ? तीर कहाँ से मिलेगा ?" चौबेजी पांडेजी की प्रतिभा से चमत्कृत हो रहे थे। वे जानते थे कि वे अग्रवाल को निरापद ढंग से, शास्त्रीय, प्रशासनिक तरीकों द्वारा रास्ते से हटा सकेंगे। इंद्रमणि उनके साथ थे। अस्पताल में नर्सों, वार्डबॉयों, सफाई कर्मचारियों, टेक्नीशियनों, मेडिकल छात्रों, जूनियर डाक्टरों तथा प्रायः सीनियर डाक्टरों में चौबेजी के लोग घुसे थे। वे रात-दिन चौबेजी के लिए काम कर रहे थे। जब मौका आएगा, ये सब उनके एक इशारे पर डा. अग्रवाल पर टूट पड़ेंगे और उसे डंडा-डोली-सा उठाकर उनके रास्ते से हटा देंगे, यह पक्का था। केवल सही अवसर की बात थी। परंतु इसके अलावा भी आदमी को, जिसमें डा. अग्रवाल भी शामिल थे, इतने उपायों द्वारा रास्ते से हटाया जा सकता है,

यह उनकी कल्पना में भी पहले कभी नहीं आया था। वे शर्मिंदा हो गए। चौबेजी ने पहली बार महसूस किया कि दुनिया में और भी शातिर लोग हैं उनके सिवा। और उन्होंने यह भी पाया कि एक ही लड़ाई को जीतने के लिए अलग-अलग सेनापति, अलग-अलग रणनीति अपना सकते हैं। वे स्वयं एक रणनीति पर चल रहे थे, परंतु डा. पांडे की भी एक स्वतंत्र रणनीति थी। इसे भी रणनीति का सम्मान देना होगा। डा. चौबे ने डा. पांडे को सेनापति का सम्मान देते हुए पूछा, "तीर कहाँ से मिलेगा ?"

"सरकार ने आदिवासी संस्कृति को यूँ ही जिंदा थोड़े ही रखा है," पांडेजी ने हँसते हुए कहा।

"तो ?" चौबेजी अभी भी नहीं समझे थे।

"बस्तर से लाएँगे। हमें आदिवासी संस्कृति तथा परंपरा की रक्षा करनी है, तो दुश्मनों को जहर-बुझे तीरों द्वारा मारना जारी रखना होगा," पांडेजी ने कहा।

"सही कहा आपने। संस्कृति के नाम पर हम डाक्टर अग्रवाल क्या, साथ में डा. गुलाटी को भी कुर्बान कर सकते हैं," कहकर डा. चौबे हँसने लगे।

फिर दोनों ही देर तक हँसते रहे।

फिर दोनों चुप हो गए। चुप होकर डा. चौबे बहुत प्यार, प्रशंसा, तथा सम्मान की नजरों से डा. पांडे को तब तक घूरते रहे, जब तक कि पांडेजी ने शरमाकर नजरें न झुका लीं।

"यार, तुम तो कमाल के आदमी हो," डा. चौबे ने कहा।

"नहीं, सर, इसमें क्या है," डा. पांडे बहुत शरमा रहे थे।

"नहीं-नहीं, मैं सत्य कह रहा हूँ। कितने सारे तरीके हैं तुम्हारे पास। वाह-वाह··· ! अब मैं मानता हूँ कि मैं यह लड़ाई नहीं हारूँगा। यदि हम उसे अपने तरीकों से ठीक नहीं कर पाए, तो भी जीत हमारी ही होगी। तब हम तुम्हारे तरीके अपनाएँगे," डा. चौबे ने कहा।

डा. पांडे अपनी प्रशंसा से अविभूत हो गए। ऐसा गुणग्राहक साथी तथा सरदार पाकर कौन-सा गिरहकट खुश नहीं होगा ? पांडेजी ने कहा, "ये तो मैंने आपको कुछ तरीके ही बताए हैं। अपने पास बहुत-से तरीके हैं। हमारे यू.पी. में बुंदेलखंड में दुश्मन से ऐसे ही निपटा जाता है, सर। वहाँ कोई आपकी तरह मौके की तलाश में, या प्रजातंत्र या प्रशासकीय तरीकों द्वारा दुश्मन को परास्त करने की नहीं सोचता। हम लोग तो सीधा जूता मारते हैं।"

"यह भी एक तरीका है," डा. चौबे ने स्वीकार किया।

"यही एक तरीका है, चौबेजी। शेष सब तरीके फेल हैं। कभी काम करते हैं, कभी काम नहीं भी करते। पर जूता हमेशा काम करता है। बंदूक या रिवाल्वर की गोली हमेशा काम करती है। जहर हमेशा काम करता है। आग हमेशा जलाती

है। गुप्ती हमेशा पेट में धँस जाती है। रामपुरी चाकू हमेशा ही आँतें बाहर कर देता है। बम हमेशा ही चिथड़े उड़ा देता है। डंडा हमेशा ही खोपड़ी खोलता है। नदी हमेशा ही लाश को बहाकर दूर ले जाती है।"

"सही कह रहे हैं, आप," चौबेजी ने कहा। "पर गबन में फँसाकर, हड़ताल करवाकर, रिश्वत में पकड़वाकर, बलात्कार में बंद करवाकर, नकली दवाइयों के कांड करवाकर, घर में अस्पताल का सामान बरामद करवाकर, मरीजों से मुकदमा करवाकर, छात्रों को भड़काकर, जाँच बिठलवाकर भी दुश्मन को मारा जा सकता है। ये उपाय भी जहर, लाठी या बंदूक से कम नहीं।"

"सही कह रहे हैं आप," डा. पांडे ने भी स्वीकारा।

"इसीलिए कह रहा हूँ कि प्रतीक्षा करो। अवसर की प्रतीक्षा करो, हमें अवसर मिलेगा," चौबेजी ने पांडेजी को ढीला पड़ते देखकर समझाया।

"जैसा आप कहें," पांडेजी ने कहा।

चौबेजी ने कुर्सी खिसकाई और उठते हुए कहा, "अब तुम चलो। मुझे भी एक सेमीनार अटेंड करना है। आज हमारे डिपार्टमेंट में एक सेमीनार है, पेटदर्द के एक मरीज पर। थोड़ी देर बाद। बारह बजे से दो-ढाई बजे तक तो चलेगा।"

"ठीक है सर," डा. पांडे उठे और चलने लगे। दरवाजे तक पहुँचकर वे पलटे और डा. चौबे से पुनः कहा, "आप बता देना, सर। एक गुप्ती चलानेवाला इन दिनों जेल से बाहर आया हुआ है। हम उसे कह सकते हैं। बढ़िया गुप्ती चलाता है। एक गुप्ती पेट में डालता है तो छाती से होकर गले तक चली जाती है। शर्तिया आदमी है सर। किसी भी बहाने से मार देगा।"

"और भैया, कौन मर गया ?" बीड़ी के धुएँ को भरपूर कस द्वारा फेफड़ों के दूरदराज के इलाकों तक पहुँचाते हुए एक ने पूछा।

सर्जिकल वार्ड के उस बरामदे में, जिसमें उस बदमाश मरीज की लाश ट्रॉली पर पड़ी थी जो आपरेशन के तीसरे दिन बिना कोई चेतावनी दिए सोते-सोते ही मर गया था, इस समय ट्रॉली से परे, बरामदे के एक सिरे पर चार वार्डबॉयों के बीच बीड़ी तथा गप्पों का दौर चल रहा था। इनमें सर्जिकल वार्ड का वह वार्डबॉय भी था, जिसे उस लाश को ट्राली पर लुढ़काकर नीचे तक पहुँचाना था, जहाँ से मृतक के रिश्तेदार उसे ठेले, जीप, टैम्पो, रिक्शे या कंधे पर लादकर घर या गाँव तक ले जाते।

"कौन मर गया, भैया ?" मेडिकल वार्ड के वार्डबॉय ने पूछा।

तब सर्जिकल वार्ड के वार्डबॉय ने मिर्च-मसाला लगाते हुए, सारे मामले में अपनी कल्पना तथा रचनाशीलता का पुट डालते हुए संपूर्ण कथा अपने श्रोता-मित्रों

को सुनाई, कि किस प्रकार आपरेशन के तीसरे दिन एकाएक यह मरीज सोते-सोते ही मर गया। वैसे वह जागते-जागते भी मरता, तो ऐसे ही मरता, परंतु सोते-सोते मरा तो पता ही नहीं चला कि कब तक सोया और किस समय मरा और फिर मरा-मरा कितना सोया। पास ही मरीज का बाप भी सो रहा था, जो सोते-सोते भी जिंदा था और उसने उठने पर पाया कि मरीज सोते-सोते ही मर गया है। मुर्दे के बाप ने बड़ा ऊधम किया और रो-रोकर कहा कि डा. अग्रवाल ने गलत आपरेशन से मरीज को मार दिया है। वह डा. अग्रवाल को खूब गरिया रहा था। इसके बाद वार्डबॉय ने अग्रवाल साहब को जो गालियाँ रिश्तेदार ने दी थीं, उनमें कुछ अपने गाँव की स्थानीय गालियाँ मिलाकर अपने मित्रों को सुनाईं तथा यह भी बताया कि मुर्दे का बाप कह रहा था कि डा. अग्रवाल साहब की माँ के साथ वह वही करेगा, जो कभी डा. अग्रवाल का बाप करता रहा था।

"फिर ?" मेडिकलवाले वार्डबॉय ने पूछा। वह कुछ अधिक ही तन्मयता से सारी कहानी को सुन रहा था।

सर्जिकल वार्ड के वार्डबॉय ने दूसरी बीड़ी का अंतिम कश धौंकते हुए कहानी को आगे बढ़ाया और बताया कि तब अग्रवाल साहब के आर.एस.ओ. ने मुर्दे के बाप को समझाने की कोशिश की कि कई बार आदमी सोते-सोते मर जाता है और इसमें ऐसा परेशान होने की क्या बात है ? क्या पहले किसी को सोते-सोते मरते नहीं देखा ? सोते आदमी को मरने में कितनी देर लगती है ? सोते-सोते आदमी साँस लेना भूल जाए, तो मर जाता है, क्योंकि जागे हुए को तो याद भी आ सकती है, पर सोते आदमी को कैसे याद आएगी ? सोते-सोते मरने का यही कारण है। परंतु मुर्दे का बाप बराबर चिल्लाता रहा कि डा. अग्रवाल ने आपरेशन गलत कर दिया था और सभी कह भी रहे थे कि आपरेशन गड़बड़ हुआ है और सभी बता भी रहे थे कि पेट में कुछ ऐसा छूट गया था, जो फिर मिल नहीं पाया था। तब डा. अग्रवाल के जूनियर डाक्टर ने दो झापड़ उसके बाप को मारते हुए बताया था कि डा. अग्रवाल-जैसा सर्जन दुनिया में नहीं मिलेगा और यह तो मरीज का सौभाग्य था कि वह इतने बड़े सर्जन के हाथों मारा गया, वरना हो सकता है कि वह जिंदा रहता और बाद में मलेरिया या टी.बी. जैसे मामूली कारण से मरता। और जहाँ तक पेट में कुछ छूट जाने की बात है, तो इसमें इतना हंगामा करने की बात नहीं थी क्योंकि अस्पताल का सामान मरीज के पेट में छोड़ देने के बाद भी सरकार इस सामान का पैसा मरीज से नहीं ले रही थी, यह सरकार का बड़प्पन तथा उदारवादी दृष्टिकोण था।

"फिर ?"

सर्जिकल वार्डवाले ने कथा आगे बढ़ाते हुए कहा, "तब से साली झिकझिक चल रही है। छोटे डाक्टरों ने मुर्दे के बाप और भाई को मार दिया, फिर बाप

वहीं लाश के पलँग पर बैठ गया कि लाश उठने न देगा। छोटे डाक्टरों ने लाश उठाकर ट्रॉली पर पटक दी तो पट्ठा ट्रॉली के सामने लेट गया, फिर वार्ड के कुछ बड़े-बूढ़े मरीजों ने बाप को समझाया कि अब लड़का तो मर ही गया है, लड़ने से क्या होनेवाला है ? और डाक्टरों से लड़कर कहाँ जाओगे ? बाप बोला कि हमें छोटे डाक्टरों से शिकायत नहीं है, पर डा. अग्रवाल तो मरीज के मरने पर भी एक बार भी नहीं पहुँचे। यही झिकझिक चल रही थी, भैया, कि हम इधर बीड़ी पीने चले आए। अब उसका बाप तो स्साला क्या बीड़ी पिलाएगा, अपनी ही गाँठ की पी रहे हैं।"

मेडिकल वार्ड का वार्डबॉय डा. चौबे का आदमी था। वह सारी घटना को क्रमबद्ध सुनता रहा और लगातार यह सोचता रहा कि इस घटना में डा. चौबे की रुचि की कोई बात हो सकती है या नहीं। वह बहुत पढ़ा-लिखा नहीं था, परंतु चौबेजी की छत्रछाया में पलते हुए वह ऐसी घटनाओं के पीछे छिपी संभावनाओं को थोड़ा-बहुत सूँघ लेता था। सारी कथा समाप्त होने पर जब अन्य लोग धूम्रपान आदि में व्यस्त थे, तब वह यही सोच रहा था कि इस घटना की खबर डा. चौबे को दे या नहीं।

डा. भागवत बरामदा।

डा. भागवत दबे पाँवों एक बार फिर छुपनेवाली जगह से निकलकर सावधानीपूर्वक छिपे-छिपे पेशाबघर के मुख्य दरवाजे तक पहुँचे और पुनः बाहर झाँककर देखा। बरामदे को असामाजिक तत्वों से खाली देखकर वे मुस्कराए और पेशाबघर के मुख्य दरवाजे को पार करके बरामदे में प्रवेश कर गए।

डा. भागवत बरामदे में लगभग पाँच-छः कदम चले गए। कोई व्यवधान नहीं आया। दो-तीन उन्हीं-जैसे शरीफ, बीमार-से, कांतिहीन, बुझे-बुझे, काम के बोझ से पिसे डाक्टर बरामदे से गुजरे और उन सभी के नमस्कार को डा. भागवत ने बड़े उत्साह से ग्रहण किया। इनको देखकर उन्हें डाक्टरी के भविष्य की आशा बँधती थी। अभी भी अच्छे डाक्टर हैं। अभी-अभी ढेर सारे निकले डाक्टर अच्छे ही हैं। कुछ कपूर, कुछ चौबे, कुछ अग्रवाल, कुछ पांडे–ये उनका क्या बिगाड़ लेंगे ? यही बहादुरी की बात सोचकर उनकी छाती फूल गई, कंधे चौड़े हो गए, चेहरा तेजोमय हो गया और चाल में गरिमा आ गई। ये सब बातें मात्र दो कदम तक डा. भागवत के व्यक्तित्व के साथ रहीं, क्योंकि तभी उन्होंने सामने से आपरेशन थिएटर की ओर जाते हुए डा. कपूर तथा डा. गुलाटी को देखा। वे बहस करते तथा तमतमाते उनकी ही तरफ आ रहे थे। डा. भागवत घबरा गए। थोड़ी देर पहले डाक्टरी के उज्ज्वल भविष्य को लेकर जो आशा उनके अंदर ठाठें मारने

लगी थी, वह सूखकर हवा में उड़ गई। अभी कुछ देर पहले ही डा. पांडे उस तरफ से गए थे। यदि उसने गुलाटी और डा. कपूर के साथ उन्हें नमस्ते भी करते देख लिया, तो वे बिना वजह ही अस्पताल की राजनीति में घसीट लिए जाएँगे। वे देश के अन्य शरीफ, अपने काम से काम रखनेवाले, ईमानदार नागरिकों की तरह हैं, जो किसी झंझट में नहीं पड़ता, लड़ाई होते देख दूसरी ओर पलट जाता है, बेईमानों को बेईमानी करने देता है पर उसे रोकने के झगड़े में नहीं पड़ता, सड़क पर लाल बत्ती देखकर गाड़ी से गिर पड़ता है, सिपाही को देखकर पेशाब कर देता है, लाइन में लगकर टिकट खरीदता है, दो बच्चों के बाद नसबंदी करवा लेता है, परीक्षा में नकल पाप समझता है, रिश्वत लेना तो दूर, देने में भी काँपता है और राजनीति, अफसरी तथा नेतृत्व को बेईमानों के हाथों छोड़ देने पर शर्मिंदा नहीं होता। डा. भागवत भी देश के ऐसे ही नागरिक थे। वे एक अच्छे नागरिक की भाँति डा. गुलाटी और डा. कपूर को देखकर घबरा गए और एक बहुत अच्छे नागरिक की भाँति पलटकर बगटुक पुनः पेशाबघर की ओर दौड़ने लगे।

जानकी बाबू गुस्सा होते हुए एम्बुलैंस के नीचे से निकले, परंतु सामनेवाले को देखकर उनका गुस्सा शांत हो गया।

आज का दिन ही खराब था।

सुबह से जानकी बाबू एम्बुलैंस के नीचे नहीं जा पाए थे, जोकि उनका पहला तथा अंतिम शौक था। वे जरा भी फुर्सत मिलते ही बोरा बिछाकर तथा हाथ में विभिन्न साइजों के प्लग-पाने लेकर एम्बुलैंस के नीचे घुस जाते और घंटों उसी के नीचे गुजार डालते। इस बीच कोई एम्बुलैंस माँगने आता या मँगवाता, तो वे नीचे से ही उसे फटकार देते कि देखते नहीं एम्बुलैंस की मरम्मत चल रही है। वे इसी तरीके से एम्बुलैंस के नीचे ही ड्यूटी के प्रायः सारे घंटे गुजार देते। वहीं पड़े-पड़े वे बढ़िया नींद ले लेते, उपन्यास पढ़ डालते तथा नाश्ता-खाना कर लेते। वे सुबह सात बजे ड्यूटी पर आते थे और क्लीनर को एक गिलास स्पेशल चाय का आर्डर मारकर, कपड़े उतारकर, पटलेदार चड्ढी तथा फटी बनियान में गाड़ी के नीचे जो घुसते तो चाय और उसके बाद चाय-नाश्ता करके ही नौ बजे तक बाहर निकलते थे। साढ़े नौ बजे तक वे आसमान से बोर हो जाते। उनका आसमान तो एम्बुलैंस का फ्लोर था, जिसमें एक्सल का इंद्रधनुष तना था, रंग-बिरंगे बिजली के तारों के पंछी यहाँ-वहाँ आ-जा रहे थे, नट-बोल्टों के छोटे-छोटे बादलों के टुकड़े तैरते थे और तेल की बूँदें जिससे मावठे या मीठी रिमझिम की भाँति टपकती थीं। वे साढ़े-नौ बजे तक फिर एम्बुलैंस के नीचे घुसते तो वहीं के होकर रह जाते। एम्बुलैंस के नीचे से निकलकर जब वे बाहर आते, तो उन्हें सारा जग

वीराना तथा दीवाना लगता। एक अजीब-सा संन्यासी भाव उन पर छाने लगता। कौन अपना, कौन पराया ? कौन मरीज, कौन स्वस्थ ? कैसी ड्यूटी ? कौन-सा काम ? वे हर उस आदमी को बाहर खड़े होकर फटकारते, जो उनसे एम्बुलैंस माँगता। कहते, सुबह से मरम्मत कर-करके थक गए हैं, अभी कहीं नहीं जाएँगे। कह दो, जिससे कहना हो। कौन किससे कहता ? सब अपना रास्ता लेते।

परंतु आज सुबह से कुछ ऐसा दुर्योग हो रहा था कि वे गाड़ी के नीचे नहीं घुस पा रहे थे। सुबह आधे घंटे भी गाड़ी के नीचे नहीं रहे थे, कि शर्माजी आ गए थे। जेल जाकर गाड़ी में रामानंदजी को लाना पड़ गया। पूरा घंटा लग गया उसी में। फिर आए ही थे, कि अग्रवाल साहब ने दफ्तर में बुलवा लिया और एम्बुलैंस की पिछली मरम्मत के बिल का रोना लेकर बैठ गए। वहाँ से वे घर चले गए थे, और पत्नी को न जाने किस बात पर पीटकर अभी थोड़ी देर पहले ही वापस आकर एम्बुलैंस के नीचे बोरी बिछाकर घुसे ही थे, कि किसी ने उन्हें टोककर बाहर बुलाया। वे नाराज होकर वहीं नीचे से ही बोले, "कौन है बे ?"

"ते-तबे न करो जानकी बाबू। बाहर आकर देखो, कौन है," क्लीनर ने बाहर से कहा!

तब जानकी बाबू गुस्से में एम्बुलैंस के नीचे से बाहर निकले और पुकारनेवाले को देखा। देखकर उनका सारा गुस्सा शांत हो गया। पुकारनेवाले डा. शर्माजी थे, जो आउटडोर समाप्त करके अस्पताल आ रहे थे, कि मुख्य द्वार पर खड़ी एम्बुलैंस के नीचे पड़े जानकी बाबू को देखकर रुक गए थे।

"नमस्कार शर्माजी," जानकी बाबू ने पूरी श्रद्धा से नमस्कार किया। वे शर्माजी की बड़ी इज्जत करते थे। जानकी बाबू हर उस आदमी की इज्जत करते थे, जो बदमाश था तथा हर उस आदमी को ठोकर मारते थे जो शरीफ था। अपना सारा जीवन उन्होंने यही करते गुजारा था और वे इस नतीजे पर पहुँचे थे कि यही तरीका जीवन में बड़ा कारगर है। बदमाश आदमी की इज्जत करो तो वह कम-से-कम आपके साथ शायद बदमाशी न करे, और शरीफ आदमी को ठोकर न मारो तो वह बुरा मान सकता था, क्योंकि दुनिया में बाकी सभी उसे ठोकर मार रहे थे।

"और जानकी बाबू, कैसे हैं ?" शर्माजी ने इसी एक वाक्य में नमस्कार का भी प्रत्युत्तर शामिल करते हुए कहा।

"कृपा है सरकार की," जानकी बाबू ने कहा।

"क्या खराबी आ गई गाड़ी में ?" शर्माजी ने शरारत से चमकती आँखों से पूछा।

"खराबी तो बड़ी है सरकार··· पर आप जहाँ कहो, वहाँ छोड़ आएँ," जानकी बाबू ने भी शरारतपूर्ण स्वर में कहा।

"यार, तुम्हारी नौकरी बढ़िया है जानकी बाबू··· हम भी सोचते हैं कि आउटडोर में टेबल के नीचे घुस जाया करें और सब मरीजों को भगा दिया करें, कि डाक्टर साहब आला ठीक कर रहे हैं। क्या कहते हो ?" शर्माजी ने कहा।

"आप अफसर हैं सरकार। आप क्यों टेबल या एम्बुलैंस के नीचे घुसोगे ? आप न देखना चाहें, तो मरीज की गाँड़ पर दो लात मारकर भगा दें कि जा, भाग जा, आज कोई मरीज नहीं देखेंगे," जानकी बाबू ने अफसरी पर अपनी अगाध भक्ति प्रकट करते हुए, उसे सर्वशक्तिमान ईश्वर के समकक्ष रखते हुए कहा।

"ऐसा थोड़े ही कर सकते हैं, जानकी बाबू," शर्माजी ने हँसकर कहा, यद्यपि वे सोच रहे थे कि यदि वे ऐसा करें तो भला कौन उनको रोक पाएगा ? फिर उन्होंने यह भी सोचा कि शायद अभी तो डा. कपूर उन्हें ऐसा करने से रोक दें। तब उन्होंने मन-ही-मन तय पाया कि जब डा. चौबे उस कुर्सी पर आ जाएँगे, तब वे ऐसा करके भी देखेंगे।

जानकी बाबू तब तक कह रहे थे, "अफसर क्या नहीं कर सकता, सरकार। हिम्मतवाला अफसर हो तो आदमी की गर्दन उतरवा ले और कहे कि फाइल में लगा दो। कोई हाथ पकड़ सकता है क्या अफसर का ? बस हिम्मतवाला अफसर चाहिए। पर बुरा न मानिएगा सरकार, आजकल ऐसे-ऐसे अफसर आ गए हैं, जिनमें अफसरी है ही नहीं। कुत्ता भी न मूते मुँह पे। पलटकर हमें नमस्कार करते हैं। कुर्सी पर बैठे काँपते रहते हैं। एक गैरकानूनी काम को कह दो तो कुर्सी पर ही मूत देते हैं।"

"डा. अग्रवाल की बात कर रहे हो ?" शर्माजी ने मजाक करते हुए टोह लेने के इरादे से कहा।

"अरे नहीं सरकार, वे इतने बड़े डाक्टर और हम," जानकी बाबू ने कानों को हाथ लगाते हुए कहा।

"पर तुम, जैसे अफसरों की बातें कर रहे हो, वैसे तो डा. अग्रवाल ही हैं," शर्माजी ने कहा।

"अब हम क्या कहें सरकार," जानकी बाबू ने कहा।

"हमने खुद उन्हें कुर्सी पर मूतते देखा है," शर्माजी ने बताया।

"हम कहेंगे तो छोटा मुँह बड़ी बात कहलाएगी सरकार।"

"पर डा. कपूर ने उन्हें ही तो ट्रांसपोर्ट तथा आपकी एम्बुलैंसों का इंचार्ज बना रखा है।"

"सो तो है, सरकार।"

"आपने उन्हें कुर्सी पर काँपते या मूतते नहीं देखा ?"

"अब क्या कहें, सरकार।"

"आज ही तो आप उनके कमरे से निकल रहे थे ?" शर्माजी ने खोद-खोदकर पूछना शुरू किया।

"अब क्या बताएँ, सरकार ?"

"बताओ, बताओ··· हम तो उनको जाकर बताएँगे नहीं। आप जानते हैं कि हम ठहरे डा. चौबे के आदमी।"

"सुबह-सुबह एम्बुलैंस की मरम्मत के एक बिल को लेकर रो रहे थे। चार सौ रुपए के बिल पर वो झिकझिक, कि क्या कहें ?"

"फिर ?"

"फिर क्या··· हमने तो यही कहा कि सरकार, बिल झूठा लगता हो तो स्वयं एम्बुलैंस के नीचे लेटकर देख लें। हम बताए देते हैं कि क्या-क्या ठीक कराया है।"

"चौबेजी होते तो आँखें मीचकर दस्तखत कर देते," शर्माजी ने बताया।

"यही तो अफसरी होती है, सरकार।"

"आप खाओ, सबको खाने दो," शर्माजी ने कहा।

"अरे, चार सौ रुपए में कितना खाना, कितना बचाना। सौ रुपए भी निकल जाएँ तो कहिएगा। उसमें भी सबका हिस्सा," जानकी बाबू ने बात का मर्म समझकर अपनी आपत्ति तथा सफाई प्रस्तुत की।

"हमने तो एक बात कही," शर्माजी ने कहा।

"सही कहा सरकार। अफसर-जैसा अफसर हो तो हम तो जान दे दें," जानकी बाबू ने कर्तव्य की वेदी पर बलि-बलि जाने की प्रतिज्ञा प्रस्तुत करते हुए कहा।

"बस, जब चौबेजी सुपरिन्टेंडेंट बन जाएँ और हम तुम्हारी एम्बुलैंसों के इंचार्ज, तब देखना," शर्माजी ने भविष्य में गोता लगाते हुए कहा।

"आप बन जाएँ हुजूर, फिर देखना," जानकी बाबू ने भी उसी उत्साह से कहा।

"फिर क्या ?" शर्माजी मुस्कराकर बोले।

"यहीं बैठकर सबके सामने पेट्रोल बेचेंगे, सरकार। देखें कौन हाथ लगाता है ?" जानकी बाबू ने बताया।

"आप चिंता न करें। हम एक ईमानदार प्रशासन देंगे," शर्माजी अभी भी भविष्य में खोए थे तथा नए-नए प्रधानमंत्री-जैसे उद्गार प्रकट कर रहे थे।

"यहीं खड़े होकर गाड़ी के टायर न निकालकर बेचें, तो कहिएगा," जानकी बाबू भी भविष्य के सपनों में खो गए।

शर्माजी और जानकी बाबू अपनी-अपनी बातें बोलते गए।

"अस्पताल को सुधार देंगे हम लोग," शर्माजी।

"एम्बुलैंस को टैक्सी में चला देंगे गाँवों में," जानकी बाबू।

"हम एक स्वच्छ प्रशासन देंगे," शर्माजी।

"जिसमें पेट्रोल पर सबका बराबर का हिस्सा होगा," जानकी बाबू।

"हमारे प्रशासन में सभी की भागीदारी होगी," शर्माजी।

"हम एम्बुलैंस को ईंटों पर खड़ी कर देंगे," जानकी बाबू।

"सभी को हम काम करने की प्रेरणा देंगे," शर्माजी।

"हम दिन-रात एम्बुलैंस के नीचे रहेंगे," जानकी बाबू।

"हम डा. कपूर तथा डा. अग्रवाल का भ्रष्टाचार हटाकर ही दम लेंगे," शर्माजी।

"अब हमारा भ्रष्टाचार चलेगा," जानकी बाबू।

इस तरह देर तक शर्माजी, डा. चौबे के सुपरिन्टेंडेंट बन जाने पर अस्पताल की धरती पर उतर आनेवाले स्वर्ग का नक्शा जानकी बाबू को दिखाते रहे और जानकी बाबू को यह सपना बेचने में सफल रहे। शर्माजी, डा. चौबे के अन्य आदमियों की भाँति, अस्पताल में हर छोटे-बड़े कर्मचारी को यह सपना पिछले कई दिनों से बेच रहे थे। डा. चौबे के सुपरिन्टेंडेंट बन जाने पर अस्पताल में बहार आ जाने का सपना। डा. चौबे के सुपरिन्टेंडेंट बन जाने पर रामराज्य उतर आने का सपना। डा. शर्मा ने पाया था कि यदि ठीक तरह से बेचा जाए, तो भारत में कोई भी सपना बेचा जा सकता था। वे देख रहे थे कि अस्पताल के बहुत-से लोगों को इस सपने की सच्चाई पर भरोसा होने लगा था। वे मानने तथा चाहने लगे थे कि डा. चौबे का इस कुर्सी पर बैठना उन लोगों के उज्ज्वल भविष्य के लिए बहुत आवश्यक है।

डा. चौबे के विषय में अस्पताल में वे हर एक से बातें करते हुए घूमते थे। यह उनका जनसम्पर्क अभियान था। इसी के तहत उन्होंने जानकी बाबू से उपरोक्त बातचीत की। इतनी बात के पश्चात जब उन्हें लगा कि वे जानकी बाबू को डा. चौबे के शीशे में उतार चुके हैं, तब उन्हें याद आया कि आज सेमीनार है, जहाँ उन्हें पेटदर्दवाले हकीम साहब का केस प्रजेंट करना है। यह याद आते ही उन्होंने घड़ी पर नजर डाली··· बारह बजनेवाले थे। सेमीनार का समय हो गया था। अब पोस्टमार्टम करने सेमीनार के बाद ही जाया जाएगा—यह तय करके और जानकी बाबू को यह बताकर कि सेमीनार में जाना है, वे वहाँ से चलने को उद्यत हुए। वे चलने ही वाले थे, कि न जाने कहाँ से पोस्टमार्टम करवाने के लिए घूमता सिपाही और उसके साथ पीछे-पीछे, अब तक लगभग मुर्दे-जैसे रंग का हो चुका मुर्दे का भाई प्रकट हुए और हाथ जोड़कर खड़े हो गए।

"क्या हो गया दारोगाजी ?" शर्माजी ने हँसकर कहा। वे हर सिपाही को दारोगा कहते थे। वे जानते थे कि इससे सिपाही का खून बढ़ता है, जिससे देश के सिपाही का स्वास्थ्य अच्छा होता है।

"सरकार चले चलते," मुर्दे के भाई ने रुआँसे स्वर में कहा।

"कहाँ ?" शर्माजी ने सब समझते हुए भी अनजान बनते हुए कहा।

"मुर्दा चीरने सरकार," सिपाही ने बताया।

"बस, आप चलो, हम वहीं आ रहे हैं," शर्माजी ने कहा।

"बड़ी देर हो गई सरकार··· ," मुर्दे का भाई बोला।

"देर तो होती है भाई," शर्माजी ने सिपाही की तरफ देखकर कहा।

"देर तो होती है। सही कहा सरकार ने," सिपाही ने शर्माजी का समर्थन करते हुए कहा।

"मुर्दा उठाकर गाँव तक ले जाना है सरकार, दस कोस। रात हो जाएगी तो मुश्किल होवेगी सरकार," मुर्दे का भाई अभी भी रुआँसा हो रहा था।

"हम आ रहे हैं, भाई। बिना तुम्हारा मुर्दा चीरे घर न जाएँगे।"

"बस, कह दिया सरकार ने," सिपाही ने मुर्दे के भाई को सांत्वना दी।

"पहुँच जाना सरकार," मुर्दे का भाई शर्माजी के चरणों में गिर पड़ा।

"अरे, अरे, क्या करते हो," शर्माजी ने कहा।

"आ जाना सरकार," उसने वहीं चरणों में पड़े-पड़े कहा।

"कह दिया न सरकार ने," सिपाही ने पुनः उसे समझाया।

"कह देते हैं तो ज़रूर आते हैं," जानकी बाबू ने भी उसे बताया।

"मुर्दा सड़ रहा है हजूर," मुर्दे के भाई ने वहीं धूल में लोटते हुए कहा।

"एक बार आदमी मर जाए, फिर क्या उसका सड़ना और क्या उसका नहीं सड़ना," शर्माजी ने कहा।

""मुर्दे की फितरत ही ऐसी होती है," जानकी बाबू ने समझाया।

सिपाही ने सहारा देकर मुर्दे के भाई को खड़ा किया और शर्माजी से पुनः एक बार मुर्दा चीरने के लिए पधारने की प्रार्थना करके सिपाही मुर्दे के भाई को लेकर वापस चल पड़ा।

शर्माजी दोनों को जाते हुए देखते रहे और फिर अभिभूत होकर बोले, "कौन कहता है कि कलियुग आ गया है ? सिपाही को आपने देखा, जानकी बाबू ? छोटी-सी रिश्वत उस आदमी से ली है तो कैसे दिल लगाकर निभा रहा है। वरना लोग तो रिश्वत ले लेते हैं और नजरें फेर लेते हैं। धन्य हैं।" यह कहकर वे जानकी बाबू से बिदा लेकर अस्पताल की प्रमुख इमारत में दाखिल हो गए।

इधर जानकी बाबू एम्बुलैंस के नीचे झुककर घुसने लगे, तो चौंक गए।

एम्बुलैंस के नीचे (वही) कुत्ता बैठा था। वह शायद सिपाही तथा मुर्दे के भाई का पीछा करता यहाँ आया था। कुत्ता यकायक नए पात्र से आँखें मिलाकर घबरा गया। वह भागने के लिए झटके से उठा, तो उसका सिर ऊपर टकरा गया। वह चीख उठा। चीख से घबराकर जानकी बाबू ने अपने हाथ में लिया हथौड़ा

आत्मरक्षार्थ कुत्ते पर फेंककर मारा। कुत्ता तीर की तरह एम्बुलैंस के नीचे से निकला और भागता हुआ उन गाँववालों की टाँगों के बीच जा टकराया, जो कनछेदी को लादकर इसी तरफ आ रहे थे। बेहोश कनछेदी खटिया सहित कुत्ते पर आ गिरा।

आपरेशन थिएटर का सर्जन-रूम। कमरे में बैठे हैं डा. अग्रवाल। सामने हैं डा. गुलाटी और डा. कपूर। अग्रवाल साहब अभी-अभी 'इंटेस्टाइनल आब्स्ट्रक्शन' वाले केस का आपरेशन किसी तरह राम-राम करके निबटाकर बाहर निकले हैं। डा. गुलाटी चुपचाप बैठे, रूठे हुए पेंसिल चबा रहे हैं। वे एक-चौथाई पेंसिल चबाकर समाप्त कर चुके हैं। डा. कपूर ने अग्रवाल साहब को कुर्सी पर बैठकर ढीला होने का पूरा समय दिया और फिर जब डा. अग्रवाल पूरी तरह से ढीले होकर कुर्सी पर लेट-से गए, तब उन्होंने बोलने के लिए मुँह खोला। पर उनके मुँह खोलने से पहले ही अग्रवाल का दुखी मुँह खुला और उसमें से ये शब्द बाहर आए–

"यार, आज हमारे चश्मे का नुकसान हो गया।"

"क्या हुआ ?" कपूर ने पूछा।

"होना क्या था–आपरेशन में जब हम इंटरप्शन पर पूरा ध्यान लगाए थे, तभी ध्यान नहीं रहा कि चश्मा खिसक रहा है। खिसककर चश्मा मरीज के पेट में आँतों के बीच जो गिरा, तो···"

"फिर मिला ही नहीं क्या ?" कपूर ने पूछा।

गुलाटी ने कुछ नहीं पूछा। वे रूठे हुए बैठे सोचते रहे कि इसकी पत्नी हर आपरेशन के बाद रोती होगी। घर का न जाने कितना सामान यह शख्स लोगों के पेट में गुम कर चुका होगा।

तब डा. अग्रवाल ने पहली बार नोट किया कि डा. गुलाटी न केवल इनके इतने मजेदार मजाक पर नहीं हँसे थे, बल्कि रुआँसे-से बैठे थे तथा आधी पेंसिल खा चुके थे।

"क्या हो गया गुलाटी साहब," डा. अग्रवाल ने चिंता से पूछा।

उत्तर डा. कपूर ने दिया, "आपसे नाराज हैं गुलाटी साहब।"

"हमसे ?" अग्रवाल साहब ने आश्चर्य से पूछा।

"हाँ, आपसे," इस बार स्वयं गुलाटी ने कहा।

डा. अग्रवाल ने बड़े गर्व से कहा, "भई हमसे तो हमारे दुश्मन तक नाराज नहीं रहते। आपने डा. चौबे को भी हमसे कभी नाराज होते नहीं पाया होगा। चाहे हमारे बीच कैसा भी झगड़ा चलता रहा हो।"

"आपकी इसी बात पर तो यह नाराज हैं," कपूर ने कहा।

"क्या मतलब ?"

"मतलब यही कि आप किसी को नाराज नहीं करना चाहते। इसी कारण चौबेजी के विरुद्ध भी कुछ नहीं करते, जबकि वे आपकी जड़ें खोदे जा रहे हैं," डा. गुलाटी ने अपनी आपत्ति बतायी।

"क्या करूँ ?" डा. अग्रवाल नाराज हो गए, "गोली मार दूँ चौबेजी को ?"

"जरूरत पड़े तो मारनी पड़ेगी," गुलाटी ने इत्मीनान से कहा।

डा. अग्रवाल ध्यान से गुलाटी को देखने लगे। थोड़ी देर देखने के बाद ही उनकी समझ में आ गया कि यह आदमी मजाक में ऐसी बात नहीं कर रहा है और यह इसकी हार्दिक राय है कि यदि आवश्यक हो तो चौबे को गोली मारकर भी रास्ते से हटाया जा सकता है। वे घबरा गए। वे सुपरिन्टेंडेंट की कुर्सी पर बैठना तो चाहते थे, परंतु इस तरह के हथकंडों की वे कल्पना भी नहीं कर सकते थे।

"आप घबरा रहे हैं, सर ?" गुलाटी ने कपूर को अर्थपूर्ण निगाहों से देखते हुए अग्रवाल साहब से पूछा।

"आप बातें ही ऐसी करते हैं," अग्रवाल साहब ने कहा।

अब मैदान कपूर साहब ने सँभाला, "ऐसा क्या कह दिया गुलाटी ने ?"

अग्रवाल ने कपूर साहब की ओर आश्चर्य से देखते हुए पूछा, "कुछ नहीं कहा गुलाटी ने ? ये कहते हैं कि जरूरी हुआ तो चौबेजी को गोली मारनी पड़ेगी··· और आप कहते हैं कि कुछ भी नहीं कहा गुलाटी ने ?"

"सही तो कहा गुलाटी ने," कपूर ने कहा।

"डा. चौबे को गोली मारने की बात सही कही ?"

"हाँ।"

"क्यों ?"

"क्योंकि, वरना चौबे आपको गोली मार देगा।"

"वह ऐसा नहीं कर सकता।"

"चौबेजी कुछ भी कर सकते हैं।"

"नहीं, आप गलत समझ रहे हैं।"

डा. अग्रवाल मानने को तैयार ही नहीं थे कि इस युद्ध में ये रासायनिक तथा जैविक हथियार भी प्रयोग में लाए जाएँगे। वे सोचते रहे थे कि प्रशासनिक तिकड़मों, राजनीतिक गोटीबाजी तथा किसी स्कैंडल में फँसाकर ही डा. चौबे को रास्ते से हटाया जा सकता है, और कोई तरकीब नहीं है। ऐसे हिंसक तरीकों की तो वे कल्पना भी नहीं कर सकते थे। वे देश को राह दिखानेवाले बुद्धिजीवी थे। वे जो खासकर पढ़ाने-लिखाने के सम्मानजनक धंधे में हों, लड़ाई-झगड़े की

बात कैसे सोच सकते थे ? डा. अग्रवाल ने सपने में भी कहाँ सोचा था कि कुर्सी की यह लड़ाई उन्हें इस स्तर पर लड़नी होगी ? तो क्या वे लड़ाई छोड़ दें ? क्या वे कुर्सी की इच्छा त्याग दें ? बैठ जाने दें चौबे को ? क्या करें वे ? कुर्सी भी तो बुद्धिजीवी से छोड़ी नहीं जाती।

अपने ये सारे संशय, विचार, परेशानियाँ उन्होंने कपूर के सामने रखीं, तो पास बैठे गुलाटी बिफर उठे, "यही तो मैं आपको कह रहा था कपूर साहब, कि अग्रवाल साहब ढीले पड़ रहे हैं। वे हम सबको मरवा देंगे।"

डा. अग्रवाल ने स्थिति की गंभीरता को भाँपकर कहा, "यह बात नहीं है। पर आप ही बताइए न कि मैं क्या करूँ ?"

"आप चौबेजी को हटाने की तरकीब करिए," गुलाटी ने कहा।

"मैं उसे कहीं फँसाने की कोशिश करूँगा," अग्रवाल साहब ने वायदा किया।

"यह बात तो आप न जाने कब से कह रहे हैं। पर उसका बाल भी टेढ़ा नहीं कर पाए," गुलाटी ने नाराजगी जाहिर की।

"तो क्या करूँ मैं ?" अग्रवाल साहब नाराज हो उठे।

डा. कपूर ने बीच-बचाव किया। उन्होंने डा. अग्रवाल को समझाते हुए कहा, "नाराज न हों, अग्रवाल साहब ! अब आपके साथ ही आपके आदमियों का भविष्य भी जुड़ा है। अब आप अकेले नहीं हैं। इसलिए आपको हर तरीके से डा. चौबे को निबटाने की बात सोचनी होगी, क्योंकि आप डूबोगे, तो ये सब भी डूबनेवाले हैं। इसीलिए इन लोगों के सुझावों को भी सुनते जाइए। अगर ठीक लगें तो उन पर अमल भी करिए। कुर्सी के इस युद्ध में सब जायज है। आप तो गोली मारने-जैसी छोटी बात में ही घबरा गए। कुर्सी के लिए आदमी इससे भी बड़ी बातें कर गुजरता है।"

"जैसे ?" डा. अग्रवाल ने पूछा।

"कई बातें हैं। आदमी को जिंदा जलवा दो या जमीन में गाड़ दो।"

कपूर ने ऐसे आराम से बताया, मानो वे रोज ही किसी को जमीन में गाड़ते रहे हों।

"आप चौबेजी को शेर से क्यों नहीं फड़वाते ?" गुलाटी ने कहा।

"या संखिया क्यों नहीं खिला देते ?" कपूर ने कहा।

"या लठैतों से स्साले का सिर क्यों नहीं फुड़वा देते ?" गुलाटी ने कहा।

"या चौबेजी के ब्रीफकेस में जहरीला साँप क्यों नहीं रखवा देते ?" गुलाटी ने फिर कहा।

"कुएँ में क्यों नहीं गिरा देते ?" कपूर ने कहा।

"या चढ़ी नदी में क्यों नहीं धक्का मार देते ?" गुलाटी ने कहा।

"या जूते में जहरीला बिच्छू क्यों नहीं रखवा देते स्साले के ?" कपूर ने

कहा।

"या इसके कोट में टाइम बम क्यों नहीं रखवा देते ?" गुलाटी ने कहा।

"या ट्रक क्यों नहीं चढ़वा देते ?" कपूर ने कहा।

"या जहर-बुझा तीर क्यों नहीं मार देते स्साले को ?" गुलाटी ने कहा।

"या गुप्ती क्यों नहीं उतरवा देते चौबे के पेट में ?" कपूर ने कहा।

"या डाकुओं से क्यों नहीं उठवा देते स्साले को ?" गुलाटी ने कहा।

"उसके बीवी-बच्चों को अगवा क्यों नहीं करा देते ?" कपूर ने कहा।

"या स्साले को नंगा करके किसी लौंडिया के साथ फोटो ?"

"या घर से अफीम ?"

"या अस्पताल के कमरे से लौंडिया ?"

"या कुल्हाड़ी से गर्दन... ?"

"या सीवेज लाइन के मेनहोल में धक्का... ?"

"या ट्रेन के सामने मारकर डाल दें ?"

"या पाजामे में आग ?"

"या चड्ढी में पलीता ?"

"या पेट में रामपुरी ?"

"या टाँगें चीरकर फेंक दें ?"

"या हाथ-पाँव तोड़... ?"

"या गले में फंदा... ?"

"या छत से धक्का ?"

"या थानेदार से एनकाउंटर..."

"या..."

तरीके बताते-बताते डा. गुलाटी और डा. कपूर हाँफ गए। वे रुककर लंबी-लंबी साँसें लेने लगे। डा. अग्रवाल सोचने लगे कि कितने तरीके हैं दुश्मन से निबटने के ! उनके चारों तरफ हजारों तरीकों से दुश्मनों को परास्त किया जा रहा था। क्या पता कभी डा. चौबे उनको ऐसे ही तरीकों से हरा दें ? वे क्या करें ? वे कुर्सी प्राप्त करना चाहते थे। उन्हें लगने लगा था कि यदि वे सीधे तरीकों से कुर्सी प्राप्त न कर पाए, तो इन तरीकों को भी ट्राई करना चाहेंगे। कुर्सी किसी भी तरह से मिले, बुरी नहीं है। या यह सबकुछ गलत है ? वे क्या करने जा रहे हैं ? वे किस दलदल में उतर गए हैं ? कुर्सी का यह दलदल कितना भयानक है ? यहाँ जिंदा रहने के लिए दूसरे को खत्म करना कितना जरूरी है ? वे क्या करें ? वे करें क्या ?

डा. अग्रवाल परस्पर विरोधी विचारों में झंझावात में चकरघिन्नी खाते-खाते सिर पकड़कर बैठ गए।

डा. कपूर उन्हें चिंतित होकर देखते रहे।

डा. गुलाटी भी चिंतित हुए और साथ ही घबराहट में अपनी शेष बची आधी पेंसिल को पुनः चबाने लग गए।

मेडिकल वार्ड का वार्डबॉय वार्ड के बाहर ही रुक गया। वहीं खड़ा होकर वह सोचने लगा। डा. चौबे के कमरे पर जाकर उन्हें डा. अग्रवाल के केस के झगड़े के विषय में बता दिया जाए ? या न बताऊँ ? कहीं हँसने न लगें कि ऐसी बेवकूफी की बातें आकर बताने का क्या मतलब ? अस्पताल में तो मरीज मरते ही रहते हैं। अस्पताल में नहीं मरेंगे तो आदमी मरने के लिए कहाँ जाएँगे ? आपरेशन तो मात्र एक बहाना है मौत का। यहाँ अस्पताल में मौत कितने रूपों में घूमती है—आपरेशन, लापरवाह डाक्टर, बेपरवाह नर्सें, गलत डायग्नोसिस, गलत दवाएँ, सही डायग्नोसिस पर गलत इलाज, भीड़भाड़ से पगलाया डाक्टर, छुट्टे साँड की तरह किसी की भी न सुननेवाला तथा किसी से भी न सीखनेवाला ताजा इंटर्न डाक्टर, सब कुछ भूल चुके, मात्र उम्र के बूते पर बड़े बने बूढ़े-बड़े डाक्टर, समय पर इलाज न मिल पाने की आम स्थितियाँ तथा जाँचों के जंगल में भटक-भटककर जान दे देनेवाले मरीज। मौत यहाँ हजारों रूपों में मौजूद है। आज यह मरीज डा. अग्रवाल के आपरेशन से मरा है, या वास्तव में इसे मरना था, या बीमारी ही ऐसी थी या आपरेशन ही ऐसा हुआ था, या आपरेशन में कुछ ऐसी खतरनाक चीज अंदर छूट गई, या आपरेशन में कुछ गलत चीज बाहर निकाल ली गई, या किसी दवाई का रिएक्शन हो गया, या किसी ने हत्या कर दी या फिर यह आत्महत्या है या फिर…न जाने कैसे मर गया यह आदमी ? यहाँ तो लोग मरते ही हैं। मर गया तो मर गया। उठाओ साले को और ले जाओ। यही सब तो कहेंगे चौबेजी ! पर न जाने क्यों, वार्डबॉय को लग रहा था कि इस केस में कुछ ऐसा है, जिससे कि डा. चौबे कुछ काम की चीज निकाल सकते हैं।

तभी दूर से खड़खड़ की आवाज बरामदे में गूँजने लगी। आवाज पास आती जा रही थी। रामलँगोटजी खाना बाँटने के लिए आ रहे हैं। उनसे ही सलाह ली जाए। वे बता पाएँगे कि इस बात को डा. चौबे को बताया जाए कि नहीं ? वार्डबॉय बरामदे की दीवार से टिककर खाने की गाड़ी की आवाज को सुनता हुआ रामलँगोटजी की प्रतीक्षा करता रहा।

डा. भागवत बरामदा। बरामदे से लगा पेशाबघर।

डा. भागवत को पेशाबघर में खड़े-खड़े बीस मिनट से ज्यादा हो चुके थे।

अब बाहर निकलकर एक बार पुनः कोशिश करने का समय आ गया था। वे पेशाबघर के मुख्य दरवाजे की तरफ बढ़े।

डा. भागवत उछलकर दरवाजे के बाहर कूद गए और बरामदे में कुछ कदम तेजी से चलकर निकल गए।

वे कुछ कदम ही चले थे कि, जैसाकि वे पहले भी इस उपन्यास में कर चुके हैं, चौंककर थम गए। दिल धक्क-से हो गया। पाँव ढीले हो गए, हाथ काँप उठे, मुँह सूख गया तथा पेशाब लगने लगी, अर्थात जिसे मेडिकल साइंस में 'फाइट या फ्लाइट' की स्थिति कहते हैं, वह आ गई। सामने से डा. गुलाटी और कपूर साहब बहस करते, झगड़ते-से आ रहे थे। न जाने किस बात पर झगड़ रहे हैं ? कहीं मुझे भी झगड़ने में शामिल न कर लें ? इन लोगों से दूर रहो। इनके झगड़ों से दूर रहो। भागो, भागते जाओ। अपनी सारी ईमानदारी, शराफत, डरपोकपन लेकर भागो। वे घबराकर पलटे और बरामदे के दूसरे सिरे की ओर तेजी से चल पड़े। बरामदे के दूसरे सिरे की तरफ पेशाबघर की ओर बढ़ ही रहे थे, कि एक बार फिर वे, जैसाकि पहले भी इस उपन्यास में तथा कुछ क्षणों पूर्व इसी पैराग्राफ में कर चुके हैं, चौंककर थम गए। फिर से उनके हाथ काँप उठे। पाँव ढीले हो गये, मुँह सूख गया और पेशाब लगने लगी। सामने से डा. पांडे आ रहे थे। अब क्या करें वे ? पीछे से गुलाटी और कपूर और आगे से पांडे ! आज तो शरीफ डाक्टर की मौत हो गई। वे काँप उठे।

डा. भागवत की शराफत की ऐसी अग्नि-परीक्षा पहले कभी नहीं हुई थी। इसी से तो वे बचे-बचे फिरते थे। बाल-बच्चेदार। अपने काम से काम रखनेवाले। ईश्वर तथा शैतान, दोनों से डरनेवाले डाक्टर की कैसी परीक्षा ईश्वर ले रहा था ? वे पुनः पीछे पलटे। डा. गुलाटी तथा कपूर और पास आ गए थे। पीछे डा. पांडे की पदचाप मानो पूरे बरामदे में गूँज रही थी। अब क्या ? अब कहाँ ? वे मूर्ति-से एक जगह जड़ हो गए थे।

दोनों ओर से डा. भागवत घिर गए थे। अब वे कहाँ जाएँ ? क्या शरीफ, ईमानदार, कर्मठ, परिश्रमी, काम से काम रखनेवाले डाक्टर के लिए इस अस्पताल में पेशाबघर में भी जगह नहीं है ? दोनों तरफ से दुश्मन पास आते गए।

डा. भागवत ने आँखें बंद कर लीं और बरामदे में घबराए खड़े रह गए।

सर्जिकल वार्ड का बरामदा।

ट्रॉली पर मरीज की लाश।

रिश्तेदार अभी भी रोते हुए थके नहीं थे और मरीज का बाप अभी भी न जाने कहाँ-कहाँ से नई-नई गालियाँ याद कर-करके डा. अग्रवाल को दे रहा

था। सर्जिकल वार्ड की नर्सें, तमाशबीन मरीज, यहाँ-वहाँ टहलते अन्य मरीजों के रिश्तेदार तथा अस्पताल के कुछ कर्मचारी, आदि वहाँ एकत्रित हो गए थे तथा सारी ट्रेजेडी से मनोरंजन प्राप्त कर रहे थे।

सर्जिकल वार्ड के वे मरीज भी, जिनको पेशाब की नलियाँ, थैलियाँ, प्लास्टर या पट्टियाँ लगी थीं, तमाशा घुसकर देखने के संकल्प के साथ वहाँ मौजूद थे। दो-चार छुटभैये नेता-जैसे लोग भी सारे मामले में अपने रोल की तलाश में तथा मौके की प्रतीक्षा में वहीं खड़े थे। कुछ बूढ़े लोग, जिनको गलतफहमी थी कि उन्होंने बहुत दुनिया देखी है, बूढ़े बाप को समझाने का प्रयत्न कर रहे थे तथा बता रहे थे कि ईश्वर की इच्छा के आगे डा. अग्रवाल भी क्या कर सकते थे ? यदि ईश्वर की इच्छा इसका आपरेशन बिगड़वाने की ही रही हो, तो डा. अग्रवाल भी क्या कर पाते ? हो सकता है कि चूँकि ईश्वर की ऐसी ही इच्छा थी, इसीलिए भाग्य ने इसे डा. अग्रवाल की यूनिट में भर्ती करा दिया। भाग्य का खेल है यह सब।

"चलो, चलो, ट्रॉली खिसकाओ," नर्स ने झगड़े की जड़ को वार्ड से दूर करने के उद्देश्य से वार्डबॉय को कहा।

"अभी लाश यहाँ से नहीं हटेगी, पहले डा. अग्रवाल को यहाँ बुलवाओ," मृतक का बाप अभी भी पुरानी माँग पर अड़ा था।

"बुलवाओ, बुलवाओ," छुटभैये नेताओं को मौका मिल गया।

लाश को लेकर नेतागिरी शुरू हो गई।

डा. चौबे ने उछलकर आखिरी दो सीढ़ियाँ पार कीं और अस्पताल की प्रथम मंजिलवाले तल पर आ गए। इसी तल पर मेडिकल तथा सर्जिकल वार्ड थे। बाईं तरफ को मुड़कर मेडिकल वार्ड की ओर घूमते हुए उन्होंने दाईं तरफ के लंबे कारीडोर पर निगाह डाली। दूर, सर्जिकल वार्ड से लगे बरामदे में भीड़भाड़, हलचल तथा शोरगुल सुनकर उन्होंने अपने पीछे, रेल के डिब्बों-जैसे एकदम लगे जूनियर डाक्टरों की भीड़ से पूछा, "क्या हो गया वहाँ ?" यह कहकर वे रुक गए और गहरी रुचि के साथ उस ओर देखने लगे।

"कोई मरीज मर गया सर," एक ने अंदाज से बताया।

डा. चौबे की रुचि समाप्त हो गई। वे अपने वार्ड की ओर, जहाँ सेमीनार-रूम था, चलने लगे और चलते-चलते मौत पर बातचीत करने लगे।

"मरने पर इतना हंगामा क्यों करते हैं, हमारे यहाँ लोग ?" डा. चौबे ने कहा।

जूनियर डाक्टर ऐसे घबरा गए, मानो डा. चौबे उनसे लोगों की इस घटिया हरकत का स्पष्टीकरण माँग रहे हों।

एक जूनियर डाक्टर ने कहा, "हाँ सर, न मालूम क्यों लोग मरने पर इतना हंगामा करते हैं।"

"मर गया तो मर गया," चौबेजी ने मौत का अपना फलसफा प्रस्तुत किया।

"ठीक कहा सर," इस बार दूसरे जूनियर डाक्टर ने पहलेवाले से पूर्व ही कह डाला। पहलेवाले ने उसे घूरकर देखा।

"मर गया तो मर गया–ठीक बात है सर," पहलेवाले ने भी बोलकर डा. चौबे के पक्ष में अपना बयान दर्ज कराकर ही चैन लिया।

"यार, अस्पताल में तो आदमी मरेगा ही," चौबेजी ने कहा।

"जी सर," पहला बोला।

"बीमार आदमी नहीं मरेगा, तो कौन मरेगा ?" चौबेजी बोले।

"ठीक बात है सर," पहले से पहले ही दूसरा बोल गया।

"और आदमी मरेगा नहीं, तो क्या होगा ? जानते हो, क्या होगा ?" चौबेजी ने कहा।

"जी, वह जिंदा रह जाएगा," पहले ने होशियारी से जवाब दिया।

"अरे जिंदा तो खैर रह ही जाएगा, पर और क्या होगा ?" चौबेजी ने कहा।

"वह तो आप ही अच्छी तरह बताएँगे सर," दूसरे ने कहा।

"हम तो खैर बताएँगे ही, बूढ़े इकट्ठे हो जाएँगे। चारों तरफ बूढ़े ही बूढ़े। ये लंबी दाढ़ी बढ़ाए, पोपले, लार बहाते, लाठियाँ ठक-ठक करते, नकली दंत निपोरते, गंजे, लँगड़ाते, कराहते। आदमी कहीं भी निकलते हुए डरेगा। जहाँ जाएगा, कोई बूढ़ा मिलेगा। हर बूढ़ा अपने जमाने की कहानियाँ सुनाने के लिए पकड़ेगा तुम्हें। तुम्हारे आउटडोर में हजारों बूढ़े गिरोह बनाकर सुबह से बैठ जाएँगे और अपनी तकलीफें सुना-सुनाकर तुम्हें खत्म कर देंगे। इसीलिए बहुत जरूरी है कि आदमी मरे," चौबेजी ने बताया।

"सही कहा सर," सभी ने माना।

"आदमी का मरना बहुत जरूरी है।"

"मरना चाहिए सर।"

"वरना हम सब मारे जाएँगे।"

"जी सर..."

"आदमी को बचाने में परेशानी ही परेशानी है।"

"ठीक कहा सर, आदमी को बचाना नहीं चाहिए।"

"मर रहा है, तो मरने दो।"

"मरने दो। ठीक कहा सर।"

"बीमार नहीं मरेगा, तो कौन मरेगा यार ? क्या जाकर स्वस्थ आदमी को मारोगे ?"

"जी सर।"

"हमारे पिताजी भी मरे थे, पर हम तो नहीं रोए थे।"

"जी सर।"

"हमारे पिताजी को मलेरिया हो गया था, फिर वे मर गए।"

"जी…"

यह सारी बातचीत होते-होते डा. चौबे अपने वार्ड के दरवाजे पर आ गए। अंदर घुसते हुए उन्होंने पूछ लिया, "कल रात अपने वार्ड में कितने लोग मरे ?"

"जी, बारह," एक ने डरते-डरते बताया।

"बारह ?"

"जी, बारह।"

"बाकी सब बच गए ?" कहकर चौबेजी हँसे।

चौबेजी ने मजाक किया है, यह पता चलते ही सारे हँस पड़े। हँसते-हँसते सभी वार्ड में प्रवेश कर गए।

जब वे वार्ड में घुस रहे थे, तभी रामलँगोटजी की खाना बाँटने की गाड़ी पीछे-पीछे मेडिकल वार्ड तक आ गई थी।

अनवरत खड़खड़ की आवाज को सुपरइंपोज करती हुई जोर की छन्न की आवाज हुई और वार्ड में समझदारों को इशारा मिला कि रामलँगोटजी खाना बाँटने के लिए वार्ड के दरवाजे पर आ चुके हैं।

खाना चार बाल्टियों में भरकर आता था। साथ में एक भगौने में चावल और एक थाली पर बहुत सारी कच्ची-पक्की-जली रोटियाँ। ये सारी वस्तुएँ ओवरलोडिंग की भारतीय परिवहन-पद्धति के अंतर्गत, एकसाथ, छोटी-सी गाड़ी पर सवार रहती थीं। गाड़ी प्रमुख रूप से खड़खड़ करती थी। थोड़ा-बहुत चलती भी थी, वरना मुख्य रूप से घिसटती ही थी। घिसटने से चीं-चीं की आवाज होती थी। घसीटनेवाले प्रायः रामलँगोटजी रहते थे, जो आवाजों के इस करतब में अपनी प्रतिभा के हिसाब से जी-तोड़ योगदान देते थे। जब रामलँगोटजी छुट्टी पर होते थे या नाराज होकर काम करने से मना कर देते थे, तब उनके पिताश्री रामअवतारजी खाना बाँटने निकलते थे। जब ये दोनों ही नहीं होते थे, तो रामटहलजी यह महत्वपूर्ण कार्य संपन्न करते थे।

यहाँ लेखक ने वर्षों के अध्ययन और परिश्रम से निम्नलिखित फार्मूले तैयार किये हैं, जिनकी सहायता से पाठक, जो मरीज बनकर यदि अस्पताल में भरती हो, तो बिना देखे, मात्र बरामदे से आ रही आवाजों को सुनकर तथा उनका उचित विश्लेषण करके पहचान सकता है कि आज कौन खाना बाँटने आनेवाले हैं। फार्मूला

इस प्रकार से है–

1. खड़खड़ + चीं-चीं + खटखट + घूँघूँ + छन्न (बाल्टी का ढक्कन गिर गया) + अरे मर गए रे (ढक्कर पैर पर गिरा) + भैया ढक्कर उठाकर दे देना+ सुनते नहीं मादरचोद + सब हरामी हैं x फिर छन्न x फिर छन्न = रामलँगोटजी।

2. खड़खड़ + चीं-चीं + खटखट + घूँघूँ + धड़ाम (ढक्कर गिराने की स्थिति से देश आगे निकल चुका है; पूरी बाल्टी ही गिरा दी) + भैया, बटोर दो हमारे साथ + अरे क्या हुआ जो जमीन पर गिर गया, अन्न तो अन्न है + चलो, आधी बाल्टी तो भरी + छन्न = रामअवतारजी।

3. (कहीं कोई आवाज नहीं + सन्नाटा + भूखे पेट से आवाज) = रामटहलजी। (सारे बर्तन घर ले गए। खाना नहीं बना।)

तो बरामदे में खड़खड़ की आवाज के साथ छन्न तथा 'अरे बाप रे, मर गये' की आवाजें हुईं और सारे समझदार, और समझदारों की देखादेखी गैर-समझदार भी अपने-अपने बर्तन बिस्तर से लगी टीन की अलमारियों से निकालकर, प्रकट रूप से खाना खाने, परंतु वास्तव में आपस में जूते चलाकर किसी को भी बिना घायल हुए खाना न लेने देने के विचार से तैयार होने लगे। मरीज के बिस्तर के साथ टीन का एक छोटा-सा अलमारीनुमा लॉकर दिया गया था, जिसमें मरीज अपने बर्तनों के अलावा अन्य सारा जीवनोपयोगी सामान अर्थात दवाइयाँ, अस्पताल की सूखी मौसंबियाँ, चड्डी-बनियान, इत्र, पाउडर, शीशा; तेल-फुलेल, कंघा-दम्पति (कंघा-कंघी), गुलेल, पपीता, चौपड़, ट्रांजिस्टर, बीड़ी का बंडल, एक्सरे की रिपोर्ट, पुराने डाक्टरों के पर्चे, बगल के मरीज से मारी गई पत्रिका, किताब की दुकान से उड़ाई गई गुलशन नंदा की किताबें, आदि रखा करते थे।

गाड़ी अभी वार्ड में घुसी भी नहीं थी कि आवाजें सुनकर ही बीमारों में हलचल होने लगी। एकदम बमचिक मच गई, हंगामा तारी हो गया, मारकाट होने लगी। लॉकर के दरवाजे जो खुलते नहीं थे, मिनटों में खोल या तोड़ दिए गए और बर्तनों की तलाश में लॉकर से सामान बाहर फेंका जाने लगा। और एक बार बर्तन हाथ में आ गए, फिर तो पूरे वार्ड में एथलीट-महोत्सव का माहौल बन गया। मरीज बाधादौड़, ट्रिपल जंप, लंबी कूद, ऊँची कूद, पोल जंप आदि करते हुए खाने की गाड़ी की दिशा में दौड़ पड़े, जो अभी दरवाजे पर ही पहुँची थी। पक्षाघात से पीड़ित, चारों हाथ-पाँवों से लुंज मरीज भी, दो-चार मलेरिया, फाइलेरियावालों के ऊपर से छलाँग लगाते हुए, पीलियावाले मरीज की पीठ पर गिरने लगा। चूँकि पीलियावाला मरीज तब तक पहले ही अपने स्थान से उछलकर एनीमिया तथा गैस्ट्रिक अल्सरवाले मरीजों के ऊपर से उड़ रहा था, अतः पक्षाघात के मरीज को ठोस जमीन पर गिरना पड़ा, जहाँ उसे चोट नहीं लगी क्योंकि वहाँ पहले ही एक लिवर सिरहोसिस का मरीज, एक जलोदरवाले मरीज के ऊपर से

कूदता हुआ आ गिरा था। एकदम ऐसा सुहाना, कौतूहलपूर्ण वातावरण हो गया, जैसा एथलीट्स के टूर्नामेंट में सीटी बजाने या पिस्तौल दागने के बाद होता है। परंतु इस टूर्नामेंट में किसी को भी कोई पदक नहीं मिलनेवाला था। जाहिर है कि सारे खिलाड़ी भारतीय थे।

इतने में दरवाजे के पास जमीन पर पड़ा एक मरीज चीखा। रामलँगोटजी की गाड़ी उसके पैर पर से निकल गई थी, जो उस कृतघ्न से सहन नहीं हुआ। चीखना तो पास ही पड़े दूसरे मरीज को भी था, परंतु उसकी आवाज मात्र इस छोटे-से तथ्य के कारण नहीं निकल पाई थी कि गाड़ी बजाय उसके पैर पर से गुजरने के उसकी गर्दन पर से निकल गई थी। रामलँगोटजी इस प्रकार दो-तीन मरीजों को धराशायी करते हुए, रेफरी की ठसक से वार्ड में पहुँचे, गाड़ी घसीटकर उन्होंने बीच वार्ड में खड़ी कर दी और ललकारा, "चलो, चलो, आकर खाना ले लो··· जल्दी, जल्दी···"

उनका यह आह्वान सुनकर तो मानो भूकंप-सा आ गया। मरीज एक दूसरे के नीचे से निकलकर, दौड़कर, घुटनों के बल चलते तथा क्रॉलिंग करते हुए दुश्मन की चौकी पर धावा बोलती उत्साही फौज की तरह, अपने बर्तन गिराते, दूसरे के उठाते-गिराते, गाड़ी की तरफ कूच करने लगे। चारों तरफ हल्ला होने लगा, हर तरफ लड़ाई के मोर्चे खुल गए। चारों ओर बर्छियाँ निकल आईं, गाली-गलौज, हँसी-मजाक, रोना-पीटना, खींचतान सब एकसाथ होने लगा।

चारों तरफ काँयकाँय मच गई। सभी के बर्तन खो गए। सभी ने बर्तन चुरा लिए। सभी बर्तन लेकर रामलँगोटजी की तरफ चलने लगे, फिर दौड़ने लगे, उसके बाद लगभग उड़ने लगे और गाड़ी से टकरा-टकराकर उसके आसपास धराशायी होने लगे। तब रामलँगोटजी ने गुस्सा होकर मुँह की बीड़ी निकालकर भीड़ की तरफ फेंकी, जो किसी की गर्दन से टकराकर दाल की बाल्टी में गिरी और छन्न करती हुई तैरने लगी। बाल्टी खुली थी क्योंकि ढक्कन बरामदे में गिर गया था।

रामलँगोटजी ने क्रोधित होकर किसी फौजी अफसर की ठसक तथा गरिमा से भीड़ को आदेश दिया कि सबकी भलाई इसी में है कि वे सभी कतार लगाकर खाना ले लें, वरना वे किसी को भी खाना नहीं देंगे और जो जबरदस्ती करेगा, उसके चूतड़ पर गरम-गरम ढक्कन चिपका देंगे। कोई भी मरीज उनके रुतबे में नहीं आया। सभी हँसने लगे। यह देखकर रामलँगोटजी भी हँसने लगे और बोले कि सभी मरीज हरामी हैं तथा हमारा मजाकिया स्वभाव पहचानते हैं।

उनके हँसते ही बाकी मरीज भी खाने की गाड़ी के चारों तरफ आ गए। फिर से खाने के लिए हंगामा शुरू हो गया, जो पहले ही शुरू था।

9

चार विद्वान मिलकर चाय पियें, सप्रेम बैठकर अनुपस्थित पाँचवें विद्वान की निंदा करें, आपस में मजाक करें, विषय को छोड़कर हर विषय पर चर्चा करें तो सरकारी टी.ए., डी.ए. से लेकर समाचारपत्रों तथा शोधपत्रों तक के लिए लगभग सेमीनार हो जाता है। चार लोग मिलकर, किलोल करते हुए, भरे पेट से डकार लेते, विदेश-प्रवास की सुखद स्मृतियों का दुखद रोना रोते, यह साला क्या बोले चला जा रहा है—इस बात पर आश्चर्य प्रकट किए बिना, मुँह बाए बैठकर, आँय-बाँय सब सुनते हुए जो खेल करते हैं, उसे सेमीनार कहते हैं। सेमीनार किसी भी इनडोर खेल-जैसी चीज है, जैसे ताश खेलना, चौपड़ सजाना या तीन-पत्ती खेलना। सेमीनार और तीन-पत्ती के खेल में अंतर यही है कि सेमीनार को आप बिना ताश के पत्तों के भी खेल सकते हैं।

डाक्टरों का सेमीनार थोड़ा अलग किस्म का खेल होता है। डाक्टरों के बड़े-बड़े सेमीनार तथा सम्मेलनों की तो खैर बात तथा ठाठ ही दूसरे हैं। हम यहाँ उसकी बात नहीं कर रहे। हम तो उनके एक छोटे-से खेल की चर्चा कर रहे हैं, जो चार डाक्टर मिलकर कहीं भी खेल लेते हैं, कभी भी खेल लेते हैं और प्रायः खेलते रहते हैं। इसे भी वे सेमीनार ही कहते हैं या केस-प्रेजेंटेशन या केस-डिसकशन या क्लीनिकल-मीटिंग। घरेलू खेल है यह। अष्टा-चंगा-पै, या चोर-सिपाही या हूलगदागद या छुपा-छुपौवल या घोड़ा-बादामशाही टाइप का। एकदम ऐसा घरेलू खेल जिसमें किसी तामझाम की आवश्यकता नहीं होती, पर मजा पूरा आता है। डाक्टरों द्वारा खेले जानेवाले इस सेमीनार या क्लीनिकल-मीटिंग में किसी बीमारी को पहले फींचा जाता है, फिर बहस के पत्थर पर उसे पटक-पटककर बीच-बीच में मजाक के पानी के छींटे दिये जाते हैं और अंत में निष्कर्ष की टूटी अलगनी पर वापस वैसा ही टाँग दिया जाता है। वार्ड में जो मरीज ठीक नहीं हो रहा है, समझ में नहीं आता है, उसका सबसे शर्तिया इलाज चिकित्सा विज्ञान ने यह निकाला है कि इस केस पर एक क्लीनिकल-मीटिंग कर ली जाए। "यार, इसे इस बार की क्लीनिकल-मीटिंग में रख लो," या "इस बार का सेमीनार इस बदमाश पर रख लो"—यह निर्णय राउंड लेते डाक्टर लेते रहते

हैं। "साहब, यह मरीज ठीक ही नहीं हो रहा।" या "सर, मेरी हालत तो दिनोंदिन और खराब होती जा रही है" के जवाब में डाक्टर यही कहता है कि तुम चिंता मत करो। वह दिन दूर नहीं, जब तुम पर हम एक सेमीनार करेंगे, जिसमें सभी डाक्टर मिलकर बात करेंगे कि तुम्हें क्या है ? इससे फायदा यह होता है कि एक ही डाक्टर रोज-रोज की चिंता करने के झंझट से मुक्त हो जाता है। एक दिन सभी डाक्टर मरीज को लेकर बैठते हैं और चिंता करते हैं कि इस पट्ठे को आखिर है क्या ? प्रायः वे इस निष्कर्ष पर पहुँचते हैं कि इसे या तो 'अ' बीमारी है या 'ब', फिर 'स', 'द', 'र', 'ल', 'व'। कुछ लोगों का यह भी मत रहता है कि क्यों नहीं इसे 'प', 'फ', 'ब', 'भ', 'म'-जैसी कोई बीमारी है क्योंकि इन बीमारियों में भी तो मरीज बेहोश हो जाता है, उसे झटका आता है और आँखों से एक के बजाय दो दिखने लगते हैं। तब एकाध डाक्टर यह भी विचार प्रकट कर सकता है कि यह केस 'क', 'ख', या फिर 'ग', 'घ' या निश्चित ही 'ण' से पीड़ित है क्योंकि उसको भी यह सब हो सकता है। तब 'प', 'फ' वाला कहता है या कह सकता है कि 'क', 'ख', 'ग', 'घ' में एक के दो नहीं दिखते हैं, अतः यह केस 'क', 'ख' नहीं हो सकता। तब 'क', 'ख' का हिमायती डाक्टर बताता है कि फलाँ जर्नल में, जिसका नाम तथा अंक उसे याद नहीं है, पर उसे यह पक्का याद है कि उसमें 'क', 'ख', 'ग', 'घ' में भी एक के दो दिखने का सन्दर्भ दिया गया था और जहाँ तक इस मरीज का प्रश्न है, हो सकता है कि यह दो के ही दो देख रहा हो और सोचता हो कि वह एक के दो देख रहा है। इस तरह इस मरीज को दो को एक समझने की बीमारी है, जो 'क', 'ख', 'ग', 'घ' में होता है, जबकि 'प', 'फ', 'ब', 'भ' में नहीं होता। तब अभी तक ऊँघ रहा कोई डाक्टर यह बताता है कि ऐसा न 'क', 'ख', 'ग' में लिखा है, न ही 'प', 'फ', 'ब', 'भ' में। तब सभी डाक्टरों में काँय-काँय होने लगती है कि फलानी किताब में ऐसा है तथा फलानी में ऐसा नहीं है। मरीज की छाती पर मोटी-मोटी किताबें खोलकर तथा मरीज की छाती पर ही मोटे-मोटे घूँसे पटककर वे क्लीनिकल डिसकशन का खेल खेलते रहते हैं। अंत में वे खेल खत्म करके यह कहते हुए अपने-अपने घर पत्नियों से डाँट खाने निकल जाते हैं कि इस मरीज को अवश्य 'अ', 'आ', 'इ', 'ई', 'क', 'ख', 'ग', 'घ', 'प', 'फ', 'ब', 'भ', 'य', 'र', 'ल', 'व', या 'क्ष', 'त्र', 'ज्ञ' में से कोई बीमारी है, जिसके लिए इसे 'ए', 'ऐ', 'ओ', 'औ', 'त', 'थ', 'द', 'ध', 'अं', 'अः' या 'उ', 'ऊ', में से कोई इलाज दिया जा सकता है, जो शायद असर करे या शायद न भी करे। वैसे और कनफर्म करने के लिए कि इसे क्या बीमारी है, हम चाहें तो 'क', 'का', 'कि', 'की', 'कु', 'कू', 'के', 'कै' या 'प', 'पा', 'पि', 'पी', 'पे', 'पै', 'पो', 'पौ', जैसी नवीनतम जाँच भी करा सकते हैं और उसके बाद 'ए', 'ऐ' आदि का इलाज शुरू कर सकते हैं, जो बहुत अच्छा काम करता

है, या कभी-कभी बिल्कुल ही नहीं करता।

इस प्रकार इस अस्पताल में भी सेमीनार द्वारा समस्त लाइलाज कठिन रोगों का इलाज होता था।

ऐसी गौरवशाली पृष्ठभूमि में आज की क्लीनिंग-मीटिंग बस शुरू ही होने को थी। शर्माजी अपने मजबूत कंधों पर सेमीनार की निरर्थक बहस का बोझ तथा सार्थक बातों की लाश उठाने को तैयार खड़े थे। वे ही हकीम साहब का केस समस्त जूनियर डाक्टरों तथा मेडिकल डिपार्टमेंट के विशेषज्ञ डाक्टरों के समक्ष प्रस्तुत करनेवाले थे, पर उनका यह आइटम विशेष तौर पर जिस विशिष्ट दर्शक के लिए पेश किया जा रहा था, वे डा. चौबे थे, जो आ गए थे तथा आते ही कुर्सी पर ऊँघने लगे थे। सारे जूनियर डाक्टर पीछे की सीटों पर स्कूली बच्चों से सहमे तथा चुपचाप बैठे थे। वे ऐसे सहमे तथा चुपचाप डा. चौबे के कारण तथा उनको दिखाने के लिए थे। समस्त विशेषज्ञ डाक्टर भी चुपचाप बैठे थे। सभी पर डा. चौबे का भय व्याप्त था। सेमीनार तथा केस-डिसकशन के बीच वे किसी की भी पगड़ी उछाल सकते थे। डा. चौबे किसी से भी कुछ भी पूछ सकते थे तथा किसी के भी द्वारा उठाए गए सही मुद्दे तथा टिप्पणी को घटिया, गलत तथा हठधर्मीपूर्ण बात से काट सकते थे। किसी की हिम्मत नहीं थी कि उनकी अपनी व्यक्तिगत एकेडेमिक राय पर, जो किसी भी किताब में नहीं मिलती थी, अपनी राय दे सके। सभी से 'हाँ-हाँ, सही बात है' या 'ही-ही' ही करते बनती थी। जो राय डा. चौबे की मरीज की बीमारी के विषय में होती थी वही अंततः सबकी होती थी। इसके सिवाय कुछ भी सोचना, बोलना, फुसफुसाना या कहना नादानी, दुस्साहस तथा बदतमीजी माना जाता था। यह मजबूरी थी। यदि मरीज मेडिसिन में भरती हुआ है तो उसे उसी बीमारी से मरना होता था, जिससे चौबेजी चाहें। मरीज अपनी या अन्य किसी डाक्टर की बीमारी से नहीं मर सकता था।

जूनियर डाक्टरों की स्थिति तो आप जानते ही हैं, परंतु कुछ विशेषज्ञ डाक्टर तो डा. चौबे की हाँ-में-हाँ मिलाने में जूनियर डाक्टरों को भी पीछे छोड़ देते थे। इन्हीं में से एक डा. सक्सेना थे। वे डा. चौबे की कही हर बात को तुरंत दोहराते थे तथा कभी-कभी तिहराते-चौहराते भी थे। वे छोटी-छोटी बातें भी चौबेजी के साथ बोलते जाते थे। वे चौबेजी की कुर्सी के तुरंत पीछेवाली पर चोबदार-कम-सेनापति-कम-अंगरक्षक की भाँति चुस्त मुद्रा में बैठे रहते थे। वे अभी भी इसी स्थान पर उसी स्थायी मुद्रा में बैठे हुए हैं। डा. चौबे उनकी कुर्सी के सामने अधलेटे से ऊँघ रहे हैं। शेष डाक्टर चौबेजी की तरफ ताक रहे हैं कि वे नींद से उठकर कहें, तो केस शुरू हो। हकीम साहब को लाकर सेमीनार-रूम की एक्जामिनेशन-टेबल पर लिटा दिया गया था। सारा चित्र कुल मिलाकर चित्रगुप्त की कचहरी-जैसा बन गया था। शर्माजी वक्ता के निश्चित स्थान पर डायस के

पीछे तथा दीवार पर टँगी मैडम क्यूरी की तस्वीर के ठीक नीचे मासूम-से खड़े हो गए थे। मैडम क्यूरी के साथ ही दीवार पर कतारबद्ध रावर्टकॉक, लेनेक, चरक, आस्कर, हचिनसन, अरगाइल राबर्टसन आदि विख्यात चिकित्सक तथा वैज्ञानिक अपने-अपने फ्रेमों की सीमाओं में बँधे लटके हुए वहीं दीवार से डा. शर्मा को प्यार से ताक रहे हैं तथा इस बात से प्रसन्न दिखाई दे रहे हैं कि उनके द्वारा पाला-पोसा तथा विकसित चिकित्सा-विज्ञान उनकी मृत्यु के बाद अनाथ तथा लावारिस नहीं छूट गया है–उसे शर्माजी ने गोद ले लिया है तथा डा. चौबे ने उसकी परवरिश की ठान ली है।

शर्माजी ने केस के विषय में सारी तैयारियाँ कर ली थीं। तैयारी से तात्पर्य केस की जाँच या किताबों में इस बीमारी के विषय में लिखे वर्णनों में सिर खपाने से न होकर उनकी टाई, बेतरतीब चेहरे पर तरतीब से जमे पाउडर तथा क्रीम, चौबेजी के लिए प्रस्तुत की जानेवाली चाय में डालने के लिए इलायची तथा अदरक के इन्तजाम तथा यह जानने के लिए जासूसी की हद तक जाने से था कि चौबेजी की राय इस केस के विषय में क्या है ? महत्वपूर्ण यह नहीं था कि मरीज को क्या बीमारी थी, बल्कि अधिक महत्व की बात यह थी कि चौबेजी इस मरीज में कौन-सी बीमारी मानते थे। शर्माजी को काफी छान-बीन, व्यक्तिगत पूछताछ तथा मुखबिरी के बाद यह पता चला था कि डा. चौबे का स्वयं भी हकीम साहब की बीमारी के विषय में स्पष्ट विचार नहीं था, गोकि वे इसे मलेरिया मानना चाहते थे। यह देखते हुए शर्माजी ने तय कर लिया था कि वे अपने पुराने फार्मूले को ही आजमाएँगे, जिसके तहत वे कहेंगे कि वैसे इस मरीज को कुछ है नहीं, यूँ हमने पूरी जाँच कर ली है क्योंकि जाँच तो हमें करनी ही थी, या अधिक सुरक्षित तरीका यह रहता कि वे मरीज को मलेरिया घोषित कर देते। किसी अन्य डाक्टर की हिम्मत नहीं थी कि डा. चौबे के लाड़ले मलेरिया का विरोध करता और चौबेजी तो खैर प्रसन्न होते ही। शर्माजी भी चौबेजी के इशारे की प्रतीक्षा कर रहे थे कि वे कहें, तो सेमीनार-सेमीनार का खेल शुरू हो। पर चौबेजी ऊँघ रहे थे। पीछे बैठे डा. सक्सेना की निगाहें तथा कान भी चौबेजी की दिशा में थे।

यकायक चौबेजी मानो नींद से जागे और चौंककर उन्होंने कहा, "क्या देर है भई ?"

डा. सक्सेना ने तुरंत प्रश्न को लपका तथा दोहराते हुए सदन को बताया, "साहब यह कह रहे हैं कि क्या देर है ?"

शर्माजी ने आदरपूर्वक कहा, "कोई देर नहीं है, सर। यदि आप कहें तो शुरू कर दें ?"

यह सुनकर चौबेजी थोड़ी देर यूँ ऊँघते रहे तथा ऊँघते हुए कुछ सोचते रहे। फिर वे यकायक चौंककर उठे और बोले, "बड़ी गरमी है, यार।"

डा. सक्सेना ने सभी को बताते हुए कहा, "साहब कह रहे हैं कि आज बहुत गरमी लग रही है क्योंकि आज बहुत गरमी है।" यह कहने के बाद उन्होंने चौबेजी से अलग से कहा, "ठीक कह रहे हैं सर, आज बहुत गरमी है। मैं भी सुबह से यही सोच रहा था कि आज क्या है ? अब याद आया है कि आज बहुत गरमी है।"

डा. चौबे ने टाई ढीली कर ली और कागज के एक टुकड़े से हवा करने का 'माईम'-जैसा करने लगे।

"कूलर लगा होना चाहिए अपने सेमीनार-रूम में," चौबेजी ने कहा।

"अब कूलर भी क्या करे ? गरमी इतनी है," पुनः चौबेजी ने कहा।

डा. सक्सेना ने तेज-तेज सिर हिलाकर कहा, "ठीक कह रहे हैं सर, कूलर भी क्या कर सकता है ?" इसके बाद उन्होंने दाँत निकालते हुए सारे सदन को बताया, "साहब कह रहे हैं कि कूलर भी बेचारा क्या कर सकता है ? गरमी इतनी है।" इसके बाद उन्होंने और भी ढेर सारे दाँत न जाने कहाँ से निपोरकर चौबेजी से कहा, "सच कहा, सर। एकदम सच बात है। बेचारा कूलर भी क्या करे ? गरमी इतनी है। गरमी बहुत है सर। कूलर इसमें क्या कर सकता है ? कूलर कुछ नहीं कर सकता। सच कहा, सर। क्या बात कही है सर कि कूलर भी बेचारा क्या करे।"

डा. चौबे सक्सेना की चापलूसी-भरी बातों को सुनते हुए पुनः ऊँघने लगे।

शर्माजी ने डायस से थोड़ा आगे आकर चौबेजी से पूछा, "सर, शुरू करूँ ?"

"क्या शुरू करूँ ?" डा. चौबे ने आँखे खोले बिना पूछा।

"जी केस प्रजेंटेशन।"

"कौन-सा केस ?"

"जी, हकीम साहबवाला।"

"कौन हकीम ?"

"जी, जिनके पेट में दर्द है।"

"पर मरीज कौन है ?"

"जी, हकीम साहब।"

"पर वह तो हकीम हैं ?"

"सर, हकीम ही मरीज है।"

"यार, साफ-साफ बताइए शर्माजी, कि हकीम ही मरीज है या मरीज ही हकीम है या हकीम मरीज का हकीम है या यह मरीज हकीम का मरीज है। और मरीज जो है वह किसका मरीज है ?"

"सर, एक हकीम साहब हैं, जो मरीज हैं।"

"यार, फिर तो इनकी हकीमी खूब चलती होगी। कोई नहीं आया तो खुद को ही देखकर व्यस्त रहते होंगे। क्या कहते हो ?"

बीच बहस में डा. सक्सेना अपनी चापलूसी लेकर कूदे, "साहब कह रहे हैं कि चूँकि हकीम साहब खुद ही मरीज भी हैं, जैसाकि आपने अभी कहा, शर्माजी, तब तो इन हकीम साहब की हकीमी खूब चलती होगी। और यह सत्य भी है। देखा जाए तो यह बड़ी अच्छी बात भी है कि हकीम स्वयं ही मरीज भी हैं। वह स्वयं को ही देख सकता है। दिन-भर देख सकता है। साहब ने कितनी बढ़िया बात बोली है कि फिर तो हकीम साहब खुद ही खूब व्यस्त रहते होंगे। क्यों भाई, क्या कहते हो ?"

"सही कहा सर, साहब ने बहुत अच्छी बात कही।"

"सर, शर्माजी कह रहे हैं कि आपने बहुत अच्छी बात कही।"

"हम हमेशा कहते हैं।"

"आपका क्या कहना, सर !"

"ठीक कह रहे हैं। पर हमारे पिताजी तो और भी अच्छी बातें कहते थे। वो तो बाद में मलेरिया ने उन्हें दो-तीन बार पकड़ लिया, तो वे चुपचुप रहने लगे।"

"आपके पिताजी का क्या कहना, सर !"

साहब चुप रहे। शायद वे पिताजी, या शायद मलेरिया की यादों में खो गए थे।

"शुरू करें साहब ?" शर्माजी ने पूछा।

"क्या शुरू करें ?" चौबेजी ने बात को पुनः स्टार्टिंग प्वाइंट पर लाकर रख दिया।

"सर, केस-प्रेजेंटेशन शुरू करें क्या ?"

"कौन-सा केस ?"

"वही मरीज, जो हकीम भी है।"

"यार अजीब केस है। बड़ा जटिल केस है यह। पर यह चक्कर क्या है ? वही मरीज हकीम है या वही हकीम मरीज है ? और क्या वही हकीम इसी मरीज का भी हकीम है या उसी हकीम का यही मरीज है या उस हकीम का कोई और मरीज है या यह मरीज इस हकीम का मरीज नहीं है ? चक्कर क्या है ?" चौबेजी बड़बड़ाते रहे।

शायद यह गंभीर पड़ताल कुछ और चलती, कि इसी बीच इस सारी बहस को रुचि से सुन रहे हकीम साहब अपनी जगह से उठकर आए और उन्होंने चौबेजी को आदाब किया।

"और हकीम साहब, कैसे हैं ?" चौबेजी ने आदाब का जवाब देते हुए पूछा।

"साहब पूछ रहे हैं कि और हकीम साहब, कैसे हैं ?" सक्सेना साहब ने

हस्बे-मामूल बात को दोहराते हुए हकीम साहब से कहा।

"हमें पता है कि साहब पूछ रहे हैं कि हम कैसे हैं।" हकीम साहब ने सक्सेना साहब की बीच में घुसकर चापलूसी करने की प्रवृत्ति को दुत्कारते हुए सीधे संपर्क किया।

"हम ठीक हैं," हकीम साहब ने सीधे चौबेजी से ही कहा।

"और इंद्रमणिजी कैसे हैं ?"

"इंद्रमणिजी अच्छे हैं," हकीम साहब ने कहा।

"आपका पेटदर्द कैसा है ?" चौबेजी ने पूछा।

"हमारा पेटदर्द बना हुआ है।"

"सर, ये कह रहे हैं कि इनका पेटदर्द बना हुआ है," डा. सक्सेना ने चौबेजी तक किसी चुस्त हरकारे की भाँति संदेश पहुँचाया।

"आज हम आपके केस के बारे में ही बात करने के लिए यह सेमीनार कर रहे हैं," चौबेजी ने हकीम साहब को बताया।

"क्यों भई शर्माजी, यही केस है न ?" चौबेजी ने पूछा।

"हाँ सर, यही केस है।"

"पर तुम तो किसी हकीम की बात कर रहे थे ?"

"सर, ये हकीम भी हैं।"

"आप हकीम भी हैं ?"

"हम हकीम भी हैं हुजूर।"

"आपका ही केस आज हम ले रहे हैं। क्यों भई शर्माजी।"

"जी हाँ, यही केस है," शर्माजी ने माना।

"फिर देर क्या है ?"

"सर, कोई देर नहीं है। शुरू करें क्या ?"

"सर, शर्माजी पूछ रहे हैं कि शुरू करें क्या, क्योंकि देर कोई भी नहीं है," सक्सेना साहब ने दोहराया।

"शुरू करो भई, शुरू करो," कहकर चौबेजी ऊँघने लगे।

हकीम साब पुनः जाकर टेबल पर लेट गए। सभी चुस्त होकर सीधे बैठ गए। सक्सेना साहब चौबेजी की कुर्सी के पीछे जमे रहे।

शर्माजी ने केस-प्रेजेंटेशन शुरू किया।

एम्बुलैंस के पास इस समय जो चार पैर पास-पास खड़े या पड़े हैं, हम अब उनकी चर्चा करेंगे।

इनमें से दो पैर जानकी बाबू के हैं, जो एम्बुलैंस के नीचे पड़े थे। उनकी

टाँगें एम्बुलैंस के बाहर निकली हुई थीं और वे स्वयं एक पुर्जे को प्यार से देख रहे थे, कि तभी दो अदद टाँगें, लँगड़ाती चाल चलती हुई उनकी बाहर निकली हुई टाँगों के पास आकर रुकीं। फिर बाहर से आवाज आई, "क्यों भैया, ये मेल मेडिकल वार्ड किधर है ?"

"कौन है बे ?" जानकी बाबू को इस तरह उनके रंग में भंग डालनेवाला प्राणी बरदाश्त नहीं हुआ।

"हम हैं सरकार," बाहर से बड़ी दयनीय आवाज आई।

"अबे, हम कौन ?" जानकी बाबू ने फटकारा।

"कनछेदी के कक्का हजूर," बाहर से आई आवाज।

"कौन कनछेदी बे ?" जानकी बाबू ने बाहर की तरफ खिसकते हुए कहा।

"मर रहा है सरकार। खटिया पे है।"

"अबे, मरेगा तो खटिया पर ही तो होगा," जानकी बाबू अब एम्बुलैंस से आधे बाहर आ गए थे।

"सरकार, मेल मेडिकल वार्ड के लिए किधर से जाना होगा ?" कनछेदी के कक्का ने बाहर आते हुए जानकी बाबू से हाथ जोड़कर पूछा।

जानकी बाबू ने कोई जवाब नहीं दिया। वे बाहर निकले। निकलकर उन्होंने एक अँगड़ाई ली, उँगलियाँ चटकाईं और एक नजर बूढ़े रिश्तेदार तथा उसके पीछे खटिया पर मृतप्राय पड़े कनछेदी को लादे हुए, घबराए पिल्लों से परेशान गाँववालों को देखा। ये गरीब भी साले एक ही हैं। बिना पैसा लिए अस्पताल में आ जाते हैं और फिर बौराए घूमते हैं। पैसे बिना सरकारी अस्पताल में घुसने की इनकी हिम्मत कैसे होती है ? सबको पागल समझ रखा है क्या, कि कोई बिना पैसा लिए काम करेगा ? किसके पास फुर्सत है ? कौन बताएगा इनको कि मेल मेडिकल वार्ड किधर है ? सभी तो पैसा बनाने में व्यस्त हैं। क्या फीस मिलती है मेल मेडिकल वार्ड का पता बताने में ? फिर कोई क्यों बताए ? क्या फीस मिलती है मरीज से सांत्वनापूर्ण मीठे बोल बोलने की ? फिर कोई क्यों मीठे बोल बोले मरीजों से ? क्या फीस मिलती है गरीब मरीजों से हमदर्दी की ? फिर कोई क्यों हमदर्दी दिखाए इन हरामियों से ? यहाँ, इस अस्पताल में हर चीज की फीस तय है। डाक्टर फीस लेकर मरीज देखता है। नर्स के पैसे अलग हैं। ड्रेसर पट्टी बाँधने के पैसे माँगता है और भंगी टट्टी का बर्तन देने के पैसे ले रहा है। वे स्वयं भी एम्बुलैंस लेकर जाते हैं, तो फीस के सहारे के बिना उनका गियर नहीं बदल पाता। अस्पताल में हर काम की फीस तय है। जिनकी नहीं है, उनकी भी हो जानी चाहिए। जैसे, मेल मेडिकल वार्ड का पता बताने की फीस। इसकी फीस क्यों नहीं होनी चाहिए ? अवश्य होनी चाहिए। कोई पूछे कि मेल मेडिकल वार्ड कहाँ है, या फलाँ डाक्टर साहब कहाँ मिलेंगे, या आज तारीख क्या है श्रीमान–तो तुरंत

अस्पताल के कर्मचारी को चाहिए कि वह पूछनेवाले से पाँच रुपए माँग ले।

"क्या बात है ?" जानकी बाबू ने हिकारत से पूछा।

"मेल मेडिकल वार्ड किधर है, सरकार ?"

"अस्पताल के अंदर है," जानकी बाबू ने कहा।

"मरीज मर रहा है सरकार, तनिक समझा देते।"

"मर रहा है तो अंदर ले जाओ।"

"किधर सरकार ?"

"मेल मेडिकल वार्ड में यार।"

"पर मेल मेडिकल वार्ड किधर है सरकार ?"

यकायक जानकी बाबू को अपना चिंतन याद आया। क्यों न आज से इन प्रश्नों के उत्तरों की फीस लागू कर दी जाए ?

"बता दें ?" जानकी बाबू ने पूछा।

"बता दें सरकार," कनछेदी का रिश्तेदार अभी भी घिघिया रहा था।

"बता देंगे, पर पाँच रुपए लगेंगे," जानकी बाबू ने इत्मीनान से कहा और एम्बुलैंस का सहारा लेकर खड़े हो गए।

रामलँगोटजी ने नर्स को आवाज दी और पूछा कि वह आकर उन्हें बताए कि किस मरीज को कौन-सी डाइट मिलनी है। यह बात उन्होंने ऐसे गर्व तथा विश्वास से कही मानो उनकी इस छोटी-सी टुटही गाड़ी की फूटी बाल्टियों में वे डायबेटिक-डाइट, वजन कम करनेवाली डाइट, फैट-फ्री डाइट, साल्ट-फ्री डाइट, लो-कैलोरी डाइट आदि विभिन्न प्रकार के सारे भोजन टेक्स्ट-बुक-आफ मेडिसिन से निकालकर सीधे यहाँ ले आए हों। ऐसी पतली दाल, जली रोटियाँ तथा भुनकर राख हुई सब्जी में वे प्रोटीन, वसा, कार्बोहाइड्रेट, विटामिनों, आयरन तथा ताकत का खजाना भरकर लाए थे और मरीजों की इस भूखी भीड़ पर लुटा देना चाहते थे। उन्होंने फिर से नर्स को आवाज दी कि आकर मरीजों की डाइट बताए। नर्स ने बिना उनकी बात पर ध्यान दिए बताया कि यह सिस्टर नंबर दो का काम है, जो सिस्टर नंबर तीन के काम में व्यस्त है क्योंकि सिस्टर नंबर तीन, सिस्टर नंबर चार के काम में बिजी है।

यह सुनकर रामलँगोटजी ने चीखकर कहा, "आ जाओ कोई, नहीं तो हम वापस लिए जाते हैं गाड़ी।"

"अभी हमारे पास टाइम नहीं है। तुम, जो मरीज माँगे, उसे दे दो," सिस्टर ने वहीं से बताया।

"हम ऐसे नहीं देंगे।"

"मत दो।"

"हम गाड़ी वापस ले जा रहे हैं।" रामलँगोटजी ने धमकी दी।

"ले जाओ।"

"सब मरीज मर जाएँगे, भूखों।"

"अस्पताल आए हैं, तो मरने से डरना क्या।"

नर्स तथा रामलँगोटजी की इस झिकझिक के दौरान खाना लेनेवाले मरीजों की भीड़ खाने की ट्रॉली के चारों तरफ बढ़ती गई। मरीज अपने-अपने बर्तन रामलँगोटजी की दिशा में आटोग्राफ बुक की तरह बढ़ा रहे थे। रामलँगोटजी के चारों तरफ परातों, थालियों, गिलासों, कटोरे-कटोरियों, डिब्बों, लोटों, ढक्कनों आदि का जंगल उग आया था। सारे बर्तन आपस में टकरा रहे थे। बर्तन पैरों पर गिर रहे थे और मरीज उछल-उछलकर चोटिल पैरों पर नाचते हुए जो गीत गा रहे थे, उसका स्थायी स्वर या टेक यही थी कि "रामलँगोट भैया-दद्दा, या बापू, भोजन दो"। रामलँगोटजी के चारों तरफ भयानक शोरगुल मचा हुआ था। उनके चारों तरफ भूख, मजबूरी, गरीबी और लाचारी का समंदर लहरा रहा था, जिसके बीच वे किसी नखलिस्तानी टापू से उभरे हुए थे। कुछ मरीजों के बर्तन हाथ से छूटकर खुद के या दूसरों के पैरों पर गिर यहाँ-वहाँ लुढ़क गए थे। वे उसी भीड़ के बीच उकड़ूँ होकर, टाँगों के बीच अपना सिर घुसेड़कर तथा भीड़ के बीच हाथ डालकर टटोलते हुए अपने बर्तन खोज रहे थे। कोई रामलँगोटजी की टाँगों के बीच से निकलने का प्रयास कर रहा था, तभी रामलँगोटजी अपनी जगह पर उछल गए और चीखकर बोले, "अबे, नोच कौन रहा है ?"

इस प्रश्न के जवाब में हजारों कंठों ने कहा, "अरे, रामलँगोटजी को कौन नोच रहा है ?" मरीजों की पूरी भीड़ ने जमीन पर बर्तन खोजती सारी भीड़ को धिक्कारते हुए पुनः कहा, "अबे, रामलँगोटजी को कौन नोच रहा है ?" यह कहने के बाद सांत्वना देने तथा दुख बँटाने की भारतीय परंपरा के बहुत-से अनुयायी रामलँगोटजी से पुचकारते हुए पूछने लगे, "क्या हुआ रामलँगोटजी ?"

"अरे किसी ने बिचारों की टाँग में नोच लिया ?" किसी और ने बताया।

"यह ठीक नहीं," किसी और ने राय दी।

"नुचवाने के लिए थोड़े ही आए हैं वे," एक और बोला।

"नोचा कि काट लिया ?" एक ने पूछा।

"चाकू-वाकू न गड़ा दिया हो ?" पहलेवाला बोला।

"आदमी का आजकल भरोसा नहीं," एक और बोला।

"बिच्छू-इच्छू तो नहीं ?" किसी ने पूछा।

"वो भी काटे तो लगता है कि नोच लिया," किसी ने समर्थन किया।

"हमारे चाचाजी को काटा था," एक और बोला।

"मरे कि बचे ?" किसी ने पूछा।

"बच गए, बढ़िया बैठे हैं आज तक," बताया गया।

"देसी घी खाया होगा अपने जमाने में। आजकल के होते, तो टें हो जाते," एक ने अपनी थाली को सामनेवाले के सिर पर गड़ाते हुए कहा।

"सही कहा।"

"सही कहा।"

रामलँगोटजी ने इसी बीच खाना बाँटना शुरू कर दिया था क्योंकि वे जान गए थे कि इस भीड़ से त्राण पाने का यही एकमात्र उपाय बचा था।

भीड़ के दूसरे सिरे पर, हाथ में एक जग लिए मेडिकल वार्ड का वार्डबॉय रामलँगोटजी के पास तक पहुँचने के लिए रास्ता बनाने के महती प्रयास में लगा हुआ था।

रामलँगोटजी ने उसे दूर से ही देख लिया था। दूध पीने की आदत लग जाए तो होती बड़ी बुरी है। छूटती नहीं। खासकर यदि अस्पताल के मुफ्त के दूध की आदत लग जाए—रामलँगोटजी ने सोचा। अस्पताल के बहुत-से वार्डबॉय, सफाई कर्मचारी, नर्सें इत्यादि अस्पताल के पतले दूध पर पल रहे थे।

रामलँगोटजी ने वार्डबॉय की तरफ देखते हुए, बिना मरीज के बर्तन पर निगाह किए पतली दाल मरीज़ को परोस दी।

मरीज ने रामलँगोटजी के चमचे से गिरती दाल के नीचे लपककर थाली लगा दी और प्रसाद ग्रहण किया। बहुत-सी दाल नीचे गिरकर उस मरीज की पीठ पर बहती हुई अधोवस्त्रों में घुस गई, जो नीचे पड़े-पड़े रामलँगोटजी को कुछ समय पूर्व नोच चुका था। पाप का फल उरो तुरंत मिल गया था।

रामलँगोटजी ने वार्डबॉय को ललकारकर आवाज दी, "दूध के लिए जान मत दो, मिल जाएगा।"

"वह बात नहीं है," वार्डबॉय ने भीड़ में धँसते हुए कहा।

"सारी ताकत भीड़ में घुसने में लगा दोगे ? उतनी तो इस पतले दूध से वापस भी नहीं मिलनी," रामलँगोटजी ने समझाया।

"वह बात नहीं है," वार्डबॉय ने फिर कहा।

"फिर क्या बात है ?"

"बात करनी है, आपसे..."

"बोलो।"

"अलग से, पिराईवेट बात है।"

"क्या है ?"

"पिराईवेट है, जल्दी।"

"यार, देख नहीं रहे कि हम खाना बाँट रहे हैं ?"

"जरूरी बात है।"

"फिर वहीं से बोल दो भैया। देख रहे हो कि हम खाना बाँट रहे हैं," रामलँगोटजी ने एक ही कटोरी में दाल, रोटी तथा चावल डालते हुए कहा।

"गँधा रही है दाल," मरीज ने कटोरी सूँघते हुए कहा।

"यार, सूँघो मत। नाक बंद करके पी जाओ। बीमारी में अंट-शंट गंधें आती हैं," रामलँगोटजी ने समझाया।

"पतली बहुत है स्साली," एक और मरीज ने कहा।

"तभी तो पचेगी भैया। अपना पेट भी तो देखो," रामलँगोटजी ने कहा।

तब तक वार्डबॉय भीड़ में और आगे आ गया था और रामलँगोटजी की तरफ लगातार सफलतापूर्वक आगे बढ़ रहा था। उन्होंने उसे इस प्रकार अधीरता से अपनी ओर आता देखकर तेज गति से दाल-सब्जी बाँटना शुरू कर दिया। "कोई जरूरी बात ही होगी। दूध के लिए वह ऐसा न भागता," उन्होंने सोचा और चमचे को तलवार की तरह दाल, सब्जी तथा चावल के बर्तनों के बीच घुमाना शुरू कर दिया और जो बर्तन सामने पड़ा, उसी में फेंकने लगे। जिसके भाग्य में जो बदा था, उसे वह मिलने लगा। किसी को थोड़ा, किसी को बहुत तथा किसी को कुछ भी नहीं मिला। कुछ लोग अभी भी खो गए बर्तनों का रोना रो रहे थे। कुछ अहसान-फरामोश मरीज दाल-सब्जी को सूँघकर, बाहर, उल्टी करने के लिए दौड़ गए थे। कुछ मरीज पूरी दाल पीकर पुनः भीड़ में लग गए थे तथा पुनः दाल प्राप्त करने की जुगाड़ में थे। गाँव से आए गरीब मरीजों को स्वयं का तो पेट भरना ही था, साथ ही, इसी दाल-रोटी से अपनी पत्नी तथा बच्चों का भी पेट भरना था, जो बीमार पति या बाप के साथ यहाँ जेब में अपनी गरीबी लिए चले आए थे। गरीबी के साथ मुश्किल यह है कि इसे दिखाकर या बेचकर आप सिर्फ भूख खरीद सकते हैं, जोकि इन गरीब मरीजों के पास पहले ही खूब थी। इतनी भूख चारों तरफ थी कि क्या कहिए ! ये भूखे उठते थे और फिर पट्ठे ऐसे भूख के शौकीन थे कि दिन-भर भूखे रहकर रात में भी भूखे ही सो जाते थे। ये न रोटी खाते थे, न ही आइसक्रीम, मैगी-नुडल्स, चिकन या बिरयानी आदि। स्सालों को जैसे खाने का शौक ही न था। देश के गरीबों का बस एक ही शौक था, और वह था गरीब रहते हुए भूखे रहना। अस्पताल में जो गरीब मरीज भरती होते थे, वे भी रामलँगोटजी की इस भोजन-ट्रॉली के रहते भूखे ही रहते थे। सरकार को उनके शौक का पूरा ख्याल था।

"दूध लोगे ?" रामलँगोटजी ने प्यार से पूछा।

"वह तो लेंगे ही, पर···" वार्डबॉय ने कुछ कहना चाहा। वह सर्जिकल वार्ड के बरामदे में ट्रॉली पर पड़े मुर्दे तथा उसके रिश्तेदारों के हंगामे के विषय में बात करके रामलँगोटजी से यह सलाह लेना चाहता था कि यह घटना डा. चौबे को

बताने लायक है या नहीं ?

"बढ़ाओ जग इधर··· अरे यार, हटाओ तुम अपनी थाली बीच से," रामलँगोटजी ने दूध डालने के उपक्रम में कहा।

वार्डबॉय ने जग आगे बढ़ाकर दूध ग्रहण करते हुए कहा, "एक बात थी दद्दा।"

"बढ़िया दूध आया है आज··· यार, यह नीचे से कौन चमचा खींच रहा है ?" रामलँगोटजी दूध डालते हुए दूध-मगन हो गए थे।

"जरूरी बात करनी थी," वार्डबॉय ने कहा।

"इतना पानी मिलाने के बाद भी कैसा गाढ़ा धरा है," पानी जैसे पतले दूध की गिरती धार को प्यार से देखते हुए रामलँगोटजी ने कहा।

"तनिक बाहर चलिए," वार्डबॉय ने जग को सँभालते हुए कहा।

"यहीं कह दो यार··· अबे, यह नीचे से कौन धोती खींच रहा है ?" रामलँगोटजी ने नीचे पड़े आदमियों पर शब्द-भेदी लात मारते हुए कहा।

वार्डबॉय ने थालियों, कटोरों आदि के बीच में मुँह घुसेड़कर तथा भयानक शोर के बीच रामलँगोटजी के कान में फुसफुसाते हुए कहा, "चौबेजी की बात है।"

रामलँगोटजी ने केवल 'चौबेजी' शब्द ही सुना और बात तथा स्थिति की गंभीरता को समझ गए। उन्होंने एक पहलवान से दिख रहे मरीज को अपनी राजगद्दी देते हुए कहा, "यार, जरा तुम बाँटना··· हम अभी आते हैं··· अरे, ओय, यह नीचे से कौन हमारा कुर्ता पकड़े है। छोड़ दो भैया। बाहर जाना है।"

नीचेवाला छोड़ने को तैयार नहीं था या कुर्ता ही कहीं फँसा था, कहना कठिन है–बस, एक चर्र की आवाज हुई और रामलँगोटजी दीवानों की भाँति चाक-गरीबाँ लिए वार्डबॉय के साथ, सारी भीड़ को रौंदते हुए मेडिकल वार्ड से बाहर के बरामदे में आ गए। वे अब सर्जिकल वार्ड की तरफ जा रहे थे।

डा. शर्मा ने केस-प्रेजेंटेशन शुरू कर दिया। उन्होंने सदन को आमतौर पर तथा डा. चौबे को विशेष तौर पर हकीम साहब के विषय में बताया। उन्होंने बताया कि मरीज के पेट में दर्द रहता है, वैसे उसे दर्द छाती, कमर, टाँगों, हाथों, पसलियों, पंजों, तथा नाखूनों में भी रहता है; कि मरीज का लिवर कुछ बढ़ा-सा लगता है, वैसे कुछ भी सही-सही नहीं कहा जा सकता; कि उसकी तिल्ली भी कुछ बढ़ी-सी लगती है, यद्यपि उसके विषय में भी सही-सही कहना कठिन है; कि मरीज के हृदय में एक 'मरमर' सुनाई दे रहा है, जो शायद डायस्टोलिक, या शायद सिस्टोलिक, या शायद डायस्टोलिक-सिस्टोलिक है, गोकि कुछ भी सही-सही नहीं कहा जा सकता;

तथा मरीज के फेफड़ों, फंडस, नर्वस-सिस्टम आदि के बारे में तो खैर कुछ भी सही-सही कहा ही नहीं जा सकता। एकदम ऐसा समाँ बँध गया, जैसे कोई मंचीय कविता प्रस्तुत की जा रही हो, जिसका शीर्षक 'कुछ भी सही-सही नहीं कहा जा सकता' हो। किसी ने भी वाह-वाह या इरशाद नहीं कहा और शर्माजी ने अगला छंद यूँ सुनाते हुए कविता-पाठ समाप्त किया, कि असली बात तो यह है कि इस मरीज के विषय में कुछ भी सही-सही नहीं कहा जा सकता। इतना कहने के बाद डा. शर्मा मंद-मंद मुस्कराने लगे। सारे डाक्टर समझ गए कि डा. शर्मा सही-सही इसीलिए नहीं कह पा रहे हैं, क्योंकि हमेशा की भाँति इन्होंने बिना मरीज की पूरी जाँच किए ही अंदाज से सबकुछ बोल दिया है।

"वैसे इस मरीज को कुछ नहीं है, फिर भी जाँच हमने पूरी की," शर्माजी ने कहा। इसके बाद सदन में कुछ देर के लिए चुप्पी छा गई। इस चुप्पी को छोड़कर अभी तक की सारी कार्रवाई अंग्रेजी में की गई थी।

केस-प्रजेंटेशन के दौरान डा. चौबे पहले तो ऊँघने लगे और फिर गहरी नींद में खो गए। नींद में उन्होंने अपना आज का देखा हुआ प्यारा सपना पुनः देखा, जिसमें उन्होंने डा. अग्रवाल की दुर्गति के हृदय को लुभाने तथा हिलानेवाले दृश्य देखे। उन्होंने डा. अग्रवाल को भीख माँगते, कोढ़ी होते, पुलिस की गाड़ी में हथकड़ी पहनकर जेल जाते, कुतुबमीनार से गिरते, दो टकराती ट्रेनों के बीच पिचकते, मगरमच्छ के मुँह में जाते, नंगा घूमते, दस्त लगने पर बंद पाखाने के बाहर बेसब्री से अपनी बारी का इंतजार करते, जेल में चक्की पीसते, चौराहे पर पिटते, छाती कूटते, जंगली कुत्तों से नुचते तथा कैंसर से मरते देखा। वे आगे भी देखते कि तभी लंबी चुप्पी के बाद सक्सेना साहब ने धीरे से उन्हें जगाते हुए कहा, "सर, हो गया।"

"कैंसर हो गया ? होना ही था। अग्रवाल को होना ही था," डा. चौबे ने मधुर स्वप्न में डूबते-उतराते हुए कहा।

"नहीं सर... वह नहीं हुआ," सक्सेना साहब ने कहा।

"क्यों नहीं हुआ ?" डा. चौबे ने आँखें खोलते हुए पूछा।

"नहीं हुआ सर," माफी-सी माँगते हुए सक्सेना ने कहा।

"अभी तो तुम कह रहे थे कि हो गया," चौबेजी ने अप्रसन्नता प्रकट की।

"सर, मैं केस की बात कर रहा था," सक्सेना साहब बड़े दुखी होकर बोले। वे दुखी थे कि डा. अग्रवाल को कैंसर क्यों नहीं हुआ था ? होता, तो वे साहब के सामने यूँ शर्मिंदा तो न होते।

"कौन-सा केस ?" चौबेजी ने पूछा।

"सर, वही जिसके पेट में दर्द है," शर्माजी ने बताया।

चौबेजी कुछ देर तक पुनः ऊँघते रहे। सारा सदन चुपचाप उन्हें ऊँघता देखता

रहा। हर डाक्टर के पास इस केस के बारे में बोलने तथा पूछने को बहुत कुछ था। परंतु सभी चुप थे। सभी हवा का रुख देखना चाहते थे। चौबेजी क्या कहते हैं ? चौबेजी की क्या राय है ? चौबेजी का क्या डायग्नोसिस है ? एक बार यह पता चल जाए, तो सभी जूनियर डाक्टर उसी के पक्ष में तर्क, कुतर्क देकर अपनी राय भी वही बनाकर पेश करें।

चौबेजी ने इस क्षणिक तंद्रा के दौरान डा. अग्रवाल को मलेरिया से काँपते, मुश्कें बँधी हुई, तथा घोड़े से बाँधकर घसीटे जाते देखा और मुस्कराकर आँखें खोल दीं। अब उन्होंने लच्छेदार अंग्रेजी में डा. शर्मा से पूछना प्रारंभ किया, "तो इस मरीज के पेट में दर्द है ?"

शर्माजी घबरा गए। सीधे-सीधे कुबूलने पर कहीं फँस तो नहीं जाएँगे ? क्या पता। चौबेजी का पता नहीं। अतः राजनीतिक भाषा का गोलमोल मुहावरा प्रयोग में लाते हुए उन्होंने जवाब दिया, "जी नहीं, मैंने तो कहा कि हो सकता है कि इस मरीज के पेट में दर्द हो।"

"तुम कैसे कह सकते हो ?" चौबेजी ने पूछा।

"साहब पूछ रहे हैं कि तुम कैसे कह सकते हो ?" सक्सेना साहब अब पूरे सतर्क थे तथा खटपट सुनकर स्वामिभक्त कुत्ते के कान जिस तरह खड़े हो जाते हैं, वैसे खड़े कान किए सतर्क हो गए।

"जी हकीम साहब ने खुद बताया," शर्माजी ने कहा।

"हकीम साहब के बताने से क्या होता है ? हम तो यह पूछ रहे हैं कि तुम कैसे बता रहे हो कि इसे पेट में दर्द है ? तुम्हें किसने बताया ?"

"स्वयं मरीज ने बताया, सर।"

"अभी तो तुम कह रहे थे कि हकीम ने बताया और अब कह रहे हो कि मरीज ने बताया ? डाक्टर शर्मा सोच-समझकर बताइए ?"

"नहीं सर, मुझे हकीम और मरीज दोनों ने बताया।"

"यार, तुम किस-किससे पूछते फिरते हो ? समय बरबाद करते हो। जब मरीज से पूछ लिया था तो उसके हकीम से पूछने की क्या आवश्यकता थी ?"

"नहीं सर, यह मरीज ही हकीम है। मेरा मतलब यह है कि यह हकीम ही मरीज है।"

इसके बाद कुछ देर तक विद्वान डाक्टरों के बीच इस महत्वपूर्ण मसले पर चर्चा होती रही कि पहले यह तय कर ही लिया जाए कि यह मरीज ही हकीम है, या हकीम ही मरीज है। सभी ने अपने-अपने सुझाव दिए। कुछ ने विदेशों के जर्नलों तथा शोधग्रंथों का हवाला देते हुए बताया कि पहले भी इंग्लैंड, अमेरिका आदि में ऐसे विचित्र केस रिपोर्ट किए गए हैं, जिनके बारे में यह तय करना कठिन हो गया था कि वे हकीम हैं या मरीज ? दूसरों ने बताया कि उन्होंने भी

ऐसे कुछ केस देखे हैं। तब चौबेजी ने मेडिकल साइंस की गूढ़ता का हवाला देते हुए और इस तरह सभी की मूढ़ता पर परदा डालते हुए कहा कि चिकित्सा-विज्ञान में अभी भी बहुत-सी समस्याएँ हैं, जिनका हल किसी हकीम के पास भी नहीं है। इस सारी बौद्धिक चर्चा के दौरान चौबेजी ने पुनः एक झपकी ले डाली तथा सपने में डा. अग्रवाल को खूनी बवासीर से पीला होते, एनसेफेलाइटिस से मरते, कब्र के बिज्जू द्वारा पीछा किए जाते, सार्वजनिक तौर पर कोड़े खाते तथा भगंदर लिए घूमते देखा। मुस्कराते हुए उन्होंने आँखें खोलीं और प्रश्नों की अगली बौछार शुरू की, "क्या डायग्नोसिस है तुम्हारी ?"

"जी, समझ में नहीं आया," शर्माजी ने आत्मसमर्पण की सर्वोदयी ट्रिक को अपनाते हुए कहा।

"फिर भी, कुछ तो बीमारी सोची होगी आपने ?"

"सर, जैसा आप कहें।"

"यार, हम क्या कहेंगे ?"

"... ... ." शर्माजी चुप खड़े रहे।

"शर्माजी, आप डाक्टर हैं। कुछ सोचना तो चाहिए। डिफरेंशियल डायग्नोसिस की बात करिए। क्या-क्या बीमारियाँ हो सकती हैं इसे ? संभावनाएँ बताइए।"

"सर, जैसा आप कहें।"

"अच्छा हम ही पूछते हैं।"

"जी सर।"

"फिर बताइए कि यह इनसेफेलाइटिस क्यों नहीं है ?"

"साहब पूछ रहे हैं कि यह इनसेफेलाइटिस क्यों नहीं है ?" सक्सेना साहब ने कहा।

"क्योंकि यह इनसेफेलाइटिस नहीं है।"

"सर, शर्माजी कह रहे हैं कि यह केस इनसेफेलाइटिस का नहीं है, क्योंकि यह इनसेफेलाइटिस नहीं है।" डा. सक्सेना ने बीच में सूत्र पकड़ने का असफल प्रयास किया।

"गुड।"

"और इसे गैस्ट्रिक अल्सर क्यों नहीं है ?"

"क्योंकि इसे गैस्ट्रिक अल्सर नहीं है।"

"वैरी गुड।"

"फिर यह भगंदर क्यों नहीं है ?"

"क्योंकि यह भगंदर नहीं है ?"

"वाह..."

"यह ट्यूबरकुलर-एब्डोमेन क्यों नहीं है ?"

"सर, शर्माजी ने बताया है कि यह..." सक्सेनाजी ने दोहराया।

"और यह मलेरिया क्यों नहीं ?"

"क्योंकि यह मलेरिया नहीं..."

"क्या कहने !"

"अच्छा, इसे खूनी-बवासीर क्यों नहीं ?"

"क्योंकि इसे खूनी बवासीर नहीं।"

"इसे अलाना क्यों नहीं ?"

"क्योंकि इसे अलाना नहीं है।"

"और इसे फलाना क्यों नहीं ?"

"क्योंकि इसे फलाना नहीं है।"

"फिर इसे है क्या ?"

"सर, जैसा आप कहें।"

"फिर भी..."

"सर, जो आपकी डायग्नोसिस हो, वही..."

"वैरी गुड..."

चौबेजी अपने छात्र की प्रत्युत्पन्नमति से प्रसन्न होकर जंगल के मोर की भाँति नाचने लगे। उन्होंने कुर्सी पर ही नाचते हुए सदन को बताया कि डाक्टरी विज्ञान में सबसे बड़ी चीज है डायग्नोसिस, यानी बीमारी का निदान। यह पता करना कि आखिर इस मरीज को है क्या ? अभी हमने इस केस की डिफरेंशियल-डायग्नोसिस पर विचार किया। अब तक आप लोग समझ ही गए होंगे कि इस मरीज को क्या है ?

इस प्रकार समस्त वैज्ञानिक बातचीत के बाद कुछ देर चुप्पी रही। सब चुपचाप बैठे रहे। डा. चौबे ने पुनः सबसे पूछा, "बताइए, इस मरीज को कौन-सी बीमारी है ?"

पर सभी चुप रहे।

वे बोलना नहीं चाहते थे। कोई भी यह रिस्क लेना नहीं चाहता था कि चौबेजी द्वारा सोची गई डायग्नोसिस के विरुद्ध सोचे। वे बोलें, तो सब बोलें। चौबेजी भी यह बात खूब जानते थे, पर वे मजा लेना चाहते थे। लोगों में व्याप्त इस दब्बूपन को बार-बार देखना चाहते थे वे। अजीब-सा सुख मिलता था उन्हें इसमें।

वे पुनः पूछनेवाले थे कि क्या बीमारी है इस मरीज को, कि तभी सेमीनार-हॉल के पीछे के दरवाजे से रामलँगोटजी का सुपरिचित, कमीनगी से सराबोर तथा आकुलता से बेचैन चेहरा झाँकता दिखाई दिया। उन्हीं के चेहरे की बगल में मेडिकल

वार्ड के वार्डबॉय की शक्ल भी थी। दोनों व्याकुल लग रहे थे। दोनों चौबेजी की तरफ देख रहे थे। एक जूनियर डाक्टर इस प्रकार की महत्वपूर्ण वैज्ञानिक चर्चा में अवैज्ञानिक व्यक्तियों द्वारा विघ्न पड़ते देख नाराज होकर, दरवाजे पर जाकर उन्हें डाँटने के उद्देश्य से उठा ही था कि तब तक चौबेजी उठकर दरवाजे तक पहुँच गए। उन्होंने जूनियर डाक्टर को दुत्कारा तथा रामलँगोटजी को पुचकारते हुए कहा, "क्या बात है ?"

"जरूरी काम है सरकार," रामलँगोटजी ने फुसफुसाकर कहा।

रामलँगोटजी फुसफुसा रहे हैं, तो अवश्य ही कोई महत्वपूर्ण बात होगी, क्योंकि वे प्रायः फुसफुसाने की जगह हो-हल्ला करते हुए बात करने के आदी थे। यह सोचकर चौबेजी ने स्थिति को पूरा आदर देते हुए कहा, "ठीक है, हम आते हैं।"

"चले चलते सरकार। बात सुन लेते, बड़ी जरूरी है," रामलँगोटजी ने फुसफुसाहट के नए आयाम छूते हुए तथा इस बार चौकन्नी निगाहों से आसपास सेमीनार-रूम में उपस्थित डाक्टरों तथा दीवार से लटकी वैज्ञानिकों की तस्वीरों तक को संदेह से देखते हुए कहा।

फुसफुसाहट तक तो फिर भी ठीक था, परंतु फुसफुसाहट के साथ चौकन्नी निगाहों का भी शामिल हो जाना ठीक नहीं था। चौबेजी बात समझ गए। बात न केवल महत्वपूर्ण है वरन गोपनीय भी। वे अपनी कुर्सी तक गए और बोले, "आप लोग केस पर डिसकशन जारी रखें, हम अभी आते हैं।"

ऐसा कहकर वे दरवाजे से बाहर निकल गए। उनके बाहर जाते ही गप्पबाजी, हा हा, ही ही, धौलधप्पा शुरू हो गया। जूनियर डाक्टर फोश मजाकों पर उतर आए। सेमीनार-रूम में शोरगुल मचने लगा।

इसी शोरगुल को चीरती हुई एक आवाज आई जो डा. सक्सेना की थी। वे कह रहे थे, साहब कह रहे थे कि आप लोग केस पर डिसकसन जारी रखें, हम अभी आते हैं।

पोस्टमार्टम-रूम चिंतन के लिए उपयुक्त स्थल नहीं।

चीरघर की ठंडी, पथरीली पटिया पर पड़े-पड़े आप कोई ढंग का या ऊँचे दर्जे का चिंतन नहीं कर सकते, बल्कि घटिया दर्जे का भी चिंतन ज्यादा देर तक नहीं खींचा जा सकता वहाँ। थोड़ी देर में ही आदमी चीं बोल जाता है। आदमी तो वहाँ से निकल भी आए और काफी हद तक जानवर भी स्वतंत्र है कि चीरघर में यदि किसी कारण घुस गया हो, तो कुछ देर मृत्यु, वैराग्य, नश्वर शरीर, चौपाया-जीवन की व्यर्थता आदि पर विचार करने के बाद दरवाजे या खिड़की

से कूद भागे। परंतु लाश क्या करे ? लाश, जो चीरघर के ठंडी, पथरीली पटिया पर घंटों से पड़ी हो, वह क्या करे ? कहाँ जाए ? किससे पूछे कि माजरा क्या है ? शर्माजी कहाँ हैं ? यह क्या मजाक है ? यह कहाँ पटक रखा है भाइयों ने उसे ? अब समय आ गया है कि लाशें उठें। उन्हें अपने अधिकारों के प्रति जाग्रत होना होगा। मसलन, समय पर पोस्टमार्टम होने का अधिकार। इसका क्या मतलब है कि लाकर पत्थर के प्लेटफार्म पर पटक दिया ? कमर अकड़ जाती है स्साली। आदमी आत्महत्या क्यों करता है ? ताकि दुनिया के पचड़ों से निजात मिले। पर मरने के बाद भी ऐसे ठंडे पत्थर पर घंटों डालकर रखा जाए, यह कहाँ की शराफत है ? लाशों के साथ यह क्या मजाक चल रहा है ? एक लाश-एसोसिएशन क्यों नहीं बनाई जाती ? काश, आज लाशों की कोई यूनियन होती और वह उनका नेता, तो शर्माजी, या जो भी जी चीरघर में घुसते, उसे वह दो लातें मारता।

यही सब सोचते हुए चीरघर में, पथरीली ठंडी पटिया पर पड़ा मुर्दा कब मुस्कराने लगा, उसे स्वयं भी पता नहीं पड़ा।

मुर्दा मुस्कराता पटिया पर ही बैठ गया। कुछ देर बैठकर सोचता रहा, फिर घबराकर वापस लेट गया, कि कहीं कोई देख लेगा, तो क्या कहेगा ? मुर्दों की भी एक आचार-संहिता होती है। मुर्दे बैठ नहीं सकते। वे मुस्करा नहीं सकते। चल नहीं सकते। मुर्दे को मुर्दे की तरह पड़ा रहना होता है। अच्छा हुआ कि सिपाही ने नहीं देखा। किसी ने भी नहीं देखा। शायद उस दूर मैदान में ऊँघते हुए, इसी ओर देख रहे कुत्ते ने देखा हो, क्योंकि वह चौंककर उठा था, परंतु पुनः लेटकर ऊँघने लगा था।

बाहर कोई दिख नहीं रहा। सिपाही, हवलदार, छोटा (मुर्दे का भाई) तथा पड़ोसी, कर्जदार आदि सभी न जाने कहाँ चले गए हैं। इतना कर्ज चढ़ गया था उस पर कि आत्महत्या के सिवाय कोई चारा भी नहीं रह गया था उसके पास। अब स्साले सब रो रहे हैं। उसके मरने पर रो रहे हैं। कर्ज लेकर मरने में यही ठीक रहता है। जनाजे के साथ काफी भीड़ जाती है। आज उसकी लाश के साथ भी यह जो भीड़ थी, ऐसे ही लोगों की थी। पर वे भी कब तक रुकते ? एक-एक करके सभी फूट लिए हैं। भाई आदि भी न जाने कहाँ चले गए हैं ?

कैसा जमाना है ? स्सालों ने न ढंग से जीने दिया और न अब मरने के बाद ढंग से मरने ही दे रहे हैं। फूँकें-फाँकें, खत्म करें। पर यहाँ तो उससे पहले ही यह पोस्टमार्टम का झंझट आ गया है।

तभी चर्र की आवाज हुई और अधखुले दरवाजे को थूथन से ठेलकर, कुत्ता दबे कदमों चीरघर में घुस गया। आवाज सुनकर मुर्दा चौंका। लाश ने कुत्ते की ओर पथरायी निगाहों से देखा। कुत्ता घबराया नहीं। 'लाश ही तो है'—वह आगे

बढ़ा। वह पहले मुँह की तरफ बढ़ा। 'स्साला कहीं मुँह न चाटने लगे या पेशाब ही कर दे, मुँह पर, तो ?' लाश ने गुस्से की निगाहों से कुत्ते को धमकाते हुए देखा। कुत्ता डर गया। लाश ने आँखें झपकाई थीं क्या ? कुत्ता घबराकर पीछे हटा। फिर उसने स्वयं को ढाड़स बँधाया। बँधा ढाड़स लेकर कुत्ता पुनः लाश की तरफ चला। लाश को ताव आ गया। समझ क्या रखा है इस कुत्ते ने ? स्साले की हिम्मत तो देखो कि बढ़ा ही आ रहा है। कुत्ता आगे बढ़ता गया। वह लाश की टाँगों के पास पहुँच गया "अबे··· यह कर क्या रहा है ?"–लाश ने सोचा। कुत्ता लात सूँघने लगा। स्साला अभी सूँघ रहा है, आगे कहीं मूत-मात न दे ? कुत्तों का भरोसा नहीं। कुत्ते के नथनों की गर्म साँसें लाश के तलवों पर लग रही थीं। यह ऐसे मानेगा नहीं–लाश ने सोचा। भाड़ में गई मुर्दों की आचार-संहिता। कुत्तों से मुकाबला हो, तो आचार-संहिता को बीच में नहीं लाना चाहिए। लाश उठकर बैठ गई और उसने एक जोरदार लात कुत्ते को मारी।

लाश को उठता देख कुत्ते के होश फाख्ता हो गए और लात खाकर वह हवा में फाख्ता की तरह ही उड़ता चीरघर के बाहर जब गिरा, तब सामने से सिपाही हवलदार आदि आ रहे थे।

"भागो रे, भूत-भूत"–"भों-भों, भों-भों-भों" कुत्ता भौंकता हुआ हॉस्टल की तरफ भागा। पीछे से सिपाही ने पत्थर उठाकर उसे मारा जो चाँदमारी की प्रैक्टिस न होने के कारण कुत्ते के ऊपर से निकल गया। कुत्ता भागता ही चला गया।

ऊपर उड़ते गिद्ध उसे इस तरह घबराया भागते हुए देखकर आपस में हँस रहे थे।

"मेल मेडिकल वार्ड किधर है बाबू ?"

"मेल मेडिकल वार्ड ?"

"जी सरकार, मेल मेडिकल वार्ड।"

"तो तुम मेल मेडिकल का पता पूछ रहे हो ?"

"जी सरकार।"

"क्यों ?"

"मरीज भरती कराना है, सरकार।"

"अच्छा, अच्छा, यह जो खटिया पर लेटा है, वह मरीज है ?"

"जी सरकार।"

"तभी मैंने सोचा कि यह क्यों खटिया पर लेटा है ?"

"कनछेदी बेहोश है, सरकार।"

"अच्छा, अच्छा।"

"जी सरकार।"

"तो क्या हो गया मरीज को ?"

"बताया न सरकार, कनछेदी बेहोश है।"

"अच्छा, अच्छा, तुम इसी की बात कर रहे थे ? यही कनछेदी है ? हम समझे कि कोई और कनछेदी है और वह भी पीछे-पीछे आ रहा है। हो जाता है कभी-कभी ऐसा। दो-दो बीमार हो गए थे। ऐसे ही लादे फिरे थे हम, एक बार। दो-दो को, एकसाथ।"

"जी सरकार।"

"बड़ी भगदड़ रही थी, हा, हा हा।"

"जी सरकार।"

"हा, हा, हा।"

"सरकार···"

"कौन गाँव के हो ?"

"जी मनगवाँ के··· सरकार मेडिकल वार्ड ?"

"वह चाकघाट के पासवाला ?"

"जी सरकार, सरकार मेडिकल वार्ड का पता ?"

"चाकघाट में हमारे मामाजी रहते हैं। नाम सुना होगा तुमने। रामगुपाल असाटी, बाँदावाले।"

"नहीं सुना सरकार।"

"सुनना चाहिए। अबकी जाओ तो मिलना। हमारा नाम बताना। बड़े खुश होंगे। बड़े मजेदार आदमी हैं। बड़े जोक मारते हैं। हा, हा, हा··· जब देखो, तब जोक मार देते हैं··· हा, हा, हा।"

"सरकार मेल मेडिकल वार्ड का पता ?"

"बताते हैं, अभी समझाए देते हैं। जल्दी क्या है ?"

"सरकार कनछेदी बेहोश है।"

"तभी तो··· अब कनछेदी को क्या जल्दी ? वह तो बेहोश है।"

"मर रहा है सरकार।"

"और इस बार फसल कैसी रही ?"

"अभी तो बोनी भी नहीं हुई सरकार।"

"यार, अब हम शहरातियों को क्या पता ? हम तो समझते हैं कि गाँववाले रात-दिन फसल उगाते तथा काटते रहते हैं, सो पूछ लिया··· आदमी गाँववालों से और बात भी क्या करे ? बताओ भला ?"

"ठीक कहा, सरकार··· पर मेल मेडिकल···"

"मेल मेडिकल वार्ड ?··· मेल··· मेडिकल··· वा ऽ ऽ ऽ ···ई··· ?"

"जी।"

"तुम ऐसा करो, कि वह सामने जो बूढ़े सज्जन आ रहे हैं न, सफेद दाढ़ी लगाए, उनसे पता कर लो। वे बता देंगे। उनकी दाढ़ी इसी अस्पताल में घूमते-घूमते सफेद हुई है।"

कनछेदी का रिश्तेदार लँगड़ाता हुआ बूढ़े की तरफ आ रहा है, तब सीन डिजोल्व होता है।

चौबेजी वापस आकर पुनः कुर्सी पर बैठ गए थे। पुनः सक्सेना साहब उनके पीछेवाली कुर्सी पर जम गए थे तथा एच.एम.वी. के कुत्ते की तरह चौबेजी के भोंगेनुमा मुख के बगल में अपने खड़े कान लिए बैठे थे। शर्माजी अभी भी डायस पर खड़े थे। वैज्ञानिक अभी भी तस्वीरों में बँधे आशा की निगाहों से समस्त डाक्टरों को ताक रहे थे। जूनियर डाक्टर चुपचाप बैठकर डा. चौबे की किसी बेवकूफी भरी उक्ति की प्रतीक्षा में बैठे हुए थे। हकीम साहब आशापूर्वक टेबल पर लेटे हुए थे कि आज विद्वान डाक्टर उनकी बीमारी के विषय में पता करके ही मानेंगे।

चौबेजी ने यकायक पूछा, "आप सबने मरीज देख लिया है ?" प्रश्न जूनियर डाक्टरों से था।

जूनियर डाक्टरों में भगदड़ मच गई। कहें कि देख लिया, और चौबेजी ने मरीज के विषय में कुछ पूछ लिया तो क्या होगा ? क्योंकि यह सत्य था कि उन्होंने मरीज देखा था; पर सत्य यह भी था कि चौबेजी ने मरीज नहीं देखा था, परंतु वे कुछ भी पूछ सकते थे और उनकी बातों को गलत कह सकते थे। और यदि ये कहें कि नहीं देखा है, तो भी चौबेजी को अवसर मिल जाता कि वे जूनियर डाक्टरों को लापरवाह, गधा, कमजोर आदि साबित कर देते। अतः गुटनिरपेक्षतावाला ढुलमुल, परंतु सुरक्षित बीच का रास्ता निकालते हुए कुछ जूनियर डाक्टर अपने स्थानों से उठे और 'सर, हम एक बार और देखना चाहते हैं,' कहकर हकीम साहब पर टूट पड़े। आठ-दस डाक्टर हकीम साहब को एकसाथ यहाँ-वहाँ से ठोकने लगे, दबाने लगे, उठा-बिठाकर देखने लगे, श्वास को तेज लेने, धीरे लेने, ठीक लेने तथा रोक लेने के लिए कहने लगे तथा उनके गले में झाँकने, घुसने, निकलने लगे। कुछ लोगों ने उनकी टाँगों को सीधा किया, तो कुछ उनकी टाँगों को जबरन सिकोड़ने लगे।

कुछ लोगों ने कमीज को उतारकर कुछ देखा, तो कुछ उनसे पाजामा तथा चड्डी उतारने की पेशकश करने लगे। जूनियर डाक्टर कई गुटों में बँटकर उनके शरीर के चप्पे-चप्पे पर छा गए। "बाबा, साँस लो," "मुँह खोलो", "अरे यह क्या कर रहे हो ? साँस रोको", "ऐसे नहीं ऐसे बाबा," "टट्टी के रास्ते से उँगली

डालकर जाँच करेंगे हम," "बाबा, यहाँ दर्द तो नहीं है," "बाबा, उचको मत–दर्द तो होगा ही," "खाँसो, जरा," "उठो," "बैठो", "लेटो", "जीभ दिखाओ", "आ आ आ करो", "टाँग उठाओ", "पूरे मत उठो", "हवा खैंचो," "हिलो मत", "एक दो तीन बोलो", "करवट ले लो", आदि वाक्य लोकप्रिय नारों की तरह हकीम साहब के चहुँओर बोले जाने लगे। उनका लिवर टटोला जाने लगा, तथा जिस समय एक जूनियर डाक्टर उनके लिवरवाले क्षेत्र पर कब्जा करता हुआ आगे बढ़ रहा था, तभी दूसरा जूनियर डाक्टर छाती पर ठक-ठक कर रहा था तथा तीसरा डाक्टर तलवों को चाबी से खरोंचकर न जाने क्या देख रहा था और चौथा, पाँचवाँ, छठा तथा सातवाँ डाक्टर भी। बची हुई जगह में धँसकर हकीम साहब की स्प्लीन, स्पाइनलकॉर्ड, गुर्दे, दाँत, नाखून, चमड़ी तथा हृदय भी देख रहे थे। हकीम साहब के चारों ओर राशन की दुकान-जैसा अराजक दृश्य बन गया था। हकीम साहब भी अपनी ओर से पूर्ण सहयोग देने का प्रयत्न कर रहे थे। उन्होंने नाड़ा ढीला कर दिया था, कमीज उतार दी थी, बनियान ऊपर तथा चड्डी नीचे खींच दी थी। पिया के समक्ष पूर्ण आत्मसमर्पण की जो शृंगाररस की स्थिति घुमा-फिराकर काव्य में वर्णित रहती है, उसी भावना को खुले तौर पर हकीम साहब प्रदर्शित करते हुए पड़े थे।

"अच्छी तरह देख लीजिए, फिर मैं पूछूँगा," चौबेजी ने कहा।

इसके बाद चौबेजी ने आँखें बंद कर ली थीं। उन्होंने सिर कुर्सी पर टिका दिया था। बैल्ट ढीली कर ली थी। वे तेज-तेज साँसें ले रहे थे। वे ढीले हो गए थे। यह सब होते हुए भी चौबेजी ऊँघ नहीं रहे थे। उनकी अंदर की आँखें न केवल खुली हुई थीं, वरन काली आत्मा के अँधियारे में भेड़िये की आँखों-सी चमक रही थीं। वे ढीले शरीर में ही तेंदुए-से चुस्त हो गए थे। उनका सिर कुर्सी पर आराम के लिए नहीं टिका था; सिर में इस समय हजारों स्कीमों का बोझ था, सो सहारा देने को टिका लिया था। आक्रमण से पूर्व तेज साँसें लेते हुए चुस्ती लाने का नियम रहता है, सो वे तेज साँसें ले रहे थे। डा. अग्रवाल पर अंतिम निर्णायक वार करने का क्षण आ पहुँचा था। वे कुछ देर पहले की घटनाओं में खो गए थे।

रामलँगोटजी तथा मेडिकल वार्ड के वार्डबॉय ने सेमीनार-रूम के बाहर उन्हें सारी घटना बताई थी। वार्डबॉय तो खैर इस लायक नहीं कि उसकी बुद्धि या निर्णय पर भरोसा करके कोई निर्णय लिया जाए, परंतु यदि किसी घटना में रामलँगोटजी को भी कुछ काम के तत्व नजर आ रहे थे, तो उस घटना की तह में जाने की आवश्यकता थी–ऐसा चौबेजी मानते थे। वे जानते थे कि रामलँगोटजी षड्यंत्र करने, उड़ती चिड़िया पहचानने, दुश्मन की राह में रोड़े डालने या गड्ढा खोदने, लिफाफा देखकर पत्र का मजमून समझने, अपने काम की बात सात पर्दों

के पीछे खड़े होकर भी पहचान जाने, हर समय कोई कमीनी हरकत करने की तीव्र इच्छा तथा शौकीन मिजाज और अस्पताल की राजनीति के कीचड़ में कमल की तरह न रहकर कीचड़ की तरह ही गहरे तक पैठे रहनेवाले आदमी थे। छोटे कर्मचारियों में फैले चौबेजी के हरावल दस्ते के प्रमुख सैनिक थे रामलँगोटजी। अन्य लोगों को जहाँ छोटी-छोटी बातें भी बतानी होती थीं, वहीं रामलँगोटजी अपनी ही जहरीली बुद्धि के बल पर यहाँ-वहाँ डा. अग्रवाल के हरावल दस्तों द्वारा खोले गए मोर्चों को ध्वस्त करते रहते थे। वे यदि औरत में व्यस्त न हों, तो शेष सारा समय वे चौबेजी के लिए समर्पित किए हुए थे। औरतें उनकी कमजोरी थीं, जो मौके पर उन्हें ताकत भी देती थीं। उन्होंने कई महिला-कर्मचारियों को, जो तटस्थ थीं या अग्रवाल के साथ थीं, अपना बनाकर चौबेजी का बना डाला था। इन सब महत्त्वपूर्ण बातों के कारण चौबेजी की नजरों में रामलँगोटजी की राय की कीमत थी। वे रामलँगोटजी की बात को पूरा सम्मान देते थे। वे उनकी राय को मानते न हों, पर सुनते अवश्य थे।

आज भी यही हुआ। सारी बातें रामलँगोटजी से सुनकर तथा वार्डबॉय के मुँह से बार-बार यह सुनकर कि वही था, जिसने यह बात देखकर रामलँगोटजी को बताई थी, वे स्वयं अकेले ही एक चक्कर मेल सर्जिकल वार्ड के बरामदे से जुड़े मेडिकल बरामदे तक लगाकर आए थे। वे वहाँ खड़े होकर यूँ ही एक कागज पढ़ते रहे तथा मामले को अपने नजरिए से समझने का प्रयास करते रहे। सर्जिकल वार्ड के बरामदे में अब तक तमाशबीनों, फुर्सतियों तथा विघ्नसंतोषियों की खासी भीड़ एकत्रित हो गई थी। मृतक की लाश अभी भी ट्रॉली पर पड़ी थी। मृतक के रिश्तेदार तथा साथी उसके चारों ओर मोर्चाबंदी किए खड़े तथा बैठे थे। मृतक का बाप ऊँचे स्वर में डाक्टरों को, विशेष तौर पर डा. अग्रवाल को गालियाँ देता हुआ रो रहा था। कुछ दूर पर ही सर्जिकल के जूनियर डाक्टर गोल बनाए खड़े थे। सर्जिकल वार्ड की कुछ नर्सें, सफाई कर्मचारी और वार्डबॉय भी वहीं थे। और कुछ दूर पर कूलते, कराहते, पेशाब की नली तथा थैली उठाए प्रोस्टेट-आपरेशनवाले मरीजों, ड्रिपसेट अपने रिश्तेदारों के हाथ में पकड़ा घिसटकर वहाँ तक पहुँचे गंभीर मरीजों, प्लास्टर चढ़ाए एक टाँग पर लँगड़ी कूदते मरीजों तथा आधी ड्रेसिंग कराकर ही भाग आए मरीजों की भीड़ भी खड़ी थी। सारी बीमारी भूलकर वे यहाँ मनोरंजन प्राप्त करने के लिए एकत्रित हो गए थे। मृतक के बाप तथा डाक्टरों आदि के बीच गर्मागर्मी चल रही थी, जिसके बीच-बीच में बाप डा. अग्रवाल को गालियाँ देता जा रहा था, या रोता था, या रोते-रोते गालियाँ देता जाता था। जब तक बाप बहस तथा गर्मागर्मी में मुब्तिला रहता था, तब तक कोई और रिश्तेदार डा. अग्रवाल को गालियाँ देता रहता था। इस प्रकार डा. अग्रवाल के लिए गालियों का अखंड पाठ-सा हो रहा था। इन गालियों का मूल अर्थ यह था कि डा. अग्रवाल

ने, जो कमीना, राक्षस, जानवर, मादर···बहन···बेटी का···आदि था, मरीज को मार दिया है, कि अग्रवाल को आपरेशन नहीं आता, कि डा. अग्रवाल को वे सस्पेंड करवाकर, जेल भिजवाकर तथा फाँसी पर लटकवाकर ही दम लेंगे।

डा. चौबे ने सबकुछ देखा और यह सत्य उनके समक्ष प्रस्तुत हुआ कि यही वह मौका है या बनाया जा सकता है, जिसकी प्रतीक्षा गिद्ध की भाँति करने की बात इंद्रमणिजी कह रहे थे। हाँ, यही था अवसर। शुभ अवसर। सुनहरा मौका। "आ गया, आ गया, आ गया। आपके जीवन में पहली और आखिरी बार। फिर ऐसा मौका नहीं आनेवाला। आइए, आइए, आइए। मौके का लाभ उठाइए। माल सस्ता लगा दिया है और गारंटीवाला है। अग्रवाल को मारनेवाला शर्तिया जहर। एक पुड़िया इस मामले की लेकर, उसमें तिकड़म का आटा मिला गोली बनाकर अस्पताल में छोड़ दो। फिर देखो। काम न होने पर दाम वापस। काम में दम, दाम में कम। आइए, आइए। आ गया, आ गया, आ गया। वह सुनहरा मौका आ गया, जिसका सभी गिद्धों, कुत्तों, भेड़ियों को इंतजार रहता है। टूट पड़ो। इसी लाश पर टूट पड़ो। भँभोड़ दो। लाश की राजनीति कभी असफल नहीं होती। राजनीति करनेवाले को एक लाश मिल जाए, फिर क्या बात है! लाश के सहारे राजनीति में वर्षों पहले मर गए लोग जीवित हो जाते हैं।" डा. चौबे समझ गए–यह वही अवसर है। इंद्रमणिजी निश्चित रूप से ऐसे ही अवसर की बात कर रहे थे। अब उनके अंदर बैठे उस गिद्ध की परीक्षा की घड़ी आ पहुँची है, जिसको इंद्रमणिजी ने पहचाना था। डा. चौबे ने पहली बार रोमांच, घबराहट, तनाव तथा उत्साह के मिले-जुले असर को पेट में महसूस किया। पेट में ऐंठन-सी हुई। या, शायद कुछ फड़फड़ा रहा था पेट में। कहीं यह अंदर बैठा गिद्ध ही तो नहीं? क्या पता कैसा लग रहा है? लग रहा है कि लंबे डैने फैलाकर उड़ जाऊँ और डा. अग्रवाल पर टूट पड़ूँ। हाँ, यही है अवसर। निश्चित ही यही है अवसर।

डा. चौबे इसी नतीजे पर पहुँचकर वापस आए थे।

"सर, हम लोगों ने मरीज देख लिया", एक जूनियर डाक्टर ने डा. चौबे के चिंतन में बाधा पहुँचाते हुए कहा।

डा. सक्सेना ने उनके कान में फुसफुसाते हुए बात को दोहराया, "सर, ये लोग कह रहे हैं कि हम लोगों ने मरीज देख लिया है।"

डा. चौबे ने आँखें खोलीं। इस प्रकार गिद्ध-योनि से घसीटकर वापस प्रोफेसर-योनि में लानेवाले पापी जूनियर डाक्टर को उन्होंने भस्म कर देनेवाली दृष्टि से देखा। पुराना जमाना होता तो वे उसे शाप देकर कुत्ता या बिल्ली बना देते। पर आजकल शाप का रिवाज न होने के कारण उन्होंने मात्र घूरना ही पर्याप्त समझा। जूनियर डाक्टर घबराकर, बिना शाप के ही, कुत्ते के पिल्ले-सा सहम गया।

"क्या बात है?" चौबेजी ने पूछा।

"जी··· जी··· जी··· "

"तो आपने मरीज देख लिया है ?"

"जी··· जी··· ?"

"जी जी क्या ? आपने मरीज देख लिया या नहीं ?"

जूनियर डाक्टर, जिससे यह पूछा जा रहा था, घबरा गया था। चौबेजी के प्रश्नों की गोलाबारी में यूँ अकेला फँसकर वह किंकर्तव्यविमूढ़ महसूस कर रहा था। उसने सुरक्षित रास्ता अपनाया और शेष जूनियर डाक्टरों को भी फँसाते हुए जवाब दिया, "सर मैं नहीं, यह कह रहा था कि देख लिया।"

"कौन कह रहा था ?" डा. चौबे ने गुर्राकर पूछा।

"सर, मैं नहीं कह रहा था", एक ने कहा।

"सर, मैंने भी नहीं कहा," दूसरे ने कहा।

"सर, मुझे तो अभी देखना है", तीसरे ने कहा।

"सर, हमने नहीं कहा था", सभी ने उठकर कहा।

चौबेजी मुस्कराने लगे। जूनियर डाक्टरों की तरफ प्यार से देखकर उन्होंने सोचा, 'सभी स्साले बड़े आज्ञाकारी तथा डरपोक हैं।' उन्हें ऐसे ही जूनियर डाक्टर अच्छे लगते थे।

"फिर अच्छी तरह से देख लीजिए। तभी बात करेंगे," डा. चौबे ने कहा और ऊँघने लगे। ऊँघते हुए वे पुनः चिंतन का सिलसिला उसी स्थान से जोड़ने का प्रयास कर रहे थे, जहाँ से टूट गया था।

वे पुनः सर्जिकल वार्ड के उस बरामदे में पहुँच गए।

बरामदे में खड़े डा. चौबे को ज्यों ही यह परमज्ञान मिला कि यही वह मौका है, जिसकी प्रतीक्षा उनके भीतर छुपा गिद्ध कर रहा था तो वे इस परमसत्य को चोंच में दबाए वहाँ से निकले और सीधे अपने चैंबर में पहुँचकर इसी सत्य का प्रचार-प्रसार इंद्रमणिजी, डा. पांडे तथा अपने अन्य सलाहकारों, सहयोगियों, अधीनस्थों, गिरोहवालों तक फोन द्वारा करने लगे तथा देर तक करते रहे। कुछ ही मिनटों में सत्य चारों ओर बिखर गया। सत्य का राज्य हो गया। चौबेजी के गुट का सतयुग आ गया।

डा. चौबे ने यह बात इंद्रमणिजी को फोन पर विस्तार से बताकर 'आगे क्या करें' की बात की, तो उन्होंने कहा, 'चढ़ बैठो'।

"मैंने डा. पांडे वगैरह को समझा दिया है कि क्या करना है ?" चौबेजी ने बताया।

"टूट पड़ो," इंद्रमणिजी ने उधर से कहा।

"ये रामलँगोट वगैरह भी साथ हैं। उन्हें क्या कहना है ?" चौबेजी ने पूछा।

"बचने न पाए," इंद्रमणिजी ने कहा।

"पर कैसे ?"

"धावा···" इंद्रमणिजी ने उधर से नारा लगाया।

"आप बताएँ।"

"ईंट से ईंट बजा दो···" इंद्रमणिजी आज सूक्तियों, नारों तथा आह्वानपूर्ण बातों पर आमादा लगते थे।

"वह तो ठीक है, पर···"

"दुश्मन को छठी का दूध याद दिला दो।"

"पर···"

"दाँत खट्टे कर दो।"

"आप मेरी बात···"

"आज देश बलिदान माँग रहा है।"

"मैं डा. अग्रवाल की बात···"

"नौजवानो, भारत की तकदीर बना दो···"

"आप गलत समझ रहे हैं इंद्रमणिजी···"

"हम ठीक समझ रहे हैं। आप डा. अग्रवाल की बात कर रहे हैं न ?" उधर से इंद्रमणिजी ने पूछा।

"जी हाँ।"

"फिर ? उसके दाँत खट्टे न करोगे ? उसकी ईंट से ईंट न बजाओगे ? उस पर धावा न बोलोगे ?" उधर से इंद्रमणिजी ने फटकारवाले स्वर में कहा।

"वह बात नहीं है", चौबेजी ने अपनी बात जारी रखने का प्रयत्न किया।

"बात यह है चौबेजी, कि धावा चाहे डा. अग्रवाल पर करना हो या चीन पर, नेता को अपने साथियों का मनोबल ऐसे ही ऊँचा करना पड़ता है, बातें करके। जब देश बचाने की बातें करोगे, तब कम-से-कम इतना तो उत्साह पैदा होगा ही ससुरा, कि कुर्सी बचाने लायक लड़ाई तो कार्यकर्ता कर ही डालेंगे।"

"सही कहा आपने," चौबेजी ने माना।

"आप तो अपने रामलँगोट, डा. पांडे वगैरह को ऐसे ही समझाइए कि अग्रवाल को बरबाद करना भारत की तकदीर के लिए आवश्यक है। कहिए कि नौजवानो, भारत की तकदीर बना दो। कहने में क्या जाता है। बनाता-वनाता कौन है ? नौजवान लौंडियों के पीछे जाएँ कि देश की तकदीर बनाने के लिए बैठें ? बताइए भला ! जोरदार तरीके से भड़काएँ सबको।"

"मैं कोशिश करता हूँ।"

"करो। सबमें उत्साह पैदा करो। मर कटने को तैयार हो जाएँ, ऐसी बातें करो। बारूदी बातें। ऐसी बातें करके ही तो सैनिक को या कार्यकर्ता को लड़ने के लिए उकसाया जाता है। वरना कौन लड़ेगा ? सबको कहो कि आज देश बलिदान

माँग रहा है। तहसील-लेबल के झगड़े में भी हम यही कहते हैं कि आज देश बलिदान माँग रहा है। कौन देश से पूछने जा रहा है कि तू बलिदान माँग रहा है या नहीं ?"

"उत्साह तो इनमें वैसे ही काफी है। आप तो यह बताइए कि क्या करना है तथा कैसे करना है ?" चौबेजी ने कहा।

तब इंद्रमणिजी ने किसी कुशल, व्यस्त, चुस्त, माफिया-किंग तथा चालाक डाकू-सरदार की कुशलता तथा व्यूहरचनाशीलता का परिचय देते हुए एक योजना तुरंत डा. चौबे को समझाई। वे फोन पर देर तक उन्हें योजना के बारे में सूक्ष्मतम विस्तार में जाकर बताते रहे। यह योजना यदि फौजी बनाते तो इसे आपरेशन ब्लूवर्ड या आपरेशन रेड-हाइना या ऐसा ही कोई सनसनाता अंग्रेजी नाम देते, पर डा. चौबे को यह योजना सुनते हुए जो नाम बार-बार दिमाग में कौंधता रहा, वह ठेठ देसी तथा हिंदुस्तान की माटी में सना हुआ था–'आपरेशन घोड़ापछाड़।' यही नाम हो सकता था इसका। वैसे इसमें निहित उठापटक, टाँग खिंचाई, कमीनगी, षड्यंत्र, धोखेबाजी, कूटनीति, पीठ में छुरा घोंपने आदि को देखते हुए इसका नाम आपरेशन घोबीपाट, आपरेशन डंडा-डोली, आपरेशन नंगई, आपरेशन लातमलात, आपरेशन उखाड़-पछाड़ आदि भी रखा जा सकता था।

कुल मिलाकर आपरेशन घोड़ा-पछाड़ संक्षेप में यूँ था।

अगले पंद्रह मिनटों में इंद्रमणिजी का युवा-दल सक्रिय होकर अस्पताल पहुँचनेवाला था। इंद्रमणिजी का एक युवा-दल था, जैसा हर राजनीतिक पार्टी तथा राजनीतिज्ञ का होता है। यह हमेशा ही सक्रिय रहता था। ये युवा जहाँ रहते थे, सक्रिय रहते थे। ये किसी की भी धोती खींच सकते थे, किसी को भी नंगा कर सकते थे तथा कहीं भी अपनी युवा शक्ति के बल पर नंगा नाच कर सकते थे। इंद्रमणिजी के इशारे पर ये उनके विरोधियों को नाली में ढकेल सकते थे, उनकी पार्टी के अन्य प्रतियोगी नेताओं के पाजामों में मेंढक डाल सकते थे, दुश्मन की खोपड़ी खोल सकते थे तथा जमाने को फूँक सकते थे। ये दुनिया को तबाह कर सकते थे तथा आसमान में थिगली लगा सकते थे। वे इंद्रमणिजी के बँगले पर पड़े रहते थे और साथ-ही-साथ शहर के हर कोने में पाये जाते थे। इंद्रमणिजी के निर्देश पर ये रिमोट कंट्रोल के बम की भाँति कहीं भी किसी भी क्षण सक्रिय हो सकते थे। वे भारतीय राजनीति के भस्मासुर पलीते थे। चौबेजी ने जब यह सुना तो वे समझ गए कि अब डा. अग्रवाल की पैंट का उतरना तो खैर तय हो ही गया है, चड्डी तथा उसके नीचे यदि लँगोट बाँधते हों, तो वह भी अब सुरक्षित नहीं रहनेवाली। ये युवा-नेता तो सीधे ही अधोवस्त्रों पर हाथ डालनेवाली नीति पर चलते थे। देश में सभी ये बातें जानते थे।

इंद्रमणिजी ने बताया कि उनके गुर्गे पंद्रह-बीस मिनटों में ही सर्जिकल वार्ड

के बरामदे में पड़ी लाश के चारों ओर मोर्चा बाँध लेंगे। वे मृतक के बाप की ओर से शुरू किए गए डा. अग्रवाल-विरोधी स्वरों को हंगामे में बदल देंगे और इसके लिए उन्हें कुल पाँच मिनट और चाहिए होंगे। दे चार-पाँच लोग मृतक के बाप तथा उसके रिश्तेदारों को नेपथ्य में धकेलकर लाश पर काबिज हो जाएँगे तथा अपनी तरफ से अस्पताल में इन्कलाब-जिन्दाबाद का सैलाब ला देंगे। वे डा. अग्रवाल के विरुद्ध हुल्लड़ तथा शोर-शराबे का तूफान उठा देंगे। यह सब पाँच-दस मिनट में हो जाएगा। कुल समय हुआ पच्चीस मिनट। पच्चीस मिनट होते ही डा. चौबे के आदमी यानी रामलँगोटजी, मेडिकल के वार्डबॉय आदि तथा अन्य आदमियों को लेकर उसी बरामदे में पहुँच जाएँगे और डा. अग्रवाल की तरफ से मोर्चा खोल लेंगे। तब डा. चौबे के ग्रुप के डाक्टर भी डा. पांडे के साथ वहाँ पहुँचकर डा. अग्रवाल को गाली देने का विरोध करेंगे। तब तक डा. चौबे के पाले हुए कुछ जूनियर डाक्टर भी इन राजनीतिक गुंडों के विरोध में बरामदे में जम जाएँगे। यह तय था कि उनकी देखादेखी अस्पताल के बहुत-से तटस्थ कर्मचारी तथा डाक्टर भी डाक्टरों की तरफ से लड़ने पहुँच जाएँगे। इसके आगे का काम इंद्रमणि के गुर्गों पर छोड़ दिया जाना था। वे अगले पाँच मिनट में ही एक-दो डाक्टरों का सिर फोड़ देंगे, लाश को जमीन पर पटककर उसके चारों तरफ घेराव करके अनशन पर बैठ जाने की बात करेंगे और मृतक के बाप को भी चपेट में लेकर पिटवा देंगे। चौबेजी के लोग भी खूब मार-पिटाई करने तथा उनमें से कुछ, कैसे भी हो, लहूलुहान होने का प्रयत्न करेंगे। यह सब लगभग आधे घंटे चलेगा। इसके बाद वही सब होगा, जो हमारे यहाँ ऐसे मौकों पर होता है, यानी जूनियर डाक्टरों की हड़ताल, सफाई कर्मचारी तथा वार्डबॉयों की हड़ताल। अस्पताल के सामने डाक्टरों का तंबू। नेताओं का तंबू। पुलिस। जिलाधिकारी। तमाशबीन। अखबार के लिखैया। शासन के खेवैया। डीन। नेता। इंद्रमणिजी। छुटभैये। जीपें। कारें। लाठियाँ। डंडे। बातचीत। मेडिकल छात्र। हंगामा। जूते। फजीहत। मारो, मारो। संघर्ष हमारा नारा है। सड़ती लाश। डरा हुआ बाप। डराते हुए नेता--तुम्हारे लिए ही तो हमने यह किया और तुम्हीं स्साले⋯शोर। हा हा, ही ही। लगे लगे। माइक लाओ। माइक लाओ। बोलो। जब तक डाक्टरों को मारनेवाले छुटभैये गिरफ्तार नहीं होते, तब तक⋯इंकलाब⋯अरे जोर से बोलो न। जिंदाबाद कहने में गाँड़ फटती है ? हद है, इसी बूते पर हड़ताल पर बैठे हो ? गद्दी लाओ। चायवाले को बोला कि नहीं ? कहो कि इस तंबू में छः चाय भेज दे। उधर नहीं। फिर बातचीत। सबके प्रतिनिधि। इंद्रमणिजी सबकी तरफ। वे डाक्टरों की तरफ से भी बोल रहे हैं और मृतक के हिमायती नेताओं की तरफ से भी। डाक्टरों को मारा, गलत किया। डाक्टर भगवान होता है। डाक्टर का नंबर तो भगवान के बाद ही है। गलत किया। डाक्टरों को भी भला कोई मारता है ? माफी माँग

लो। माफी से नहीं मानेंगे ? गिरफ्तारी से कम कोई बात नहीं ? देख लीजिए··· पर डा. अग्रवाल ने भी ठीक नहीं किया है। पहले भी वे ऐसे केस कर चुके हैं। लापरवाह हैं। डाक्टर जैसे सम्माननीय धंधे में ऐसी लापरवाही ठीक नहीं। जिसका बेटा मरता है, वही जानता है। उसके दिल की कौन कहे। ठीक रहेगा यदि डा. अग्रवाल को ट्रांसफर कर दें यहाँ से। माँग तो सस्पेंड करने की है, पर मैं ऐसी कार्रवाई का विरोध करता हूँ। कोई जानबूझकर तो मारा नहीं है उन्होंने कि सस्पेंड करोगे ? गलती किससे नहीं होती। तो ट्रांसफर कर दें ? पर डाक्टर मानने को तैयार नहीं। तो ऐसा करें कि सबकी बात रह जाए। जिन्होंने डाक्टरों को मारा, उनको गिरफ्तार कर लें। इंद्रमणिजी स्वयं युवा-नेताओं को मनाएँगे कि वे गिरफ्तारी का विरोध न करें।

कानून का हमें सम्मान करना है। कानून अगर कहता है कि डाक्टरों की पिटाई नहीं करो, तो नहीं करनी चाहिए थी। की है तो कानून का सम्मान करो। गिरफ्तार हो जाओ। पर फिर डाक्टरों को भी जनता की भावना का सम्मान करना होगा। डा. अग्रवाल को कोई फाँसी पर तो चढ़ा नहीं रहा। ट्रांसफर को प्रतिष्ठा का प्रश्न न बनाएँ। उनकी माँग हमने मनवा दी है, अब वे भी थोड़ा सहयोग दें। अभी तो डा. अग्रवाल को जाने दें। अभी तो तनाव कम करना है। सद्भाव की आवश्यकता है···

तो यह सब होगा। ऐसे मौकों पर ऐसा ही होता है। इंद्रमणिजी कई बार, कई जगह ऐसा खेल खेल चुके हैं। यदि डाक्टर ढीले लगे तो अग्रवाल को सस्पेंड भी कराने का प्रयत्न करेंगे। सारी बातें डा. चौबे को समझ आ गई थीं।

सारी बातें सुनकर डा. चौबे फोन पर ही इंद्रमणिजी की आरती उतारने लगे। "आप महान हैं इंद्रमणिजी," चौबेजी ने अभिभूत होते हुए फोन पर कहा।

"अरे हम क्या हैं चौबेजी··· आप तो बस, अपने आदमियों को तैयार रखिएगा!"

"जी हाँ, वे तैयार हैं।"

"और आप क्या कर रहे थे ?"

"सेमीनार करवा रहे थे।"

"सेमीनार करवाते रहिए। पढ़ाई चलती रहनी चाहिए।"

"जी।"

"डाक्टरों की पढ़ाई बंद न हो। खूब पढ़ाइए।"

"जी।"

"बाकी हम पर छोड़ दीजिए। हम अस्पताल की ईंट से ईंट बजा देंगे।"

"जी।"

"ईंट से ईंट बजने से नहीं डरना चाहिए—हमारा बस चले तो हम तो देश

की ईंट से ईंट बजा दें।"

"बजा रहे हैं आप, आपको पता नहीं है।"

"तो आप तो पढ़ाइए-लिखाइए, बाकी हम पर छोड़िए। आज सरऊ डा. अग्रवाल की…"

"ईंट से ईंट बजा देंगे ?"

"बजा देंगे।"

"धन्यवाद, इंद्रमणिजी।"

"आप लोग पढ़ाइए-लिखाइए।"

"वह हम कर रहे हैं।"

"आप अपनी पढ़ाई-लिखाई चलाओ, उधर हम ईंट से ईंट बजाते हैं। इधर सड़क से संसद तक ईंट बजे, उधर बुद्धिजीवी अपने में बिजी रहें, यही हम चाहते हैं।"

"ऐसा ही हो रहा है इंद्रमणिजी।"

"करते रहिए। बाकी देश हम पर छोड़िए।"

"हम छोड़ चुके हैं।"

"अस्पताल आपका, शेष देश हमारा।"

"दोनों मिलकर अपना-अपना हिस्सा खायें।"

"इसे कहते हैं मिले सुर मेरा तुम्हारा।"

"ठीक कह रहे हैं आप।"

"तो आप चलकर काम करें, इधर हमारे युवा कार्यकर्ता सब सँभाल लेंगे। कलेक्टर भी हमारा आदमी है, और कमिश्नर भी। शरीफ भी हमारे आदमी हैं और गिरहकट भी। थानेदार भी हमारा आदमी है और चोर भी। साधु भी हमारे आदमी हैं और शैतान भी।"

चौबेजी कुर्सी पर ऊँघते हुए ही ये संवाद सोचते हुए मुस्कराने लगे। इंद्रमणिजी की यही बात भाती है उन्हें। साफ कहते हैं। महापुरुष बनने या बताने का प्रयत्न नहीं करते। हरामी हैं, तो हरामी की तरह ही पेश आते हैं। कोई दुराव-छुपाव नहीं। चेहरे से ही साफ नजर आता है कि आदमी कमीन है। बातचीत से तो खैर तुरंत साफ हो ही जाता है।

एक जूनियर डाक्टर के मिमियाते स्वर को सुनते ही चौबेजी के चिंतन में बाधा पड़ी जो उन्हें साफ-साफ तो सुनाई नहीं दिया पर उन्होंने आँखें खोल दीं। मिचमिचाती आँखों से उन्होंने डाक्टर को देखा, जो लगभग घिघियाता-सा कुछ कह रहा था।

डा. सक्सेना ने बताया कि यह कह रहा है कि इन लोगों ने केस देख लिया है तथा अब क्या आज्ञा है ?

डा. चौबे ने पूरी आँखें खोलकर अपनी घड़ी पर नजर डाली और पूछा, "क्या टाइम हुआ है ?"

डा. सक्सेना ने बताया, "दो बजने को हैं, सर।"

इसका मतलब है अभी दस मिनट का समय है इंद्रमणिजी के आपरेशन धोबी-पछाड़ में–चौबेजी ने सोचा। तब तक सेमीनार-सेमीनार का खेल ही खेला जाए।

"हाँ, तो शर्माजी बताइए," चौबेजी ने कुर्सी पर सीधे होते हुए कहा।

और, सेमीनार पुनः शुरू हुआ।

खटिया पर कनछेदी को मानो पल-भर को होश आया। उसने आँखें खोलीं और देखा। अस्पताल की छत का विस्तार उसके साथ-साथ चलने लगा। उसने बोलने का प्रयत्न किया, तो आवाज नहीं . .कली। घों-घों की आवाज गाँववालों के चमरौधों की चर्र-चूँ में खो गई। उसने करवट लेने की कोशिश की कि देखे कि वह कहाँ है या कौन उसकी खाट खींचे ले जा रहा है ? चारों ओर अजीब-सा धुँधलापन क्यों छा रहा है ? वह हल्का क्यों होता जा रहा है ? कोई आवाज साफ क्यों नहीं है ? साँय-साँय-सा क्या बज रहा है कानों में ? वह तेजी से कहाँ डूबा जा रहा है ? गाँव में खेली कबड्डी, खेतों में जबरन पटक लीं औरतें, फिर अपने बच्चे–सबकुछ कैसा फिल्म-सा घूम रहा है सामने ? वे गाँजे-भरी चिलमें, वे देसी दारू की बोतलें, वो खलिहान में तेली की लड़की, वो नदी पर बनिया की महरारू, वो अमराइयों का जुआ, वो मीठी जुआर की रोटी, माँ, वह बाप से गाली-गुफ्तार, वह रामलीला, वह नौटंकी का जोकर, वे तहसीलदार के जूते, वो थानेदार के डंडे, वो हमेशा डरी-डरी माँ–सब जैसे साथ चढ़े हुए हैं खटिया पर। वह यादों के मेले में कैसा भटक रहा है ? कनछेदी समझ नहीं पा रहा था। खाट के नीचे से गाँववालों की आवाजें आ रही हैं। वह समझ नहीं पा रहा है कि क्या बोल रहे हैं वे। कनछेदी कुछ भी नहीं समझ पा रहा था।

अच्छा ही था कि कनछेदी कुछ समझ नहीं पा रहा था। समझता तो समझ पाता कि वह मर रहा था।

जब कनछेदी ने अंतिम हिचकी ली, तब लँगड़ा रिश्तेदार न जाने क्यों यकायक रुक गया।

"क्या हुआ ?" बाकी लोगों ने पूछा।

"उस नर्स बाई से पूछ लें ?" बूढ़े ने कहा।

"पूछ लो," सबने कहा।

कनछेदी की आँखें अभी भी खुली थीं तथा सूनी थीं। जो सूनापन आँखों

में था, वह मौत ने नहीं दिया था। यह सूनापन तो जिंदगी ने दिया था जो देश के हर गरीब की आँखों में देखा जा सकता था।

डा. पांडे का कमरा।

पांडेजी के सामने ही डा. गुलाटी बैठे हैं। दोनों के सामने दो अंडे रखे हैं, उबले।

"इसी खुशी में अंडा लीजिए," पांडेजी ने प्लेट गुलाटी की तरफ सरकाते हुए कहा।

गुलाटी चुपचाप अंडा तोड़ने लगा।

पांडेजी ने एक्सपर्ट हाथों से अंडा छीलते हुए कहा, "यह आपने बड़ा समझदारी का काम किया।"

"मैं बेवकूफ था," गुलाटी ने माना।

"बेवकूफ होते तो अभी तक उस बेवकूफ के साथ ही होते," पांडेजी ने समझाया।

"नहीं, आप बेवकूफ नहीं हैं। बेवकूफ डा. अग्रवाल हैं, जो आप जैसे लोगों का साथ होते हुए भी कुछ नहीं कर पाए।"

गुलाटी ने बताया, "वह कभी कुछ नहीं कर सकता। मैंने उसे कहा था कि डा. चौबे को जहर दे दो या गोली मार दो या शेर से कटवा दो, तो स्साले की डर के मारे पेशाब निकलने लगी।"

पांडेजी ने बताया, "और चौबेजी का पता है ? यही बातें हमने कहीं, तो कहने लगे मारो स्साले अग्रवाल को जूता।"

"यह होता है अंतर," गुलाटी ने माना।

"तुमने ठीक किया, जो अग्रवाल को छोड़कर हमारी तरफ आ गए। लो, अंडा खाओ," पांडेजी ने प्यार जताया।

"अब आपके साथ रहना है तो अंडे ही खाने हैं," गुलाटी ने हँसकर कहा।

"हमारे साथ रहेंगे तो मुर्गी तक खाने का मौका रहेगा," पांडेजी ने मौज में कहा।

तभी रामलँगोटजी हाँफते हुए कमरे में घुसे और उत्साह तथा उत्तेजना में कुछ कहने ही वाले थे कि गुलाटी को देखकर चुप रह गए।

"कह डालिए··· ये अब अपने गुट में हैं," पांडेजी ने सांत्वना-सी देते हुए कहा।

"आप तनिक बाहर चलें," रामलँगोटजी कोई रिस्क लेना नहीं चाहते थे।

"क्या बात है ?" पांडेजी ने उठते हुए कहा।

रामलँगोटजी देर तक उनके कान में फुसफुसाते, कमरे के बाहर सारी योजना बताते रहे।

जब पांडेजी वापस कमरे में आये, तो उनकी बाँछें खासी खिली हुई थीं।

"क्या हुआ ?" गुलाटी ने पूछा।

"बड़े शुभ पड़े हैं तुम्हारे चरण," पांडेजी ने बताना शुरू किया।

अस्पताल के बाहर तेली का होटल।

कुत्ते ने दो कसमें खाईं थीं और अब होटल के बाहर एक कोने में ऊँघ रहा था।

जब चीरघर में लाश ने उठकर उसे लात मारी थी, तब की बात पाठकों को याद होगी। जीवित व्यक्तियों से तो कुत्ता लातें खाता ही रहता था, परंतु किसी लाश से लात खाने का यह उसका पहला मौका था। लाश की लात खाकर कुत्ता जो भागा, तो भागता ही गया। दूसरे कुत्तों ने जो उसे यूँ भागते देखा, तो वे भी कुत्तों की आदत के वशीभूत उसके पीछे भागने लगे। कुछ ही देर में अस्पताल के चारों तरफ दस-पंद्रह कुत्तों का ग्रुप 'रन फार फ्रीडम' की भावना फैलाते दौड़ने लगा। फिर वे भौंकते हुए दौड़ने लगे। फिर वे एक-दूसरे को काटते हुए दौड़ने लगे। इन सबसे उत्तेजित होकर अपना कुत्ता और तेज दौड़ता रहा। जब वह अस्पताल का दसवाँ चक्कर मार रहा था, तब जानकी बाबू ने एम्बुलैंस के नीचे से निकलकर हैंडिल का जोरदार वार अपने कुत्ते के पिछवाड़े पर किया। इससे उसकी गति टूट गयी। वह क्षण-भर को जमीन पर गिर गया और पुनः उठ ही रहा था कि जानकी बाबू ने एक करारी लात उसके पिछवाड़े पर मारी, जो मुर्दे की लात से किसी तरह कम करारी नहीं थी। कुत्ता दोबारा जमीन पर मुँह के बल गिरा। यह देखकर शेष कुत्तों का उत्साह हवा हो गया और वे ट्रैक छोड़कर इधर-उधर भाग गए। हमारे उपन्यास के कुत्ते ने तब पहली कसम यह खाई कि अब वह चीरघर की तरफ फटकेगा भी नहीं।

वह कसम खाकर लँगड़ाता हुआ अस्पताल के बाहर आ गया। रास्ते में वे कुत्ते जो उसके पीछे भाग रहे थे, उसे देखकर खिलखिलाते रहे क्योंकि वह पिट गया था तथा वे बच गए थे। पिटे पर हँसने में कुत्ते आदमियों से पीछे न थे। तब कुत्ते ने दूसरी कसम यह खाई कि वह इस तरह दौड़ेगा नहीं, विशेषकर इन बदमाश कुत्तों का लीडर बनकर तो कभी नहीं।

इस प्रकार दो कसमें लेकर कुत्ता अस्पताल के बाहर बने टपरा होटल के पास आ गया था। काफी देर तक वह चिंतन में डूबा बाहर धूप में बैठा रहा और फिर, जैसा कि गंभीर चिंतन करने में प्रायः होता है, ऊँघने लगा।

इस समय वह ऊँघ ही रहा था। काफी देर से ऊँघ रहा था। दोपहर की धूप में ऊँघनेवाले इसका आनंद जानते हैं। कुत्ता कुछ देर पूर्व ही उसके साथ हुई लातबाजी को भूलकर मस्त पड़ा था, कि तभी मारो, मारो की आवाजों तथा उठापटक, सामान फेंकने आदि के शोर से चौंककर वह उठ खड़ा हुआ।

कुत्ते ने देखा कि कुछ गुंडेनुमा, खादी-वस्त्रधारी लौंडे होटल का सामान लूट रहे थे। हवा में परातें, कड़ाहियाँ, समोसे, कप-प्लेटें तथा होटल का मालिक तैर रहे थे। उनके बीच बची हवा में माँ-बहन की गालियाँ उड़ रही थीं। उससे भी बची हवा में जूते चल रहे थे। कुत्ता समझ गया। ये इंद्रमणिजी के दल के युवा कार्यकर्ता थे, जिनसे शायद होटलवाले ने चाय के पैसे माँगने की हिमाकत कर डाली थी। कुत्ता इंद्रमणिजी के इन युवा नेताओं को जानता था। देर रात शहर की गलियों में भटकते कुत्ते ने इन लोगों को नशे में झूमते, गलियों में भटकते, दारू पीकर नाली में लोटते तथा चोरी-चकारी करते कई बार देखा था। बाज वक्त तो स्वयं उसने इन लोगों को नाली में पड़े देखकर उनके मुँह पर मूता था। वह इनकी नस-नस से परिचित था। इसीलिए वह आसन्न खतरे को भाँप रहा था। उसका दिमाग बार-बार उसे चेतावनी देने लगा कि भाग जा यहाँ से। परंतु दिल कह रहा था कि रुको और तमाशा देखो। उसने दिल की बात मानी और रुका रहा।

कुछ ही देर में सारी दुकान लुट गई। लूटने में ये युवा प्रवीण थे। जब उनके बड़े नेता पूरा देश लूट रहे थे तब वे ऐसी छोटी-मोटी लूट तो कर ही सकते थे। इन लूटों से ही तो वे बड़ी लूट के लिए तैयार हो सकते थे। वे ही तो भविष्य के नेता थे।

लूटपाट मचाकर हो-हल्ला करते, ठिठोली करते, हँसते-हँसते, ठहाके मारते जब ये युवा नेता होटल से बाहर निकले, तो कुत्ता सामने ही पड़ गया। उसे तुरंत समझ में आ गया कि दिल की बात मानकर उसने गलती की थी। युवा नेता मौज में थे। कुत्ते को देखते ही पूरी टोली की बाँछें खिल गईं। आगे-आगे चल रहे एक दुबले से युवा ने एक लात कुत्ते को जमाई। कुत्ता कराहकर पलटा। इसकें बाद तो जैसे लातों के बाँध का फाटक खुल गया। एक के बाद एक लातें पड़ती गईं। शायद हर लौंडे ने एक या अधिक लात मारी। लात मारकर युवा नेता हँसते-खेलते अस्पताल परिसर में प्रवेश कर गए। आज निश्चय ही कोई आम आदमी भी उसी की तरह लातें खानेवाला है, अस्पताल में—कुत्ते ने भागते-भागते सोचा। वह भागते हुए अनजाने में चीरघर की तरफ ही दौड़ता गया। उसके पीछे पुनः बहुत-से कुत्ते दौड़ने लगे, पर वह दौड़ता गया। इस तरह उसने पहले खाई दो कसमें तोड़ दीं। इसके बावजूद उसने दौड़ते हुए तीसरी कसम खाई, कि वह कभी भी नेताओं के पास नहीं फटकेगा।

"हाँ, तो शर्माजी, इस मरीज को क्या है ?"' चौबेजी ने सेमीनार को पुनः चालू करते हुए पूछा।

शर्माजी अभी भी पुरानी नीति पर ही चल रहे थे, बोले, "मैं कह नहीं सकता।"

"पर तुम कह तो रहे हो ?"

"सर, मैं यह कह रहा हूँ कि मैं कह नहीं सकता।"

"परन्तु जब तुम कह नहीं सकते तो फिर यह कैसे कह सकते हो कि तुम कह नहीं सकते, क्योंकि जो कह नहीं सकता, वह यह भी नहीं कह सकता कि वह कह नहीं सकता।"

"मैं समझ गया सर।"

"फिर भी, कुछ तो कहना चाहिए।"

"जैसा आप कहें, सर।"

"अच्छा, बताइए कि पेटदर्दवाले मरीज में क्या देखना चाहिए ?"

"पेट।"

"गुड।"

अच्छा, बताइए कि पेटदर्द का सबसे कॉमन कारण क्या है ?"

"पेटदर्द।"

"वैरी गुड। पेटदर्द का सबसे बड़ा कारण पेटदर्द है... वाह !"

"सर, शर्माजी चुप हैं", सक्सेनाजी ने कहा।

"मुझे दिख रहा है। यह बताइए कि टाइम क्या हुआ है ?" चौबेजी ने अपनी घड़ी में देखते हुए सक्सेना साहब से पूछा।

"सर, सवा दो बज रहे हैं," सक्सेना साहब ने अति महत्वपूर्ण जानकारी देने के ठसके से बताया।

"सवा दो ?" डा. चौबे बुदबुदाए।

सवा दो बज रहे हैं। इसका मतलब है कि इंद्रमणिजी के आदमी वहाँ पहुँच गए होंगे और रामलँगोट, वार्डबॉय इत्यादि भी पहुँचनेवाले होंगे। यहाँ आने से पहले वे सारा इंतजाम कर आए थे। एक अजीब-सी उत्तेजना से भर गए डा. चौबे। यकायक उन्हें सारा संसार बहुत खूबसूरत, प्यारा, मनमोहक तथा हराभरा लगने लगा। सेमीनार-रूम में जैसे बसंत उतर आया। जूनियर डाक्टर किसी किन्नर, देवी-देवता-से सुंदर लगने लगे। शर्माजी तथा सक्सेना साहब पर प्यार आने लगा। इस समय शायद चीरघर का कुत्ता भी उनके सामने पड़ जाता, तो वे लात न मारते, इतनी करुणा, प्यार तथा पुण्य का सागर उनके विशाल हृदय में हिलोरें ले रहा था। उन्होंने बिना किसी संदर्भ के ही डा. शर्मा की तरफ देखकर कहा, "वैरी गुड।"

सर्जिकल वार्ड का बरामदा।

ट्रॉली पर पड़ी लाश के चारों ओर भारी भीड़ है। युवा नेताओं तथा उनके भी युवा, किशोर तथा बच्चा-साथियों ने लाश पर कब्जा कर लिया। सभी नारे लगा रहे हैं। सभी गालियाँ दे रहे हैं। आसपास अभी भी फुर्सतिए मरीजों तथा तमाशबीनों की भीड़ लगी है। भीड़ बढ़ती ही जा रही है, जिसके कारण युवा नेताओं का उत्साह बरामदे में नहीं समा रहा। वे लाश को झुनझुने की तरह पकड़े हैं। डा. अग्रवाल के अलावा वे सारे डाक्टरों को भी गरिया रहे हैं, ताकि लड़ाई तथा हंगामा होने में कोई कसर न रह जाए। अस्पताल नहीं, बूचड़खाना है; समाज को बदल डालो; डा. अग्रवाल मुर्दाबाद; खून का बदला खून; इन्कलाब जिंदाबाद; हाय, हाय, हाय, हाय; डा. अग्रवाल की माँ की···, दुनिया ने तेरे जुल्मों को देख लिया; डा. अग्रवाल को बंद करो; डाक्टर नहीं हत्यारा है; साथियो, संघर्ष करो, आदि चिरपरिचित नारों का कचरा बरामदे में तथा लाश पर बिखर गया था। एक युवा नेता ने कुर्ता फाड़कर छाती पीटना शुरू कर दिया, जिसे देखकर, नेतागिरी में साथी से पीछे न रह जाने की कसम खाए दूसरे युवा नेता ने अपना पाजामा ही उतार दिया था। चारों तरफ नंगा नाच होने लगा था। देश की बड़ी-बड़ी समस्याएँ नंगा नाच कर हल करने की यह युवा-पद्धति धीरे-धीरे बूढ़े नेताओं को भी पसंद आने लगी थी और वे भी विभिन्न मंचों पर धोतियाँ खोलकर या लँगोट उतारकर देश के सामने नंगा होने में कोई संकोच नहीं करते थे। भारतीय राजनीति का यह नंगा युग चल रहा था। इसी का नजारा इस समय सर्जिकल वार्ड के बरामदे में छोटे-मोटे स्तर पर चल रहा था। लाश के चारों तरफ राजनीति के गिद्ध-बच्चे उतर आए थे।

ऐसे माहौल में एक बूढ़ा व्यक्ति भीड़ में धक्के खाता लाश की तरफ बढ़ने की कोशिश कर रहा था। वह दो-चार कदम ही बढ़ पाता था कि युवा शक्ति का रेला उसे पुनः दूर धकेल देता था। पर वह बूढ़ा भी एक ही ढीठ था। वह धक्के खाता हुआ भी लाश की ओर बढ़ता ही जा रहा था। लाश अभी भी उससे काफी दूर थी। पर वह बढ़ता गया। वह काफी आगे आ गया। जूनियर डाक्टरों तथा अस्पताली कर्मचारियों का एक झुंड, जिसका प्रतिनिधित्व डा. पांडे कर रहे थे, युवा नेताओं से बहस में लगे थे। बहस का अंत वहीं हुआ, जहाँ होना था। बात गाली-गलौज से होती हुई गुत्थमगुत्था तक पहुँच गई। इसी गुत्थमगुत्था के साथ नई नारेबाजी का एक सैलाब उठा, जो पुराने नारों के कचरे को बहाता हुआ पूरे बरामदे में फैल गया। धक्कामुक्की, मारा-मारी, जूतमपैजार, लातमलात, दे दनादन, हूलगदागद, लगे, लगे, लगे, मार दिया रे, अरे दद्दा रे, अबे तेरी तो··· आदि की लहरें जनसमुद्र में उठने लगीं; लगा दो झापड़, अरे, अरे, मर गया रे, फेंक दो स्साले को नीचे, राजीव गांधी की जय, लगा पौद पै दो लात, महात्मा

गाधी की जय, पटक दे साले को नीचे, बोल सियावर रामचंद्र की, भारत माता की जय आदि का फेन इन लहरों के साथ बहता हुआ किनारों पर खड़ी तमाशबीन जनता के बीच फैल गया।

बूढ़ा आदमी, जो लाश के पास तक लगभग पहुँच ही गया था, इन लहरों की चपेट में आकर भीड़ में गोता खाता हुआ बरामदे के एक कोने में जा गिरा और रोने लगा।

उसे रोते देख तट पर खड़ी दर्शक भीड़, जो कहीं भी झगड़ा होते देख खड़ी हो जाती थी, उसके इर्द-गिर्द खड़ी हो गई।

"क्या हो गया बाबूजी ?" एक मरीज ने कहा।

"होना क्या था ? देख नहीं रहे, धकिया दिया। धोती फाड़ दी," एक अन्य मरीज ने बूढ़े की तरफ से जवाब दिया।

"मैं उसका बाप हूँ," बूढ़े ने रोते-रोते कहा।

"बाप बने हो, तो रोने से क्या डरना," एक अधेड़ ने कहा।

"पीट दिया क्या लौंडे ने ?" एक ने पूछा।

"पीटा ही होगा," दूसरे ने कहा।

"लौंडा है तो बाप को पीटेगा ही," तीसरे ने कहा।

"और किसे जाकर पीटे ?" चौथे ने कहा।

"रो मत बाबा," एक ने सांत्वना दी।

"मैं उसका बाप हूँ," वह पुनः रोते-रोते बोला।

"किसका ?"

"वह जो मर गया है," बूढ़े ने रोते-रोते बताया।

"वह जो मर गया है !" मरीज ने आश्चर्य से पूछा।

"वह जो लाश पड़ी है !" दूसरे ने कहा।

"वह जिसके पीछे इतना टंटा हो रहा है," तीसरे ने कहा।

"हाँ, यह वही तो है। हम तो शुरू से यहाँ खड़े-खड़े देख रहे हैं। यही तो शुरू में लड़ रहा था डाक्टरों से," चौथे ने कहा।

"फिर यहाँ कैसे खड़े हो बाबा ? आओ, आपको लाश तक पहुँचा दें," एक ने कहा।

"वे लोग वहाँ हमें खड़े ही नहीं होने दे रहे," बूढ़े ने रोते-रोते बताया।

"लाश पर उनका कब्जा हो गया है भैया। मार तमाम धक्कामुक्की कर रहे हैं। दो बार तो लाश ट्रॉली पर से नीचे पटक दी इन लौंडों ने। हमने समझाया, तो पीछे से किसी ने धोती खैंच दी। फिर किसी ने सिर पर चपतिया दिया। फिर जो धक्का पड़ा, तो इधर आ गए। तब से कोशिश कर रहे हैं, पर अपने बच्चे की लाश तक नहीं पहुँच पा रहे हैं। क्या करें ?" बूढ़ा रोता रहा।

"अब पास न जाओ लाश के तो ही अच्छा है," एक ने कहा।

"लाश की फजीहत तो हो रही है," दूसरे ने कहा।

"नेताओं के हत्थे लगे तो तुम्हारी और होएगी," तीसरे ने कहा।

"राजनीति के हाथों जो फँसा, उसकी फजीहत पक्की है," चौथे ने कहा।

"वे सबकी करते हैं," एक ने कहा।

"नेता सबकी फजीहत करते हैं," दूसरे ने कहा।

"लाश की," तीसरे ने कहा।

"जिंदा आदमी की," चौथे ने कहा।

"देश की," एक ने कहा।

"जो हाथ लगे उसकी," दूसरे ने कहा।

"अब इधर फटकना भी मत बाबा।"

"यहीं रो लो।"

"लाश तो देश के काम आ गई बाबा।"

"लड़का अस्पताल के काम आया और लाश राजनीति के।"

"धन्य है !"

सर्जिकल वार्ड में इंद्रमणि के हरावल दस्ते के युवा सैनिक घमासान कर रहे थे। डा. चौबे के लग्गे-भग्गे डाक्टर भी यथाशक्ति मारकाट में संलग्न थे। कुछ लोग लाशवाली ट्रॉली पर चढ़कर तथा लाश पर लात रखकर नारे लगा रहे थे।

मृतक का बाप एक कोने में रो रहा था। वह रोता ही जा रहा था। वह नादान था। उसे मालूम होना चाहिए था कि अस्पताल के राजनीतिक इतिहास में उसका लड़का शहीदों की श्रेणी में आ गया है। यदि डा. चौबे का राजतिलक इस गद्दी पर होता है तो वे उसका स्मारक अपने हृदय में बनाकर रखेंगे।

पर बूढ़ा रोता ही रहा।

कुत्ता चीरघर से काफी दूर पर ही रुक गया।

नेताओं से पिटकर वह चीरघर की तरफ भागा था और अब चीरघर के पास आकर वह सिपाहियों से पिटना नहीं चाहता था। मुर्दाघर की बगल की दीवार से लगे हरी घास के छोटे-से जमीन के टुकड़े पर मुर्दे के रिश्तेदार ऊँघते हुए बैठे, अधलेटे, लेटे या पसरे हुए थे। हवलदार बलभद्दर उन लोगों से थोड़ा हटकर पत्थर के ढोके पर बैठकर डंडे पर सिर टिकाए ऊँघ रहे थे। भरी दोपहर में डा. शर्मा की अंतहीन प्रतीक्षा चल रही थी।

कुत्ता दबे पाँव आगे बढ़ने की सोच ही रहा था कि पीछे से उसने एक आवाज सुनी और घबराया-घबराया जड़ होकर सड़क पर ही स्थिर रह गया।

आवाज सिपाही की थी, जो भागता हुआ अस्पताल से इस तरफ आ रहा था और आवाजें दे-देकर कोई बात हवलदार बलभद्दर को कहता जा रहा था।

सिपाही ने निश्चय ही कोई महत्वपूर्ण तथा रोमांचक बात कही थी, क्योंकि हवलदार बलभद्दर पुलिसोचित फुर्ती तथा उत्साह से पत्थर के ढोके से उठलकर, पेट की पेटी को मोटे पैंट पर बिस्तरबंद बाँधने की तकनीक से अटकाकर, बेंत हिलाते सड़क पर तेजी से सिपाही की तरफ बढ़ने लगे, जो अब कुत्ते के करीब आ गया था।

मुर्दे का भाई हवलदार के पीछे दौड़ा। उसने 'थानेदार साहब' कहकर आवाज दी, तो डंडे को हवा में किसी महान संगीतकार तथा खूँखार थानेदार की मिलीजुली शैली में लहराते हवलदार साहब ने रुककर पीछे देखा और कहा, "हम अभी आते हैं।"

आदमी समझा नहीं। पूछ बैठा, "कहाँ जा रहे हैं हुजूर ?"

हवलदार ने खुशी से दमकते चेहरे से बताया, "अस्पताल में दंगा हो गया है। पुलिस बुलवाई गई है। अपना सिपाही खुद देखकर आया है।"

मुर्दे का भाई अभी भी अपने ही स्वार्थ में मग्न था और उसे देश में बिगड़ती कानून-व्यवस्था की स्थिति का भी ख्याल नहीं आया था, जो हवलदार बलभद्दर के डंडे की आतुरता से प्रतीक्षा कर रही थी।

मुर्दे के भाई ने कहा, "ऐसा न हो कि डा. शर्मा यहाँ आएँ और आप वहाँ..."

हवलदार बलभद्दर को ऐसे मनभावन अभियान पर जाते समय मुर्दे के भाई द्वारा टोकना यूँ ही नागवार गुजरा था, ऊपर से उसकी बेवकूफी की बातें सुनकर तो जैसे उन्हें आग लग गई। वे बरस पड़े, "उधर अस्पताल में दंगा हो गया है भैया, डा. शर्मा क्या यहाँ माँ चुदाने आएँगे ?"

"वह तो ठीक है, पर मान लो..." मुर्दे का भाई आसन्न खतरे को बिना समझे बोलता गया।

हवलदार साहब झुँझलाकर पुनः चलने लगे...

मुर्दे का भाई पीछे-पीछे चलने लगा।

"हजूर..."

"तुम रुकते हो कि हम लगाएँ तुम्हारी गाँड पर चार लातें ?"

हवलदार रुक गए थे। उन्होंने उसे जलती नजरों से देखा और कहा, "तुम यहीं रुको। हम अभी दंगाइयों की हड्डी-पसली बराबर करके आते हैं।"

मुर्दे का भाई वहीं सड़क पर खड़ा रह गया।

हवलदार जलती आँखों, बाँहों की उछलती, फड़कती मछलियां, कड़क चाल, बाहर निकली छाती, उससे भी बाहर निकली तोंद, हवा में लहराती बेंत तथा मुँह

से लगातार झरती गालियों के साथ सड़क पर दौड़कर अस्पताल की तरफ चले। वे दौड़ते गए। दौड़ते-दौड़ते वे कुत्ते के पास पहुँच गए।

कुत्ते ने एक पल को सोचा, फिर ईश्वर का नाम लेकर पास ही बह रहे अस्पताली नाले में कूद गया। वह तब तक पानी में डुबकी मारे रहा जब तक कि हवलदार साहब दूर नहीं निकल गए।

बाहर के हंगामे, शोर-शराबे, यहाँ-वहाँ बरामदे में भागते कदमों की लगातार आवाजों और अस्पष्ट गाली-गलौज के शोर से सेमीनार में व्यवधान पड़ा। शोर कर्कश था, पर डा. चौबे के कानों से मानो मधुर रागिनी बनकर टकरा रहा था। वे सवाल पूछना भूलकर इस शोर के संगीत पर मगन होकर सिर हिलाने लगे, मानो बरामदे में भारत-महोत्सव चल रहा हो। वे चुप हो गए और आँखें मूँदकर, बरामदे से आ रहे शोर को छानकर मानो सारतत्व को पकड़ने का प्रयास करने लगे। थोड़ी देर के लिए शर्माजी से चल रहा प्रश्नोत्तर कार्यक्रम रुक गया।

"मैं देखकर आऊँ कि क्या हो रहा है ?" डा. सक्सेना ने डा. चौबे से पूछा। वे किसी भी कीमत पर साहब का डिस्टर्ब किया जाना बर्दाश्त नहीं कर सकते थे।

"मैं जानता हूँ कि क्या हो रहा है ?" चौबेजी ने मुस्कराते हुए आँखें दबाकर कहा।

"सर !" डा. सक्सेना कुछ न समझकर भी मुस्कराए क्योंकि साहब मुस्करा रहे थे।

"वैसे, तुम देख ही आओ और आकर हमें बताओ कि क्या हो रहा है ?" चौबेजी ने आज्ञा दी।

डा. सक्सेना ने 'छू' कह देने पर लपक जानेवाले श्वान की भाँति चपलता से सेमीनार-रूम के बाहर छलाँग लगा दी और गायब हो गए।

"हाँ, अब बताइए कि इस मरीज को क्या है ?" चौबेजी ने इत्मीनान से पूर्ण संतोष की मुद्रा अख्तियार करते हुए शर्माजी से पूछा।

पुलिस के सिपाही अस्पताल के चारों ओर फैल गए और चहुँओर लाठी-तरंग बजने लगी। वे सीधे द्रुत पर आए और सप्तम पर लाठी बजाने लगे। जो मिला उसकी खोपड़ी पर डंडा-ताल बजाया गया। चूतड़ों पर लात-वृंद का कार्यक्रम दिया गया तथा माँ-बहन इत्यादि के पक्के राग कदम-कदम पर ऊँचे स्वरों में गाए जाने लगे। लाठी-चार्ज का बसंत अस्पताल में उतर आया। चारों ओर भगदड़ के फूल खिल

गए। "मारो-मारो" की तितलियाँ लोगों पर मँडराने लगीं। कानून की कोयल कोने-कोने में कुहुक उठी। कलियाँ तथा खोपड़ियाँ चटख उठीं। आम आदमी अपनी सखियों के साथ भागता नजर आया। वातावरण खाकी रंग से रंगीन हो उठा। उस पर यहाँ-वहाँ लाल छींटे उड़ने लगे। बसंतोत्सव-सा होने लगा। हाहाकार, वाह-वाह की तरह होने लगा।

पुलिस को जैसे निर्देश थे, और निर्देश न भी होते तो भी वह यही करती, उसने अस्पताल में उतरते सबकी ठुकाई शुरू कर दी। मरीज, डाक्टर, कर्मचारी से लेकर इंद्रमणिजी के गुंडों तक सबको समदर्शी तथा समाजवादी तरीके से एक ही डंडे से बराबर मारा गया। सबको माँ की गाली दी गई। सबको उठाकर पटका गया। सबके बाल नोचे गए और सभी के पिछवाड़े पर लात जमाई गई। निमोनियावाले को भी डंडा पड़ा और मलेरियावाले को भी। दिल का मरीज भी जुतियाया गया और लकवेवाला भी। युवा नेता भी धकियाए गए और डाक्टर भी। एक-दो बेंत ट्रॉली पर पड़ी लाश पर भी पड़ी, जिसका लाश ने बुरा नहीं माना। रास्ते में खटिया पर कनछेदी को लादे तथा वार्ड का पता पूछते प्रेमचंद के किसान भी जूते खा गए।

थोड़ी ही देर में सर्जिकल वार्ड का बरामदा साफ हो गया। सारे लोग इधर-उधर भाग निकले, और कोनों में छुपकर अपने घावों, खरोंचों, नीले पड़े उभारों, गूमड़ों, टूटी हड्डियों, बहते खून, फटे कपड़ों, टूटे दाँतों, सूजे गालों तथा खिसक गई पसलियों को टटोलकर अपने हिस्से आए पुलिस-प्रसाद का जायजा ले रहे थे। पुलिस के सिपाही मार-मारकर थक गए थे और दमे के रोगी-सा हाँफते यहाँ-वहाँ खड़े या दीवार से टिके बैठे थे। तीन-चार सिपाही बेंत फटकारते लाश के पास खड़े उस ढीठ बूढ़े के पास पहुँचे, जो भागा नहीं था और अपने बेटे की लाश के पास अभी भी जमा हुआ था।

"तू कौन है बे ?" एक ने पूछा।

"बाप हूँ सरकार··· इसका," बूढ़े ने काँपते हुए कहा। उसके सिर से खून बह रहा था, कपड़े फट गए थे तथा गाल पर पाँच उँगलियाँ कांग्रेस के चुनाव चिह्न-सी उभरी हुई थीं।

"हूँ," सिपाही ने गंभीर हुंकार निकालकर जताया कि वह गंभीरता से मामले की गहराई में उतर रहा है।

"आपरेशन में मार डाला, सरकार," बूढ़े ने सहानुभूति प्राप्त करने के लिए कहा।

"कैसे पता ? तेरे को कैसे पता ?" सिपाही ने कहा।

"सरकार, आपरेशन के बाद ही तो मरा है मेरा बेटा," बाप ने लाश के सिर पर हाथ फेरते हुए कहा और फफककर रो पड़ा।

"अबे ओये, ये नाटक यहाँ नहीं कर... कौन कहता है कि आपरेशन से ही मरा है ? क्या पता आपरेशन के बाद किसी ने जहर ही दे दिया हो ? या गला मसक डाला हो ?" सिपाही ने उसे संदेह से देखते हुए कहा।

बाप काँप गया, "कौन करेगा ऐसा ?"

"कोई भी," सिपाही ने कहा।

"कौन करेगा सरकार ?" बूढ़ा फिर बोला।

"तू भी कर सकता है। कोई भी कर सकता है। अभी तो पुलिस की तफतीश चलेगी, तब पता चलेगा, बेटा। हमने अच्छे-अच्छों को रगड़ दिया है। यह रोना-धोना दिखाकर हमें चूतिया मत बनाओ। एक-एक को अंदर न किया तो कहना," सिपाही ने बूढ़े को फटकारा।

पेटदर्द के रोगी का पता करना बड़ा आसान होता है। इसमें गलती होनी ही नहीं चाहिए। पेटदर्द के रोगी की क्या पहचान है ? यही कि उसे पेट में दर्द होता है। बड़ा सरल डायग्नोसिस है इसका। पेटदर्द की यही खासियत है कि यह पेट में होता है। पेटदर्द सिर में नहीं होता। यह कई कारणों से हो सकता है। परंतु इसका सबसे बड़ा कारण है पेट में दर्द। पेटदर्द, पेट में दर्द के कारण होता है। सिरदर्द के कारण पेटदर्द नहीं होता। पेटदर्द के रोगी से पूछना चाहिए कि उसे कहाँ दर्द है और यदि वह कहे कि उसे पेट में दर्द है तो तुरंत समझ जाना चाहिए कि इसे पेटदर्द है क्योंकि पेटदर्दवाले रोगी को ही पेट में दर्द होता है और वह कहेगा ही कि उसे पेट में दर्द है, बशर्ते कि आप उससे पूछें कि क्या उसे पेट में दर्द है ? पेटदर्द के रोगी का पेट देखना चाहिए क्योंकि दर्द पेट में है और यदि पेट नहीं देखोगे तो देखोगे कहाँ ? पेटदर्दवाले का पेट देखो। पेट दबा-दबाकर देखो। पूछते जाओ कि पेट में कहाँ दर्द है ? मरीज जहाँ बताए वहीं समझ जाओ कि इसे यहाँ दर्द है। पेटदर्द का पता करना बड़ा आसान है।

डा. चौबे पेटदर्द के बारे में कुछ भी बके चले जा रहे थे, जिसे वैज्ञानिक तथ्यों की गंभीरता तथा श्रद्धा से जूनियर डाक्टर ग्रहण किए जा रहे थे।

बाहर की आपाधापी के बावजूद सेमीनार-रूम में सेमीनार किया जा रहा था। डा. चौबे उस दुनिया को यह बता देना चाहते थे कि उनका बाहर हो रहे हंगामे में कोई हाथ नहीं है। जिसे पहले ही पता था कि बाहर हो रहे हंगामे में न केवल उनका हाथ था, वरन लात, पेट, पीठ, मुँह सब था। वे सेमीनार में तन्मयता से यूँ व्यस्त थे ताकि बाद में भोलेपन से सभी से कहें कि यार, हमको तो पता भी नहीं चला कि कब यह सारा हंगामा हो गया। हम तो सेमीनार में व्यस्त थे। इसी पिटी, परंतु लोकप्रिय रणनीति के तहत वे आज कुछ अधिक ही रुचि सेमीनार

में दिखा रहे थे, परंतु मन इधर न लगने के कारण कुछ भी आँय-बाँय बोले जा रहे थे।

वे पेटदर्द के विषय में आगे भी अपना घातक ज्ञान बता पाते कि व्यवधान हुआ। बहुत-से भागते कदम मेडिकल वार्ड में घुसे और वहाँ से सेमीनार-रूम की तरफ धम-धम करते आने लगे। डा. चौबे ने अपना वक्तव्य रोका और आशापूर्ण आँखों से दरवाजे की तरफ देखने लगे।

यकायक परदा उठा।

परदा हटाकर लगभग भागते हुए डा. सक्सेना कमरे में घुसे। उनके पीछे-पीछे डंडे लहराते दो सिपाही घुसे, पर इतने सारे डाक्टरों के बीच अपने को पाकर यकायक घबराकर रुक गए।

"क्या बदतमीजी है यह ?" चौबेजी ने गरजकर कहा।

लाठीचार्ज के लगभग डेढ़ घंटे बाद का समय।

दोपहर निकल रही थी।

"क्या टैम हो रहा है," एक गिद्ध ने दूसरे गिद्ध से पूछा।

दोनों गिद्ध सर्जिकल वार्ड की छत की मुँडेर पर बैठे हुए चर्चारत थे।

"चार बज रहे होंगे," दूसरे गिद्ध ने बताया।

"और पुलिस उतर रही है ट्रकों से," एक गिद्ध ने नीचे झाँककर बताया।

"अब आएगा आनंद," दूसरे गिद्ध ने कहा।

दोनों गिद्ध अस्पताल की मुँडेर पर आनंदविभोर हो पंजों पर उछल-उछलकर नाचने लगे। उनका आनंदमग्न होना जायज था। वे जानते थे कि जहाँ इतनी पुलिस आएगी, वहाँ पर ढेर सारी लाशें भी गिरेंगी।

जब गिद्ध अस्पताल की मुँडेर पर फुदक-फुदककर नाच रहे थे, तभी डा. शर्मा फुदक-फुदककर मेडिकल वार्ड के पास की सीढ़ियों से उतरकर नीचे जा रहे थे। सेमीनार कब का हंगामे के बीच समाप्त हो चुका था। जूनियर डाक्टरों ने पकड़कर सिपाहियों की ठुकाई कर डाली थी। चौबेजी अपने चैंबर में जाकर बैठ गए थे। डाक्टर अस्पताल के सामने तंबू लगाने चले गए थे। हकीम साहब स्ट्रेचर से उठ सीधे जाकर अपने बिस्तर पर लेट गए थे और बगलवाले मरीज को होम्योपैथी की महागाथा का अगला भाग सुनाने में लग गए थे। ऐसे में क्यों न चलकर पोस्टमार्टम निबटा दिया जावे—यह विचार डा. शर्मा के मन में आया, तो वे तुरंत किसी कर्तव्यनिष्ठ डाक्टर की मुद्रा में उस ओर निकलने के लिए सीढ़ियाँ उतरने

लगे। वे जब नीचे उतर रहे थे, तभी सीढ़ियों से कनछेदी का जुलूस ऊपर की ओर चढ़ रहा था।

बूढ़े रिश्तेदार ने दूर से ही डा. शर्मा को पहचान लिया। और गाँववाले भी बड़े डाक्टर साहब को देखकर खिल उठे। अब मेडिकल वार्ड का पता मिल जाएगा। इसे कहते हैं कि देर है, पर अंधेर नहीं। सभी ने सीढ़ियों के बीच ही कनछेदी की खटिया रखी और डा. शर्मा की तरफ भागे।

"तुमने अभी तक भरती नहीं कराया इसे ?" शर्माजी ने पूछा।

"हजूर, मेडिकल वार्ड कहाँ है ?" बूढ़े ने पूछा।

बूढ़ा जब यह प्रश्न पूछ रहा था, तब शर्माजी खटिया पर पड़े कनछेदी को गौर से देख रहे थे। वे कुछ न बोले। फिर वे चुपचाप खटिया के पास आ गए। उन्होंने उसकी नाड़ी भी नहीं पकड़ी। इसकी आवश्यकता भी नहीं थी। वे पलक झपकते ही समझ चुके थे। कनछेदी कब का मर चुका था।

"ऊपर जाकर बाईं ओर मुड़ जाना। वहीं मेडिकल वार्ड मिलेगा," शर्माजी ने बूढ़े को बताया और दो-दो सीढ़ियाँ एक बार में फलाँगते हुए नीचे उतर गए।

बीमार संध्या

10

डा. चौबे जब अपने चैम्बर से निकले, शाम हो चुकी थी।

वह दोपहर से शाम तक कलेक्टर, एस.पी., डाक्टरों, कर्मचारियों, इंद्रमणिजी तथा उनके गुर्गों के बीच मध्यस्थ के रोल में घूमते रहे। सभी को उनका असली रोल पता था। अतः वे उनकी अभिनय क्षमता की दाद देते रहे। इंद्रमणिजी को तो डा. चौबे पर और भी प्यार आने लगा। वे अपनी पीठ ठोकने लगे कि उन्होंने सही तथा शातिर डाक्टर की पीठ पर अपना तिकड़मी हाथ रखा था। गतिरोध बना रहा, जो डा. चौबे चाहते भी थे। इसी गतिरोध के चलते अस्पताल उनके हाथ आनेवाला था।

डा. चौबे बरामदे में आ गए।

शाम की बीमार, पीली धूप में अब इतनी ताकत भी नहीं बची थी कि बरामदे में धीमे-धीमे जाते हुए डा. चौबे की परछाईं साफ-साफ बन पाती। फिर भी डा. चौबे ने बरामदे में सहमी-सी, छनकर आती सूरज की अंतिम किरणों से बन रही अपनी लंबी छाया को देखा और महसूस किया कि उनका कद एक ही दिन में कितना बड़ा हो गया है। वे तनकर, बादशाहों की तरह चलने लगे। उन्होंने बरामदे तथा दूर तक फैले अस्पताल के कमरों, दरवाजों और खिड़कियों पर यूँ नजर डाली, मानो यह सब उनकी सल्तनत का हिस्सा हों। वे जानते थे कि कल तक डा. अग्रवाल यहाँ से खदेड़ दिए जाएँगे और कुछ ही दिनों में वे वास्तव में इस सल्तनत के बादशाह होंगे। डा. चौबे की चाल में बादशाह का रुआब तो थोड़ी देर पहले आया ही था, अब उस पहलवान का घमंड ही उतर आया, जिसने प्रतिद्वंद्वी पहलवान के लँगोट में हाथ डाल उठाकर दे मारा हो और अब अखाड़े में ताल ठोक-ठोककर नाच रहा हो। वे डा. अग्रवाल के लँगोट में हाथ डालकर उन्हें दबोच चुके थे, यह अब साफ था।

डा. चौबे बरामदे से निकलकर अस्पताल के मुख्य हॉल में आ गए। यहाँ रिसेप्शन पर बैठे क्लर्क, एम्बुलैंस ड्राइवरों, वार्डबॉयों तथा आते-जाते कुछ मरीजों ने उनको हड़बड़ाकर नमस्कार किया। उन्होंने अपनी प्रजा का अभिवादन स्वीकार किया तथा पोर्च में उतर आए।

पोर्च के सामने के लान पर तीन-चार तंबू उग आए थे, जहाँ खासी गहमागहमी अभी भी जारी थी। डाक्टरों के तंबू के सामने कुछ जूनियर डाक्टर लेटे थे, कुछ सिगरेट धौंक रहे थे और कुछ महिला डाक्टरों से चिपके जा रहे थे। नेताओं के तंबू में जुआ चल रहा था। शायद अंदर अद्धी भी खुल गई थी। कुछ वार्डबॉयों तथा चतुर्थ श्रेणी के कर्मचारियों ने आल्हा गाना शुरू कर दिया था और एक ने साड़ी आधी-पूरी लपेटकर ठुमका लगाना शुरू कर दिया था। खासा पिकनिक का माहौल था।

डा. चौबे पोर्च से निकल सड़क पर बढ़ते गए। उन्होंने दाएँ-बाएँ भी नहीं देखा। उन्होंने तंबुओं की तरफ भी नहीं देखा। वे सलामी गारद के सामने से गुजरने का गंभीर भाव लिए सड़क पर चलते गए, चलते गए; सड़क को रौंदते गए। वे सड़क पर यूँ चलते गए मानो आज की हड़ताल ने वहाँ लाल कालीन बिछा दिया हो। वे बढ़ते गए। सड़क के दोनों ओर अस्पताल की विभिन्न इमारतें एक-एक करके पीछे छूटती गईं। वे अपनी इस जागीर पर दृष्टिपात करते बढ़ते गए। ये महल, ये कँगूरे, ये वाईस, ये बरामदे, ये गुंबद, ये प्राइवेट वार्ड, ये दीवाने-खास, ये आउटडोर, ये दीवाने-आम, ये रथ-घोड़े-अस्तबल, यह जीपों-एम्बुलैंसों का काफिला—यह सब मेरा है, यह विचार कैसा उथल-पुथल मचा रहा था उनके भीतर। एक मीठी-सी कँपकँपी आई उन्हें, चलते-चलते। उनके रोएँ खड़े हो गए रोमांच से।

जहाँ अस्पताल की इमारत समाप्त होने लगती थी, वहीं आउटडोर का ब्लाक था। उसके सामने रिक्शे खड़े रहते थे।

डा. चौबे रिक्शों के पास से निकले। दो रिक्शों पर एक-एक लाश रखी थी, जिन्हें चादर में लपेटकर बंडल जैसा बाँध दिया गया था। मृतक के रिश्तेदारों और रिक्शा चालकों में लाश गाँव तक पहुँचाने के भाड़े को लेकर झिकझिक चल रही थी। लाशें चादर में लिपटी हों तो सब एक जैसी लगती हैं। यदि ये चादर में न लिपटी होतीं, तो भी चौबेजी तो शायद उन्हें न पहचानते, पर इस उपन्यास के पाठक तुरंत इन्हें पहचान जाते। एक लाश कनछेदी की थी तथा दूसरी उस शख्स की, जिसका पोस्टमार्टम अंततः शर्माजी ने कर दिया था। थोड़ी झिकझिक के बाद तीन सौ रुपयों पर बात तय हो गई। रिक्शेवालों ने खुशी-खुशी पैडलों पर पाँव मारे।

कनछेदी और दूसरे आदमी की लाश जब सड़क से अस्पताल के बाहर की ओर जा रही थी तब चौबेजी उसी सड़क पर डाक्टरों के लिए बने बँगलों की तरफ जा रहे थे। वे लाशों से पूर्णतः निर्लिप्त तथा असंपृक्त, सड़क पर बढ़ते गए। चिकित्सा के धर्मयुद्ध में ऐसी लाशें तो रोज गिरती ही रहती हैं।

डा. चौबे अब पोस्टमार्टम-रूम के सामने से निकल रहे थे। बस इसके थोड़ी

ही दूर पर उनका भव्य बँगला था। उन्होंने एक उड़ती नजर पोस्टमार्टम के कमरे पर डाली। उनकी सल्तनत का फाँसीघर ? या कालकोठरी ? या···वे मन ही मन मुस्कराने लगे। फिर जैसे उन्हें याद आया—बादशाह को गंभीर रहना होता है, वह यूँ ही यहाँ-वहाँ मुस्कराता नहीं घूमता। वे गुरु-गंभीर हो गए और पोस्टमार्टम-रूम के सामने से गुजर गए। वे अपने-आपमें कस्तूरी मृग से मगन चलते चले गए।

वे जब काफी दूर निकल गए, तब दो बातें एक साथ हुईं।

एक कुत्ता पोस्टमार्टम-रूम के पिछवाड़े से डरता-डरता निकला और डा. चौबे की दिशा में सहमा-सा देखता हुआ हॉस्टल की तरफ भाग गया।

और, ठीक इसी समय पास ही एक झाड़ी से डरे-डरे-से, सहमे डा. भागवत निकले और डा. चौबे के पीछे-पीछे दबे पाँव चलने लगे।

■ ■ ■